Ernst und Achim Engelberg

DIE BISMARCKS

Eine preußische Familiensaga
vom Mittelalter bis heute

Pantheon

Gefördert durch die Stiftung Preußische Seehandlung.

Verlagsgruppe Random House FSC-DEU-100
Das für dieses Buch verwendete FSC®-zertifizierte
Papier *Lux Cream* liefert Stora Enso, Finnland.

Der Pantheon Verlag ist ein Unternehmen der
VerlagsgruppeRandom House GmbH.

Erste Auflage
Pantheon-Ausgabe Mai 2012

Umschlaggestaltung: Jorge Schmidt, München
Lektorat und Satz: Ditta Ahmadi, Berlin
Karten: Peter Palm, Berlin
Druck und Bindung: CPI Clausen & Bosse, Leck
Printed in Germany
ISBN 978-3-570-55177-6

www.pantheon-verlag.de

Inhalt

KAPITEL I

Klaus von Bismarck und das Machtspiel Karls IV.

Stendaler Patrizier

Lang ist die Ahnenreihe der Bismarcks, bis sie sich im Schatten der Vergangenheit verliert. Der Erstgenannte in diesem bislang weit über siebenhundert Namen umfassenden Stammbaum ist Herbordus de Bismarck.[1] Einen Lichtstrahl ins Dunkel bringt eine Urkunde aus dem Jahr 1270, die ihn als einen der zwei Magister der Gewandschneidergilde zu Stendal ausweist. Über sein Geburtsdatum herrscht Unklarheit, als sein Todestag ist der 9. Juni 1280 angegeben.

Ob die Bismarcks bereits bei der Gründung Stendals um 1160 als Ministeriale, also als dienende Adelsleute des brandenburgischen Markgrafen, in diese Stadt kamen, bleibt ungewiss; ausgeschlossen ist es nicht, dass sie zu den Burgmannen der vormaligen Burg Stendal gehörten. Diese Geschlechter der städtischen Ministerialen verloren erst allmählich die Merkmale ihrer sozialen und persönlichen Unfreiheit.

Wie viele andere wuchsen die Bismarcks werkend und schachernd in die Gruppe der Händler und Patrizier hinein. Immer häufiger erscheinen sie als führende Mitglieder der Gewandschneidergilde und des Stadtrats, 1309 und 1312, erst recht in den folgenden dreißig Jahren bis 1345, ihrem merkwürdigen Schicksalsjahr, in dem sie vom brandenburgischen Markgrafen mit dem Schloss Burgstall im Süden der Altmark belehnt werden. Bald danach verjagten sie rebellierende Handwerker aus Stendal.

Was bedeutete es, Mitglied der Gewandschneidergilde zu sein? In einer landesherrlichen Verfügung für Frankfurt an der Oder, die um 1287 erlassen wurde, hieß es ebenso anschaulich wie präzise: »Wer Tuch macht, soll es nie ausschneiden; wer es ausschneidet, soll nie Tuch machen.«[2] Damit wurde für den östlichen Teil der Mark

Brandenburg nur das übernommen, was man Jahrzehnte vorher bereits für den wesentlichen Teil des Landes, die Altmark, festgelegt hatte. Schon 1231 war den Gewandschneidern in Stendal das Alleinrecht auf Tuchschnitt und Verkauf gewährt worden. Dieses Recht beförderte ein feudales Ausbeutungsverhältnis zwischen Schneidern und Tuchmachern. Die Gewandschneider verhielten sich gegenüber den Produzenten der Ware, den Tuchmachern, fortan nämlich äußerst schroff und zwangen die Weber, ihnen einen Teil des produzierten Warenwerts zu überlassen, und sicherten sich so mit Hilfe des Verkaufsmonopols einen Gewinn, der ihnen ökonomisch gar nicht zustand. Indem sie das alleinige Recht zum Warenverkauf erhielten, wurden sie im 13. Jahrhundert endgültig zu Tuchhändlern.

Die Ausbeutungs- und Abhängigkeitsverhältnisse zwischen Tuchhändlern und Tuchmachern waren so ausgeprägt, dass sie sich ständisch-rechtlich verfestigten. Als der Stendaler Tuchmacher Arnold Portitz und sein Sohn im Jahr 1325 in die Gewandschneidergilde eintraten, mussten sie vorher ihrem Handwerk abschwören. Arnold von Portitz, der sich oft mit Rule (Rudolph) von Bismarck zusammen zeigte, wurde schon ein Jahrzehnt später Ratsherr und 1344 Aldermann der Gewandschneidergilde.[3]

Der robuste Kampf um Gebote und Verbote lohnte sich für die Tuchhändler, da infolge technischer Neuerungen in der Textilherstellung (Trittwebstuhl, Walkmühle und Handspinnrad) und des steigenden Bedarfs große Gewinnchancen im Textilhandel lockten.

Der außerökonomische Zwang, den die Stendaler Gewandschneider mit juristischen Mitteln ausübten, schuf ein Monopol von feudalem Zuschnitt. Es war ein vom übergeordneten Feudalherrn abgesegnetes Privileg, das die Gewinnspanne der Gewandschneider zu Lasten der Weber von vornherein garantierte und – im Großen und Ganzen – gleichsam fixierte; die Größe des Gewinns war nicht dem freien Spiel von Angebot und Nachfrage auf dem Markt überlassen. In Ansätzen mochte ein solches allenfalls im Fernhandel wirksam gewesen sein.

Als Groß- und Fernhändler legten die Stendaler Bismarcks – wie ihresgleichen – einen Großteil ihrer beträchtlichen Gewinne im

Lehnsbesitz auf dem Lande an, was ihnen wiederum gestattete, von den Bauern Grundrenten in Form von Naturalien und Geld zu verlangen. Somit waren sie auch als Lehnbürger mit dem ökonomischen, sozialen und politischen Geflecht des Feudalismus verwoben.

Um 1300 lief die etwa anderthalb Jahrhunderte während Bewegung der Städtegründungen aus; von nun an differenzierten sich die sozialen Gruppierungen weiter und entfalteten sich oft in turbulenter Weise. Dabei entwickelte sich eine so ausgeprägte Arbeitsteilung zwischen Land und Stadt und in der Stadt selbst, dass Geld allgemeines Austauschmittel werden musste. Dennoch konnten die Ware-Geld-Beziehungen die Naturalwirtschaft noch lange nicht vollkommen zurückdrängen, geschweige denn den Feudalismus sprengen; vielmehr waren feudale Gewalten selbst Akteure in diesen Beziehungen, kämpften um Geld und manipulierten damit. Das alles schuf innerhalb des Wirrwarrs feudaler Kräftekonstellationen zusätzliche Komplikationen. Die unterprivilegierten Handwerker schufen die Werte, die privilegierten Kaufleute häuften das Geld an.

Die patrizischen Kaufleute und Lehnsbesitzer personifizierten den Übergang von der Natural- zur Geldwirtschaft; indem sie auf der Basis der zunehmenden Arbeitsteilung die Ware-Geld-Beziehungen förderten, modifizierten sie die feudale Produktion. Das führte im 14. Jahrhundert dazu, dass der Feudalismus in ganz Europa auf diese oder jene Weise eine Krise durchmachte, keine existenzielle, aber eine der Anpassung an neue ökonomische, soziale und politische Entwicklungen. Die überfälligen Umschichtungen in und zwischen den Machtpositionen der verschiedenen Gewalten, von denen keine mehr hinreichend selbstsicher und gesichert war, vollzogen sich oft genug in turbulenten Kämpfen.

Sichtbarster Ausdruck der allgemeinen, alles durchdringenden Krise war der erneut ausbrechende Kampf zwischen Papst und Kaiser, also zwischen den alten, teils realen, teils fiktiven Universalgewalten, aber auch zwischen diesen und den neu heraufkommenden Zentralgewalten in den Ländern Europas. Der Fortschritt ruhte ökonomisch auf der städtisch-gewerblichen Produktion im Übergang von der Natural- zur Geldwirtschaft, politisch zeigte er sich im Drang zur Beherrschung der feudalen Zersplitterung durch königliche oder fürstliche Zentralisation.

Mit der Krise, die in Deutschland und ganz Europa immer größere Dimensionen annahm und bedrohliche Verwicklungen heraufbeschwor, hatten auch Patrizier wie die Stendaler Bismarcks fertig zu werden; sie konnten sich nicht darauf beschränken, die feudale Herrschaft nur in ihrer Stadt und ihren Lehnsbesitzungen auszuüben, so unumgänglich dies für die Mehrung ihres Reichtums und für die Verteidigung ihres Patriziats war. Unweigerlich wurden sie in die altmärkisch-brandenburgische, ja sogar in die Reichspolitik hineingezogen. Das begann mit dem Aussterben der askanischen Dynastie in der Mark Brandenburg.

Woldemar, der letzte Markgraf des askanisch-brandenburgischen Hauses, hinterließ bei seinem Tod 1319 ein innerlich zersetztes Herrschaftssystem. Jene Vergangenheit der Askanier, die als ruhmwürdig galt, war längst dahin. Die lieben Nachbarn und feudalen Herrschaftsbrüder aus Sachsen-Wittenberg, Mecklenburg, Pommern, Schlesien und Böhmen nutzten die vorübergehende Herrenlosigkeit und andauernde Schwäche in der Mark Brandenburg aus, um Herrschaftsrechte in diesen oder jenen Gebieten, etwa in der Prignitz, der Uckermark und der Neumark, an sich zu reißen; auch die Altmark mit Stendal, ihrer wichtigsten Stadt, war Objekt der Begehrlichkeit freundnachbarlicher Feudalherren.

Unter diesen Umständen war es so ruchlos auch wieder nicht,

dass der König und bald auch zum Kaiser gekrönte Ludwig der Bayer die Markgrafschaft Brandenburg im Jahre 1323 zum erledigten Reichslehen erklärte und seinem damals allerdings erst siebenjährigen gleichnamigen Sohn übertrug, der solchermaßen Markgraf Ludwig der Brandenburger wurde, später Ludwig der Älteste genannt. Als oberster Lehnsherr dieses Territoriums hatte er die Aufgabe, die zentrifugalen Kräfte, die dem Feudalismus eigen sind, zusammenzuhalten. Aber der junge, noch unter Vormundschaft stehende Markgraf war noch gar nicht Herr des ihm von Reichs wegen überantworteten Gebietes, und die lehnsrechtlichen Besitzverhältnisse waren derart verworren, dass bei den nach 1323 anhebenden Verhandlungen, Vertragsabschlüssen und Vertragsbrüchen die sich streitenden, versöhnenden und erneut streitenden Parteien immer wieder mit Fiktionen, ja ausgemachten Schwindeleien arbeiteten.

All diese Auseinandersetzungen beschränkten sich nicht auf die Mark Brandenburg, vielmehr war sie mit der Altmark nun tief in die unmittelbare Reichspolitik verwickelt. Ludwig der Bayer, der Wittelsbacher, der seinen Gegenkönig, den Habsburger, 1322 bezwungen und gefangen genommen hatte, weigerte sich nämlich, um die päpstliche Bestätigung seiner Königswürde nachzusuchen, und er kam auch nicht der Aufforderung des Papstes nach, die Vergabe der Mark Brandenburg an seinen Sohn Ludwig den Brandenburger rückgängig zu machen. Jetzt folgten Schlag und Gegenschlag: Papst Johannes XXII. verhängte über den selbstherrlich auftretenden König Ludwig den Kirchenbann. Dieser antwortete mit der bald berühmten Sachsenhäuser Appellation von 1324, worin er den Papst der Ketzerei beschuldigte und ein allgemeines Konzil forderte.

Es blieb nicht bei diplomatischen Noten und Proklamationen von allerhöchster Seite. Was an Spannung im Volk latent vorhanden war, brach allenthalben aus, manchmal mit programmatischem Bewusstsein, da und dort geradezu in mörderischen Formen. Man tötete papsttreue Kleriker in Basel und Berlin. 1324 wurde der Propst Nikolaus von Bernau gejagt, niedergeschlagen und verbrannt. Ein Jahr später brachten die der Altmark benachbarten Magdeburger ihren seit langem verhassten Erzbischof Burchard um, was König

13

Ludwig insofern gelegen kam, als zwischen ihm und dem Erzstift die Lehnsrechte über altmärkische Städte strittig waren.

Wie allen politischen und ideologischen Bewegungen großen Stils lagen der antikurialen Bewegung der zwei Jahrzehnte von 1325 bis 1345 handfeste Interessen recht unterschiedlichen moralischen Gewichts zugrunde. In dem Aufruhr, der die Reformationszeit des 16. Jahrhunderts – wie wir heute übersehen – ankündigte, vermengten sich Altruismus und Egoismus, Weitsicht und Borniertheit, Ruhe der Betrachtung und emotionale Unbeherrschtheit.

Unterstützt von der ersten Welle der Opposition gegen die Kurie in und um Deutschland, zog König Ludwig nach Rom und folgte damit dem Vorbild vieler deutscher Kaiser und Könige, die dies ebenfalls getan hatten; manches machte dabei den Eindruck, als wolle man unbedingt Gespenster wecken. Im Januar 1328 ließ Ludwig sich in der heiligen Stadt im Namen des Volkes zum Kaiser krönen.

Auf die Bestrebungen der Könige und Fürsten nach staatlicher Zentralisation und damit auch Unabhängigkeit reagierte der Papst mit seiner Kurie sensibel und zugleich maßlos. Das Papsttum übersteigerte seine Weltherrschaftsansprüche materiell und moralisch derart, dass die Abwehrbewegung in Frankreich, England und Deutschland die Tendenzen zu nationaler Unabhängigkeit und Zentralisation verstärkte. Sichtbarster Ausdruck für den Sieg des französischen Königs über den Papst war die Verlegung der Kurie von Rom nach Avignon, wo die Päpste, durch die französische Krone ebenso kontrolliert wie politisch benutzt, von 1309 bis 1377 residierten.

Auch in England führte der antikuriale Kampf innerhalb weniger Jahre zur weitgehenden Unabhängigkeit vom Papsttum. In Deutschland hingegen tobte über drei Jahrzehnte die Auseinandersetzung zwischen Kaiser- und Königtum, repräsentiert durch den Wittelsbacher Ludwig den Bayern, und dem trotz oder wegen seiner »babylonischen« Gefangenschaft gefährlichen Papsttum. Bedeutendster Gegenspieler Ludwigs war Johannes XXII., einer jener avignonesischen Päpste, die sich den ökonomischen Wandlungen am besten anpassten und das kuriale Finanz-, Besteuerungs- und Verwaltungssystem vollendeten.

Der Machtkampf zwischen den beiden höchsten Feudalgewalten, deren supranationale Ansprüche schon recht fragwürdig geworden waren und gerade deshalb, insbesondere von Seiten der Kurie, recht militant vorgetragen wurden, berührte in Deutschland die Interessen der Kurfürsten, der Fürsten, des Hochadels überhaupt, aber auch die der verschiedenen Schichten in den Städten. Sollten sie sich alle der Papstkirche, die sich wie keine andere Institution des Spätmittelalters zentralisierte und damit alle Bereiche von Gesellschaft und Staat mehr denn je zu klerikalisieren versuchte, unterwerfen? Sollten sie sich auch noch steuerlich von ihr ausbeuten lassen? Inwieweit galt es, Kaiser und König zu verteidigen? Müsste seine Macht, indem sich die des Papstes schwächte, gestärkt werden? Auf diese Fragen gaben die einzelnen Klassenfraktionen, deren Interessenlagen je nach Stadt und Territorium wechseln konnten, in Wort und Tat verschiedene Antworten. Vordringlich schien jedoch allen die Abwehr der päpstlich-klerikalen Machtansprüche und deren materielle Auswirkungen.

Die antikuriale und antiklerikale Bewegung wühlte vor allem Süd-, Südwest- und Westdeutschland auf, doch auch die Altmark wurde in den Strudel der Ereignisse hineingerissen. Zunächst standen in der nordöstlichen Ecke des damaligen Deutschland die dynastischen Interessen der Wittelsbacher im Vordergrund des Parteienstreits – für oder wider den Kaiser, für oder wider den Kaisersohn, den Markgrafen Ludwig der Brandenburger, für oder wider den Papst. Wie der kaiserliche Vater wurde auch der markgräfliche Sohn Ludwig mit dem päpstlichen Bann belegt. Mag sein, dass die kirchliche Ächtung es dem jungen Ludwig erschwert hat, die Mark Brandenburg mit ihren unzähligen, recht unterschiedlichen, häufig auch noch umstrittenen Lehnsrechten und -verpflichtungen in Provinzen, Städten, Flecken und Dörfern in Besitz zu nehmen. Wo es gelang, geschah es in Form von allerlei Treueversprechen und Huldigungen.

In der Altmark, dem ältesten Teil der Mark Brandenburg mit den Städten wie Stendal, Tangermünde und Salzwedel, stieß Markgraf Ludwig auf besondere Schwierigkeiten, denn dort machten benachbarte Feudalherren oberste Lehnsrechte für diese Provinz geltend. Es bildete sich schließlich ein um die Oberherrschaft über die Altmark konkurrierendes Trio aus dem Herzog Otto von Braunschweig, dem Erzbischof von Magdeburg und dem Markgrafen Ludwig. Das Wechselspiel aus lauernder Freundschaft und offener Feindschaft unter den drei hohen Herren zog sich bis 1343 hin, als schließlich der Kaisersohn über den Braunschweiger Herzog den Sieg davontrug.

Die Patrizier Stendals mussten während dieses zwanzigjährigen Wechselspiels recht umsichtig lavieren, konnten aber auch profitieren, indem sie sich für die zumeist finanzielle Unterstützung der einen oder anderen Partei etwa Zollerhebungsrechte zu Pfandlehen übertragen ließen.

Rudolph von Bismarck (um 1280 – nach 1340) war schon 1325 beim Zustandekommen eines solchen Vertrags federführend. Damals gingen Stadtbevollmächtigte im Herbst desselben Jahres zum König Ludwig nach Nürnberg, der »den weisen Männern, seinen lieben getreuen Bürgern in Stendal« die Befugnis zur Zollerhebung bestätigte.[4] Die Söhne des Rudolph von Bismarck sollten dann Ende der dreißiger Jahre in dem immer noch währenden Streit um feudale Herrschaftsrechte in der Altmark ebenfalls Geschäft und Politik miteinander verquicken und dabei Macht und Reichtum der Familie mehren.

Während dieser Rudolph von Bismarck, der alte Herr, seinen Junioren die macht- und geldträchtigen Geschäfte überließ, bestand er in seinen letzten Lebensjahren einen Kulturkampf, der einige für jene Zeit typische Züge aufwies. Die Patrizier, zwar noch im Feudalismus verhaftet, aber schon den Groß- und Fernhandel in Richtung eines noch fernen Kapitalismus entwickelnd, mussten danach trachten, sich eine höhere geistige Bildung anzueignen und die Ausbildung und Erziehung ihrer Nachkommen unter die eigene Kontrolle zu bringen, sie also den Klerikalen zu entziehen. Von solch ketzerischem Verlangen waren die Ratsfamilien in den Städten Deutschlands, ob im Norden oder Süden, schon seit längerer Zeit getrieben. Gegen das Schul- und Bildungsmonopol des Klerus, der Dom-,

Kloster- und Pfarrschulen beherrschte, kämpften nachweisbar und mit Erfolg die Stadträte in Lübeck und Hamburg, in Helmstedt und Wismar, in Dortmund und Esslingen, in Ulm und Freiburg im Breisgau; dort wurden städtische Schulen, die dem Rat unterstellt waren, eingerichtet – allerdings zu Nutz und Frommen ausschließlich der Oberschicht.

Auch in Stendal erwies sich die Domschule von St. Nicolai, die allein darauf ausgerichtet war, kirchliche Bildung zu vermitteln, als unfähig, das junge Patriziergeschlecht auf das kaufmännische Leben vorzubereiten – und das in einer Stadt, die sich durch blühendes Gewerbe und ausgedehnten Fernhandel auszeichnete. Im Jahre 1338, als die antikuriale Bewegung in Deutschland ihren Höhepunkt erreichte und der Widerstand sich in einer Reihe von antipäpstlichen Tagungen der Reichsstände (Kurfürsten, Städte, einige Erzbischöfe) zeigte, war die Zeit reif, eine städtische Schulanstalt ins Leben zu rufen, was der von den Patriziern beherrschte Stadtrat Stendals denn auch beschloss. Um mit dem Bau des Schulhauses sofort beginnen zu können, gewann er durch Aufträge auch einige Meister von Handwerkerinnungen für das Vorhaben, die auf diese Weise in der umstrittenen Frage Verbündete der Patrizier wurden.

Die Geistlichkeit, deren Monopol auf Bildung und Schulung dermaßen entschlossen angegriffen wurde, ging zur Gegenoffensive über. Der Stendaler Dompropst von St. Nicolai bemühte den Diözesanbischof zu Halberstadt, der unter Androhung der Exkommunikation die Ratsherren und Gildemeister Stendals zum Rückzug zu zwingen suchte. Als dies nichts fruchtete, wurden die Geistlichen angewiesen, die Ungehorsamen jeden Sonntag in den Kirchen der Stadt laut und vernehmlich bei brennenden Kerzen und unter Glockengeläut als außerhalb der kirchlichen Gemeinschaft stehend zu verdammen. Den Gildemeistern und der gesamten Bürgerschaft untersagte man, Kirchen und geweihte Orte zu betreten.

Das war ein Interdikt, eine Untersagung, die es in sich hatte. Anders als die Exkommunikation, die sich gegen Personen richtete, war dies eine Art kirchlicher Ausnahmezustand, der in ganzen Regionen, zumindest in den Städten, das sonst so pulsierende kirchliche Leben erheblich störte. Ob das im Namen des Papstes jeweils erklärte Interdikt befolgt werden sollte oder nicht – diese Streitfrage beunruhigte das Gewissen und erhitzte die Gemüter. Der Parteienstreit zog auch Handel und Verkehr in Mitleidenschaft. Wenn das geschah, mussten sich die Patrizier gegenüber den rein weltlich-politischen Rechtsansprüchen der päpstlichen Kurie und ihrer klerikalen Parteigänger erst recht behaupten. Wir können die Stendaler Patrizier nur nach ihren Taten, ihren Interessen und Konnexionen beurteilen; danach mussten sie eine Suprematie der Kirche über staatliche Organe ablehnen. Auch wenn es nicht ihre Sache war, ein staatspolitisches Werk wie »Defensor Pacis« (Verteidiger des Friedens) des Marsilius von Padua, der am Hofe Ludwigs von Bayern wirkte, zu studieren, so war ihnen dessen Kampf gegen kuriale und klerikale Machtansprüche wohl in groben Umrissen bekannt und durchaus genehm. Gegen diese Machtansprüche begehrten sie auf, diese wünschten sie zu beseitigen, mehr allerdings wollten die großen Ratsherren der hierarchisch strukturierten Kirche nicht antun; ihre Mittlerrolle zwischen dem lieben Gott und den von allerlei Mühsal beladenen Menschen leugneten sie nicht, wie das die Mystiker von der Statur eines Meister Eckhart in jenen Jahrzehnten taten. Sie wollten die Kirche durchaus im Dorfe – und in der Stadt – lassen, der Kirche geben, was der Kirche ist.

Schon 1288, genau ein halbes Jahrhundert vor dem Schulstreit, hatte die Gilde der Gewandschneider der Marienkirche zu Stendal einen Altar gestiftet, dessen Priester, der kein Nebenamt übernehmen durfte und deshalb Altarist hieß, verpflichtet war, jeden Sonntag und außerdem zweimal in der Woche Seelenmesse zu halten. Da es aber nicht allein um das Seelenheil der Verstorbenen, sondern auch um die Huldigung für die Lebenden ging, musste der Altarist des Sonntags auch der Wohltäter der Altarstiftung gedenken. Einmal im Jahr sollte das alles in besonders feierlicher Form vonstattengehen – unter Assistenz eines zweiten Geistlichen und mit vier Chorschülern, bei glänzender Erleuchtung, mit Vesper, Vigilien und Frühmessen.

An der genossenschaftlichen Altarstiftung mit all dem seelen-

tröstenden und -erhebenden Drum und Dran dachten die Gewandschneider nicht im mindesten zu rütteln; sie stifteten sogar einen
weiteren Altar, als 1341 die städtische Schule von der Kirche schließlich doch abgesegnet wurde. Die patrizischen Kaufleute wollten mit
ihrer Schulgründung nur einen pädagogischen Freiraum schaffen,
sonst blieben sie mit der allein selig machenden Kirche durchaus
verbunden.

Der Stendaler Schulstreit zog sich drei Jahre hin, weil jede der
beiden Seiten, Domstift und Stadtrat, sich innerhalb der gegebenen
Machtkonstellation einige Siegeschancen ausrechnen konnte. In der
Stadt selbst schürte ein Heer von etwa hundert Geistlichen mit kle-
rikalem Eifer die Missstimmung und Gewissensunruhe der niederen
Bürgerschaft. Unschuldig waren sie nicht, diese Herren Patrizier,
wenn es den klerikalen Dunkelmännern gelang, beträchtliche Teile
des Stendaler Stadtvolks auf ihre Seite zu ziehen. Jahrzehntelang
schon rumorte da Unmut über das angemaßte Recht des ausschließlich aus reichen Familien kommenden Rats, sich nach Gutdünken
aus den eigenen Reihen zu ergänzen, auch über das offensichtliche
Unrecht, dass die Patrizier, die außerhalb der Stadt Lehnsgüter besaßen, bei städtischen Vermögenssteuern nur noch die Hälfte bezahlen mussten. Aus Anlass des Schulstreits brach sich die angestaute
Unzufriedenheit der Bürger gegen die selbstherrlichen Geld- und
Machtprofiteure im Stadtrat Bahn, die sich zudem der Fehden rit-
termäßiger Adliger vom flachen Lande zu erwehren hatten.

Trotz aller Wirren innerhalb und außerhalb der Mauern Stendals blieb der patrizische Stadtrat in der Schulfrage unbeugsam, weil
er wohl auf den Sieg der antikurialen Bewegung setzte, der sich im
Sommer 1338 beim Kurverein zu Rhens manifestierte. Dort beschlossen die versammelten Kurfürsten, dass ein von ihnen oder der
Mehrheit von ihnen gewählter König keiner Bestätigung durch den
päpstlichen Stuhl bedürfe. Damit war – ein für allemal – der Anspruch des Papstes auf die weltliche Oberherrschaft und das Mit-
spracherecht bei der Königswahl zurückgewiesen. Das bekräftigte
aber auch das Recht der Kurfürsten, den König zu wählen – ein für
die weitere deutsche Geschichte folgenschwerer Beschluss.

Rudolph von Bismarck, der in den Streit mit dem Domstift als einer der führenden Köpfe verwickelt war, fiel unter den Kirchenbann und starb um 1340 als Exkommunizierter. Dennoch entschied sich der Stadtrat, der sich aus eigener Machtvollkommenheit ergänzen konnte, für seinen ältesten Sohn Nikolaus oder Klaus von Bismarck (1307 – 1377).

Die Wahl traf auf den Spross einer Familie, die sich durch Reichtum, Macht und Können auszeichnete. In der Tat sollte sich Klaus von Bismarck als ein für seine Zeit überaus wendiger Geldmann und Diplomat erweisen; durch wohldosierte Opfer und Zugeständnisse mehrte er seinen Wohlstand und Einfluss. Er verstand es mehr als jeder andere im Stadtrat Stendals, im Streit um feudale Herrschaftsrechte Geschäft und Politik miteinander zu verquicken.

Klaus von Bismarck war beteiligt, als der Stadtrat 1340 versuchte, mit jenen widerborstigen Landadligen ein Übereinkommen zu finden, das die Patriziergeschlechter mit Fehden überzog. Desgleichen konnte der Stadtrat den Schulstreit auf typisch feudale Weise zu Ende bringen: Durch Überlassen von nicht allzu umfangreichem Dorfland zu Lehen und formalen Zugeständnissen sicherte man die Existenz der Stadtschule, die als Ursprung des Stendaler Gymnasiums gilt.

Klaus von Bismarck weitete seinen politischen Aktionsradius bald über die Grenzen der Stadt aus. Bei allem subjektiven Drang lag darin ein objektiver Zwang. So sehr nämlich die einzelne, auch noch so kleine Feudalgewalt einerseits auf ihre Selbstständigkeit pochte, war sie andererseits an einer zentralisierenden, zumindest fürstlichen, nicht unbedingt königlichen Macht interessiert. Ein oberster Lehnsherr hielt die zentrifugalen Kräfte zusammen, wo er fehlte, herrschte oft das Faustrecht, hörte das Klagen über Fehden und Brandschatzungen nicht auf. Grund zu solchen Klagen gab es in der Altmark genug, da seit dem Aussterben der askanischen Dynastie 1319 Ungewissheit herrschte, wer denn dort, im ältesten Teil der Mark Brandenburg, der Herr sei.

Die Bismarcks mochten in dem Dreierkampf um die Herrschaft in der Altmark zwischen Herzog Otto von Braunschweig, dem Erzbischof von Magdeburg und Markgraf Ludwig, die alle irgendwelche Rechtstitel und verwandtschaftliche Konnexionen ins Feld führen konnten, lange Zeit eine abwartende Haltung eingenommen haben; als jedoch der allgemeine Gang der Politik in Deutschland es offensichtlich machte, dass sich als Grundsatz die Unteilbarkeit der Kurfürstentümer, zu denen die Mark Brandenburg nun einmal gehörte, durchsetzte, entschieden sie sich für deren Einheit und damit für den Markgrafen Ludwig. Nachdem der Erzbischof von Magdeburg 1336 gegen sechstausend Mark Silber auf seine Ansprüche verzichtet hatte, ließen sich die Brüder Klaus und Rule von Bismarck noch vor dem Tod ihres Vaters Rudolph zu Anhängern des Markgrafen Ludwig machen. Dieser honorierte ihre Parteinahme, indem er ihnen landesherrliche Erhebungen für den Fall zubilligte, dass ihm die Altmark zufiel.[5]

Der in feudalen Vorstellungen verhaftete Wechsel auf die Zukunft drängte die jungen Bismarcks zu einer aktiven Unterstützung des Markgrafen. Dem Brandenburger wurden nicht nach altväterlicher Weise der Ritterheere Ross und Reiter, sondern Geld für die modernen Söldnerheere zur Verfügung gestellt. Vor dem entscheidenden Feldzug von 1343 gegen Herzog Otto von Braunschweig streckte Klaus von Bismarck dem Markgrafen verschiedene Geldsummen vor, wofür man ihm die landesherrlichen Zolleinkünfte aus Havelberg verpfändete – mit sofortiger Wirkung und nicht als Zukunftsaussicht.

Immer waghalsiger und verwickelter gestalteten sich die Geschäfte der Stendaler Patrizier: Im Verein mit sieben anderen reichen Bürgern streckte Klaus von Bismarck im Entscheidungsjahr 1343 weitere Darlehen vor, wofür man die Stendaler und Kyritzer Münze auf zwölf Jahre verschrieb, allerdings mit der etwas unsicheren Maßgabe, dass diese Münzeinnahmen wegen anderweitiger Verschreibung erst nach vierzehn Jahren fließen sollten. Also auch hier wieder ein Wechsel auf die Zukunft, bei dem sich finanzwirtschaftlicher Einfallsreichtum und feudales Rechtsgebaren sonderbar mischten.

Das Geschäft der Stendaler Patrizier mit dem Markgrafen Ludwig ging vom Finanziellen ins rein Politische über. Jedoch lauerten auf dem Weg zur Unterstützung des Markgrafen juristische Fallen. Stendal hatte nämlich zwei Fürsten den Untertaneneid geleistet, dem Markgrafen Ludwig die Erbhuldigung und dem Herzog von Braunschweig die Huldigung auf Lebenszeit. Solange diese lebten, waren die Stendaler Patrizier davon nicht entbunden. Deswegen hielten sie es für geraten, die Vermittlung anzurufen in der Absicht, den Braunschweiger ins vermeintliche oder wirkliche Unrecht zu setzen. Zweifellos war Klaus von Bismarck ein Hauptvertreter der für den Markgrafen wirkenden Partei und an mehreren Verhandlungen beteiligt.

Die hohen Herren vom Stendaler Stadtrat kamen schließlich auf die dummdreiste Idee, als Schiedsrichter ausgerechnet Kaiser Ludwig, den Vater des Markgrafen Ludwig, anzurufen. Von vornherein war klar, dass dieser sich aus politischen und verwandtschaftlichen Gründen – vor allem um der Unversehrtheit des Kurfürstentums Brandenburg willen – für seinen Sohn entscheiden würde. In der Tat bramarbasierte der Römische Kaiser im Juli 1343, dass er »nach Anhörung von Grafen, Freien, Rittern und Knechten seines Rates« das im Grunde erwartete Urteil fällen müsse, »weil man alle Zeit dem Rechte helfen und Beistand leisten solle und dem Unrecht nicht, so sollen die Rathmannen zu Stendal fortan unserem Sohne dem Markgrafen behülflich sein gegen den Herzog von Braunschweig und nicht dem Herzoge«.[6]

Die Mühe, juristisch spitzfindig zu argumentieren, machte sich der Kaiser gar nicht; seine Berufung auf Recht und Unrecht war rein rhetorisch und schon für die damalige Zeit kaum geeignet, das egoistische Interesse ideologisch zu verhüllen. Doch das kaiserliche Placet, wie dürftig auch begründet, genügte den Stendaler Patriziern, um sich frei zu fühlen, den städtischen Heerbann ins Lager des Markgrafen Ludwig gegen den Herzog Otto von Braunschweig zu führen und den Feldzug nicht allein mit privaten Finanzmanipulationen, sondern auch mit Zuschüssen aus der Stadtkasse zu unterstützen. Herzog Otto verlor im Feldzug von 1343 aber nur eine Schlacht, nicht den Krieg. Um ihn zu bewegen, auf die Altmark endgültig zu verzichten und damit die Einheit der Mark Brandenburg wieder möglich zu machen, musste Markgraf Ludwig in einem Vergleich eine hohe Abstandssumme, zu der die Stendaler Patrizier städtische und private Geldanleihen beigesteuert hatten, zahlen.

Kurz vor Weihnachten 1343 wurde in Stendal dann die Erbhuldigung für den Markgrafen Ludwig inszeniert. Sie war mit einem recht handfesten Vertrag verbunden, wonach alle seit Markgraf Woldemars Tod 1319 in der Altmark gebauten Burgen abgebrochen und neue nicht gebaut werden sollten. Die Städte konnten jedoch ihre Festungswerke verstärken. Diese Bestimmungen richteten sich ausschließlich gegen jene Landadligen, die während der vergangenen zwanzig Jahre das Land unsicher gemacht und den Städten wie dem Markgrafen zugesetzt hatten.

Schon 1340 war Klaus von Bismarck dabei gewesen, als der Stendaler Stadtrat erfolglos versucht hatte, mit den widerborstigen Landadligen ein Übereinkommen zu finden.[7] Nach all den Erfahrungen mit dem landadligen Raubgesindel war die Übereinkunft von 1343 zwischen Stadt und Markgrafen durchaus fortschrittlich: Ihre Ziele waren, die Sicherheit der Stadt zu gewährleisten und die nächsthöhere Feudalgewalt, eben die fürstliche Landesherrschaft in den Territorien, zu stärken; unter den damaligen klassen- und territorialstaatlichen Beziehungen konnte diese ohnehin eher den Landfrieden garantieren als die ferne königlich-kaiserliche Gewalt. Aber da die Landesfürsten immer geldbedürftig waren, gerieten sie bald wieder in eine schwache Position.

Die Patrizier wurden in den mit dieser Politik verbundenen Finanzoperationen immer kühner, schanzten dem Markgrafen auch noch Geldbeträge aus der Stadtkasse zu und zogen aus dieser Hilfe große Gewinne. Klaus von Bismarck erfreute sich besonderer Gunst: Der Markgraf belehnte ihn und seine Familie mit dem landesherrlichen Schloss Burgstall. Doch das war den Handwerkern und Krämern zu viel! Sie pflegten die Privilegien als gottgewollte Institution der mittelalterlichen Gesellschaft hinzunehmen, gerieten aber in helle Empörung ob solcher Schiebereien mit Steuergeldern, ob all der Geldsäckelei, der Pfründenwirtschaft und einer Standeserhöhung, die in ihrem Extrem nur als Unrecht erscheinen konnte. Ein Volksaufstand im Sommer 1345 führte zur Vertreibung der vornehmsten alten Familien, darunter der Bismarcks.

Klaus von Bismarck und seine Familie wurden in einer Zeit sozialer Hochspannungen in Stendal wie in der Altmark und ganz Brandenburg schlossgesessen. Diese Erhöhung war ungewöhnlich,[8] aber nicht unbegreiflich: Außergewöhnliche Krisenzeiten verlangen stets nach ungewöhnlichen Maßnahmen. Doch die faktische Standeserhöhung fand lange Zeit keinen juristischen Ausdruck; bis zum Beginn des 15. Jahrhunderts figurierten die Bismarcks in den Urkunden als *cives* (Bürger).[9] Andererseits waren sie gemäß ihrer wahrscheinlich ministerialischen Herkunft, vor allem ihrer feudalen Rechte, Gewinne und Konnexionen, keine selbstbewussten Stadtbürger im Sinne des Spätmittelalters oder gar des 19. Jahrhunderts, vielmehr nahmen sie mit ihrer machtbewussten Schlossgesessenheit in Burgstall während des 14. Jahrhunderts eine ständische Zwischenstellung ein.

Schlossgesessener Bürger-Aristokrat

Noch vor der Belehnung mit Burgstall hatte Klaus von Bismarck erreicht, dass ihm der Markgraf landesherrliche Erhebungen aus der Stadt Tangermünde und dem Dorf Döbbelin, wahrscheinlich gegen einen guten Kaufpreis, überließ. Burgstall war also keine Flüchtlingsburg eines aus der Stadt Vertriebenen, sondern der Zentralsitz eines Mannes, der über weite feudale Besitzungen und Gerechtsame, also Vor- und Nutzungsrechte, in zahlreichen Dörfern der näheren und auch weiterer Umgebung verfügte. Ihm wuchsen die Feldmarken, also die Felder und Wiesen, Weiden und Waldungen der wüst gewordenen Dörfer seines Lehnsgebietes zu,[10] über das sich überdies umfangreiche Waldreviere erstreckten, vor allem der Burgstaller und der Letzlinger Forst. Seit der Vertreibung von 1345 verfolgte die Familie Bismarck aber eine Aneignungs- und Enteignungspolitik,

Seit 1345 besaßen die Bismarcks Anteile am Gut Döbbelin
in der Altmark, das von 1375 bis 1945 in ihrem festen Besitz war.
Bis zu ihrem Tod 1963 lebte eine 1880 geborene von Bismarck
im Herrenhaus. Seit 1991 gehört das Anwesen wieder der Familie.

die – wie ein Blick auf die Topographie der Besitzungen zeigt – auf
einen möglichst geschlossenen Besitz hinzielte.

An der Grenze zum magdeburgischen Territorium gelegen, war
Burgstall ein befestigter Stützpunkt mit einer doppelten Funktion:
Von dort aus wollte man im Sinne des Markgrafen auf der Hut sein
vor dem magdeburgischen Erzbischof, dem man trotz seiner Ver-
zichterklärung von 1336 nicht über den Weg traute; zum andern
konnte man im Umkreis von Burgstall gegen fehdeeifrige und her-
untergekommene Landadlige vorgehen.

Die sozialen und politischen Wirren in Europa, Deutschland
und den märkischen Landen sorgten nach 1345 für manche Überraschung: die Kurfürsten verblüfften die Welt mit der Wahl von König
und Gegenkönig; ein falscher Fürst machte das Land unsicher. Er
lockte geradezu fürstliche Nachbarn an, um der Mark Brandenburg
Herrschaftsrechte zu entreißen. Fehden nahmen zu, mündeten da
und dort in kriegerische Auseinandersetzungen; die Pestepidemie,

der Schwarze Tod, forderte vor allem in den Städten Opfer; das große Sterben war begleitet vom Fanatismus der Judenpogrome und Geißlerumzüge. Es schien, als hätten sich Gesellschaft und Natur verschworen, die Menschen zu peinigen, ihre Körper und Seelen zu verwüsten.

Im Juli 1346 erhoben die Kurfürsten, ausgenommen die Wittelsbacher aus Brandenburg und der Pfalz, in Rhens am Rhein den Sohn des Böhmenkönigs Johann aus luxemburgischem Geschlecht zum deutschen König. Karl IV., von Papst Clemens VI. gefördert und als Gegenkönig zum exkommunizierten Kaiser Ludwig erkoren, war auch nach dessen Tod im Oktober 1347 noch einige Jahre umstritten und weiterhin in Gefahr, von den Parteigängern der Wittelsbacher mit Gegenkönigen konfrontiert zu werden. Von den einen, wie dem großen Franziskaner William von Ockham, als Pfaffenkönig beargwöhnt, wurde Karl IV. von den anderen als Gottseliger auf dem Throne gepriesen.

Der fromme Mann hatte wahrlich den Teufel im Leib. Schon 1348 bediente er sich des falschen Woldemar, jenes närrischen Betrügers, der sich als der letzte askanische, von langer Pilgerfahrt zurückgekehrte Markgraf ausgab und gegenüber dem wittelsbachischen Markgrafen und Kurfürsten seine angeblichen Rechte geltend machte. König Karl IV. war auf der politischen Bühne der Mark Brandenburg zunächst unsichtbar, hielt aber die Fäden in der Hand; auf und hinter der Bühne agierten mit dem schmierenkomödiantischen Gespenst vom falschen Woldemar land-, pfründen- und privilegiengierige Hochfeudale wie die Herzöge von Sachsen und Mecklenburg, die Grafen von Anhalt und – nicht zu vergessen! – der Erzbischof von Magdeburg. Die dynastische Habgier wütete vor dem Hintergrund von Pestilenz und Massensterben, das die Gemüter niederdrückte, aber auch wieder aufpeitschte. Ursache und Folge dieses verstörten Seelenzustandes waren gehässige Judenjagden, selbstquälerische Geißlerumzüge und trügerische Hoffnungen jener Pilger, die vor Kruzifixen oder Reliquien allerhand Zeichen und Wunder zu sehen glaubten.

Wir können all die krummen Wege, auf denen sich die hohen

Herrschaften in Verfolgung ihrer räuberischen Ziele bewegten, nicht weiter nachzeichnen. Es genügt festzustellen: Jeder von ihnen riss Pfandherrschaften an sich, und König Karl IV. ließ, nachdem das tückische Werk, die Mark Brandenburg territorial zu schmälern und politisch zu schwächen, vollendet war, den falschen Woldemar als verächtlichen Kumpan fallen. Unverkennbar war es sein Ziel, die Markgrafschaft den Wittelsbachern zu entreißen und der königlichen Hausmacht irgendwie einzugliedern. Mit langem Atem und listenreich durchstand er zwanzig Jahre lang ein Spiel, bei dem er mit starken wie schwachen Figuren unmittelbar agierte. Zu den vielen, die dem König zumindest mittelbar und zeitweise dienten, gehörte auch Klaus von Bismarck.

Bald nach dem Auftreten des falschen Woldemar, des Geschobenen und Verschrobenen, trat Stendal, unterstützt von sämtlichen Städten der Altmark, mit Klaus von Bismarck wieder in Verbindung. Mitten in der Ungewissheit des Geschehens, als man nicht immer im Bilde war, wer gegen wen und für wen kämpfte, schien es doch ratsam, sich mit dem neuen und doch altbekannten Herrn von Burgstall ins Einvernehmen zu setzen. Im Dezember 1348 kam zwischen diesem und sieben Städten, die darum nachgesucht hatten, eine Einigung zur Wahrung des Landfriedens zustande; allerdings verlangte Stendal in einer Klausel, dass Klaus von Bismarck der Stadt nicht näher treten solle, »als er vorhin derselben gewesen sei«.[11] Er blieb im Status der Verbannung, wenn auch einer verklausulierten und damit gemilderten; so schnell versöhnte man sich nicht.

Auf diesem Wege ging es nach fünfzehn Monaten weiter. Der Erzbischof von Magdeburg, der als Vertreter der Herrschaft in der Altmark agierte und damit offenbarte, dass der falsche Woldemar nur als Schreckgespenst diente, hatte seit einiger Zeit den Ausgleich zwischen den Städten und den Vertriebenen angestrebt. In der Tat ermöglichte der Vertrag vom 1. März 1350 ihre Rückkehr nach Stendal, vorausgesetzt, dass sie die neue, gegen die Patrizier gerichtete Stadtverfassung akzeptierten. Ein großer Teil der ausgestoßenen Bürger, unter ihnen die Brüder des Klaus von Bismarck, kehrte wieder zurück. Dieser selbst fand eine politisch interessantere Form der Aussöhnung mit Stendal: Er leistete für die finanziell bedrängte Stadtverwaltung zusammen mit seinem Bruder schon im Frühjahr 1349 Bürgschaft, und er trat – wahrscheinlich 1351 – als Hauptmann der Armbrustschützen in die Dienste der städtischen Kriegsmacht, die in solch turbulenten Zeiten besonders klug geleitet sein musste.[12]

Klaus von Bismarck verstand seine Machtposition als Schlossherr von Burgstall zu nutzen, um sozusagen von höherer Warte aus Einfluss in Stendal zu gewinnen. Er verkörperte jetzt Neu-Ritter und Alt-Patrizier; was er damit erreichen wollte, war keineswegs Selbstzweck, nicht Ende seiner Laufbahn, sondern Anfang einer neuen Etappe.

Nachdem der falsche Woldemar seine Schuldigkeit getan und ins dunkle Nichts geschickt worden war, durfte Markgraf Ludwig wieder zurückkehren; doch der erkannte klug, dass er nach dem nah- und ferngelenkten Destruktionswerk des falschen Woldemar keine wirkliche Macht in der Mark Brandenburg mehr ausüben konnte. Er wollte keine Schachfigur in der Hand des böhmisch-deutschen Königs Karl IV. sein. So ordnete er noch einiges in der Mark Brandenburg, übergab die Scheinmacht seinem jüngeren, gleichnamigen Halbbruder Ludwig dem Römer und ging nach Bayern zurück.

Klaus von Bismarck trat also 1353 als markgräflicher Rat in die Dienste Ludwigs des Römers. Sein Wirken in landesherrlichen Geschäften bezog sich vor allem auf die Altmark. Ihm oblag die politisch bedeutsame Aufgabe, den Erzbischof von Magdeburg aus jenen befestigten Plätzen auszukaufen, die er sich während des Gespensterzugs des Woldemar als Pfandbesitz erschlichen und erpresst hatte. Dazu bedurfte es der Geldmittel, die nur ein Mann wie er beschaffen konnte, einer, der in Finanzfragen über eine durch Erfahrung erworbene und zugleich disziplinierte Kombinationsgabe verfügte und wusste, wie Städte zu locken waren, nämlich durch das Arrangement: Steuergelder gegen städtische Münzberechtigung.

Doch von der Position eines Landrats der Altmark aus konnte

Klaus von Bismarck die Verhältnisse in der Mark Brandenburg nicht ändern – wenn sie überhaupt zu verändern waren angesichts der persönlichen Schwäche der neu an die Regierung gekommenen Wittelsbacher, die überdies unter kaiserlichem Druck standen.

Die Macht Karls IV. war stark und unumstritten geworden, was sich bei seiner Krönung zum Kaiser im Jahre 1355 zeigte. Ein Jahr später regelte die Goldene Bulle die künftige Königswahl, die endgültig den sieben Kurfürsten, unter ihnen dem Markgrafen von Brandenburg, übertragen wurde.

Klaus von Bismarck konnte nicht entgehen, dass Kaiser Karl IV. die Wittelsbacher aus der Mark Brandenburg langsam, aber sicher verdrängen wollte. Da er in seiner Position kaum Aussichten hatte, etwas zu bewirken, war es nicht verwunderlich, dass er die wittelsbachisch-brandenburgischen Dienste in einem günstigen Moment quittierte. Der kam, als Kaiser Karl IV. den Papst nach dem Tod des Magdeburger Erzbischofs Otto im Jahre 1361 veranlasste, dem eigenwilligen Domkapitel die Wahl eines Nachfolgers zu untersagen. Aus apostolischer Machtvollkommenheit sollte am 20. Juni 1361 dem königlichen Kanzleibischof Dietrich mit dem Amtsabzeichen Pallium die erzbischöfliche Würde verliehen werden. Die Anweisung des Kaisers an den Papst war nach Namen und Datum bestimmt und unverrückbar. Offenbar konnte die Pfaffen- und Papstgläubigkeit dieses Karl IV. recht eigenartig sein, etwa nach der Maxime: Sei absolut, wenn du meinen Willen tust.

Für Klaus von Bismarck ergab sich daraus ein historischer Glücksfall, denn der neue Erzbischof von Kaisers Gnaden war ein naher Verwandter, wahrscheinlich ein leiblicher Onkel mütterlicherseits. Doch die familiären Bande konnten erst zu politischen geknüpft werden, als sachliche Voraussetzungen dazu kamen. Oberflächlich betrachtet, schien die geistig-soziale Physiognomie der beiden Männer recht unterschiedlich: Der Erzbischof Dietrich, ehemaliger Zögling der Domschule in Stendal, Verwalter mit Mönchsgelübde im Kloster Lehnin, dann Hofmeister des Brandenburger Bischofs und bald eifrig tätig gegen die dem geistlichen Regiment widersetzlichen Wittelsbacher, hatte schließlich als Kanzler in hoher

Stellung dem »Pfaffenkönig« Karl IV. in Prag gedient und war selbst schlossgesessener Grundbesitzer in Böhmen. Was hatte dieser hohe Geistliche dem politischen Charakter nach gemein mit dem altmärkischen Schlossbesitzer Klaus von Bismarck, ehemals Förderer der städtischen Schule Stendals und darum vorübergehend exkommuniziert, der sich vor allem als finanzieller und politischer Helfer der wittelsbachischen Markgrafen betätigte?

Bei näherer Betrachtung findet man durchaus Gemeinsames: Beide Männer gehörten der herrschenden Feudalklasse an und waren durch ihr Leben und Wirken Techniker der Macht geworden. Eine umsichtig organisierte und politisch zielbewusst eingesetzte Finanzverwaltung gehörte zum Modernsten, was die herrschenden Klassen im immer noch feudalen 14. Jahrhundert vorzuweisen hatten. Erzbischof Dietrich, selbst ein erfahrener Finanzverwalter, wusste in diesem Sinne durchaus, was er tat, als er Klaus von Bismarck in das Amt des Stiftshauptmanns einsetzte, in die höchste weltliche Stellung des ausgedehnten Landgebiets, das zum Magdeburger Erzbistum gehörte. Bismarck wiederum erschien diese amtliche Stellung besonders geeignet, um seinen 1345 erhandelten Feudalsitz zu sichern; die Sorge darum ist jedenfalls für eine spätere Zeit nachzuweisen. Sein Schloss Burgstall lag an der Grenze zum magdeburgischen Gebiet, er residierte also sehr nahe der erzbischöflichen Residenz. Anders als unter den ohnehin schwachen, von Kaiser Karl IV. in unwürdiger Weise manipulierten Wittelsbachern hatte er dort eine zentrale Position.

Ein geordneter Haushalt mit möglichst hohen Überschüssen war das erste der drei Ziele der weltlichen Regierungstätigkeit des Erzbischofs. Zweitens strebte er die Sicherung des Landfriedens an, und drittens suchte er geheime Absichten des Kaisers auf die Mark Brandenburg zu unterstützen. Dieses Begehren blieb jedem, der sehen und hören wollte, nicht lange verborgen.

Seit 1360 hatte Markgraf Ludwig der Römer seinen jüngeren, damals mündig gewordenen Bruder Otto als Mitregenten; Ende 1362 trat der gegenüber den Brüdern geistig wie materiell weit mächtigere Erzbischof Dietrich von Magdeburg hinzu. War diese Dreierkombination auch verrückt, so hatte sie doch Methode. Alles war dazu angetan, die Mark Brandenburg darauf vorzubereiten, dass ihre Regierung in kräftigere Hände überging. Schon drei Monate später, im März 1363, räumte Kaiser Karl IV. seinem luxemburgischen Hause die Eventualsukzession, also die Machtübernahme, in der Mark Brandenburg ein, falls die jetzt Herrschenden ohne männliche Nachfolger blieben. Er selbst erschien im Lande und nahm die Eventualhuldigung entgegen, die seine Parteigänger teils durch Überredung, teils mit Druck erwirkten.

Nachdem 1365 der Zeitraum von drei Jahren, in denen Erz- bischof Dietrich in der Mark mitregieren sollte, abgelaufen war, brauchte er nicht erneut als politischer Platzhalter und Quartiermacher anzutreten, denn der schwächliche Markgraf Otto, jetzt nicht mehr von dem im selben Jahr verstorbenen älteren Bruder Ludwig dem Römer assistiert, war dazu gebracht worden, dem Kaiser selbst die Verwaltung der Mark auf sechs Jahre als »vormunder von unserwegen« zu übertragen.[13]

Noch in die Regierungszeit des Erzbischofs Dietrich fiel ein Ereignis, das besondere Schauaspekte der Machtausübung zeigte. Am Magdeburger Dom war das zweite Geschoss des Westbaus vollendet und im Herbst 1363 feierlich eingeweiht worden. Das spielte sich im Prager Repräsentationsstil à la Kaiser Karl IV. ab. Dem Erzbischof Dietrich assistierten sieben Bischöfe mit einem zahlreichen Gefolge von Prälaten und weltlichen Herren. Alle Fürsten der das Erzstift umgebenden Länder mit ihren Gattinnen und Kindern sowie ihren Grafen, Rittern und Knappen trugen bei zum feudalen Gepränge im feierlichen Gottesdienst und in der würdevoll einherschreitenden Prozession. Das alles erfreute die Augen und berauschte die Gemüter des staunenden Volkes; wer dabei war, erzählte es weiter.

Wen eigentlich ehrten die feierlich versammelten feudalen Herrschaften? Den unsichtbar-blassen Gott im Himmel? Oder sich selbst in ihrem farben- und formenreichen Erdendasein? Vielleicht waren sie keine Zyniker, aber sie hatten zur katholischen Religion jene ambivalente Haltung, die später im Begriffspaar Privat- und Staatsfrömmigkeit erfasst wird. Pest, Krieg und allerhand Unfrieden mochten viele Mitglieder der herrschenden Klassen im Verlangen nach Heilsversicherung für die Zeit nach dem Tod bestärkt haben; auch konnte die äußere und innere Zerrissenheit die Menschen dazu führen, sich dem *Dona nobis pacem*, der Sehnsucht nach äußerem und innerem Frieden, anzuschließen. Aber da all die feudalen Herrschaften nicht zur Weltflucht neigten, sondern zum Wirken und Genießen in dieser Welt, stellt sich die Frage, wie, wo und wann die Religion im Machtkampf einzusetzen sei. So entstand eine äußere Religionsbeflissenheit, die etwas schönfärberisch Staatsfrömmigkeit genannt wird; sie äußerte sich in kultischer Repräsentation und öffentlicher Demonstration, in literarisch fixiertem Sendungsbewusstsein der Herrscher, schließlich – sichtbar und erlebbar bis zum heutigen Tag – in Bauten und bildender Kunst. Das war der Sinn der Magdeburger Dombaueinweihung, deren Beurkundung Klaus von Bismarck als höchster Beamter des Erzbischofs am 22. Oktober 1363 gegenzeichnete.

Erzbischof Dietrich lebte nur noch bis 1367. Dann begann, was wahrhaftig bei Groß und Klein, bei Hoch wie Niedrig nicht selten ist: der Erbstreit. Klaus von Bismarck hatte sofort nach Ableben seines hohen Gönners und Anverwandten alles Geld, Silber und Gold, das man bar, in Barren oder Geräten im Nachlass fand, an sich genommen – desgleichen die Edelsteine, Fingerringe und sonstigen Kleinodien. Es will scheinen, dass er während der Streitigkeiten mit dem Erzstift geltend machte, im Wesentlichen den Ersatz seiner dem Verstorbenen gemachten Vorschüsse und all seiner sonstigen Auslagen im erzstiftischen Dienst sicherzustellen. In der Tat beschloss das Schiedsgericht im Jahre 1370, dass Klaus den Nachlass behalten dürfe, doch dem Erzstift dafür tausend vollwichtige Gulden guten Goldes zu vergüten und sieben goldene Siegelringe zurückzugeben habe.[14]

Harmonisch und friedlich war der Abschied des Klaus von Bismarck aus dem erzstiftischen Amtsbereich also keineswegs. Er trat wieder in die Dienste des Markgrafen von Brandenburg ein, jetzt sogar als Hofmeister mit weitgehenden Vollmachten, aber das Land war heruntergewirtschaftet und lag – wer fühlte es nicht? – als Beute für den Kaiser bereit. Die Pfandbesitzungen aus der Mark, mit denen sich die feudalen Nachbarn gütlich taten, waren noch immer nicht eingelöst.

Dem neuen Hofmeister ging es während der wirren Auseinandersetzungen des Markgrafen mit seinen Nachbarn und dem lauernden Kaiser in erster Linie um die Sicherung seines eigenen Grundbesitzes, des Schlosses Burgstall. Zu diesem Zweck betrieb er eine Annäherung zwischen Braunschweig und Brandenburg und brachte es fertig, dass ein im Wesentlichen gegen Mecklenburg gerichteter Hauptvertrag zwischen den beiden Fürsten und ein – wohlverstanden! – geheimer Neben- oder Privatvertrag zwischen dem Herzog von Braunschweig und ihm, dem Burgstaller Schlossbesitzer, abgeschlossen wurde. Nach diesem merkwürdigen Nebenvertrag vom April 1369 stellten sich Klaus von Bismarck und seine Söhne mit ihren Burgen Burgstall und Alt-Plathow als Hofgesinde dem Herzog und versprachen, ihm zu helfen und zu raten, »wie sie es am besten vermochten in guter Treue«. Umgekehrt verpflichtete sich der Braunschweiger Herzog, die Bismarcks zu schützen, »zu beschirmen und zu verteidigen«.[15] Der trotz aller schönen Worte mit Arglist gegenüber dem Brandenburger abgeschlossene Nebenvertrag offenbart die Nervosität und die Unsicherheit der Machtverhältnisse in der und um die Mark.

Entgegen den Absichten des Hauptvertrags schreckte der Herzog von Braunschweig aber vor dem Kampf gegen Mecklenburg zurück, und so griffen der Brandenburger Markgraf und sein Hofmeister nach einem anderen Strohhalm. In tragikomischer Hektik näherten sie sich dem politisch wichtigsten Nachbarn der Altmark, dem Erzbischof Albrecht zu Magdeburg, der aus Mähren stammte und kaum ein Wort Deutsch verstand. Im August 1370 trafen sich die drei hohen Herren in Magdeburg und einen Tag darauf sogar auf Schloss Burgstall. Das war ein diplomatischer Erfolg für Klaus von Bismarck und stärkte, was auch kommen mochte, seine moralisch-politische Position.

Es lohnt sich nicht, hier im Einzelnen zu verfolgen, wie der

Markgraf und sein Hofmeister Klaus von Bismarck versucht haben, die nachbarlichen Pfandbesitzer abzufinden und verlorene Rechte und Gebiete wiederzugewinnen, also den alten Umfang der Mark Brandenburg wiederherzustellen. Am Ende gab Kaiser Karl IV. sein diplomatisches Versteckspiel auf, riss die Mark mit Heeresgewalt an sich und belehnte mit dem Land seine Söhne, König Wenzel von Böhmen, Sigmund und Johann.

Noch vor der Eröffnung des Feldzugs von 1373 richtete der Kaiser eine Botschaft an den Papst, worin er bat, den Markgrafen und alle Einwohner vor der Aufrechterhaltung der den Wittelsbachern gegen die luxemburgische Sukzession (Nachfolge) geleisteten Huldigungseide dringend zu warnen. Diese Bitte war Befehl und zeigte, wer in der praktischen Politik über wem stand, nämlich der Kaiser über dem Papst. Ein päpstlicher Nuntius sollte von der Mark aus gegen alle »Edlen, Vasallen, Bürger und sonstige Einwohner«, die nicht von allen den Wittelsbachern gegenüber geleisteten Huldigungseiden und eingegangenen Verpflichtungen zurücktreten würden, »als gegen Verächter apostolischer Verordnungen« mit gebührenden Strafmitteln vorgehen.

Diese Zumutung muss selbst für den wende- und anpassungsfähigen Klaus von Bismarck zu viel gewesen sein, wie sonst könnte man die Exkommunikation verstehen, die der päpstliche Nuntius über »den Laien der Halberstädter Diözese Klaus genannt Bismarck« verhängte.[16] Erst im März 1376 wurde die Exkommunikationssentenz aufgehoben – vermutlich gegen klingende Münze, die Klaus von Bismarck etwa anderthalb Jahre vor seinem Tod herausrücken musste.

Im berühmt gewordenen »Landbuch der Mark Brandenburg von 1375« wurde Klaus von Bismarck unter den Schlossgesessenen, »den Edlen« der Altmark – den Herren von Schulenburg, von Bartensleben, von Alvensleben, von Jagow und anderen – nicht aufgeführt. Die Bismarcks erscheinen nur als Stendaler Bürger- und Ratsfamilie; doch sie rangieren auf der Liste der altmärkischen Lehnsbürger als diejenigen, die weitaus die meisten Renteneinkünfte bezogen. Von den Schlossgesessenen hatten im Vergleich zu den Bismarcks nur die Bartenslebens mehr Natural- und Geldrentenansprüche. Die vielen Grundbesitzungen des Klaus von Bismarck machten noch mehr Eindruck als die Renteneinkünfte. Überdies verfügte er über einen so oder so profitablen Geldbesitz von etwa vier- bis fünftausend Mark Silber[17] – damals ein Riesenbetrag.

Im Ganzen bewegte sich seine materielle Basis in der Größenordnung seiner schlossgesessenen Zeitgenossen. Was seine politische Macht und Wirksamkeit nach 1345 betrifft, so lag sie gleichfalls auf dieser Ebene. Darum ist die Frage, warum er sich 1375 immer noch im offiziellen Stand des *cives* befand, ebenso berechtigt wie interessant. Dieser offizieller Status, der seinem faktischen keineswegs entsprach, ist umso auffallender, als all die hochedlen Bartenslebens, Alvenslebens und wie sie sonst heißen mögen, wahrscheinlich ebenso wenig Altadlige waren wie die Bismarcks, sondern auch nur aufgestiegene Ministeriale (Dienstmannen).

Allerdings gibt es einen gewichtigen Unterschied: Die Bartenslebens und Alvenslebens waren immer auf dem Land, die Bismarcks dagegen lange Zeit in der Stadt, wenn auch als Patrizier. Das war ihr ständischer Sündenfall. Auch hat Klaus von Bismarck, entsprechend seiner alten Taktik, möglichst mehrere Wege offen zu halten und nicht ohne Not Brücken abzubrechen, im Jahre 1370 insofern in Stendal wieder Fuß gefasst, als er dort vor dem Uenglinger Tor das Gertrauden-Hospital stiftete, das bis ins 20. Jahrhundert hinein im Besitz der Familie Bismarck war und als Gebäude heute noch existiert.

Wenn die neuen Herrscher der Mark Brandenburg, Karl IV. und seine Söhne, keine Veranlassung sahen, den Schlossherrn von Burgstall auch noch ständisch zu bestätigen, dann mag ihre nahezu feindselige Zurückhaltung zunächst nicht recht verständlich sein, schließlich hat Klaus von Bismarck als Stiftshauptmann unter dem Erzbischof Dietrich, dem politischen Quartiermacher Karls IV., jene Ziele der königlich-kaiserlichen Hausmachtpolitik, die sich auf Brandenburg und Magdeburg bezogen, zumindest indirekt unterstützt. Doch es scheint, als sei Klaus vor der sich immer stärker abzeichnenden Machtfülle des böhmischen Königs und deutschen

Kaisers allmählich zurückgeschreckt – vor einer Macht, die sich in eigenartiger Weise durch einen Klerikalismus verstärkte, der nur scheinbar dem Papst dienstbar war, tatsächlich aber den Papst dem Kaiser dienstbar machte.

Klaus von Bismarck versuchte allerlei diplomatische Kombinationen und Konnexionen ins Werk zu setzen, um seine Schlossgesessenheit zu schützen. Die Hausmachtbestrebungen der Wittelsbacher unter Ludwig dem Bayern konnte er viel unbeschwerter unterstützen, politisch wie finanziell. Damals befanden sich die beiden Universalgewalten, Papst und Kaiser, in Kollision; unter Karl IV. waren sie unter der Vorherrschaft von Kaiser und König verbündet. Das war wohl der entscheidende Grund, warum Klaus von Bismarck in der politischen Krisenzeit von 1369 bis 1373, als sich der Wechsel des Herrscherhauses in der Mark Brandenburg ankündigte und vollzog, keineswegs eindeutig für den Kaiser und Böhmenkönig aus luxemburgischem Haus gegen die Wittelsbacher Stellung bezog. Deshalb wurde dem Schlossherrn von Burgstall die formelle Standeserhöhung nicht zugestanden.

Im Jahr 1377 starb Klaus von Bismarck siebzigjährig, ein Jahr vor Karl IV. Jeder der beiden Männer hatte in seinem Wirkungskreis Bedeutendes geleistet. Sie waren stark im Festhalten an einmal gesteckten Zielen und einfallsreich auf allen Wegstrecken, in vielen ihrer Handlungen skrupellos, nur banal waren sie nie. Der Egoismus, mit dem ein Klaus von Bismarck seine Schlossgesessenheit und seine Reichtümer verteidigte und profitabel zu nutzen verstand, reichte schon ins zukunftsweisende Allgemeininteresse der Gesellschaft hinein. Nicht nach Raubritterart wollte er seinen Schlossbesitz zu Burgstall verteidigen oder gar Rache nehmen an Stendal; vielmehr bemühte er sich mit seiner Geburtsstadt um den Landfrieden gegenüber der räuberischer Willkür heruntergekommener Landadliger. In der Finanzverwaltung wirtschaftete er nicht nur in seine eigene Tasche, sondern wirkte auch mit am Aufbau jener staatlichen Institutionen, die sich an die Ware-Geld-Beziehungen in der Gesellschaft anpassten. Seine leitende Tätigkeit im Erzbistum Magdeburg, das eine Machtbastion von Kaiser Karl IV. bildete, stand keineswegs im

Widerspruch zur antikurialen Haltung in der Zeit seines Stendaler Patriziertums – eben weil Karl IV. im Grunde auch die Machtansprüche des Papstes bekämpfte, nicht mit den Mitteln offener Konfrontation, sondern schleichender Unterwanderung durch Vertraute am päpstlichen Hof in Avignon und das Zur-Schau-Stellen traditionell-katholischer Staatsfrömmigkeit.

Sicherlich stand Klaus von Bismarck an Bildung und Macht weit unter Karl IV., und im Vergleich zur genialen Tücke des Kaisers operierte er auf einem niedrigeren Niveau und in einem eingeengten Bereich. Dennoch lag seine Art, Politik und Geschäft miteinander zu verbinden, über dem zeitgenössischen Durchschnitt. Er war wendungsreich in seinem Handeln, aber nicht charakterlos. Die Konstanten seines Wirkens waren einerseits Abwehr der supranational-überzentralistischen Machtansprüche des Papstes, aber auch des Kaisers, andererseits Bekämpfung des staatszerstörerischen Fehdewesens niedriger Adliger. Klaus von Bismarck mag der Zentralisation in der Dezentralisation beim Auf- und Ausbau des Territorialstaates vorgearbeitet haben; doch sein Anliegen war unter den gegebenen Verhältnissen realistisch.

Die Vorstellungen Kaiser Karls IV., die Kurfürsten könnten als Teilhaber an der Reichsregierung in die Zentralregierung integriert werden, insbesondere durch die Einrichtung eines jährlich mit dem Kaiser zusammentretenden Kurfürstenrates, erwiesen sich als illusionär, vielmehr wurde die in der Goldenen Bulle formulierte Landeshoheit der Kurfürstentümer ein weiteres Sprengmittel. Es machte ein solidarisches Zusammen- und Mitwirken, das das Kaiserreich hätte zentralisieren und stärken sollen, unmöglich. Darüber hinaus wirkte die kurfürstliche Landeshoheit als erstrebenswert für die anderen Fürsten. Sie wurden im Beziehungsgeflecht und Kräftemessen der Klassen und Staaten untereinander so stark, dass sie sich sowohl gegen feudale Gewalten, die unter ihnen standen, gegen kleine Landadlige und die in der Goldenen Bulle fast feindselig behandelten Städte als auch gegen den König und Kaiser in einem hohen Maß politisch durchsetzen konnten. Die Territorialfürstentümer wuchsen an Macht sogar über den Hochadel hinaus – derart, dass kein königliches Geschlecht daran denken konnte, sich empor und gesund zu morden, wie das ein Jahrhundert später in den englischen Rosenkriegen geschah.

Klaus von Bismarck erlebte die Kirchenspaltung nicht mehr, die durch die Doppelwahl von Päpsten im Jahre 1378 eingeleitet wurde; vielleicht hätte er dieses Schisma mit einiger Genugtuung hingenommen, aber berührt hätte es ihn nicht sonderlich. Karl IV. hingegen musste noch erleben, dass gegen den von ihm unterstützten Papst ein Gegenpapst gewählt wurde; zwei Monate danach starb der Kaiser – wohl im kummervollen Bewusstsein, dass er keine Gewalt mehr über die Kurie hatte und die Kirche in ihrem Aus- und Ansehen eine hyperkatholische Staatsfrömmigkeit nicht mehr so recht gestattete.

Die Zukunft stand im Zeichen des weiteren Niedergangs der beiden supranationalen Zentralmächte, des Papsttums wie des Kaisertums; doch gerade deswegen blieben sie weit über das kommende Jahrhundert hinaus zentrale Gegenstände des Streites zwischen den Klassen, Schichten, Parteien, Staaten, ja Völkern. Sollte das Papsttum mit all seinem Dogmen- und Ausplünderungssystem reformiert oder gestürzt werden? Musste man das Kaisertum mit seinen mehr fiktiven als realen Herrschaftsrechten überhaupt anerkennen, und wenn ja, inwieweit? Beim Für und Wider um diese Fragen schieden sich die Geister an den Höfen und in den überall wachsenden Städten mit ihren sozialen Differenzierungen, ihren politischen und ideologischen Auseinandersetzungen. Allein schon unter diesen Blickpunkten war das 14. und 15. Jahrhundert das Zeitalter der Vor-Reformation.

KAPITEL 2

Reformation und Gegenreformation

Im Windschatten der Geschichte

Wenn das 14. und 15. Jahrhundert das Zeitalter der Vor-Reformation ist, dann bildet die aus sozialen und nationalen Gegensätzen gewachsene Hussiten-Bewegung ihren Höhepunkt – sie ist die frühe revolutionäre Gegenposition zu Papst- und Kaisertum, das Wetterleuchten der gewaltigen Gewitterstürme von Reformation und Glaubenskriegen im 16. Jahrhundert.

In einer merkwürdigen Dialektik von Zusammenwirken und Aufeinanderstoßen bildeten sich in diesen drei Jahrhunderten materiell und geistig die europäischen Nationen heraus – als gesellschaftliches Gefüge des Feudalismus, das über ihn hinauswies und sich erst im Kapitalismus voll entfaltete. Politisch waren diese frühen Nationen sehr verschieden geartet: Während sich das französische Königtum im Hundertjährigen Krieg gegen England, dann auch gegen die großen Vasallen behauptete und sich das englische Königtum in den Rosenkriegen durch Ausrotten hochedler Aristokratengeschlechter empor und gesund mordete, erstarkten in Deutschland die Landesfürsten zu Lasten des König- und Kaisertums.

In dieser Welt des allseitigen und weiterführenden Umbruchs, ihrer Größe kaum gewahr werdend, lebten die Nachkommen und weiteren Nachfahren des Klaus von Bismarck als politisch passive Nutznießer dessen, was seine vielseitige Aktivität zusammengebracht hatte. Familienhistoriker glaubten zu loben, wenn sie über solche Nachkömmlinge fast rührselig schrieben: Sie »folgten dem Zug nach ländlicher Zurückgezogenheit und den Freuden der Jagd«;[1] oder: Sie waren »fern vom Treiben des Hoflebens und von den großen Ereignissen der Weltgeschichte als friedliche Untertanen wesentlich mit dem Betriebe der Landwirtschaft und Ausübung des edlen Waidwerks auf dem ergiebigen zu Burgstall gehörigen Revier beschäftigt«.[2] Ungewollt verrät dieses Rühmen: Im Windschatten der Geschichte lebend, frönten die Bismarcks in all den Jahrzehnten bis ins 16. Jahrhundert hinein einem spießerhaften Egoismus, der kaum über den Horizont ihres Gutes und ihres Waldes hinausging.

Mit diesem Gut als solchem war es nicht einmal weit her: Wie überall in der Mark Brandenburg und in deutschen Landen überhaupt war der Eigenbetrieb der Feudalherren noch sehr klein, es dominierte übermächtig die Rentengrundherrschaft. In der Altmark waren in den einhundertfünfundsiebzig Dörfern siebenundachtzig und ein halbes Prozent des Hufenlandes im bäuerlichen Betrieb, der aber zinspflichtig gegenüber dem Grundherrn war. Abgesehen von ihrem ausgedehnten Waldbesitz war der landwirtschaftliche Eigenbetrieb der Bismarcks klein, aber die Eigentums- und Herrschaftsrechte über die Bauern erwiesen sich als recht umfangreich. Von den Bauern, die ihr Getreide selbst auf den städtischen Markt brachten, erhielten sie trotz sinkender Getreidepreise und steigender Preise für städtische Produkte so viel an Geldrenten, die durch Fronarbeiten ergänzt wurden, dass der Schlossbesitz und der Betrieb der Land- und Waldwirtschaft gesichert waren und die eisernen Geldtruhen gefüllt. Da bis Ende des 15. Jahrhunderts die Verflechtung der adligen Landbesitzer mit der Marktwirtschaft minimal, die Verwaltung des Ganzen leicht und das Einfordern der Arbeits- und vor allem Geldrenten relativ einfach waren, konnten die Herrschaften von Burgstall in der Tat dem »edlen Waidwerk« unedel nachgehen.

Was von den Taten der Enkel des Klaus von Bismarck der Nachwelt überliefert blieb, war ein lausiger Streit mit dem Domkapitel von St. Nicolai zu Stendal über die Frage, wem denn die bäuerlichen Untertanen der Dorfschaft Buchholz die sogenannten Holzpfennige zu entrichten hätten – ein Streit, den Lobschreiber später wegen der vom Domkapitel ausgesprochenen Exkommunikation zum kulturkämpferischen Ereignis aufplusterten, dabei schlugen die Klerikalen gerade damals mit der Waffe der Kirchenstrafe derartig leichtfertig um sich, dass sie schon stumpf geworden war. Es war zu offensichtlich, dass man von der Seele sprach und die Pfennige meinte. Streithähne konnten die Bismarcks allenfalls sein, aber Kämpfer keinesfalls. Zwei andere Bismarcks fanden Unterschlupf in kurfürstlichen Diensten, aber nur in untergeordneten Positionen: Einer war Heidereiter, also – wie es später hieß – Oberförster; der andere Amtmann zu Bötzow, dem heutigen Oranienburg. Ob die Herrschaften ihren Sitz auf dem Schlossgut oder im Amtshaus hatten, das Bismarcksche Geschlecht blieb lange Zeit im Sinne eines aktiven Mitgestaltens geschichtslos.

Allerdings streifte die Herren von Burgstall zu Beginn des 15. Jahrhunderts der kalte Wind der Geschichte. Im Jahr 1412 schickte Kaiser Sigismund, der Sohn Karls IV., den Nürnberger Burggrafen Friedrich I. von Hohenzollern als Landeshauptmann in die Mark Brandenburg, wo er im Innern den Landfrieden gegen die widerborstige Willkür schlossgesessener Adliger sichern sollte, aber auch den Frieden nach außen – gegen den aufsässigen Herzog von Pommern und den gefährlich gewordenen König Polens, der im Verein mit dem Großfürsten von Litauen 1410 den Deutschen Orden bei Tannenberg besiegt hatte. Zeitweilig unterstützt von den fürstlichen Nachbarn Brandenburgs, die alle gleichermaßen unter dem adligen und hochadligen Raub- und Fehdewesen litten, ließ Friedrich von Hohenzollern jene Burgen schleifen, die Zentren eines Land und Leute plagenden und plündernden Treibens waren – Burgen übrigens, die die uradligen Gans zu Putlitz in der Prignitz, die Quitzows in der Mittelmark und einige Alvenslebens in der Altmark unter dem prekären Rechtstitel des Pfandbesitzes erschlichen und erpresst hatten.

Gegen die Hauptschlösser war nur mit den neuesten Belagerungsgeschützen etwas auszurichten. Friedrich von Hohenzollern führte sie ins Feld und siegte nach einem längeren Befriedungsfeldzug, der im Winter 1413/14 begann. In den Jahren 1414 bis 1416 übernahm der Enkel des Klaus von Bismarck (Klaus III., vor 1385 – nach 1431) für den geldarmen Fürsten mehrmals Bürgschaften, bei denen er wahrscheinlich auch mit klingender Münze einspringen musste; aber nichts ist überliefert, dass er etwa wie sein Großvater die Finanzopfer in politischen Einfluss umgemünzt hätte. Dazu war er weder von seiner persönlichen Statur her noch von seiner historisch-politischen Lage aus imstande. Fast alles spricht dafür, dass der dritte Klaus von Bismarck unter einem Zwang stand, dem Namen nach Bürgschaft, der Sache nach Tribut zu leisten. Nachdem der letzte der Luxemburger Markgrafen diesen Klaus mit seinem Bruder erst 1409 als Schlossgesessene zu Burgstall anerkannt und damit den dortigen Bismarcks die ständisch prekäre Zwischenstellung genommen hatte, ist es mehr als wahrscheinlich, dass der erste der Hohenzollernschen Markgrafen – Burggraf Friedrich war 1415 vom König dazu ernannt worden – für die Sicherung des neuen Rechtstitels harte Gegenleistung verlangte, zumal die Bismarckschen Bürgschaftsleistungen nahezu zeitgleich erfolgten mit den Befriedungsaktionen gegen die schlimmsten Rebellen unter den Schlossbesitzern.

Wie die Landespolitik in die Reichs- und Kirchenpolitik hineinreichte – und zwar in direkter und kompakter Weise –, sollte sich bald zeigen. Kurze Zeit nachdem das von König Sigismund lange vorbereitete und unter seinem Vorsitz tagende Konstanzer Konzil zusammengetreten war, floh Papst Johannes XXIII., der schon halb und halb in seine Abdankung eingewilligt hatte, zum Tiroler Erzherzog. Es war dann Friedrich von Hohenzollern, der als Feldhauptmann half, den erzherzoglichen Rebellen und Beschützer des geflohenen und abdankungsreifen Papstes in einem kurzen Feldzug zu besiegen; das erst brachte die Beratungen des Konzils, welches das Schisma beseitigen und die Kirche reformieren sollte, in Gang. Der Papst wurde nicht nur abgesetzt, auch sein Name Johannes XXIII. gleichsam gelöscht. Erst in der zweiten Hälfte des zwanzigsten Jahrhunderts wurde er von einem römischen Pontifex wieder angenommen. Dem Hohenzollern Friedrich konnte König Sigismund die ihm erwiesenen Dienste nicht anders entlohnen, als ihm die Markgrafschaft Brandenburg und die damit verbundene Kurwürde zu übertragen.

In Brandenburg war die aristokratische Fronde niedergeschlagen, aber keines der Geschlechter ward auf britisch-absolutistische Weise ausgerottet, vielmehr nur dazu bestimmt, domestiziert zu werden. Mit welchen Mitteln die Adligen auch niedergehalten und teilweise enteignet worden waren, es zeigte sich doch im Laufe des

15. Jahrhunderts, dass die Fürsten mit Verboten und Repressionen allein dem Unwesen des Raubrittertums großen und kleinen Stils kein Ende setzen konnten. Die ökonomisch-sozialen Gesetze sind nun einmal stärker als die juristischen; daher musste mit Blick auf eine ökonomische und soziale Befriedung des Adels in der Praxis neu geklärt werden, welche Stellung er in der Produktion, im Verhältnis der Klassen und Schichten zueinander und zum Staat – personifiziert im Fürsten – bekommen sollte.

Die erste Revolution der Bourgeoisie

Die Verschiebung der Klassenbeziehungen und die Veränderung der Staatsformen waren damals nur im Rahmen des Feudalismus möglich, weil sich bei all seiner Krisenhaftigkeit seine Antithese, der Kapitalismus, erst embryonal in verschiedenen Sphären der Gesellschaft, insbesondere in den Städten, regte. Sollte der Adel ökonomisch und sozial befriedet werden, dann konnte dies nur durch allmähliche Formwechsel der feudalen Produktions- und Eigentumsverhältnisse geschehen, und zwar weiterhin auf Kosten der bereits verarmten Bauern und im politischen Angriff auf die ökonomisch und kulturell erstarkenden Städte. Die Hebel waren Produktion und Handel mit Getreide. Nach dem Landbuch Karls IV. von 1375, das damals ein Mittel der kaiserlichen Verwaltung war und heute eine Hauptquelle zur Siedlungsgeschichte darstellt, bestand das brandenburgische Dorf aus Bauernwirtschaften, die Getreide für den städtischen Markt produzierten und dem Grundherrn mit seiner kleinen Eigenwirtschaft vornehmlich Geldrenten zu entrichten hatten; hier vollzog sich im Lauf des 15. und erst recht des 16. Jahrhunderts ein Wandel. Durch das Ansteigen des Getreidebedarfs in den in- wie ausländischen Städten und damit auch der Getreidepreise erkannten die adligen Grundherren die Möglichkeit, ihre ökonomische Existenz eigenverantwortlich an die Produktion und den Handel mit Getreide und anderen Früchten zu binden und die Form der feudalen Ausbeutung der Bauern zu ändern. Das trieb sie an, die herrschaftlichen Eigenwirtschaften auszudehnen und damit das Gesicht des Dorfes durch Gutshöfe mit oft repräsentativen Herrenhäusern auch äußerlich zu verändern, schließlich den Getreidehandel ganz an sich zu ziehen.

Was das Verhältnis zu den Bauern betrifft, so setzte die Ritterschaft in der Altmark 1484 den Beschluss durch, dass niemand fremde Bauern ohne Wissen und Willen des Herrn, von dem sie weggezogen waren, aufnehmen dürfe. Einige Jahrzehnte später, im Jahr 1518, fasste der kurmärkische Landtag ähnliche Beschlüsse, die die bäuerliche Freizügigkeit einschränkten. Offensichtlich sollte die Landflucht im Interesse der adligen Eigenwirtschaften, die mehr als zuvor fronende Bauern und schaffende Gesindeleute brauchten, erschwert werden. Auch wenn die Adligen ihre Eigenwirtschaften aus Geldmangel für das Inventar nicht so rasch ausweiten konnten, wie sie es wollten – die neuen Tendenzen zeichneten sich bereits ab und kamen dann in der ostelbischen Gutswirtschaft des 17. und 18. Jahrhunderts voll zur Geltung. Der Ausbau seiner Eigenwirtschaften musste unweigerlich Bemühungen des Adels nach sich ziehen, die bäuerlichen Wirtschaften den Gutswirtschaften enger zuzuordnen, die Lasten zu erhöhen, insbesondere die Frondienstverpflichtungen zu erweitern. Im Verhältnis zu den Geldrenten bekamen die Arbeitsrenten wieder ein größeres Gewicht.

Kamen zur Schollenpflichtigkeit (Landgebundenheit) und Frondienstpflicht, die um die Wende des 15. und 16. Jahrhunderts härter gefasst wurden, noch der Gesindezwangsdienst und die Patrimonialgerichtsbarkeit (niedere Gerichtsbarkeit, die keine schweren Strafen verhängen durfte; lat. *patrimonium* persönliches Eigentum), und sei es auch nur in Etappen, dann war die Gutsherrschaft früher oder später, mehr oder weniger, ausgebildet. Sie wurde ein Freiraum des Adels für ökonomische Ausbeutung und staatliche Unterdrückung der Dorfbewohner – ein Freiraum, der durch Gewährung des Jagdrechts und des kirchlichen Patronats an den Adel und durch dessen größere Rechte zur Einziehung von Bauernäckern und bei der Gestaltung der dörflichen Acker- und Wiesenordnung beträchtlich erweitert werden konnte. In diesem Sinne war die Gutsherrschaft, die die alte Grundherrschaft mehr und mehr ersetzte, tatsächlich Staat im Staate.

War sie auch eine Trutzburg gegen das Landesfürstentum? Nicht allein, dass rein militärisch davon keine Rede sein konnte, politisch waren da die Herrschaften vom Landesfürsten gerade dann abhängig, wenn sie handelspolitische und finanzielle Interessen gegen die Städte auszufechten hatten. Aus dem ritterlichen Grundherrn sollte ja ein Waren produzierender Gutsbesitzer mit feudalen Herrschaftsrechten werden.

Der bedeutendste handelspolitische Gegensatz zwischen sich modernisierenden Junkern und den stark gewordenen, aber immer noch feudal gebundenen Städten war der von diesen ausgerechnet gegenüber den Bauern ausgeübte Zwang; diese durften nämlich ihr Getreide zum Verkauf nur auf den städtischen Markt bringen, wo die patrizische oder zünftlerische Obrigkeit die Preise festsetzte. Offensichtlich auf Druck des am Handel interessierten Adels und mit Billigung des Kurfürsten Albrecht hob ein Landtagsabschied von 1488, also eine Urkunde des Beschlusses, dieses – im Grunde feudale – Handelsprivileg der Städte zugunsten des Adels auf. Zu Beginn des 16. Jahrhunderts erwarb der Adel dann noch das Recht, eigenes Getreide zollfrei auszuführen, während die Städte Zölle zu entrichten hatten. Ein feudales Privileg stieß immer wieder auf ein anderes, dabei einen alten Vorteil durch einen neuen verdrängend, der unter Umständen recht giftige Blüten treiben konnte. So ließ der Kurfürst Joachim dem brandenburgischen Landtag von 1525 mitten in der Reformationsbewegung des übrigen Deutschland die Beschwerde der Städte über den Getreidehandel des Adels vortragen. Dieser würde nicht nur mit dem in seinen Eigenwirtschaften produzierten Getreide handeln, sondern kaufte es bei seinen Bauern auf; die Adelsherren seien Getreidespekulanten und benutzten ihre Zollfreiheit, um mit anderen Artikeln zu spekulieren. Zum Handel mit Korn kam der mit Vieh, Wolle und anderen landwirtschaftlichen Produkten. Der Kurfürst, wieder zwischen Städten und Landadligen lavierend, ermahnte die Patrizier, sie müssten Kaufmannswürde tragen, wenn sie Kaufmannschaft betreiben wollten.

Es blieb jedoch dabei, dass die feudale Monopolstellung der Städte speziell im Handel zumindest geschwächt wurde. Auch politisch sollte die Macht der Städte als besondere Art der feudalen Partikularmächte gebrochen werden wie überall in den europäischen Ländern; anders waren weder die zentrifugalen Kräfte des Feudalismus zu bändigen noch ein geschlossener Markt in einem größeren Umfang möglich. In der Tat war es im Interesse der ökonomischen Entwicklung notwendig geworden, die Städte in ein Staatswesen politisch einzugliedern, das straffer organisiert und zentralisiert war.

Als Lehrstück, wie das zu machen sei, galt vielen Fürsten die Unterwerfung der Doppelstadt Berlin-Cölln im Juni 1448 unter die Herrschaft des brandenburgischen Kurfürsten Friedrich II. Schon Anfang der vierziger Jahre griff der Kurfürst in die Parteikämpfe zwischen Patriziern und Handwerkerzünften ein; indem er vorgab, schlichten zu wollen, diktierte er: Er suspendierte den Stadtrat, löste die Union von Berlin und Cölln auf, verbot alle Bündnisse der beiden Schwesterstädte mit anderen Städten, beseitigte die städtische Gerichtsbarkeit und hob das Stapelrecht auf, nach dem die Städte durchziehende Kaufleute zwingen konnten, ihre Ware zu »stapeln« und anzubieten oder eine Gebühr zu entrichten, denn es hatte den Durchfuhrhandel fremder Kaufleute und Schiffer zugunsten von Berlin und Cölln behindert. Schließlich errichtete er eine Zwingburg, um die sich kreuzenden Handelswege dort zu kontrollieren, wo heute das Stadtschloss wieder aufgebaut werden soll. Gegen all das, was aus der anfänglich verkündeten Schlichtung geworden war, rebellierten die Bürger im sogenannten Berliner Unwillen von 1447/48. Allein gelassen von den meisten Städten zwischen Oder und Elbe, konnte Berlin gegen die von Spandau aus operierenden Truppen des Kurfürsten nichts ausrichten und musste das Diktat von 1442 ein für allemal bestätigen. Das war der Auftakt zur vielfachen Einschränkung oder gar Zerstörung der städtischen Autonomie durch territoriale Zentralgewalten.

Es bleibt dabei: Während die Zentralgewalten in Frankreich und England unter mörderischen und alles erschütternden Kämpfen im Innern und nach außen die Führung ihrer ganzen Nation ergriffen und damit für die Zukunft deren Reichtum mehren und deren Verteidigung sichern konnten, vermochten sie sich innerhalb der deutschen Nation nur in Teilstaaten durchzusetzen. In Frankreich und England entstanden nationale Königtümer, in Deutschland Landesfürstentümer und Stadtstaaten, nur schwach zusammengehalten durch Kaiser und Reich.

Wie, von wem und inwieweit wurden die Städte politisch gebändigt? Das 15. Jahrhundert war ihre große Zeit und erlebte durch sie eine progressive Umwälzung, die die Menschheit in dieser Vielfalt und Machtfülle bis dahin noch nicht erlebt hatte. Die städtische Produktion wurde vervollkommnet, mannigfacher und massenhafter, der Handel weiter verzweigt, umfassender. Wissenschaft, Kunst und Literatur, die sich – getragen von Repräsentanten bürgerlicher Schichten – vielseitig ausbildeten, wurden auch von weltlichen Fürsten sowie kirchlichen Würdenträgern gefördert und nahmen im Zeichen der Renaissance und des Humanismus einen gewaltigen Aufschwung in der Stadt – nicht aber auf dem Lande.

Die Städte, deren Bevölkerung sich vergrößerte und in ihrer sozialen Schichtung differenzierte, entwickelten sich in merkwürdigen Widersprüchen, und zwar ökonomisch, politisch und kulturell.

Ökonomisch-sozial hielten die entscheidenden Schichten der Städte – wie Patrizier und Zunfthandwerker – an der feudalen Privilegienwirtschaft fest, andererseits förderten sie, indem die Städte die Bedürfnisse in massenhafter und verfeinerter Form weckten oder vermehrten, die Ware-Geld-Beziehungen unter anderem zwischen Stadt und Land, die bei aller Ausnutzung durch den Feudalismus diesen doch allmählich aushöhlten.

Politisch übten die Städte Zwang gegen die Bauern aus, aber andererseits waren es die innerstädtischen Auseinandersetzungen (zwischen Patriziern und Handwerkern, Meistern und Gesellen, etablierten Ständen und Plebejern), die die bäuerlichen Freiheitsbestrebungen beeinflussten und sogar förderten.

Kulturell waren es vornehmlich Denker und Künstler aus Bürgertum und Stadtaristokratie, die hervortraten; sie suchten mit ihren vielfältigen Bestrebungen der Renaissance und des Humanismus die Krisenzeit zu bewältigen und arbeiteten auf eine Reform hin.

Da diese Regungen und Bewegungen auf die überkommenen Abhängigkeitsverhältnisse in Ökonomie, Politik, Religion und Kultur eingehen mussten, drängten sich notwendigerweise Fragen auf, die sich auf die Stellung der Individuen zu Gott und in der Welt bezogen – Fragen und Antworten, die in ihrer Nah- und Fernwirkung über die alte Ordnung, die man zu reformieren gedachte, hinauswiesen, also irgendwie, irgendwann und irgendwo wieder revolutionäre Gestalt annehmen konnten.

Das internationale Zentrum des Feudalsystems war die römisch-katholische Kirche. Deren Vertreter, die in Gestalt der Renaissancepäpste die kulturell neuen Strömungen für ihre Machtzwecke adaptierten und kirchenfürstlich missbrauchten, wurden auch dadurch Gegenstand ebenso umfassender wie hasserfüllter Kritik.

Da Deutschland materiell und kulturell auf der Höhe der Zeit stand, vom Papsttum aber im Vergleich zu allen anderen Ländern Europas am stärksten ausgebeutet wurde, lag es in der inneren Logik der gesellschaftlichen Entwicklung, dass hier im Zeichen der Kirchen- und Reichsreform eine revolutionäre Massenbewegung ausbrach mit einer Gewalt, die ohnegleichen war im 16. Jahrhundert.

Die Reformation Luthers, die mit der gegen den päpstlichen Ablass ausgelösten nationalen Volksbewegung begann, im deutschen Bauernkrieg ihren Höhepunkt und ihre kritische Wende fand, war zusammen mit der abschließenden Reformation Calvins eine religiöse Revolution mit gewaltigen und vielschichtigen Wirkungen auf Politik, Ökonomie und Kultur in Deutschland und Europa. Das Christentum, bislang ausschließlich vertreten in der politischen Machtstruktur der katholischen Papstkirche, war jetzt – in der Organisation wie in der Dogmatik – ein für allemal gespalten; der »neue Glaube«, der Protestantismus, schuf ein neues Ethos – Arbeitsantrieb, Pflichtgefühl, Sparsamkeit und Anderes mehr – und befähigte damit die Menschen, den Manufakturkapitalismus gleichsam mittelständisch zu verbreitern und die marktverbundene Gutswirtschaft intensiver zu fördern. Schließlich löste der alles aufwühlende Parteienkampf in der Reformationszeit eine Kulturrevolution von bleibender Wirkung aus: Flugblätter, Reden, Bücher drangen in weite Kreise ein, bildeten zusammen mit den höheren Schulen Melanchthons und nicht zuletzt mit der eine Einheitssprache fördernden Bibelübersetzung Luthers das Nationalbewusstsein weiter aus. Alles in allem vollzog sich hier die erste Revolution der europäischen Bourgeoisie. Doch diese Bourgeoisie war, so merkwürdig das klingen mag, nicht die Voraussetzung, sondern die Folge der Revolution.

Das spätmittelalterliche Bürgertum, das so vieles hervorgebracht hatte, suchte nach einem neuen und gesicherten Platz im Kräftespiel der Klassen, Schichten, der kirchlichen und der staatlichen Gewalten des allseits krisengeschüttelten Feudalismus; es entwickelte sich erst in der vielschichtigen und langwierigen Reformationsbewegung zu einer Klasse. Die mittelständische Verbreitung des Manufakturkapitalismus zeigte sich darin, dass sie vom 16. Jahrhundert an nicht mehr allein getragen war von den großen Kaufleuten Fuggerschen Zuschnitts, sondern auch von relativ vielen kleinen. Das sich verändernde Bürgertum begann seine historische Laufbahn als Manufaktur-Bourgeoisie und erkannte später in der Zeit der industriellen Revolution immer mehr seinen Beruf, den Feudalismus durch den Kapitalismus abzulösen.

Die angestrebte Kirchenreform führte also über die Kirchenspaltung zur frühbürgerlichen Revolution europäischen Ausmaßes. Dagegen erlitt die Bewegung für eine Reichsreform eine Niederlage. Zur territorialen kam nun noch die religiöse Zerrissenheit Deutschlands. Mochte das Luthertum auch zum Werkzeug vieler Territorialfürsten werden, der Protestantismus stand dennoch am Anfang des bürgerlichen Selbstverständnisses. Gerade deshalb bildete sich besonders in den protestantischen Territorien der ständisch durchwirkte Absolutismus, die »noch feudale« und »embryonal bürgerliche« Monarchie heraus.[3]

Machtspiele im Staube Brandenburgs

In der Mark Brandenburg waren die gesellschaftlichen, politischen und kulturellen Bedingungen für den Anschluss an die Reformationsbewegung – gerade in deren Hochzeit von 1517 bis 1536 – recht ungünstig gewesen. Was Beobachter Anfang des 16. Jahrhunderts über Brandenburg berichteten, war niederdrückend, selbst wenn wir Übertreibungen in Rechnung stellen. Das Land, arm an Bauern, sei auf weite Strecken unbebaut; die Junker glichen entweder Bauern oder Landsknechten; ihre Beschäftigung sei Trinken und Müßiggang. Ein Gelehrter sei so selten wie ein weißer Rabe. Der ursprünglich italienische Humanismus zeigte sich in Brandenburg nur in schwachen Kopien, vornehmlich in der platten Rezeption des römischen Rechts, nicht in jenen selbstständig erarbeiteten Neugestaltungen der fränkischen, oberrheinischen oder sächsischen Künstler und Denker.

In diesem sozialen Klima leisteten sich allenfalls der Kurfürst Joachim I. und sein Bruder, der Kardinal Albrecht, Renaissance-Allüren; ohne Weite des Horizonts und erst recht ohne Tiefe des Gemüts bewegten sie sich recht skrupellos in dynastischen und geschäftlichen Sphären. Man muss es sich recht vor Augen halten und besinnlich durch den Kopf gehen lassen: Der Kurfürst von Brandenburg konnte sich seinen mitregierenden, sechs Jahre jüngeren Bruder Albrecht dadurch vom Halse schaffen, dass er ihn 1513 mit dreiundzwanzig Jahren, als er eben die Priesterweihe empfangen hatte, unter Aufbietung von allerlei Machinationen zum Erzbischof von Magdeburg und Administrator von Halberstadt wählen ließ und so fürstlich unterbrachte. Ein Jahr darauf drückte der Kurfürst nach langen Verhandlungen mit der Kurie und Bezahlung von insgesamt dreißigtausend Dukaten durch, dass sein Bruder Albrecht auch noch den vakant gewordenen erzbischöflichen Stuhl von Mainz besetzen konnte – ein dynastischer Erfolg, da nun die Hohenzollern zwei Stimmen im siebenköpfigen Kurfürstenkollegium hatten: die von Brandenburg und die von Kur-Mainz.

Um die von Fugger vorgestreckten dreißigtausend Dukaten – die als Konfirmationstaxe, Palliengelder (Abgabe an den Papst bei

Wahl eines Erzbischofs) und Annaten (Abgabe an den Papst bei Neubesetzung einer Pfründe) Verwendung gefunden hatten – wieder hereinzubekommen, erhielt Albrecht die Erlaubnis, die Hälfte vom Ertrag eines vom Papst verkündeten Ablasses in den Kirchenprovinzen Mainz und Magdeburg einzustreichen. Das war jener Ablass, den Tetzel auch im Sächsischen predigte, was bedeutete, dass dort Kurfürst und Volk finanziell dafür aufkommen sollten, dass ein nachgeborener Sohn der Hohenzollern die größten Diözesen des Reiches erhielt und dieses Haus die Wettiner noch überflügelte. Es war eine Zumutung, die die seelische Erpressung und den finanziellen Raubzug des Papstes noch unerträglicher erscheinen ließ.

Der von den Hohenzollern mit angestiftete und von Tetzel gepredigte Ablass wurde zur Provokation im vollen geschichtlichen Sinne: Martin Luther, der in Wittenberg sowohl gegen Tetzel als auch gegen die Ablasswirtschaft auftrat, löste eine Bewegung aus, die ihn zunächst selbst überraschte und die zur Reformation trieb. Die Hohenzollern wiederum trumpften in den nächsten zwei Jahren noch auf: 1518 bewirkte Albrecht, schon dreifacher Kirchenfürst – nämlich Erzbischof von Mainz, von Magdeburg und seinem Annex Halberstadt –, auch noch seine Ernennung zum Kardinal, und 1519 ließ sich Kurfürst Joachim I. aus Anlass der Kaiserwahl derart schamlos auf Stimmenkauf bei verschiedenen Kandidaten ein, dass er gezwungen wurde, sich dem einstimmigen Votum für den erzkatholischen Habsburger wohl oder übel doch anzuschließen. Moralisch-politisch derart kompromittiert, musste sich Joachim I. der Sache der Altgläubigkeit, der katholischen Kirche, erst recht verschreiben.

In der Mark Brandenburg war der soziale Körper überwiegend nicht trächtig genug für die Geburtswehen einer neuen Zeit. Nur in einigen Städten gab es Sympathien für die Reformation, die in benachbarten oder ferneren Provinzen des weiten Deutschland durch die sozialen, politischen und geistigen Anstrengungen der Bürger, Bauern und Reichsritter zum Durchbruch kam. Diese Sympathien traten verdeckt und nur vereinzelt offen zutage: Junge Bürger studierten in Wittenberg; Stadtvertreter in den Landständen verlangten gelegentlich – bescheiden formuliert – die Einführung der Reformation; auf Stendals Straßen sangen in den Augusttagen des Jahres 1530 Handwerksgesellen, aufgewiegelt von einem Franziskanermönch, Lutherische Lieder, zogen vor das Rathaus und bedrohten dort kurfürstliche Räte und städtische Honoratioren. Das alles geschah unter der Herrschaft des reformationsfeindlichen Kurfürsten Joachim I. In dessen Abwesenheit und Vertretung vollzog dann in der heiligen Adventszeit der Kurprinz das Strafgericht. An der Spitze von tausend Reitern zog er in Stendal ein und ließ, obwohl während der Augusttumulte niemand zu Schaden gekommen war, sechs wirkliche oder angebliche Rädelsführer enthaupten, unter ihnen den Stadthauptmann. Die kurfürstliche Repressionsgewalt zeigte sich blitzlichtartig an einem Exempel, das ausgerechnet jener Kurprinz statuierte, der wenige Jahre später, von 1539 an, als Joachim II. die Reformation in der Mark Brandenburg mit Güterraub und manchen kirchen- und außenpolitischen Winkelzügen einzuführen begann.

Bei allen Sympathien, die die märkischen Städte der Reformation entgegenbrachten, war sie in Brandenburg doch nur das späte und kirchlich halbherzige Werk des Fürstenabsolutismus, nicht beseelt vom Atem jenes leidenschaftlichen Wollens der Volksbewegung der zwanziger Jahre in Mittel-, Südwestdeutschland und der Schweiz. Das konnte auch nicht anders sein bei einem Kurfürsten, der sich wenige Jahre zuvor als Schlächter von Stendal hervorgetan hatte. Es war immerhin Friedrich der Große, der trocken-zynisch meinte, sein Vorfahre Joachim II. sei zum Protestantismus übergetreten, um die drei märkischen Bistümer einzuheimsen.

In der Tat: Der Grundbesitz der katholischen Kirche in der Mark, vornehmlich die Bistümer Brandenburg, Havelberg und Lebus, wurde säkularisiert und der Domänenverwaltung unterstellt. Die Meinung, dass Joachim II. unter allen Fürsten Deutschlands derjenige gewesen sei, der am deutlichsten das Ziel einer Vermittlung zwischen den beiden Religionsparteien verfolgte, ist reichlich schönfärberisch. Die märkische Kirchenordnung zeigt, dass Joachim II. weit genug protestantisch wurde, um das kirchliche Vermögen einziehen zu können, aber katholisch genug blieb, um nicht die Habsburger, Kaiser Karl V. und König Ferdinand, vor den Kopf zu stoßen.

Kurfürst Joachim II. trat auch nicht dem Schmalkaldischen Bund bei, dem Abwehrbündnis protestantischer Fürsten; aus der Distanz zu ihnen entwickelte sich offene Gegnerschaft. Zu Beginn des Jahres 1547 kam ein territorialfürstlicher Handel reichlich zynischen Zuschnitts zustande: Unterstützt von den katholischen Habsburgern gestand Herzog Moritz von Sachsen von der albertinischen Linie der Wettiner Joachim II. zu, weiterhin brandenburgische Protestanten aktiv zu fördern. Tatsächlich aber kämpfte eines seiner Fähnlein von vierhundert Reitern unter der Führung des Kurprinzen Johann Georg, den wir noch als Widerpart der Bismarcks kennenlernen werden, am 24. April 1547 in der Schlacht von Mühlberg an der Seite der kaiserlich-katholischen Truppen, trug also, wenn auch auf bescheidene Weise, zu deren Sieg und zur Zerschlagung des Schmalkaldischen Bundes bei. Moritz von Sachsen machte so – mit Billigung des Kaisers – seinem Neffen aus der ernestinischen Linie der Wettiner, dem geschlagenen und gefangenen Johann Friedrich I. von Sachsen, die Kurwürde streitig.

Nachdem die Reformation – national und international – von keinen Volksschichten mehr bewegt wurde, wie in den beiden Jahrzehnten von 1517 bis 1536, geriet sie in den Sog von Territorialfürsten. Eine raubselige, zu allerlei Verrat geneigte Zeit brach an; das Raubrittertum mit seinen Ausläufern bis ins 16. Jahrhundert hinein erhob sich jetzt – seltsamer Fortschritt – auf die Ebene des beginnenden Fürstenabsolutismus.

Der sogenannte Religionsfrieden von Augsburg 1555 brachte nur einen höchst prekären Ausgleich zwischen den Konfessionen zustande, zumal die Calvinisten reichsrechtlich nicht anerkannt wurden und die Theologen aller konfessionellen Schattierungen ihr Gezänk über Gotteslehre und Kirchenzucht fortsetzten. Im Ganzen waren ihre Streitereien eine unvermeidliche Begleiterscheinung der dynastischen Rivalitäten. Ganz gleich, auf welche religiöse Fahne die Territorialfürsten zu schwören für gut befanden, der Augsburger Religionsfriede war dazu angetan, ihre Macht zu stärken und ihre Rivalitäten wachzuhalten.

Erzwungener Tausch

Zu Opfern kurfürstlicher Gewalt sollten auch die Bismarcks werden. Von ihrem ersten Schlossgesessenen, Klaus von Bismarck, wissen wir, dass er Burgstall durch politisches Agieren in hohen und höchsten Kreisen der damals aufkommenden Territorialstaaten zu verteidigen verstand. Seine unmittelbaren und späteren Nachkommen beschränkten sich auf Streitigkeiten mit Gutsnachbarn und Bauern; tauchten sie einmal aus ihrem geschichtslosen Landdasein auf, dann waren sie – wie in der Anleiheaffäre des ersten Hohenzollernschen Markgrafen – in das Machtspiel von Geschäft und Politik nur hineingezogen, nur Opfer, die zur Kasse gebeten wurden, nicht Akteure, die Initiativen entwickelten, um politisch ideen- und wandlungsreich ihre Interessen zu vertreten. Sie waren Amboss, nicht Hammer.

Es war nur gehorsame Lehnsfolge, wenn drei Bismarcks, die Brüder Jobst (vor 1510 – 1589), Georg (vor 1515 – 1581) und Joachim (vor 1515 – 1550), sich jenem »geworbenen Volk«[4] anschlossen, mit dem Kurfürst Joachim II. den Moritz von Sachsen unterstützte, dessen Truppen im Auftrag des Kaisers das protestantische und in Acht erklärte Magdeburg von September 1550 an belagerten. Da ging's nach hartem Kriegsbrauch zu. Die Belagerten überfielen in der Winternacht des 19. Dezember 1550 das Lager zu Ottersleben, zündeten das Dorf an und schleppten einhundertfünfundzwanzig lehnspflichtige Adlige mit Ross und Reiter als Gefangene fort; die drei Bismarcks, die mit sechszehn Pferden zu den Lagergenossen gehörten, entkamen mit knapper Not. Doch bald danach fiel einer der drei Brüder, Joachim, vor Magdeburg, dessen Belagerung sich bis in den November 1551 hinzog.

Nach der Kapitulation errichtete der zum Kurfürsten avancierte Moritz von Sachsen eine rein territorialfürstliche Herrschaft und übernahm, Urbild adliger Verräter, wieder die Führung der protestantischen Fürstenopposition gegen den katholischen Kaiser.

In einer Zeit, da Treu und Glauben besonders geringen Kurswert hatten, schlugen die Opfer der Bismarcks kaum zu Buche, zumal sich die Schlossbesitzer zu Burgstall von der hohen Politik, und sei es nur im territorialstaatlichen Rahmen, fernhielten – ganz im Unterschied zu ihrem bedeutenden Vorfahren Klaus von Bismarck und den anderen schlossgesessenen Aristokraten der Altmark wie den Alvenslebens, Schulenburgs und Bartenslebens, denen wir als kurfürstliche Beauftragte in wichtigen Missionen immer wieder begegnen können. Gefahr erwuchs den Bismarcks aus ihrer politischen Passivität, als das kurfürstliche Haus von Brandenburg seine Nachreformation politisch beenden wollte und daranging, die von der katholischen Kirche geraubten Besitz- und Herrschaftsrechte neu zu ordnen und als Tauschobjekte für persönlich und politisch genehmere einzusetzen.

Da warfen Kurfürst und Kurprinz ihr begehrliches Auge auf Burgstall mit seinen weitläufigen, reichen Wald- und Jagdrevieren. Allenthalben in deutschen Landen wuchs sich die fürstliche Jagdlust nahezu grotesk und zu empörenden Plackereien für die Bauern aus.[5] So bestimmte 1555 der Kurfürst August von Sachsen, der Bruder und Nachfolger des 1553 verstorbenen Moritz, dass alle Zäune und Hecken beseitigt werden müssten, durch die die Untertanen dem Wild den freien Zugang zu ihren Feldern versperren wollten. Dabei gehörte Kurfürst August in Sachen Staatsverwaltung und Wirtschaftspolitik noch zur Elite der deutschen Territorialfürsten, aber er war so jagdwütig, dass er am liebsten alle Dörfer in seiner Wildbahn an der böhmischen Grenze ausgesiedelt hätte. Die Jagd gewann bei den deutschen Fürsten einen solchen sozialen Stellenwert, dass Wilddieberei als Kapitalverbrechen erschien, auf das im Laufe des 16. Jahrhunderts fast überall die Todesstrafe stand, nachdem Blenden, Verstümmeln und Ausstäupen (eine Form der Prügelstrafe) nicht mehr genügend abschreckten. Von dieser Jagdversessenheit ließen sich die hohen Herrschaften in Brandenburg leiten, wenn sie die Burgstaller Bismarcks über Jahre hinweg nach allen Regeln grundherrlicher Machtansprüche schikanierten, bis die Schlossgesessenen im entscheidungsschweren Jahr 1555 auf wesentliche Jagdrechte verzichteten.

Es zeigte sich jedoch, dass das kurfürstliche Haus in Brandenburg mehr wollte, als der Jagdlust um Burgstall bis in die Gardelegener Heide hinein zu frönen. Es scheint zum Stil der Brandenburger Kurfürsten gehört zu haben, die moralisch-politische Schmutzarbeit durch die Kurprinzen machen zu lassen. So ließ Kurprinz Johann Georg bald vernehmen, dass er »die von Bismarck an der Heide und Tanger durchaus loswerden« wolle.[6] Warum eigentlich? Nur um ungestört zu sein? Die Annahme liegt nahe, dass es hier auch um strategische und politische Positionen ging. Schon zu der Zeit, als der Stendaler Klaus von Bismarck im 14. Jahrhundert mit Burgstall belehnt wurde, lag dieses im Machtdreieck der Mark Brandenburg, des Herzogtums Braunschweig und des Erzstifts Magdeburg und war damit politisch ein höchst bedeutsames Objekt. Zweihundert Jahre später, zur Zeit des Augsburger Religionsfriedens im Jahr 1555, gewann Burgstall erneut eine wesentliche Funktion als Bollwerk, vor allem gegen das Erzstift Magdeburg. Im selben Jahr kam ein Vertrag zustande, nach dem sich der Erzbischof mit Brandenburg und Kursachsen die Stadthoheit über Magdeburg teilte.

Eine solche Übereinkunft zu dritt verhüllte kaum die brandenburgisch-kursächsische Rivalität, die den Erzbischof, der es überdies mit den Patriziern und Bürgern der Stadt zu tun hatte, erst recht zu einer vorsichtigen Taktik zwang. Gewiss saß auf dem Magdeburger Erzbischofsstuhl seit 1552 ein Hohenzollerscher Prinz, nämlich der jüngste Sohn des Kurfürsten, Sigismund. Doch dieser erklärte erst vor seinem Tod 1566, er und sein Land seien der »augsburgischen Religion« zugetan. Der ihm nachfolgende Administrator, gleichfalls aus Hohenzollerschem Geschlecht, setzte dann die Erklärung in die Tat um. Von den Patriziern gedrängt, führte er die Reformation ausnahmslos in allen Stiftskirchen und Klöstern durch und brachte es 1567 so weit, dass der Dom zu Magdeburg für den evangelischen Gottesdienst endgültig geöffnet wurde.

In jenem Jahrzehnt nach 1555 hatte der Brandenburger Kurfürst also Gründe genug für sein Bemühen, das Burgstaller Grenzgebiet zu Magdeburg hin fest in seinen Machtbereich zu bringen. Die Bismarcks standen nicht nur beim »edlen Waidwerk« im Wege, sie waren auch so landverhockt geworden, dass mit ihnen politisch nichts anzufangen war.

Über sieben Jahre zog sich das Locken und Drohen des Kurprinzen ihnen gegenüber hin, die sich bereits in eine ältere und eine jüngere Linie geteilt hatten, aber in erzwungener Eintracht noch gemeinsam auf Burgstall lebten. Da im Zuge der Säkularisation Kirchengüter frei wurden, konnte der Kurprinz mit Tauschangeboten herausrücken. Im Oktober 1562 schickte er von seinem Jagdsitz Letzlingen aus ein Schreiben voll demagogischer Anklagen und gebieterischer Drohungen nach Burgstall: »Ob wir wohl gehofft hätten, Ihr würdet Euch zur Billigkeit erzeigt haben, weil wir Euch in jüngster gepflogener Unterhaltung noch und oftmals schon vorher eine Erstattung für Eure Güter gnädigst angeboten haben, welches sie bei weitem nicht wert sind, Ihr aber alles abgeschlagen habt, müssen wir dies dahingestellt sein lassen …« Diese letzte Wendung kündigte schon die Drohung an, die der Kurprinz folgen ließ: Da die Wildfuhr ihm gehöre und weil die von Bismarcks sich verpflichtet hätten, dass ihre Hirten und Schäfer – man höre und staune! – die Hunde an Stricken führen sollten, dies aber nicht geschehen sei, so werde er bei fernerer Übertretung sich veranlasst sehen, ihnen Trift und Hütung, soweit die Wildfuhr sich erstrecke, ganz zu verbieten. Anklagend fügte er hinzu: Auch sei die Holzung von ihnen übermäßig verhauen, und sie hätten daher künftig vor Vornahme der Hauung erst einen Antrag an den Markgrafen zu richten, der ihnen anweisen lassen werde, wo sie ihren Holzbedarf befriedigen könnten. Mit dieser Zumutung war schon eine Art Enteignung deklariert; jedenfalls war die Auseinandersetzung in ihr entscheidendes Stadium getreten.

Zuvor hatte der Magdeburger Erzbischof seinen Bruder, den Kurprinzen, noch behutsam gemahnt, man solle doch seine Nachbarn, die Familie von Bismarck, »in ihren Gütern und in ihrem Besitze nicht stören und anderen Leuten einen Hasen, Reh oder Hirsch auch einmal gönnen«.[7] Er tat dies, weil sein Domkapitel um einige ertragbringende Feudalrechte in der Burgstaller Gegend bangte, richtete mit der brüderlichen Mahnung aber nichts aus, im Gegenteil: Er bestärkte das kurfürstliche Haus noch in seinem Bestreben, den brandenburgischen Machtbereich so nahe wie nur möglich an den des Erzstifts zu rücken und sich nicht auf verwandtschaftliche Beziehungen zu verlassen.

Erst recht nützte das Bittschreiben der Bismarcks nichts, die für die Wahrung ihrer Interessen keine machtpolitische Vorsorge getroffen hatten. So blieb ihnen nichts anderes übrig, als untertänigst darzulegen, sie hätten manche liebe Zeit unter den Kurfürsten rühmlich gesessen, diesem mit Gut und Blut willig ihren Dienst geleistet und sich als ehrliche, redliche und treue Untertanen bewährt. Man dürfte es ihnen nicht verargen, wenn sie bei einem Wechsel Bedenken trügen, wodurch sie von ihren väterlichen und altmärkischen Stammlehen an andere Orte versetzt werden sollten. Sie beriefen sich dabei auch auf Gott den Allmächtigen; dennoch bestimmte der Kurprinz anders und wertete das Bittschreiben als Auflehnung. Er ließ – wie eine unbestätigte Überlieferung besagt – die Besitzer von Burgstall kurzerhand gefangen setzen, hieß sie Heringslake trinken und machte sie somit auch noch durch quälenden Durst zum geforderten Gütertausch einwilligungsbereit. Selbst wenn die Überlieferung nicht im wörtlichen Sinn den Tatsachen entspricht, so gibt sie gleichsam in bildlicher Form den gnadenlosen Geist der »Verhandlungen« wider.

Zwei Monate nach seinem herausfordernden Brief, im Dezember 1562, berief der Kurprinz Hans Georg die Bismarcks allesamt nach Letzlingen, um einen Vertrag mehr oder weniger zu diktieren.[8] Anwesend waren die Brüderpaare Heinrich (1506 – 1575) und Friedrich (1513 – 1589) von der älteren, Jobst und Georg von der jüngeren Linie. Die älteren Brüder erhielten für den Anteil an Burgstall die Propstei Crevese, eine Anzahlung von zweitausend Talern sowie – damit für uns Heutige der Humor nicht fehle – sechshundert Gulden Schlüsselgeld für die Ehefrauen »zur Beschwichtigung ihrer Wehklagen«. Jobst und Georg wurden mit den Dörfern Schönhausen und Fischbeck, die dem Bistum Havelberg gehört hatten, ferner mit zweitausendeinhundert Talern und Baumaterial entschädigt.

Im Besitz der Familie blieben ausdrücklich das Gertraudenhospital am Stadtrand von Stendal sowie Güter oder Güterteile zu Wolmirstedt, Briest, Döbbelin und andere, so dass bis auf die Unterbre-

Wie in Döbbelin besaßen die Bismarcks seit 1345 auch Anteile am Gut Briest, das von 1375 bis 1945 im festen Besitz der Familie war. Im Jahr 1997 erfolgte der Rückkauf.

chungen während der sowjetischen Besatzung und der DDR neben der berühmt gewordenen Familie zu Schönhausen auch noch linkselbische Bismarcks leben und wirken.

Ein weiteres, mehr moralisch-politisches Zugeständnis wurde den neuen Besitzern von Schönhausen und Fischbeck doch noch gemacht, indem sie trotz der Lage ihrer Dörfer rechts der Elbe im Verband der altmärkischen Ritterschaft bleiben durften. Dafür fand man eine feudal-juristische Konstruktion, die etwas kostete: Die rechtselbischen Bismarcks hatten die den bisherigen Schlossbesitzern von Burgstall auferlegten Lehnsdienste gegenüber dem Erzstift Magdeburg weiter zu leisten, ebenso jene Lehnspflichten dem Kurfürsten gegenüber, die auf Burgstall und anderen altmärkischen Gütern gelastet hatten.

Die Besitzungen zu Crevese und Schönhausen waren säkularisierte Kirchengüter; dennoch profitierten die Bismarcks nicht von der fürstlichen Nachreformation, sie waren vielmehr Opfer des sich in der Fürstenreformation früh abzeichnenden Absolutismus.

Selbstverständlich verband man mit den neuen aufgezwungenen Besitzungen feudale Herrschaftsrechte und Verpflichtungen der Bauern. Im Jahr 1563 registrierte das Einwohnerverzeichnis von Schönhausen hundertelf zinspflichtige Untertanen, im nahen Fischbeck waren es dreiundzwanzig. Die Schönhausener, unterschiedlich belastet, hatten insgesamt rund hundertvierzig Gulden Geldzinsen, fünfzehn Wispel und fünfzehn Scheffel Haferpacht sowie zwölf Scheffel Roggenpacht, schließlich dreiundsiebzig Stück Zinshühner und hundertsechs Rauchhühner zu entrichten. Die wohl »ungemessenen«, nicht genau fixierten Frondienste blieben im Verzeichnis unerwähnt.[9] Unmittelbar nach der Permutation, im Jahre 1563, konnten die neu installierten Bismarcks noch keine Gutswirtschaft einrichten und mussten sich zunächst an die Regelungen der Grundherrschaft halten, über die vor ihnen die Stiftsherren des Bistums Havelberg verfügten.

Aus den Untertanenlisten und Protokollen des Brandenburger Schöppenstuhls geht indirekt hervor, dass die Schönhausener Ackerbauern und Kossäten in ihrer Mehrheit, wie meistens in den westlichen Gebieten der Mark Brandenburg, Eigentum an Grund und Boden hatten, also ihre Stellen vererben, verkaufen und hypothekarisch belasten konnten. Dabei unterschieden sich die Bauern und Kossäten noch nicht durch die Rechtsqualität des von ihnen benutzten Landes, sondern durch den Umfang ihres Landanteils. Aber ihr Eigentumsrecht und das damit verbundene Stück persönlicher Freiheit waren durch den Grundsatz des Obereigentums ihrer Herrschaften eingeschränkt, denn diese besaßen das Recht, Geld-, Natural- und Arbeitsrenten von den Bauern zu verlangen und die Gerichtsherrschaft im Dorf auszuüben. Leicht wurde es diesen ersten Schönhausener Bismarcks wohl nicht, sich im Dorf durchzusetzen, das jetzt mit Grundherren zu tun hatte, die nicht im entfernten Stift in Havelberg residierten, sondern sich anschickten, Tag für Tag im Ort selbst zu herrschen.

Nach Bauernart übte man Rache und zündelte heimlich: 1572 brannten zwei Scheunen lichterloh, 1575 der Rittersitz mit Gebäuden, Scheunen, Schäfereien und einigen Ställen und 1576 des Amtschreibers Scheune sowie eines anderen Untertanen Wohnhaus und Scheune.[10]

Die Bismarcks wiederum setzten hin und wieder beim Brandenburger Schöppenstuhl durch, dass dieser im Stil altfeudaler Herrschaft mit Mitteln grausamer Abschreckung vorging. Bereits 1566 vermerkte eine Akte »Rechtsfrage des Georg von Bismarck wegen der ihm von seinem Fischer Clement zu Schönhausen aus verschlossenem Spinde gestohlenen 32 Goldgulden und Spruch des Schöppenstuhls auf Tod durch den Strang«. Fünfzehn Jahre später steht geschrieben: »Der Schäferknecht Henningk Erdeber, der gemeinsam mit Engelke Bremer aus Harpke … den Bismarcks 36 Schafe und 5 Lämmer gestohlen hat, soll nach Brandenburger Spruch mit dem Strang am Galgen vom Leben zum Tode gerichtet werden, der gleichfalls verdächtigte Heine Minthe aus Schönhausen zunächst der scharfen Frage nicht unterworfen werden.« Letzteres war die juristische Formel für die verschiedenen Stufen der Folter.

Die Bismarcks empfanden den erpressten Gütertausch als schlimmes Unrecht. Noch drei Jahrhunderte später, am 31. Oktober 1855, schrieb der Bundestagsgesandte Otto von Bismarck an den General Leopold von Gerlach: »Ich ärgere mich, dass ich gar nicht mehr zur Letzlinger Jagd eingeladen werde, die doch zumeist auf unserm uns vor 300 Jahren per nefas genommenen Stammbesitz stattfindet.«[11] Im saloppen Ton sprach später Otto von Bismarck dem Journalisten Moritz Busch gegenüber vom »Butterbrot«, mit dem seine Vorfahren abgefunden worden seien.[12] In einem familiengeschichtlichen Exposé schrieb er dagegen mit fast feierlicher Genugtuung am 19. November 1871: »Seine Majestät der König hat die Gnade gehabt, mich am 16. September 1865 nach der Huldigung in Lauenburg in den Grafen- und am 22. März 1871 in den preußischen Fürstenstand zu erheben. Durch die mir 1866 und in diesem Jahre verliehenen Dotationen bin ich zu einem Grundbesitz gelangt, welcher wenigstens in räumlicher Ausdehnung den seit 300 Jahren von allen Mitgliedern unserer Familie mit Recht so schmerzlich empfundenen Verlust von Burgstall ersetzt.«[13]

Über drei Jahrhunderte hinweg mochte bei den Bismarcks ob

des ihnen zugefügten Unrechts der moralische Groll währen, aber begleitet war er von einer politischen Lehre, die hieß: Die Landaristokratie solle sich gerade bei der Verteidigung ihrer gutsherrschaftlichen Rechte und Vorteile niemals auf eine längere Fronde gegenüber dem Fürsten einlassen, der trotz allem ihr Haupt ist und bleiben werde. So schmerzlich für die Bismarcks die erzwungene Übersiedlung von Burgstall nach Schönhausen auch gewesen sein mag, unbestreitbar bleibt, sie sollte sich im biologischen wie materiellen Sinn als Neuanfang in der Familiengeschichte erweisen, und der neue Hauptsitz des Geschlechts war weder ökonomisch armselig noch geographisch und historisch abgelegen.

Da der erste Besitzer von Schönhausen kinderlos verstarb, bekam der Herr von Crevese, Friedrich I. (1513 – 1589), im Jahr 1589 auch noch Schönhausen. An seinem neuen Gut konnte er sich nur kurz erfreuen, da er nach vier Monaten ebenfalls verstarb. Dennoch gilt er als der Stammvater aller Schönhauser Bismarcks.

Das rechtselbische Schönhausen, nicht weit von Stendal und der Ost-West-Verbindung der Mark Brandenburg entfernt, und Fischbeck, eine Art rechtselbischer Brückenkopf von Tangermünde, hatten schon im 16. Jahrhundert eine lange Geschichte mit all ihren Stürmen hinter sich. Beide Orte gehörten zu der Dotation, mit welcher Otto I. bereits im Jahre 948 das von ihm gestiftete Bistum Havelberg ausstattete. Was sich im Besitzstand dieser Dotation durch Zerstückelungen und slawische Inbesitznahmen im 11. Jahrhundert auch verändert haben mochte, nach dem Wendenkreuzzug von 1147 und der Gründung der Markgrafschaft Brandenburg von 1157 waren Schönhausen und Fischbeck wieder Tafelgüter, die dem Lebensunterhalt des Bischofs von Havelberg dienten. Der dort 1150 begonnene und 1170 eingeweihte Dom mit seinem mächtigen Turmriegel wurde offensichtlich zum Modell für die 1212 eingeweihte Kirche zu Schönhausen.

Erhalten ist die dreischiffige romanische Basilika mit einem Turm, der sich wie ein festungsartiger Querbau erhebt. Sie ist die größte Dorfkirche der ganzen Gegend, so trutzig, dass man immer noch etwas von jenem militanten Kolonisations- und Missionsgeist

Ostelbiens zu verspüren glaubt, der um die Wende vom 11. zum 12. Jahrhundert wohl noch lebendig war.

Die turmartigen Querbauten, die nur ganz oben im Glockengeschoss Schallöffnungen haben, lassen vermuten, dass das Gotteshaus eine Wehrkirche war. Wenn die breiten, dickwandigen und fensterlosen Westtürme, die bei den mittelalterlichen Dorfkirchen Ostelbiens vorherrschend sind, eine Funktion in kriegerischen Notzeiten besaßen, dann war es die der Zuflucht. Zugleich hatten diese schweren und dick gemauerten Westwerke, so scheint es, eine symbolische Bedeutung. Unter dem Schutz der Erzengel stehend, sollten sie gegen die Mächte der Finsternis gerichtet sein, deren Sitz die Himmelsrichtung des Sonnenuntergangs andeutete.

Der erzwungene Bismarcksche Gütertausch 1562 und der Augsburger Religionsfriede von 1555 erwiesen sich als neue Ausgangspunkte beim weiteren Zusammenwirken von Geschlecht und Geschichte. Mochten die Bismarcks auch auf Gütern der linkselbischen Altmark und später in Pommern wirken und herrschen, Schönhausen blieb gerade mit Blick auf ihre Zentralgestalt Otto von Bismarck lange ihr Hauptsitz. Der Friede von Augsburg bestätigte die staatliche Dezentralisation und die kirchlich-religiöse Spaltung in Deutschland.

Nach dem Frieden, vor dem Krieg

Wenn das kurfürstliche Haus in Brandenburg nach 1555 eifrig und verstärkt die Konsolidierung der ihm angemessenen Art von Reformation betreibt, dann ist dafür entscheidend, dass die Mehrheit des deutschen Volkes um die Mitte des 16. Jahrhunderts protestantisch geworden war; für viele zeitgenössische Betrachter schien Deutschland – früher oder später – dem neuen Glauben ganz und gar anheimzufallen.

Kaiser Karl V. resignierte, gab die spanische Krone seinem Sohn Philipp II., die Kaiserkrone seinem Bruder Ferdinand und zog sich in ein Kloster zurück. Der Protestantismus war nach all den Fährnissen Ende der vierziger und Anfang der fünfziger Jahre so stark geworden, dass der im Augsburger Religionsfrieden postulierte »geistliche Vorbehalt«, wonach den noch katholisch gebliebenen Bischöfen, Äbten und Äbtissinnen der Übertritt zum neuen Glauben verboten sei, in einer »kaiserlichen Deklaration« abgeschwächt und bis in die siebziger Jahre hinein nicht befolgt wurde, vor allem nicht in Norddeutschland, wo es keine katholische Dynastie mehr gab. Ein norddeutsches Bistum nach dem andern wählte einen protestantischen Prinzen zum Bischof. Ohne die Weihe empfangen zu haben, wurden diese protestantischen Bischöfe zu Administratoren und ihre Herrschaftsbereiche zu Sekundogenituren, also zu Nebenlinien, benachbarter Fürstenhäuser.

Mit dem Augsburger Religionsfrieden begann für die deutschen Territorialstaaten eine neue Entwicklung. Macht wuchs ihnen zu, ganz gleich, auf welche religiöse Fahne zu schwören ihre Staatsräson befand. Im Falle des brandenburgischen Kurfürsten gewannen allein durch die Einziehung von Kirchengütern die der Reformation zugewandten Fürsten materiell und politisch-ideell recht viel; so avancierten durch den Ausbau der evangelischen Kirchen zu Landeskirchen deren Geistliche zu Staatsbeamten. Aber auch die dem katholischen Glauben ergebenen und für ihn streitenden Fürsten akzeptierte man in kirchlichen Dingen als maßgebend, weil die katholische Kirche anders sich nicht hätte halten können. Mehr denn je traten fürstliche Abgesandte, vor allem die von Hessen, Sachsen, Brandenburg und der Kurpfalz, an den auswärtigen Höfen selbstständig auf – unabhängig von der kaiserlichen Politik, ja dieser oft genug zuwiderlaufend. Die Mächte, mit denen Fürsten und Kaiser damals im internationalen Kräftespiel rechnen mussten, waren Frankreich, England, Spanien, die Niederlande, Skandinavien, Polen und Russland.

Die kommenden Jahrzehnte waren bestimmt durch das Ineinanderwirken von Reformation und Gegenreformation, von Machtkämpfen großer und kleiner Staaten, von Kämpfen der Klassen und Schichten allüberall in Europa.

Das tridentinische Konzil, das sich fast zwei Jahrzehnte von 1545 bis 1563 hinzog, weil immer wieder unterbrochen und von Krisen bedroht, wollte der protestantischen Reformation die katholische

Reform entgegensetzen. Doch diese war im Kern eine Restauration: In kompromissloser Abwehr aller häretischen Auffassungen, wie etwa Luthers Lehre von der Rechtfertigung des Menschen vor Gott durch den Glauben allein (nicht durch die »guten Werke«), wurden als Quellen der Kirchenlehre (des Dogmas) neben der Bibel (und dazu in der Form der lateinischen Vulgata, der fehlerhaften Übersetzung der griechisch-hebräischen Urtexte) wie eh und je die sogenannte Tradition (also die von der Kurie überwachte Interpretation durch alte und neue Theologen) für verbindlich erklärt. Neben der Kirchenlehre blieb die Kirchenverfassung im Prinzip unangetastet: An der Autorität des Papstes in der Gesamtkirche und der Bischöfe in ihren Diözesen durfte nicht gerüttelt werden. Soweit man von einer Reform der katholischen Kirche sprechen konnte, dann nur in dem Sinne, dass ihre traditionelle Lehre auf einen klareren, fasslicheren Ausdruck gebracht, die Kirchenverfassung gestrafft und dabei Missstände wie Ablasspredigten und päpstliche Provisionen beseitigt wurden.

Alle Entscheidungen des tridentinischen Konzils traf man in Übereinstimmung mit Sprechern dreier Monarchen, und zwar des Kaisers, des Königs von Spanien und des Königs von Frankreich. Hier zeigte sich in klassisch reiner Form, dass, wie Hegel später einmal schrieb, Religion und Politik allemal unter einer Decke steckten. Dieser Verbindung von Religion und Politik in einer Übergangsepoche voller Stürme und Kriege entsprach in Geist und Organisation am besten der von dem Spanier Ignaz von Loyola gegründete, ganz auf Gehorsam gegenüber dem Papst eingeschworene Jesuitenorden. Er entwickelte sich zum wirksamsten Kampfinstrument der Gegenreformation. Die Kirche hatte Angriff wie Verteidigung nötig, zumal der Kalvinismus, der von der im Augsburger Religionsfrieden festgelegten Gleichberechtigung der Katholiken und Protestanten ausgeschlossen blieb, in Westeuropa Fortschritte machte.

Jean Calvin schuf mit seiner Prädestinationslehre, wonach der Mensch vor Gott zu Auserwähltsein oder ewiger Verdammnis vorherbestimmt sei, bei seinen Anhängern eine besondere Art von Frömmigkeit: Der Kalvinist fühlte sich als Auserwählter, der sich als Werkzeug Gottes durch Arbeit, Genügsamkeit und Sittenstrenge, aber auch durch Härte, ja Heroismus in der Welt zu bewähren hat – in der materiellen Produktion, im politisch-kirchlichen Leben und, wenn es sein muss, auf den Schlachtfeldern. Die ideologisch am stärksten ausgeprägten Gegenpole waren in Jean Calvin und Ignaz von Loyola verkörpert.

Schon angesichts der Hugenottenkriege, die 1562 mit dem Aufbegehren der französischen Kalvinisten begannen, versetzten Inquisition und Jesuiten die katholische Kirche in Belagerungszustand. Der Geist des Kriegsrechts erfasste die Kirche, er manifestierte sich in drei Grundgeboten: einheitliches Kommando; blinder Gehorsam; Pardon wird nicht gegeben. Das brachte das teuflische Gemisch von katholischem Eiferertum und dynastischer Machtpolitik in der Bartholomäusnacht von 1572 zu mörderischer Explosion: Zweitausend Hugenotten in Paris, zwanzigtausend in der Provinz wurden massakriert, unten ihnen ihr Führer, Gaspard de Coligny; den hugenottischen Prinzen von Condé verschonte man als Verwandten des Königs, wahrscheinlich, um ihm Gelegenheit zum Umfallen zu geben, die er allerdings nicht wahrnahm. Die Hugenottenkriege dauerten bis zum Ende des 16. Jahrhunderts und behinderten das katholische Königtum von Frankreich im internationalen Kräftespiel.

Die weltliche Vormacht des Katholizismus, das spanische Königtum, erlitt Ende des 16. Jahrhunderts gleich zwei weltpolitische Niederlagen: Im Jahre 1581 gipfelte der niederländische Befreiungskampf gegen die klerikal-absolutistische Unterdrückung und Ausbeutung in der Gründung der Republik der Vereinigten Niederlande; ihre ökonomisch-soziale Grundlage war der Handels- und Manufakturkapitalismus und ihre religiöse Freiheitsfahne der Kalvinismus. Obendrein vernichteten 1588 die Engländer die spanische Armada und eroberten so die Vorherrschaft auf den Meeren: Britannia rules the waves!

Politisch leiteten beide Ereignisse den Niedergang des katholisch-feudalen Spaniens ein und den Aufstieg der protestantisch-manufakturkapitalistischen Länder wie der Niederlande und England. Kulturell jedoch konnte sich Spanien mit diesen beiden Mächten bis in die Mitte des 17. Jahrhunderts an Gestaltungskraft von Jahrhunderte überdauernder Weltwirkung messen.

Doch gerade weil sich das Streben des mit Spanien verbündeten Kaisertums nach universaler Herrschaft zunehmend als illusionär erwies, weil der Tendenz nach Nationalstaaten zuwiderlaufend, mussten die Habsburger wenigstens in ihren österreichischen Erblanden und früher oder später in ganz Deutschland die gegenreformatorische Herrschaft durchzusetzen versuchen.

Die forcierte Re-Katholisierung, die mit der Festigung der monarchischen Gewalt in Richtung des Absolutismus einherging, stieß auf Widerstand sowohl des Herren- und Ritterstandes als auch der Bauern. Diese wehrten sich gegen die doppelte Belastung durch Grund- und Landesherren; überdies empfanden die Bauern und zugleich viele Städter mit der Re-Katholisierung recht bitter all die Gewissensnöte und staatlich-klerikalen Klammergriffe. Darum entstanden immer wieder Bauernbewegungen, die sich zu bewaffneten Aufständen steigerten. In Österreich wurde die Bevölkerung mit furchtbarer Härte – Pardon wird nicht gegeben! – zum Katholizismus zurückgepresst oder zur Auswanderung gezwungen, was manche Täler entvölkerte. Die habsburgischen Kaiser wollten eine rasche Bekehrung – nach der Methode der Jesuiten, die die Widerstandskraft protestantischer Bauern und Handwerker durch Kombinierung geistlicher und weltlicher Zwangsmittel zu brechen suchten. Verworfen wurde deshalb die vom Kapuziner Valerian Magni insbesondere gegenüber den Böhmen bevorzugte Methode der geduldigen, viel Zeit beanspruchenden Überzeugungsarbeit.

Die Widersprüche zwischen den verschiedenen Klassen und Schichten und den jeweiligen Staatsgewalten, in engem Zusammenhang damit erst recht die Gegensätze zwischen den großen und kleinen Mächten – alles trieb zu kriegerischen Auseinandersetzungen europäischen Ausmaßes.

Dunkle Wolken über den Bismarcks

Das Bismarcksche Geschlecht wuchs nach dem erzwungenen Gütertausch in eine Epoche hinein, deren soziale, religiöse und nationale Zerrissenheit an Weite und Tiefe früher Erlebtes übertraf. »Die Zeit ist aus den Fugen«, ließ Shakespeare seinen Hamlet um die Wende des 16. und 17. Jahrhunderts sagen. Das spiegelt sich in der Geschichte der Bismarcks.

Die Geruhsamkeit ländlicher Zurückgezogenheit war dahin. Sicherlich finden wir in den Wirren der neuen Zeit unter den Mitgliedern des Geschlechts nicht mehr jene überlegene Persönlichkeit wie den ersten Klaus von Bismarck, aber auch nicht – wie nach ihm – simple oder polternde Landtölpel, sondern manch abenteuerliche Gestalten, die es als Offiziere von Land zu Land und dann und wann von einem Parteilager ins andere verschlug.

Da haben wir es zunächst mit dem Sohn des Stammvaters der Schönhauser Bismarcks zu tun, mit Ludolf auf Schönhausen (1541 bis 1590). Sicher war dieser bodenständig und mit seinen altmärkischen Standesgenossen geschäftlich verbunden. So verbürgte er sich 1576 für Friedrich von Itzenplitz – auch ein Name, der in der Reichskanzlerzeit Otto von Bismarcks auftaucht –, und 1582 entlieh er zweitausend Reichstaler von Günzel von Bartensleben und Valentin von Alvensleben zur Einlösung versetzter Kornpachten. Vermählt war er mit einer Sophia von Alvensleben (1560 – 1635).

Vor dieser elbländischen Sesshaftigkeit und ihrer altmärkisch-aristokratischen Verbundenheit kam er aber durch Kriegsdienste weit herum, vom Südosten bis in den Westen Europas: 1565 nahm er im Namen des Kurfürsten von Sachsen als Rittmeister in einer Abteilung von tausenddreihundert Reitern an einem Feldzug des Kaisers gegen die Türken teil; vier Jahre später führte er zweimal eine Reiterabteilung als Kornett in Frankreich, wo er unter Coligny für die Hugenotten kämpfte. Das war im dritten Hugenottenkrieg (1568 – 1570), als Bürgerliche und Feudale im Zeichen Calvins noch gemeinsam kämpften – mit dem Ergebnis, dass sich Coligny und die französische Krone vorübergehend annäherten und viele in Berlin wie in Dresden

Ludolf von Bismarck
(Mitte, 1541 – 1590),
Herr auf Schönhausen
und Stammvater der
Schönhauser Bismarcks,
mit seinem Vater
und seinen Brüdern.
Ausschnitt aus einem
Gemälde

ein Bündnis zwischen Frankreich und den protestantischen Höfen
erwogen. Die von Ludolf von Bismarck im Hugenottenkrieg getragene Fahne soll in der Kirche von Crevese aufbewahrt gewesen
sein. Später zeichnete er sich dann wieder in kurbrandenburgischen
Diensten aus.

Der Sohn des Ludolf von Bismarck war Valentin, Herr auf
Schönhausen und Teilbesitzer von Briest. Während Ludolf durch
seine militärischen Leistungen imponierte, zeigte sich dieser Valentin
als Lebemann und Leuteschinder: Er starb 1620 mit vierzig Jahren, als
der Dreißigjährige Krieg Schönhausen noch nicht berührt hatte, und

hinterließ eine beträchtliche Schuldenmasse, die nur eine kurfürstliche Verfügung auf feudal-großzügige Weise reduzierte. Wie ver-
schwenderisch er mit Geld und Gut umging, bewies er bei seiner
großfürstlich anmutenden Hochzeit im Jahre 1607, zu deren Deko-
rum die Stabstrompeter des Kurfürsten gehörten, die er großspurig
herbeiholen ließ.

In diesem Hochzeits- und Jubeljahr von 1607 begannen die Klagen der Bauern, insbesondere des Schönhausen benachbarten Fischbeck, dass Valentin »sie nicht allein mit vielen übermäßigen und
unerträglichen Diensten gewaltsam belege, sondern auch ohne Verschulden mit Haft und mit Geldstrafen beschwere«. Der kurfürstliche Erlass beschränkte sich darauf, dem Valentin von Bismarck zu
»befehlen«, den klageführenden Bauern nicht mehr Dienste aufzuerlegen, als »der Buchstabe der von seinem Vater vor Jahren« getroffenen Disposition es verlange.

Bald danach mussten der Schulze und die Gemeinde des Dorfes
Fischbeck feststellen, dass die alte »Confirmation« von den »Bismarckschen Amtsleuten, Vögten und anderen Dienern« nicht anerkannt wird. Die Macht der Gutsherrschaft war so stark, dass sich die
Auseinandersetzungen noch viele Jahre ergebnislos für die geschundenen Bauern hinzogen; der Kurfürst war in die Interessen und Vorstellungen der feudalen Ausbeutung und Zwangsherrschaft so stark
eingebunden, dass er bestenfalls mahnen konnte, den Bogen nicht zu
überspannen; die kurfürstliche Bürokratie war aber – böser Wille
nicht einmal vorausgesetzt – so schwerfällig und borniert, dass
nichts vorankam und nichts durchgesetzt werden konnte gegen die
Gutsherrschaft.

Die Juristenfakultät zu Frankfurt an der Oder, aufgefordert zu
einem Rechtsgutachten, verlangte nicht allein einen ausführlichen
Bericht über die Sachlage, sondern überdies vierundzwanzig Unterlagen. Noch im Jahr 1616 schrieben der Schulze und die Bauernschaft zu Fischbeck in einem flehentlichen Gesuch an den Kurfürsten von den »armen, hochgedrängten und überaus hartgepressten
Leuten«. Die »hochgetrübten Untertanen« hätten auf des Fürsten
Bescheid stets gehofft, »aber noch keine Resolution vom Secretarius

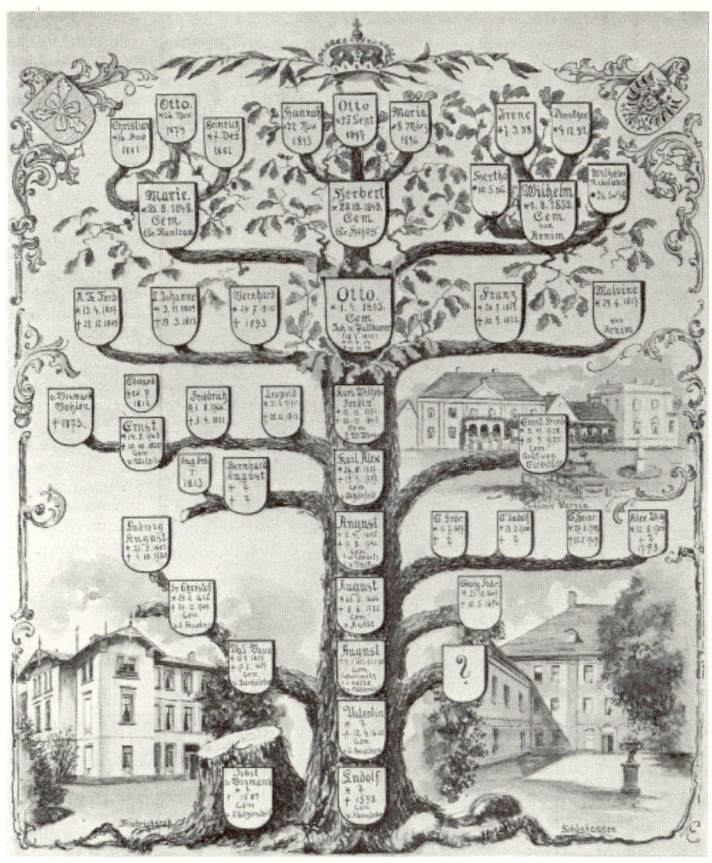

Stammbaum der Familie Bismarck-Schönhausen
von Ludolf von Bismarck bis zu den Enkeln des
Reichskanzlers Otto von Bismarck

erlangen können«. Inzwischen würden sie, die »armen Leute«, »gleichwohl immerfort und fort mit schwerem Gefängnis gepresst und gemartert, dass es Gott im hohen Himmel zu erbarmen ist«. Ende 1618 enthält das Brandenburgische Gerichts- und Schöffenbuch den Vermerk: »Die Gemeinde Schönhausen verklagt Valentin von Bismarck wegen Beeinträchtigung ihrer Gerechtsame.« Das heißt wegen Beeinträchtigung der Weiden und Holzungen. Die

Schloss Schönhausen, umgeben von uralten Bäumen,
die Otto von Bismarck einmal als Ahnen bezeichnete

Schönhausener, am Sitz der Gutsherrschaft ausgepowert und ge-
schunden, wollten mit den erfolglosen Nachbarn, den Fischbeckern,
den Prozessweg beschreiten. Die Klage lief ins Leere, weil anderthalb Jahre danach das Leben des Gutstyrannen endete und noch
größere Plagen über die Bauern hereinbrachen. Valentins Frau, eine
geborene Bertha von der Asseburg aus dem Hause Falckenstein
(1582 – 1642), Mutter von acht Kindern, überlebte ihren Mann um
zweiundzwanzig Jahre und machte deshalb alle Fährnisse und Nöte
durch, die der Dreißigjährige Krieg über Schönhausen und seine
Umgebung brachte.

All das Schönhausener Provinzelend stand – bei aller Eigenart
der handelnden Personen – im Zusammenhang mit dem Weiterwir-
ken der gewaltigen, mannigfach ineinander übergehenden Widersprüche in ganz Europa. Diese wurden nach den Gesetzen der
Machtverhältnisse besonders in jenem Land ausgetragen, in dem die
staatliche und religiöse Zersplitterung am stärksten und die politische Zentralgewalt am schwächsten war – in Deutschland.

KAPITEL 3

Im Dreißigjährigen Krieg

Streiflichter aufs große Morden

Mit den Rivalitätskämpfen zwischen den europäischen Mächten ver-
quickten sich die der Fürstengruppierungen im Reich. Ihre parti-
kularen Interessen verfolgend, verbanden sich die deutschen Terri-
torialgewalten mit ausländischen Mächten vor, während und nach
dem Dreißigjährigen Krieg (1618–1648). Die protestantische Fürs-
tengruppierung, die Union, war von der kalvinistischen Kurpfalz
angeführt; an der Spitze der katholischen Territorien, der Liga, stand
Bayern, das man nach Hegel oft den »schwarzen Tintenklecks auf
dem Lichttableau Deutschland« nannte.

All das Morden und Plündern, das Sengen und Brennen des
Dreißigjährigen Krieges, der Deutschland an Gut und Blut, in seinen
materiellen und seelischen Kräften herunterwirtschaftete, ist schon
vielfach beschrieben worden, in naiven Berichten wie in weltlitera-
rischen Gestaltungen. Hier seien nur einige Streiflichter auf jene
Landstriche und Menschen geworfen, die das Verhältnis Bismarcks
zur geschichtlichen Welt beleuchten.

In der ersten Phase des Dreißigjährigen Krieges, im sogenannten
Böhmisch-Pfälzischen Krieg (1618–1623), blieb das mittlere Gebiet
der Elbe verschont. Doch im Februar 1626, also in der zweiten Phase
des Niedersächsisch-Dänischen Krieges (1625–1629), tauchten
Truppen eines dänischen Generals vor den Toren von Tangermünde
auf und rückten von zwei Seiten in die Stadt ein. Es begann die Plage
belastender Einquartierungen; bald zwang die »rote Ruhr«, die die
ganze Gegend verpestete und zahllose Opfer forderte, die Dänen
zum Rückzug, zumal die Kaiserlichen unter Wallenstein heranrück-
ten. Während all der Operationen des An- und Abrückens dänischer
und dann wieder kaiserlicher Truppen mit ihren Pferden, Geschüt-

zen und Trosswagen wurden im nahe gelegenen Schönhausen die Bewohner durch Einquartierungen und Kontributionen drangsaliert, aber auch die Fluren – ob Bauern- oder Herrenfelder – zerfurcht und verwüstet.

Schlimmer noch wurde die Gegend in der dritten Phase des Dreißigjährigen Krieges mitgenommen, in der die Schweden 1630 eingriffen. Auch jetzt war Tangermünde mit seinen an der Elbe günstig gelegenen Befestigungsmöglichkeiten das Ziel feindlicher Truppen, diesmal unter dem schwedischen König Gustav Adolf selbst. Ein Schönhausener Bauer soll den Schweden, die auf der rechten Seite der Elbe zusammengezogen waren, eine seichte Stelle gezeigt haben, wo Vortrupps im Sommer 1631 den flachen Strom überqueren konnten. Danach wurden Schiffsbrücken geschlagen, das Gros von Fußvolk und Geschütz hinübergeschafft, das Schloss gestürmt und die kaiserliche Besatzung niedergemetzelt. Auch in jener Zeit tobte wieder ein Hin und Her von Sieg und Niederlage der einander bekämpfenden Truppen.

Da trat der erzkatholische Tilly an der Spitze der Kaiserlichen auf den Plan, nachdem sie am 20. Mai 1631 das stets lutherisch widerspenstige Magdeburg gestürmt, gebrandschatzt und mit dreißigtausend Toten ausgeblutet hatten. Schwer zu sagen, wer nach all den Unbarmherzigkeiten gegenüber einer stolzen Stadt die weitere Elbgegend bis nach Werben hinunter schlimmer malträtierte, die Schweden oder die Kaiserlichen.

Nachdem sie, vom Hunger getrieben, den Leuten auf dem Lande noch das Letzte geraubt hatten – Vieh war das erste gewesen, was die Soldateska forttrieb und abschlachtete –, zogen sie über das ausgebrannte Magdeburg nach Leipzig zur berühmt gewordenen Breitenfelder Schlacht. Dort unterlag der ganz im militärischen Geist des feudal-klerikalen Spanien verhaftete Tilly am 17. September 1631 der neuen Taktik des protestantischen Schwedenkönigs. Die Niederlage der Kaiserlichen erwies sich als so total, dass Süddeutschland für die sächsisch-schwedischen Truppen offen stand.

Eine Familie in Kriegswirren

Christoph von Bismarck (1583 – 1655) zu Briest, der zu den kurfürst-lich-brandenburgischen Kommissaren gehörte, die fortwährend zwischen den Bewohnern und den Besatzern zu verhandeln hatten, beschrieb in Aufzeichnungen all das, was die Heere in seinen Land-strichen angerichtet hatten: »Die Kriegsverheerung an den Tanger-orten ist sehr groß gewesen, dass ich um Alles gekommen und fah-render Habe zum andern Male gebracht bin und von Neuem eine Haushaltung wieder angefangen und zwei Jahr von anderer Leute Gnade ... leben müssen.«[1] Die Gegend am rechten Elbufer wurde ebenfalls gänzlich verwüstet; viele Einwohner, die Haus und Hof in Rauch aufgehen sahen, verließen ihre Scholle. Damals brannte auch das erste Mal das Herrenhaus von Schönhausen nieder.

Vier Jahre danach, 1635, als schon die letzte und lange Phase des Großen Krieges, der Machtkampf Schwedens und Frankreichs gegen das Haus Habsburg, angebrochen war, überzog Soldateska Schön-hausen und Umgebung wiederum mit Kriegsgräueln. Weil sich das Kurfürstentum Sachsen von der protestantischen Partei abgekehrt und damit erneut die Front gewechselt hatte, waren es die sächsi-schen Truppen, die Orte an beiden Elbufern brandschatzten.

Christoph von Bismarck charakterisierte, wohl kaum übertrei-bend, all das Entsetzliche jener Tage und Wochen: »Wie von ihnen gehaust worden, wird die Posterität nicht leicht vergessen und haben die Meinigen auch dabei ein Gedächtnis, dass mir wegen des Kom-missariats ist heftig zugesetzt worden und mein Korn deshalb über 30 Wispel ... in einer Woche ... genommen worden.« Und die Pos-terität, also die Nachwelt, erinnerte sich lange, wie unter General Hatzfeld stehende Truppen, teils der kaiserlichen, teils der sächsi-schen Armee zugehörig, Ende Juni 1636 Tangermünde gar jämmer-lich und »feindselig ohne Ursache« plünderten.[2]

Das Elend nahm noch lange kein Ende. 1640 rückten wieder einmal die Schweden nach Tangermünde vor, dessen Schloss nur schwach verteidigt wurde. Ein Kapitän, früher in brandenburgischen Diensten, ließ es niederbrennen, so dass nur die Kapelle und die

Kanzlei erhalten blieben. Die Bauern wiederum taten sich an beiden Elbufern zusammen und verteidigten sich, so gut es ging, gegen die marodierende Soldateska, die es im Hungerwahnsinn zu schlimmen Missetaten, manchmal bis zu aasfressendem Kannibalismus trieb. Der Krieg entartete oft genug zum Gemetzel unter armen Teufeln, wie etwa im Juli 1641, als hundert Reiter eine größere Schar von elbländischen Bauern umzingelten und erbarmungslos niedermachten. 1642 erlebte Schönhausen erneut, wie zehn Jahre zuvor, einen verheerenden Brand.

Das seinerzeit von Valentin von Bismarck angelegte Gerichtsbuch wurde nach dessen Tod 1620 weitergeführt, aber 1635 mit dem Bemerken unterbrochen: »Die folgenden Jahre sein keine Untertanen angenommen worden, weill durch das Kriegswesen die Dörffer totaliter ruiniret, und sonderlich Schönhausen Anno 1642 am 20. Mart. Von der Schwedischen Armee elendiglich eingeäschert worden, auch sein die meiste Leuthe gestorben oder an andere Ortte ihres Uffenhalts halber gewandert, dahehr die meisten Höfe öde oder wüste stehen, wie solches die miseranda facies oder das erbermliche abscheuliche Ansehen bezeuget.«[3]

Der Schrecken über die Untaten der Soldateska steigerte sich durch den einer neuen Hexenverbrennung. Die der Zauberei bezichtigte Sanne Segers zu Schönhausen soll, hieß es wiederum amtlich, »mit dem feur vom Leben zum tode verrichtet werden«. Aus der 96-Jährigen wurde unter der Folter »unter Zuhilfenahme von Beinschrauben neben anderen Dingen« ein Geständnis nicht im Stile biblischen Teufelsglaubens, sondern nach der Art volkstümlicher Hexenphantasie erpresst, wonach »sie alle ja ruf einen schwarzen bock uf Walpurgisch nach den Brokkersberk geritten uf welchen der teufel getrommelt und gepfiffen, sie aber getanzet und lustigk gewesen«. Wie fast immer gebar die angebliche Hexe eine weitere, diesmal in Gestalt einer Frau aus Fischbeck, die man nach dem erpressten Geständnis der Alten in Haft nahm.[4] Oft erleichterten derlei Grausamkeiten, meist an Witwen verübt, den erbschleicherischen Raub mobilen und immobilen Gutes.

Körperliches und seelisches Elend, Sengen und Brennen, Tod

und Teufel, Hunger und Siechtum – das war das Signum des armen Volkes. Wie aber erging es den Schönhausener Bismarcks in all den Kriegsläuften?

Der tapferen Witwe des großspurigen, schon 1620 verstorbenen Valentin von Bismarck war die »erbärmliche Einäscherung des Hauses Schönhausen«[5] im Jahre 1642 erspart geblieben, weil sie drei Wochen vor diesem Unglück verstarb. Sie hatte sich aber bemüht, ihren Söhnen, wohl unterstützt von deren Vormündern, eine gute Ausbildung zu ermöglichen und sie vor charakterlichen Eskapaden, wie der Vater sie an den Tag gelegt hatte, zu bewahren. Augustus von Bismarck (1611 – 1670), später brandenburgischer Hauptmann auf Schönhausen, Fischbeck, Briest und Domersleben, ging 1626 nach einem von Hauslehrern erteilten Privatunterricht zusammen mit seinem älteren Bruder Ludolf (1608 – 1671) nach Leyden in Holland. Die Wahl dieser Universität war bereits eine Parteinahme, denn Holland war das Land des Kalvinismus, der vom Bürgertum getragenen Kunst und Wissenschaft, aber auch des stehenden Heeres, das sich in den langen Befreiungskriegen zum internationalen Vorbild entwickelt hatte.

Augustus von Bismarck soll sich zwei Jahre lang allerdings vornehmlich »im Fechten, Fahnenschwingen und anderen ritterlichen Tugenden« geübt und die vornehmsten Städte und Festungen besucht, Ludolf sich hingegen mit Mathematik und französischer Sprache beschäftigt haben.[6] In ihre Heimat zurückgekehrt, unterstützten sie ihre Mutter bei der Verwaltung der Schönhausener Güter, soweit da noch etwas zu verwalten war. Ludolf hielt es dort am längsten aus; 1636 ging er für sechs Jahre in die höfisch-diplomatischen Dienste des Herzogs von Braunschweig-Lüneburg. Nach dem Unglück von 1642 versuchte er die Wirtschaft auf den ruinierten Gütern wieder in Gang zu bringen. Augustus von Bismarck, der Zweitälteste, war bereits 1631 in die schwedische Armee eingetreten, halb durch die Verhältnisse gezwungen, halb den bereits auf der Universität gezeigten Neigungen folgend, die sich im Milieu des niederländischen Kalvinismus ausgebildet hatten. Bei dem in der Altmark stehenden Regiment Alt-Rheingraf bestand er als guter Reiter mannigfache Kämpfe und Scharmützel gegen die von Magdeburg aus operierenden kaiserlichen Truppen.

Die Kriegsdienste seit 1631 führten Augustus über Würzburg bis ins Oberrheinische; auch schwere Verwundungen blieben ihm nicht erspart. Je länger der Krieg dauerte, desto mehr verlor sich bei ihm der moralisch-religiöse Impetus, von dem er sich wohl anfangs hatte leiten lassen; er wich einem fast abenteuerlich-geschäftlichen Kalkül. Zunächst beteiligte er sich an jenen Kriegszügen, die Herzog Bernhard von Weimar als ein von Schweden ernannter Oberbefehlshaber in Süddeutschland führte. Augustus von Bismarck blieb auch unter dessen Fahne, als dieser 1635 mit Richelieu einen Vertrag schloss, wonach er in französischem Sold und in französischen Diensten ein deutsches Heer von achtzehntausend Mann aufstellen und als angeblich eigenes, tatsächlich von Frankreich abhängiges Fürstentum die Landgrafenschaft Elsass erhalten sollte. Im Juli 1639 starb Bernhard von Weimar aber plötzlich; die ursprüngliche Vermutung, er sei im französischen Auftrag vergiftet worden, hält die Forschung für unwahrscheinlich.

In französischen Diensten blieb Augustus von Bismarck auch dann, als die Armee des verstorbenen Herzogs unter den Befehl des Generals Duc de Longeville kam; er zog mit seinem Regiment nach Burgund. »Weil ihm aber«, so heißt es etwas nebulös in seinen selbstbiographischen Aufzeichnungen, »das Glück auf diesen Zügen nicht wohl wollte, erbat er von seinem Obersten die Entlassung und musste nach deren Erteilung drei Pferde mit dem ganzen Sattelzeug zurücklassen, obwohl er dem Regiment zehn Jahre und etliche Wochen treu gedient hatte.«

Das Glück, das ihm »nicht wohl wollte«, suchte er daraufhin im Werbegeschäft für ein Fußregiment; in dessen Auftrag zog er mit einigen Offizieren zur Anwerbung einer Kompanie in die Schweiz, dorthin, wo sich Bauernburschen vornehmlich aus den katholischen Urkantonen mit Geld und guten Worten, mitunter auch durch böse, als »Reisläufer« (Söldner, die auf die Kriegsreise gehen) verdingten. In der Schweiz, über die es hieß *point d'argent, point de Suisse* (kein Geld, keine Schweiz), brachte Augustus hundertfünfzig Mann zusammen. Bis nach Italien hinein betrieb er sein Werben. Kaum war er mit den angeheuerten Soldaten ins Elsass zurückgekehrt, da erreichte ihn von seinem Bruder Ludolf aus Schönhausen die Aufforderung, schleunigst heimzukehren. Der 1640 zur Macht gelangte Kurfürst Friedrich Wilhelm, später der Große genannt, hatte das Mandat erlassen, dass alle der Krone Schwedens und dem König von Frankreich dienenden Brandenburger den Dienst in fremden Heeren liquidieren sollten, widrigenfalls sie ihre Güter verlieren würden.

Der jüngste Bruder des Augustus, der 1616 geborene Georg Friedrich (I.), soll wie Ludolf in kurfürstlich-brandenburgischen Kriegsdiensten gewesen sein, war aber schon 1638 von einem von Putlitz, den er als wendischen Hund beschimpft hatte, über den Tisch hinweg erstochen oder erschossen worden. In jenen sich lang hinziehenden Kriegsläuften, die das Zügellose zur Gewohnheit machten, konnte auch ein Streit unter seinesgleichen lebensgefährlich werden. Der zweitjüngste Bruder des Augustus, Valentin Busso (1613 – 1679), war wie viele märkische Adlige immer in schwedischen Diensten verblieben. Wer will hier moralisieren? Durch das Eingreifen Gustav Adolfs in den deutschen Krieg und die Virulenz des Gegensatzes von Schweden und Polen waren alle europäischen Mächte wie nie zuvor in den allgemeinen Wirbel ihrer so oder so gearteten Rivalitäten geraten.

Der Rückruf des Kürfürsten Friedrich Wilhelm an seine Untertanen in fremden Diensten zeigte eine entscheidende Wende in der Politik an. Des neuen Kurfürsten Vorgänger, der während des Großen Krieges bis 1640 lebende Kurfürst Georg Wilhelm von Brandenburg, hatte das Staatsschifflein von den Sturmfluten der großen Mächte – hier Österreich-Spanien, hier Schweden-Frankreich – hin und her schleudern lassen; er besaß weder den Willen noch die Macht, einen festen Kurs zu steuern. Die Macht versagten ihm vor allem die Stände, die nicht zu bewegen waren, Mittel für die Aufstellung eines kriegstüchtigen Heeres zu bewilligen. Unter diesen Umständen gab man die märkischen Lande einer fremden Soldateska preis, und die adligen Offiziere fühlten sich in fremde Dienste getrieben; dass sie sich dabei vornehmlich in Schwedens direkte oder indirekte Abhängigkeit begaben, dafür gab es genug der materiellen Gründe und religiösen Motive. Das Erscheinen der schwedischen Armee erschien gerade den märkischen Adligen, wie immer auch die barbarischen Begleitumstände sein mochten, als Rettung vor der Rekatholisierung, die die Rückgabe von Kirchenländereien nahezu sicher zur Folge gehabt hätte.

Das Mandat des Kurfürsten Friedrich Wilhelm an seine Untertanen in fremden Diensten trug in sich die Tendenz zu einem stehenden Heer – damals ein entschiedener Fortschritt. Das war natürlich nicht die Sorge des Augustus von Bismarck, der die von seinem Bruder vermittelte Aufforderung nach Rückkehr in die Heimat mit wenig Begeisterung aufgenommen zu haben scheint, zumal er wusste, dass sein Herrensitz in Schönhausen ein Schutthaufen, das Dorf entvölkert und die Fluren verheert waren. In seiner elbländischen Heimat mit absichtsvoller Verspätung eingetroffen, fand er in Briest eine vorläufige, aber immer noch unsichere Bleibe, wo er »zu drei Malen von den Sächsischen aus Magdeburg ausgeplündert« wurde. Mit der kaltschnäuzigen Offenherzigkeit eines Offiziers, der einundzwanzig Jahre im Krieg zugebracht und davon trotz aller Fährnisse profitiert hatte, resümierte er: »Summa: der Frieden ist gar schlecht gewesen und habe ich die 1500 Tlr. an Golde, so ich mitgebracht, in kurzer Zeit vertan.«[7] Viele andere Offiziere, unter ihnen manche Feldobristen, konnten hingegen diese oder jene Gelegenheit wahrnehmen, ihr zusammengerafftes Geld in billigen Grundbesitz anzulegen – selbst auf die Gefahr hin, dass man sie in den Flugschriften der Zeit in langen Listen der Kriegsgewinnler anprangerte. Augustus von Bismarck war da glücklos gewesen. Darum verspürte er Lust, sich »allhier bei der Soldateska« abkommandieren zu lassen und wieder in »französische Dienste« zu gehen. Schließlich fand er nach allerhand Fürsprachen und Vermittlungen, bei denen auch ein merkwürdiger Gnadenerlass des neuen Kurfürsten im Jahre 1641 eine Rolle spielte, doch eine feste Aufnahme in die brandenburgische Armee, in der er als Hauptmann über das Ende des Großen Krieges hinaus bis 1652 verblieb. Nach den Kriegsabenteuern war er kurfürstlich domestiziert. Der Älteste der Brüder, Ludolf, wurde 1655, nach dem Tod seines Vetters Christoph von Bismarck, des uns schon bekannten Tagebuchschreibers, zu dessen Nachfolger als kurbrandenburgischer Kriegskommissar von der Ritterschaft bestimmt. Über den anderen Bruder des Augustus, Valentin Busso, wissen wir nichts Näheres, aber auch er scheint es zum Hauptmann in der kurfürstlichen Armee gebracht zu haben.

Bereits 1644 war Augustus von Bismarck mit seinen Brüdern Ludolf und Valentin Busso mit Schönhausen belehnt worden. Überdies ging er vor und nach Kriegsende mit Brüdern, Schwestern und Vettern auf allerhand Transaktionen ein, die sich auf Güter und Gerechtsame außerhalb Schönhausens, so auch auf das im Magdeburgischen gelegene Lehen bezogen. Das war feudale Friedensordnung im Kleinen.

Die Bilanz des Großen Krieges an der Mittelelbe war entsetzlich. Vierzehnmal hatten verschiedene Heere in Tangermünde ihr Hauptquartier genommen, was immer mehr zum Schinden und Schaden von Städtern und Bauern führte. Am Ende des Krieges war in der ganzen Gegend kein Vieh mehr aufzufinden. Kriegsbanden aller Nationalitäten durchzogen Schönhausen. Nach dem großen Brand standen nur noch ein hoher Schornstein vom alten Schloss und die Kirche. In ihren breit gelagerten Turm riss die große Glocke, vom brennenden Gebälk in der Glockenstube herabstürzend, einen klaffenden Spalt. Bis zur Rekonstruktion in den neunziger Jahren des 20. Jahrhunderts, also dreieinhalb Jahrhunderte später, konnten Bewohner von Schönhausen auf den langen Mauerriss zeigen wie auf eine Narbe, die blutige Zeiten zurückgelassen hatten.

Auf einer Karte über Bevölkerungsverluste während des Dreißigjährigen Krieges erscheinen die mittelelbischen Gebiete als hart mitgenommen, im Aderlass nur übertroffen von Mecklenburg und Pommern im Norden, von Thüringen in der Mitte, von Trier, Pfalz und Württemberg im Südwesten Deutschlands.[8] Innerhalb und außerhalb Schönhausens stellte sich für die Bismarcks, die ihre Ansprüche auf Güter und Herrschaftsrechte innerhalb und außerhalb Schönhausens noch vor Kriegsende juristisch fixieren ließen, die

Frage, wen sie in den verödeten Dörfern für sich arbeiten lassen und beherrschen sollten.

Wie viele Menschen nach 1648 in Schönhausen noch lebten und schafften, wissen wir nicht. Auch wie es mit den verwüsteten Hofstellen stand, ist nicht bekannt. Mancher Besitzer mag bei Nachbarn oder in einem Nachbardorf für einige Zeit untergekommen sein. Wer weiß, wie viel Alte und Kinder dahinkränkelten und ihr Leben aushauchten wegen Hunger oder Kummer? Wie viel Junge wohl das Dorf verließen und hinauszogen – »im Felde, da ist der Mann noch was wert!« –, um in die Schicksalsbahn von Schießhelden und Erschossenen, Mördern und Gemordeten zu geraten?

Wie reduziert die bäuerliche Bevölkerung war, zeigt ein Blick ins Kirchenbuch von Schönhausen. In den Jahren 1650 und 1651 sind weder eine Geburt noch ein Todesfall oder eine Trauung verzeichnet. 1652 findet man die Taufe von sechs Kindern und die Trauung von zwei Paaren. Nach fast zwei Jahrzehnten, 1670, werden erst vierzehn Kinder getauft, drei Paare getraut, ein Todesfall eingetragen. 1700 sind neunzehn Kinder geboren, acht Paare getraut, dreiunddreißig Personen begraben. Zum Vergleich mag das Jahr 1906 instruktiv sein; damals notiert man zweiundfünfzig geborene Kinder, siebzehn getraute Paare, fünfundvierzig begrabene Personen – bei einer, wie man damals sagte, Seelenzahl von zweitausendneunundsechzig im Dorf. Ob und wie viele Friesen und Holländer, die in den Jahren oder Jahrzehnten nach dem Dreißigjährigen Krieg in die Elbniederung kamen und damit am Aufbau der wüsten Dörfer mitwirkten, sich in Schönhausen niederließen, ist nicht überliefert.

Wie die drei Brüder Ludolf, Augustus und Valentin Busso, die in ungeteiltem Besitz von Schönhausen und Briest waren, mit ihren Gütern, Bauern, Tagelöhnern und dem Gesinde umgingen, darüber gibt es so gut wie keine Überlieferung. Von Ludolf, dem ältesten, ist bekannt, dass er mehrmals Gelder aufnehmen musste. Er starb kinderlos 1671. Sozialgeschichtlich bemerkenswert ist, dass von den drei Söhnen des Augustus der jüngste die Offizierslaufbahn einschlug, der älteste Ludolf (IX., 1655 – 1691) Domherr zu Havelberg mit Besitzanteilen an Schönhausen und dem benachbarten Fischbeck wird und der mittlere Sohn Augustus (II., 1666 – 1732), hinfort nur als August erwähnt, als alleiniger Gutsherr über die rechts- und linkselbischen Besitzungen der Bismarcks regiert. Angesichts des Preisverfalls von Getreide und Gütern hatten die Junker noch kein Interesse an der Teilung der Gutswirtschaften, sondern an ihrer Zusammenfassung, nach Möglichkeit in einer Hand. Um alles zu konzentrieren, machten August und sein Offiziersbruder ihrer Schwägerin Margaretha von der Schulenburg, der Witwe des früh verstorbenen Domherrn zu Havelberg, jegliches Anrecht auf die Güter streitig. Schon angesichts der vielfachen Beschwernisse der Agrarwirtschaft in der zweiten Hälfte des 17. Jahrhunderts waren viele der Nachkommen des Landadels gezwungen, in die militärischen oder zivilen Dienste des absolutistischen Staatsapparats einzutreten, also Offiziere, Beamte, Staats- und Kirchenräte zu werden oder, wenn es hochkam, auch Minister. Die männlichen Nachkommen des Valentin Busso avancierten als Offiziere.

Jeder deutsche Fürst, der vor dem dreißigjährigen Kriege dem Kaiser widerstrebte, ärgerte mich; vom Großen Kurfürsten an aber war ich parteiisch genug, antikaiserlich zu urteilen und natürlich zu finden, dass der siebenjährige Krieg sich vorbereitete.

OTTO VON BISMARCK

KAPITEL 4

In Europa nach dem Westfälischen Frieden

Im zersplitterten Land

Verlassen wir eine Weile die kleine Welt des Gutes und des Dorfes, schon um sie nachher besser begreifen zu können; immerhin hatte die Welt der großen Politik mit dem Abschluss des Westfälischen Friedens von 1648 einen neuen Anfang für die soziale und politische Entwicklung innerhalb und zwischen den Staaten gemacht. Deutlich zeigte sich die Verschiebung der Kräfteverhältnisse zwischen den damaligen Hauptmächten Europas zugunsten Frankreichs und Schwedens und zuungunsten der habsburgischen Mächte Österreich und Spanien.

Frankreich eroberte – im wahrsten Sinne des Wortes – in der zweiten Hälfte des 17. Jahrhunderts die Vorherrschaft in Europa. Spanien, das bereits um die Jahrhundertwende vom 16. zum 17. Jahrhundert den Höhepunkt seines politischen und wirtschaftlichen Einflusses überschritten hatte, kämpfte über den Westfälischen Frieden hinaus gegen Frankreich, allerdings alleine; die Hoffnung der spanischen Granden auf die bürgerkriegsähnliche Fronde und damit auf die innere Zerrissenheit des nördlichen Nachbarn erfüllte sich jedoch nicht, zumal Frankreich eine englische Armee zu Hilfe kam. Spanien musste 1659 im Pyrenäenfrieden seine Niederlage und sein Ausscheiden aus dem Kreis der Großmächte hinnehmen. Als ein Jahr später der Maler Diego Velázquez starb, war das geradezu symbolisch dafür, dass Spanien auch als künstlerische Großmacht am Ende war und für längere Zeit nur noch achtbare Repräsentanten hervorbrachte, mehr nicht.

Österreich erlebte erst Ende des 17. Jahrhunderts nach seinem erfolgreichen Kampf gegen die orientalische Despotie des Osmanischen Reiches seinen Wiederaufstieg in Europa.

Um ein Gegengewicht zu Österreich zu schaffen, ließ es die Vormacht Frankreich zu, dass Brandenburg trotz seiner kläglichen Rolle erstaunlicherweise Nutzen aus dem Dreißigjährigen Krieg ziehen konnte; im westfälischen Friedensschluss wurde es mit beachtlichen Landerwerbungen und Besitzanwartschaften bedacht. In einem Punkt wurde es allerdings enttäuscht: Pommern, das feudalen Erbverträgen zufolge den Hohenzollern hätte zufallen sollen, teilte man. Brandenburg musste sich mit Hinterpommern begnügen, während das im Blick auf die Ostseeherrschaft wertvollere Vorpommern mit Stettin und der Odermündung schwedisch wurde. Mit dem dafür angebotenen Ersatz, nämlich den säkularisierten Hochstiften, nunmehr Fürstentümern Halberstadt, Minden und Cammin und der Anwartschaft auf das frühere Erzstift Magdeburg, die Brandenburg zugesprochen wurden, hatte man die Seemachtsambitionen des Kurfürsten Friedrich Wilhelm erst recht gedämpft. Magdeburg wurde dann 1680 endgültig brandenburgisch, die polnische Lehnsoberhoheit über das Herzogtum Preußen schon 1660 aufgehoben, was im Frieden von Oliva international anerkannt wurde. Um die Besitzungen am Niederrhein und an der Ruhr gab es deutsche Nebenbuhler, sie blieben aber in der Souveränität des brandenburgischen Kurfürsten.

Seine weit auseinanderliegenden, durch Besitzungen anderer Fürsten getrennten Staatsgebiete brachten Brandenburg-Preußen in Berührung mit dem europäischen Staatensystem in Ost und West. Die ganze Ländermasse war schon dreimal größer als Kursachsen, fünfmal umfassender als das welfische Hannover und so groß wie alle süddeutschen Fürstentümer zusammen, mit Einschluss Bayerns, das seine am Ende des Böhmisch-Pfälzischen Feldzugs 1623 errungene Kurwürde behielt. Die Zerrissenheit des brandenburgisch-preußischen Staatsgebiets, ein bleibendes Problem bis zum Deutsch-Österreichischen Krieg 1866, förderte die Anspannung des staatlichen Gesamtwillens zur Ausbildung seines wichtigsten Machtinstruments, der vielgehassten und vielgeliebten Armee. Das alles entwickelte sich zur Staatsräson. In seiner macht- und geopolitischen Lage konnte Brandenburg-Preußen seine Selbstständigkeit nur wahren und sein

Territorium abzurunden hoffen, indem es die Rivalität der Großmächte ausnutzte und eine Politik des Lavierens verfolgte, die nach
den Kriterien der privaten Moral charakter- und treulos war. Der
Westfälische Frieden sanktionierte eine solche fürstliche Politik des
partikularistischen Eigennutzes völker- und staatsrechtlich und
rechtfertigte sie ideologisch durch die hochgestochene Maxime von
den »teutschen Libertäten«, die real nur feudale Privilegien zugunsten der Fürsten waren. Was den brandenburgisch-preußischen Kurfürsten und allen anderen Fürsten nützte, schadete dem deutschen
Reich, das sich endgültig zu einem Staatenbund wandelte. Für die
Gültigkeit aller Reichstagsbeschlüsse forderte man Einstimmigkeit;
entscheidend aber war, dass allen Reichsgliedern die Souveränität,
insbesondere über ihre Armeen, einschließlich des Bündnisrechts
mit dem Ausland zuerkannt wurde.

Damit endete eine Entwicklung, deren Konturen bereits im
14. Jahrhundert festzustellen sind; jetzt war in Deutschland ein ge-
samtnationales Zusammenwirken der verschiedenen Klassen erst
recht schwierig. War schon 1525 die Hauptursache für das Misslin-
gen der revolutionären Massenbewegung die nationale Zersplitterung, so belastete deren Ausweitung und Konsolidierung nach 1648
die Zukunft derart, dass zweihundert Jahre später die Volksrevolution trotz aller ökonomischen, sozialen und politischen Fortschritte
eine Niederlage erlitt. Galt im 17. Jahrhundert vom Standpunkt der
herrschenden Monarchie aus als Hauptproblem der preußischen
Politik zunächst die Abrundung und Konzentration des staatlichen
Territoriums auf Kosten anderer Länder, so kam spätestens nach
1848 zusätzlich die Streitfrage auf, ob der preußische Partikularismus so gesteigert werden könne und sollte, dass er fähig wäre, den
Partikularismus der anderen deutschen Staaten weitgehend zu
überwinden. Innerhalb des dialektischen Wechselspiels zwischen
einer national-staatlichen Revolution von unten, die auch im Jahrzehnt nach 1848/49 noch anstand, und einer gerade dadurch sich
aufdrängenden Revolution von oben stellte sich die Frage der unmittelbaren Praxis, ob und wie das partikularistische Übel, gemessen am Zentralismus westeuropäischer Monarchien, durch das be-

sondere Übel des großpreußischen Partikularismus beseitigt werden könnte.

Noch ein anderer Rück- und Ausblick ist zum Verständnis der neuen Epoche und mancher Entwicklungen in Brandenburg-Preußen notwendig. So wie sich schon im 14. Jahrhundert neben dem Niedergang der kaiserlichen Universalgewalt die des Papstes – immer im widerspruchsvollen Prozess – abzeichnete, so offenbarte der Westfälische Frieden auf neue Weise die Schwäche der römischen Kurie. Vergeblich protestierte sie gegen Form und Inhalt dieses Friedensschlusses. Es waren die politischen Staatsgewalten, die nach den gegebenen Kräftekonstellationen und den jeweiligen, auch perspektivisch ausgerichteten Interessen die Friedensregelungen festlegten. Gegenüber der Vorherrschaft der Politik erwies sich die Religion – in Krieg und Frieden – als eine ideologische Fahne, die je nach Umständen auch eingerollt werden konnte. Die bayrischen Wittelsbacher und die österreichischen Habsburger unterschieden sich in ihrem gegenreformatorischen Furor kaum, aber im deutschen und europäischen Staatensystem belauerten sie sich eifersüchtig.

Fast hundert Jahre nach dem Augsburger Religionsfrieden von 1555 erhöhte sich, nicht zuletzt dank der Energie und Entschiedenheit des brandenburgischen Kurfürsten, die Zahl der staatlich gleichberechtigten Konfessionen von zwei auf drei: Neben den Katholiken und Lutheranern erhielten nun auch die von Zwingli und Calvin ausgehenden Reformierten diesen Status. Der Westfälische Frieden erkannte indirekt die Protestantisierung Norddeutschlands sowie die Rekatholisierung der österreichischen Länder und der Oberpfalz an. Aber selbst im stockkatholischen, nie protestantisch angekränkelten Alt-Bayern ging der päpstliche Einfluss – trotz Jesuitismus und Beichtväterregime – nur so weit, wie es dem kurfürstlichen Absolutismus genehm war, und auch in Österreich blieb er prekär.

Wo waren im weiten Rund der Staaten- und Klassenbeziehungen Recht und Unrecht? Wo Fortschritt, wo Rückschritt? Wer versprühte vorwärtsweisende Lebenskraft? All diese Fragen zielen auf eng miteinander zusammenhängende, teilweise sich deckende, dann auch wieder verschieden gelagerte oder gar miteinander verschränkte Sachverhalte, so dass Antworten keineswegs im Sinne schneidend-scharfer Urteilsfindung gegeben werden können.

Unrecht geschah zweifellos dem deutschen Volk, das für lange Zeit in den Zustand staatlicher Zerrissenheit und Ohnmacht geriet. Aber wer war daran schuld? Nur diejenigen, die es ihm zufügten? Oder auch die, welche es erlitten? Nicht immer hat derjenige Recht, der Unrecht erleidet. Die Zerklüftung der Nation, in der seit Jahrhunderten keine gesellschaftliche und politische Kraft die staatliche Zentralisation durchzusetzen vermochte, lastete wie eine tragische Schuld auf dem deutschen Volk. Frankreich hingegen hatte den Weg des zentralisierten Staates und die Phase des Absolutismus in weit ausladender und stilbestimmender Weise beschritten.

Doch so bedeutungsvoll die Gestaltung des Staatsgefüges auch sein mag, das Wesen des historischen Fortschritts liegt in der ökonomisch-sozialen Struktur und Bewegung. Als vorwärtsweisende Kraft kam damals in einer turbulenten Übergangsepoche Europas der im und gegen den Feudalismus sich entwickelnde Manufaktur- und Handelskapitalismus auf. Als dessen Musternation entfaltete sich zunächst jenes Land, das endgültig aus dem deutschen Reichsverband ausschied und dessen einflussreichste Kreise sich leiten ließen vom kalvinistischen Bekenntnis als bürgerlicher Ideologie in religiöser Gestalt – es waren die Niederlande; dazu gesellten sich die protestantischen Städte und Gebiete der gleichfalls endgültig von Kaiser und Reich separierten Schweiz. Historisch weitreichender für die manufaktur- und handelskapitalistische Entwicklung war jedoch das, was sich in jenen Jahren und Jahrzehnten in England abspielte. Wenige Monate nach dem Abschluss des Westfälischen Friedens ließ das sogenannte Rumpfparlament den König enthaupten. In den Jahrzehnten von 1640 bis 1688 durchkämpfte Großbritannien in mannigfachen Formen eine bürgerliche Revolution. Damit legte es das Fundament für seine spätere ökonomisch-soziale Vorherrschaft, die es befähigte, der stärkste Widerpart des großmächtigen Frankreichs zu werden.

Hier drängt sich die Frage nach etwaigen Chancen auf, Brandenburg-Preußen auf den Weg des manufaktur-kapitalistischen Fortschritts zu bringen. Im Unterschied zu den Niederlanden und Großbritannien war die Manufaktur- und Handelsbourgeoisie in Brandenburg-Preußen, wenn man von den westlichen Außengebieten am Niederrhein und an der Ruhr (Kleve und Mark) absieht, recht schwach ausgebildet. Doch die Toleranz gegenüber dem Kalvinismus, die der Kurfürst während der Verhandlungen um den Westfälischen Frieden erkämpfte und dann auch praktizierte, konnte vorbereitend sein für eine Handels- und Verkehrspolitik, die sich zunächst an den Niederlanden orientierte. Aber selbst wenn der Kurfürst kalvinistisch gestimmt war, galt dies keineswegs für das ganze Land. Überdies können wir die Frage nach dem manufaktur-kapitalistischen Weg Preußens nicht beantworten, wenn wir auf der religiösen Ebene verharren. Es bleibt weiter zu fragen, wie sich nach den Turbulenzen des Dreißigjährigen Krieges die Beziehungen der Klassen (Adlige, Bürger, Bauern) untereinander und zum Staat, das heißt zum werdenden Absolutismus, gestalteten.

Der alte Streit zwischen Ritterschaft und Städten um den beiderseitigen Anteil an den Steuerleistungen war noch vor dem Westfälischen Frieden wiederum zugunsten der Ritterschaft geschlichtet worden. Nach dem Quotisationsrezess von 1643 »bezahlten die Städte fortan 59, die Ritterschaft (das heißt die Bauern) 41 vom Hundert«, wie der keineswegs hohenzollernfeindliche Otto Hintze in seinem Jubiläumswerk mit sarkastischem Unterton bemerkte.[1]

Der Kurfürst und seine Berater mochten sich noch so sehr den Kopf zerbrechen, sie mussten doch erkennen: Für die Finanzierung sowohl des Auf- und Ausbaus des stehenden Heeres als auch des absolutistischen Staatsapparates genügte es nicht, die Einkünfte aus dem Gutsbesitz zu steigern oder gewinnbringende Manufakturen zu gründen, womit es ohnehin seine gute Weile hatte. So blieb nichts anderes übrig, als neue Steuern zu erheben oder gelegentliche Abgaben in dauernde Steuern umzuwandeln. Um dies alles durchzusetzen, musste sich der Kurfürst mit der stärksten Macht in Brandenburg-Preußen, den adligen Landjunkern, verständigen, denen gegenüber die städtischen Bürger gesellschaftlich immer noch schwach waren.

Unabwendbar wurde der Machtausgleich zwischen der junkerlichen Ritterschaft und dem kurfürstlichen Großstaatsinteresse. Das geschah zunächst im kurmärkischen Landtagsabschied von 1653. Dieser Beschluss des Landtags erleichterte es, ständischen Widerstand in anderen Gebieten Brandenburg-Preußens zu brechen und half, das Eine oder Andere durchzusetzen. Das ging aber nicht ohne schwerwiegende Konzessionen, die der Kurfürst dem Adel gerade auf jenen Gebieten machen musste, wo produziert und gehandelt und über die Bauern unmittelbar geherrscht wurde.

Alle sich bereits Ende des 15. Jahrhunderts abzeichnenden Privilegien der adligen Grundbesitzer fanden sich nun endgültig bestätigt und erwiesen sich als ausbaufähig: das Monopol des Adels auf den Besitz von Rittergütern; Abgabenfreiheit, Zollfreiheit für Korn-, Holz- und Wollausfuhr, das Vorrecht auf Getreideausfuhr. Diese Privilegien betrafen vornehmlich das Verhältnis zu den städtischen Bürgern. Erst in dem zu den Bauern aber werden die Kernstücke im Privilegienbündel der adligen Grundbesitzer erkennbar: die Verfügung über die bäuerlichen Frondienste und Abgaben (beispielsweise aus dem Getreide-Dreschen, aus der Viehhaltung, in Form von Geldzinsen); die obrigkeitlichen Rechte über das Dorf, und zwar in Gestalt der gutsherrlichen Patrimonialgerichtsbarkeit und Polizeigewalt, aber auch des Kirchenpatronats. Kam ein Bauer auf den allzu kühnen Gedanken, den dörflichen Bannkreis von Enge, Not und Zwang zu verlassen, dann wurde er in Wort und Tat an die Schollenpflichtigkeit erinnert. Glaubte er gar, von altersher im Status der Freiheit zu sein, dann hatte er – der kein Archiv besaß – die Beweispflicht. Auf der andern Seite konnte das Bauernland fortan ohne Zustimmung des Eigners zum Herrenland geschlagen oder verkauft werden; überdies gab es nach dem Dreißigjährigen Krieg genug an verwüsteten Bauernhöfen.

Vieles, was 1653 und in anderen Rezessen gleichsam verfassungsrechtlich festgelegt war, erwies sich im Wesenskern nicht als neu, sondern seit eh und je in den feudalen Verhältnissen begründet. Aber alles lief weiter zuungunsten der Bauern und zugunsten der Junker. Das schlug sich sogar in der Berechnungsart des junkerlichen Güterwertes nieder; da übertrafen die Dienste und Gefälle (Abgaben für Salz, Tabak, Bier und Anderes) der Bauern den Wert des Bodens und des Viehbestandes, der Jagd und Fischerei (wobei ohnehin die Viehhaltung gering war und der Ackerbau dominierte). Noch war der Bauer dem Ritter wertvoller als dessen Grund und Boden. Agrarhistoriker schätzen die Gesamtbelastung der Bauernhöfe im Gutsverband – ohne Anrechnung der Dienste – auf mindestens ein Drittel ihrer Gesamtroherträge.

Alles in allem: Indem die Herrenstellung der Adligen im Gutsbezirk – gleichsam im Gleichschritt mit Vorgängen im Landesmaßstab – absolutistische Formen annahm, die Rechte der Bauern fast auf den Nullpunkt gesenkt, ihre Pflichten dagegen auf der Lastenskala erhöht wurden, veränderten sich die ökonomischen und sozialen Beziehungen auf dem flachen Land im Umschlag von Quantität in Qualität derart, dass man in der Tat von einer zweiten verschärften Leibeigenschaft reden kann. Damals, im 17. Jahrhundert, vermieden die Offiziellen keineswegs den Begriff der Leibeigenschaft und schämten sich nicht ihrer Brutalität; später wurde amtlich in etwas verschämter Weise nur von Erbuntertänigkeit gesprochen.

Die Landtagsrezesse der fünfziger und sechziger Jahre des 17. Jahrhunderts bildeten zwar den juristischen Ausgangspunkt dieser ganzen Entwicklung, aber zugrunde lagen ihr ökonomische Nöte und Diskrepanzen. Die Bauern waren, soweit sie überhaupt noch das Dorf bewohnten, derart ausgeplündert, verarmt und entmutigt, dass sie sich kaum in der Lage sahen, ihre Felder zu bestellen und ihre Höfe neu einzurichten. Die Preise des Getreides, das in den von Krieg und Pestilenz dezimierten Städten nur in reduzierten Mengen abzusetzen war, sanken während der zweiten Hälfte des 17. bis ins 18. Jahrhunderts hinein. Auf der anderen Seite mussten Ritter wie Bauern »Eisen, Schmiedezeug, Glas, Pfundleder, Tobak und Zucker, auch Kalk und Mühlensteine« immer teurer bezahlen.[2] Aber die Ritter, die trotz allen Ungemachs im Dreißigjährigen Krieg weiterhin über ökonomische und politische Hilfsmittel verfügten, vermochten die Schwierigkeiten, die mit der Schere zwischen Erlös- und Kostenpreisen zusammenhing, besser zu bewältigen als die Bauern, die zudem der junkerlichen Herrschgewalt ausgesetzt waren. Unter ihr konnten sich in Ostelbien keine Großbauern in größerer Anzahl herausbilden, weil nach dem Gesetz von Angebot und Nachfrage die Löhne für Gesinde und Tagelöhner wie alle anderen Betriebskosten stiegen. Unter all diesen ökonomischen Widrigkeiten zogen viele Dorfbewohner das relativ gesicherte Dasein eines Kossäten oder Tagelöhners dem risikoreichen Dasein eines Bauern vor. Der war schließlich beim geringsten Missgeschick auf den guten Willen des gnädigen Herrn angewiesen, wenn es darum ging, Abgaben vorübergehend zu erlassen oder für die Zahlung landesherrlicher Steuern Vorschuss zu gewähren. Günstig für die Herausbildung größerer Gutsbetriebe aber war das Sinken der Grundstückspreise; so mancher Junker fügte an sein Areal zu einem Spottpreis dieses und jenes Bodenstück oder gar ein ganzes Gut hinzu, so auch die Bismarcks.

Wir wissen jetzt in Hauptzügen, auf welche Weise die Junker gegenüber den Dorfbewohnern die ökonomische Ausbeutung und politische Herrschaft verstärkten, also die zweite Leibeigenschaft realisierten. Parallel dazu machte der soziale Differenzierungsprozess innerhalb des Dorfes weitere Fortschritte dergestalt, dass sich die Zahl der Bauern, die rund dreißig bis sechzig Hektar Ackerböden und zwei bis vier Pferde besaßen und deshalb zu Spanndiensten für den Gutsherrn verpflichtet waren, verminderte, während sich die Zahl der Kossäten, die meist nur fünfzehn Hektar besaßen und nur zu Handdiensten herangezogen werden konnten, oder gar der Büdner (Kätner), die sich als Tagelöhner verdingen mussten, erhöhte. Diese dörfliche Sozial- und Herrschaftsstruktur Ostelbiens, die vom Gutsherrn bis zu dessen Hausgesinde reichte und im 17. und 18. Jahrhundert Gestalt annahm, blieb bis zum Zusammenbruch Preußens im Jahre 1806 erhalten.

Es bleibt noch ein Aspekt der sozialen und politischen Beziehungen: Wie gestaltete sich das Verhältnis der Junker zum Kurfürsten? Auf den ersten Blick will es so scheinen, als hätten sie bei seinem stärksten Machtinstrument, in der Armee, das Heft in der Hand gehabt. Die Offiziersstellen blieben den Junkern vorbehalten, und die Armee – übrigens wie die zivile Verwaltung – bot ihren Familienangehörigen, die nicht alle auf den heimatlichen Gütern untergebracht werden konnten, eine standesgemäße Versorgung. Diese war bei Offizieren höherer Dienstgrade, denen hohe Gehälter und Feudaleinkünfte zustanden, mitunter beträchtlich. Auch in der Armee, die aus Angeworbenen, oft genug aus Hergeschleppten, bestand, schwangen die adligen Offiziere ihre Fuchtel über die Bauernsöhne. Also Junkerherrschaft, wohin man blickte? Ganz so einsträngig war die Sache auch wieder nicht. Weil der Armee eine besondere Dynamik eigen ist, gerieten die Adligen gerade im stehenden Heer in eine gewisse Abhängigkeit vom kurfürstlichen, später königlichen Absolutismus und wurden in dessen Interesse domestiziert. Altes Vasallentum nahm neue Züge an.

Viele Offiziere waren Gamaschenknöpfe, Kasernenhoftyrannen oder im Felde bloße Haudegen; viele Beamte wiederum verkümmerten zu engstirnigen Bürokraten. Aber es gab genug Offiziere und Beamte, die von modernen Ideen zunächst angehaucht und in einer späteren Periode der europäischen und preußischen Geschichte von ihnen sogar durchdrungen waren. Und diese Ideen kamen von draußen, aus England und Frankreich – das kalvinistisch-aufklärerische Holland nicht zu vergessen –, aber nach und nach aus hauseigenem Preußischem. Offiziere und Beamte, die in Städten und Städtchen residierten und agierten, blieben mit dem Landadel mehr oder weniger stark verbunden. Das eben befähigte sie, die Junker im Sinne der absolutistischen Staatsräson zu beeinflussen und zu disziplinieren; andererseits brauchten sie gar nicht ihre Sprecher oder Frondeure gegenüber dem Monarchen zu sein. Immerhin verfügten die Junker über ständische Institutionen, insbesondere in Form der Kreistage. Und in der langen Periode bis zur krisenhaften Wende vom 18. zum 19. Jahrhundert, da der brandenburgisch-preußische Staat auf der Grundlage des Westfälischen Friedens und der Landtagsrezesse aufgebaut, ausgebaut und territorial erweitert wurde, konnten die Junker mit der ihnen zugestandenen Fülle ökonomischer und politischer Macht in ihrem unmittelbaren Gutsbereich und darüber hinaus mit all den Positionen in Armee und Verwaltung wahrlich zufrieden sein.

*Grabplatte
des Generalmajors
Christoph Friedrich I.
von Bismarck
(1652–1704) in
Schönhausen*

Solange ihre feudale Gutswirtschaft und -herrschaft unangetastet blieb, war es für sie nicht ratsam, den Vormarsch des sich in der militaristischen Staatsräson manifestierenden Absolutismus aufhalten zu wollen. Immerhin hätte der absolute Monarch, ob Kurfürst oder König, in einer Zeit, da der Manufaktur- und Handelskapitalismus in leitenden Ländern Westeuropas vorherrschend wurde, innerhalb der Klassen untereinander und zum Staat bis zu einem bestimmten Grad die Gewichte zugunsten städtischer Bürger und bürgerlicher Beamter verlagern können. Damals verflochten sich die freundlichen und feindlichen Beziehungen der europäischen Staaten so eng miteinander, dass die Beziehungen der Klassen des einen Landes für die in anderen Ländern auf die eine oder andere Weise relevant wurden.

Immer mehr zeigte sich, dass die ökonomisch-sozialen, politisch und ideologisch aufeinander einwirkenden und darum zusammenhängenden Widersprüche einer Epoche in ihrer europäischen und später globalen Verbindung gesehen werden müssen. Spätestens im 17. Jahrhundert zeichnete sich die Tendenz ab, dass »die Völker der Erde wie ein einzig Volk« agieren und es in friedlichen und kriegerischen Zeiten »auf dem weiten Globus keine Trennung mehr gibt« – wie es Leopold von Ranke 1874 in einem Brief an seinen Bruder Heinrich formulierte. Tatsächlich sind in jeder Epoche leitende, wenn auch kontroverse Ideen in Politik, Kunst und Philosophie wirksam, aber ihnen liegen letzten Endes ökonomisch-soziale Tendenzen zugrunde. Die zum Absolutismus hin waren auf die vom Manufaktur- und Handelskapitalismus erzeugten Widersprüche zurückzuführen, die aber nicht überall in gleicher Form und Stärke wirkten. Innerhalb dieser Klassenbeziehungen konnten und mussten die Bismarcks in Schönhausen und auf ihren linkselbischen Gütern bis ins 18. Jahrhundert hinein leben. Sie mussten aber auch als Offiziere in den Schlachten der Zeit agieren. Erstmalig avancierte damals einer des Bismarckschen Geschlechts zum General – Christoph Friedrich I. (1652 – 1704).

Im blutigen Spiel großer Mächte

Schon um die Offiziersschicksale einiger Bismarcks besser zu begreifen, lassen wir Politik und Krieg der Großmächte und die Brandenburg-Preußens Revue passieren. Deutschland war damals nur am Rande und für relativ kurze Zeit Kriegsschauplatz, dennoch gerieten deutsche Fürsten und Völker in Kriege hinein.

Die großen Ziele der zweiten Hälfte des 17. Jahrhunderts waren: der Ausbau der Vorherrschaft Frankreichs in Europa; die Beherrschung der Ostsee durch Schweden; die Abwehr und Zurückdrängung der Osmanen-Herrschaft unter Führung Habsburgs. Einigermaßen dauerhaft erwiesen sich das Bündnis Frankreichs mit Schweden und das ohnehin traditionsreiche Zusammenspiel Frankreichs mit den Osmanen, während sonst im weiten Rund der europäischen Staatenbeziehungen der rasche und überraschende Wechsel von Freund und Feind zur diplomatischen Kunst gehörte.

Frankreich war die Aggressionsmacht par excellence; die geschichtliche Nachbetrachtung kann seine drei Eroberungskriege mit seltener Deutlichkeit unterscheiden: den ersten gegen Spanien und die spanischen Niederlande (1667/68), den zweiten gegen Holland (1672 – 1678), den dritten gegen die Pfalz (1688). Die Verwüstung der Pfalz, deren Symbol die Zerstörung Heidelbergs und seines Schlosses bis in unsere Tage blieb, gehörte zum Infamsten aller Eroberungskriege Ludwigs XIV.

Alles war durchdrungen vom Glanz wie der Furie einer absoluten Herrschgewalt: Die würdevolle Grazie des französischen Klassizismus bestach die fremden Herrscher moralisch, die Subsidien, also die Unterstützungsleistungen, taten es materiell. Die Großartigkeit der Architektur, der Malerei und der Literatur schien die Perfidie einer erbarmungslosen Kriegführung zu rechtfertigen. Diese Doppelstrategie schuf Traditionen. Im Jahrzehnt vor dem Ersten Weltkrieg schrieb der französische Kulturpolitiker Edmond Rostand: »Im Augenblick, da man die Gewalt verdoppeln will, muss man die Anmut verdoppeln.«[3]

Um all die großmächtigen Taten und Untaten des Sonnenkönigtums rankte sich das Räuberspiel der mittleren und kleinen Staaten Europas. Jeder von ihnen trachtete danach, sein Gebiet zu vergrößern und andere Staaten zu schwächen.

Brandenburg-Preußen, dessen Interessen sich auf den Westen wie Osten Europas erstreckten, vermochte sich der Dynamik der Staatenbeziehungen weniger denn je zu entziehen. Einerseits konnte es auf keines seiner Territorien verzichten, vielleicht am allerwenigsten auf die isoliert, aber nahe den Niederlanden gelegenen und manufakturkapitalistisch relativ entwickelten Landschaften wie Kleve und Mark; andererseits richtete sich sein Drang nach Zusammenfassung seiner zersplitterten Territorien nicht selten gegen Kaiser und Reich, die immerhin eine gesamtnationale Klammer darstellten, so schwach sie auch sein mochte. Die Methoden einer solchen halb zwanghaften, halb frevelhaften Politik waren alles andere als erhebend. Wenn sich Brandenburg-Preußen einer Macht eilig zuwandte, schielte es stets auf das wechselnde Kriegsglück der anderen und streckte die Hand nach Subsidien aus, die Frankreich herrenhaft und wohl berechnend spendierte.

Es lohnt sich schon, die skrupellose Wandelbarkeit der brandenburgisch-preußischen Außenpolitik näher zu beleuchten. Um die Aufhebung der polnischen Lehnshoheit über Preußen zu erreichen, griff der Kurfürst in den Schwedisch-Polnischen Krieg von 1655 bis 1660 auf schwedischer Seite ein.

Nachdem ihm die Souveränität über Preußen im Frieden von Oliva zugesichert war, trat er wieder auf die Seite Polens über, gegen Schweden, das er von der Herrschaft über die mittlere Ostsee und den Unterlauf der Oder verdrängen wollte. Aber dieses Ziel erreichte er nie, weil Frankreich immer zu Schweden hielt. Da nützten alle militärischen Erfolge und aller Bündniswechsel nichts: Einmal mit Holland gegen Frankreich, plötzlich Sonderfrieden mit Frankreich, übrigens auch auf Kosten von Kaiser und Reich, dann wiederum Loslösen von diesem Sonderfrieden, worauf Frankreich damit reagierte, dass es seinen Verbündeten Schweden in Brandenburg einfallen ließ.

Nachdem der Kurfürst im Frieden zu St. Germain 1679 von Frankreich gezwungen worden war, sich mit dem Vorkriegsstand zu begnügen, gerierte er sich wieder einmal als dessen Verbündeter – etwa nach jener Regel des Orients, jene Hand zu küssen, die man nicht abschlagen kann. Das erleichterte Frankreich sein Intrigieren, das mit der Annexion Straßburgs 1681 endete.

Einige Zeit nach dem Entsatz Wiens von der Türkenbelagerung 1683 sandte der Hohenzollersche Kurfürst dem Habsburger Kaiser eine Hilfsmacht im Krieg gegen die Osmanenmacht, die seit dem 16. Jahrhundert mit Frankreich zusammenspielte. Hier übernahmen die Habsburger, jahrhundertelang Träger der Kaiserkrone, eine fortschrittliche Mission, die aber sogleich wieder eingeschränkt wurde durch den weiteren Vormarsch der Gegenreformation und die Vertauschung des mohammedanischen Despotismus mit dem katholisch-klerikalen Absolutismus.

So kläglich die moralisch-politische Haltung Brandenburg-Preußens sein mochte, es ragt aus seiner Militärgeschichte von damals ein Ereignis heraus, das etwas von geschichtlicher Größe zeigt: Der Sieg der Preußen über die Schweden 1675 bei Fehrbellin. Die erfolgreiche Schlacht führte zwar nicht zur Vertreibung der Schweden aus Vorpommern, verhinderte aber eine weitere Überfremdung

deutschen Gebiets. Kurfürst Friedrich Wilhelm hatte das Landesaufgebot von Bauern und Bürgern eingesetzt, die vor der Schlacht die
Elblinie sicherten; jeder sechste Mann aus der wehrhaften Bevölkerung wurde vorübergehend einberufen. Das alles führte noch lange
nicht zur allgemeinen Wehrpflicht. Doch die Schlacht bei Fehrbellin
blieb in der langen Herausbildung eines gesamtpreußischen Ge-
schichtsbewusstseins denkwürdig – so sehr, dass sich große Künstler
wie Heinrich von Kleist und Adolph Menzel davon inspirieren ließen.

In die Kriegsläufte jener Zeit mit ihren wechselnden Schauplät-
zen und Gegnern waren jene Bismarcks, die Offiziere wurden oder
werden mussten, immer wieder verwickelt. Da war der Sohn des
Valentin Busso und Neffe des Augustus, Christoph Friedrich, ein
Vollblutsoldat, der als »reformierter Fähnrich« seine Laufbahn in
holländischen Diensten begann. Er kämpfte in großen europäischen
Schlachten: 1674 bei Sennef gegen den Prinzen Louis II. von Condé,
wo von allen Offizieren seines Regiments außer dem Major und dem
Kapitän nur noch er überlebte, indessen die ganze Bagage in die
Hände der Feinde fiel. Während der in der preußischen Kriegsge-
schichte ruhmreichen Schlacht von Fehrbellin tat er sich derart hervor, dass er die eroberten Fahnen und Standarten der Schweden in
die Residenz bringen durfte. Auch in den kommenden Jahren beteiligte er sich mit Bravour an den Feldzügen gegen die Schweden, so
agierte er 1678 als Major bei der kurzzeitigen Eroberung der Ostsee-
insel Rügen. Das wurde nicht allein mit Rangerhöhungen im Heer,
sondern auch mit der Belehnung von Gutsanteilen in Schönhausen
im Jahr 1685 belohnt. Da diese aber dem allgemeinen Trend nach
Konzentration und Vergrößerung der Rittergüter nicht zuwiderlaufen durfte, erhielt Christoph Friedrich die Erlaubnis, tatsächlich den
Auftrag, wüste Bauernstellen bebauen zu lassen. Mit der kleinen
Hausmacht einer Gutsherrschaft ausgestattet, blieb er weiterhin
aktiver Offizier. Zu jener Hilfsmacht gehörend, die der Kurfürst
Friedrich Wilhelm dem Kaiser schickte, beteiligte sich Christoph
Friedrich an der Belagerung und Eroberung von Ofen, dem heutigen
Budapest. Seine militärische Laufbahn endete mit der Ernennung
zum Generalmajor und zum Kommandanten von Küstrin; damit

war Christoph Friedrich der erste preußische General des Bismarckschen Geschlechts.

Noch ein anderer Bismarck beteiligte sich am zentralen Ereignis des großen Türkenkrieges, der die Osmanen zurückdrängte. Es
war der jüngere Bruder des August (Augustus II.), der 1667 geborene Georg Friedrich II. Wie bei Junkerssöhnen üblich, wurde er
zunächst von Hauslehrern unterrichtet und trat dann mit fünfzehn
Jahren in die brandenburgische Leibgarde ein. Im Regiment mit
dem Derfflingerschen Traditionsnamen (genannt nach dem legendären Feldherrn der Schlacht von Fehrbellin) unter Generalmajor
von der Marwitz nahm er an den harten Kämpfen in Ungarn teil
und wurde bei der Belagerung von Ofen so schwer verwundet, dass
er anderthalb Tage lang unter Toten lag. Er hatte auf diesem Kriegs-
zug so schwer zu leiden, dass ihm von der Marwitz einen Pass mit
einem ehrenvollen Zeugnis ausstellte und es ihm damit möglich
machte, in holländische Dienste zu treten. Hier geriet er bald wieder in mannigfache Kämpfe, diesmal mit den Franzosen, zu denen
eine abenteuerliche Gefangennahme und ebensolche Befreiung
gehörten. Das war alles in der Zeit der von England betriebenen
großen Allianz unter anderem zwischen dem Kaiser, Spanien,
Schweden, Brandenburg und Holland gegen Ludwig XIV. Nach
mehreren Kampagnen bei der niederländischen Armee und längerer
Krankheit bewarb er sich um eine Dienststellung in der kaiserlichen
Armee. Doch war er von all den Kriegsstrapazen so mitgenommen,
dass er einer erneuten Krankheit im neunundzwanzigsten Lebensjahr erlag – ein Jahr vor dem Frieden zu Ryswijk 1697.

Während all der Kriege im letzten Drittel des 17. Jahrhunderts,
deren diabolischer Demiurg das absolutistische Frankreich war, vollzogen sich folgenreiche Wandlungen in den ökonomischen, sozialen,
politischen und geistigen Bereichen Europas. Ludwig XIV. begeg-
nete den ersten Krisenerscheinungen seiner absolutistischen Gewalt-
herrschaft nach innen und außen nicht durch Lockerung seiner Re-
gierungsmethoden, sondern vielmehr durch ihre Verschärfung. Um
den monarchischen Absolutismus im Innern zu vollenden, wollte er
die Einheit des Staates durch die Einheit der Religion ergänzen.

Doch mit der Aufhebung des Toleranzedikts von Nantes 1685, das den Hugenotten religiöse und politische Gleichberechtigung gewährt hatte, erreichte er das Gegenteil dessen, was er wollte: Er schwächte sein Herrschaftssystem. Indem der Staat und die Kirche die kalvinistischen und anderen nichtkatholischen Christen mit Gefängnis, Mord und Totschlag verfolgten und über fünfzigtausend Familien in die Emigration zwangen, vernichtete der Absolutismus jene menschlichen Produktivkräfte, die im Sinne des Handels- und Manufakturkapitalismus am meisten fortgeschritten waren. Auf der anderen Seite des Kanals verjagte der aus Holland herbeigerufene Wilhelm von Oranien den katholisierenden, von Ludwig XIV. bestochenen Jakob II. Das war die dramatische Erscheinung der Glorious Revolution von 1688; ihr Wesen war ein solcher Kompromiss, der einen über vierzig Jahre währenden Revolutionsprozess beendete und zugleich die sozialen und moralisch-politischen Voraussetzungen schuf für die industrielle Revolution, die achtzig Jahre später von Großbritannien ausging. Fortschritt also in England, Rückschritt in Frankreich.

Dieser Rückschritt aber besaß seine besondere Dialektik. Die Hugenottenverfolgung provozierte nämlich eine heilsame Re-Aktion, indem jetzt die Epoche der ideologischen Revolution in Gestalt der formenreichen Aufklärung begann. Den Übergang vom Kalvinismus zur Aufklärung verkörperte am deutlichsten der Schriftsteller und Philosoph Pierre Bayle. Und wenn der Sonnenkönig Ludwig XIV. mit der Dreistigkeit eines klerikalen Dunkelmanns versucht hatte, das Inselreich mit Hilfe des Katholizismus ideologisch und damit auch politisch zu beherrschen, so nimmt die antiabsolutistische Opposition in Frankreich geistige Anleihen aus England – etwa von John Locke, dem literarischen Vater und zugleich Sohn der Glorreichen Revolution. Das waren Starthilfen für jene geistigen Kräfte des französischen Bürgertums, die über genügend eigene Substanz verfügten, um die Reihe von echten Sonnenkönigen der Aufklärung im 18. Jahrhundert zu eröffnen. Da die absolutistische Reaktion im Innern untrennbar mit der Aggression nach außen verbunden war, konnte es nicht anders sein, als dass die ersten Regungen der Vor- und Frühaufklärung im Zeichen des Pazifismus gegenüber den kriegerischen Hegemoniebestrebungen der Regierung Ludwigs XIV. standen.

Die Erbitterung weiter Teile Europas, die französische Opposition eingeschlossen, gegen Ludwig XIV. nützte der brandenburgisch-preußische Kurfürst Friedrich Wilhelm aus – noch vor der Bildung der von England geführten großen Allianz Ende der achtziger Jahre. Die Annullierung des Toleranzedikts von Nantes beantwortete er im selben Jahr 1685 mit dem Edikt von Potsdam, das die Aufnahme hugenottischer Emigranten ermöglichte. Allein nach Berlin kamen etwa sechstausend französische Handwerker und Kaufleute und brachten moderne Technik, Unternehmererfahrung und eine nicht zünftlerische Wirtschaftsauffassung mit. In Berlin entstand wie in Genf, London und in holländischen Städten ein hugenottisches Emigrationszentrum. Damit offenbarte Brandenburg-Preußen eine zukunftsweisende Integrationskraft.

Landleben I

Stand der preußischen Integrationskraft neben dem absolutistischen Militarismus, der auch die Städte reglementierte, die Junkerherrschaft auf dem Lande hemmend entgegen? Dafür können und müssen wir wieder unsere Blicke auf Schönhausen und die anderen Bismarckschen Gutswirtschaften richten. Machen wir uns zunächst mit dem jungen August von Bismarck (1666 – 1732) näher bekannt, den wir bereits als Sohn von Augustus (August I.) kennengelernt haben. Nachdem er im vierten Lebensjahr 1670 seinen Vater verloren hatte, stand er unter Vormundschaft zweier Verwandter, von denen der eine Gutsbesitzer, der andere höherer Staatsbeamter war. Als neunjähriger Junge flüchtete er mit seiner Mutter vor dem Kriegseinfall der Schweden 1675 für einige Monate aus Schönhausen nach Magdeburg. Im selben Jahr durchbrach die Elbe einen Damm und überflutete Äcker und Wiesen. Zu Kriegs- und Wirtschaftsnot gesellte sich die Naturkatastrophe.

Augustus II. von Bismarck (1666 – 1732) und
seine Frau Dorothea Sophie, geb. von Katte

Augusts Mutter scheint nicht nur eine umsichtige Verwalterin der Güter gewesen zu sein, sondern auch bemüht, dem Sprössling eine gute Ausbildung angedeihen zu lassen: Zuerst den Privatunterricht, wie ihn viele Gutsbesitzersöhne genossen, dann unter der Obhut des Obermarschalls von Uecktritz das Gymnasium in Merseburg, darauf in Halle. Im zwanzigsten Jahr immatrikulierte er sich als »märkischer Ritter« und der »sächsischen Nation angehörend« an der Universität Leipzig. Was er studiert hat und wie lange, ist unbekannt, da er sich keinem Examen unterzog, um etwa die akademische Würde des Bachelors oder des Magisters zu erlangen. Anscheinend hospitierte August von Bismarck mehr als dass er zielbewusst studierte. Damit er die Welt kennenlernte, unternahm er eine sogenannte Kavaliersreise durch Sachsen, Böhmen, Österreich, Italien und den Rhein hinab nach den Niederlanden. Immer wieder die Niederlande, wohin es strebsame Brandenburger zog!

Nach Schönhausen zurückgekehrt, scheint er noch einige Jahre Helfer in der Leitung der Bismarckschen Güter gewesen zu sein, über die seine Mutter noch lange Jahre verfügte. Erst Ende 1695, drei Jahre vor ihrem Tod, wurde August von Bismarck mit seinen Brüdern und Vettern (auch denen zu Crevese) mit Schönhausen und den beiden Feldmarken zu Briest und Ostermark belehnt. Es bildete sich hier ein feudales Familienkonsortium, das die Bewirtschaftung der links- und rechtselbischen Güter der Bismarcks und die Ausbeutung der ihnen untertanen Dörfer einigermaßen vereinheitlichen und damit erleichtern konnte.

Die Chronik des Pfarrers Danneil[4] gibt uns ein detailliertes Bild von den Abgaben und Diensten, die die Bauern, Kossäten und Gärtner in abgestufter Weise an die Creveser Gutsherrschaft der Bismarcks zu leisten hatten. Alles entspricht in seinen Grundzügen dem feudalen System der Natural- und Geldabgaben, der Spann- und Handdienste und der Beschränkungen der persönlichen Freiheit. Hier ist nichts Neues zu entdecken; doch lohnt es sich, die detaillierte Ausführung des allgemeinen Schemas der feudalen Wirtschaft in den ländlichen Kerngebieten Brandenburg-Preußens näher anzusehen, zumal wir mit einiger Sicherheit annehmen können, dass sich die Bilder gleichen, ob sie nun die Verhältnisse in Crevese oder die in Schönhausen wiedergeben.

Greifen wir aus den peinlich-genauen und listenlangen Festlegungen nur einige Beispiele heraus. Da zählen zu den Naturalabgaben das Pachtkorn, die Abgabe von Hühnern, der Fleischzehnt und der Getreidezehnt. Alles säuberlich unterschieden und abgestuft; nur keine Verwirrung, nur kein Vermuddeln! Acht Scheffel Roggen, zwei Scheffel Gerste und zwei Scheffel Hafer – das hatten die Vollbauern (mit ihren Hofstellen von zwei Hufen) zu entrichten, die Halbackerhöfe die Hälfte und die Großkossäten ein Viertel davon. Mancherlei wurde da noch einge-, abge- und unterteilt. Vergessen wir bei all den Pachtkörnern nicht das Pachthuhn, das jeder Hof abzuliefern hatte. Doch absolut war die Gleichmacherei auch nicht, widersprach sie doch ohnehin feudalem Leben und Treiben. Der Gutsherr kannte schon sein Dorf, wenn er wirklich Herr und nicht bloß Liederjan war; er kannte Weg und Steg, Wald und Flur, Wassergraben und Sandgrube, Wiese und Teich. Was er selbst nicht herausbekam, das bemerkte gewiss die Dorfgemeinschaft, in der es viel Missgunst gab, viel gegenseitiges Aufpassen und Fingerzeige auf Vor- oder Nachteile der einen oder anderen. Die Vorteilsjägerei oben und unten, beim Gutsherrn wie bei den Dorfbewohnern, nahm oft juristische Form an; es wurde bestimmt: Manche an den Dorfenden gelegenen Höfe hatten mehr Hühner abzugeben, weil sie größere Wurthen, also eingezäunte Feldgärten mit Grasflächen, besaßen. Überhaupt das Vieh! Da hatten die Bauern ihren Zehnt entweder in Fleisch oder Geld zu entrichten. Lämmer und Gänse waren stets in natura abzuliefern. Kaum etwas, was da kreucht und fleucht und von dem Nutzen zu ziehen war, blieb vergessen. Selbst von den Bienen wurde der Zehnt verlangt.

Die Geldabgaben waren zudem spezifiziert. An Dienstgeld bezahlten die vollen Ackerhöfe jährlich zwölf Taler, die Halbackerhöfe sieben und die Kossätenstellen je nach ihrer Größe sechs oder fünf Taler. Der Hauszins war keine Steuer, vielmehr eine Art Miete – was bis in die Hofstelle oder die ärmlichste Kate hinein die Gutsuntertänigkeit der Dorfbewohner verdeutlichte. Selbst das Dorfvergnügen war gutsuntertänig; die Spielleute hatten die Musikinstrumente von der Gutsherrschaft zu pachten – entweder für das ganze Jahr oder für das einzelne Fest, etwa für die Bauernhochzeit, wo Dorfmusikanten, meist aus der näheren Umgebung, zum Tanz aufspielten. Selbst bei besonderen Ereignissen in der Bismarckschen Familie, bei Geburten, Hochzeiten und Begräbnissen, hatten die vollen und halben Ackerhöfe, auch die Kossätenstellen, ihren untertänigsten Obolus, wenn auch nur in Groschen- und Pfennighöhe, zu entrichten. Zu den Abgaben kamen bei solchen Gelegenheiten noch besondere Dienste. Starb jemand von der Gutsherrschaft, mussten Dorfbewohner die Leiche bewachen und drei Wochen das Trauergeläut besorgen. Untertan den kleinen Herrschgewaltigen bis in den Tod!

Der feudale Gutsbetrieb war als technisch-organisatorische Einheit unvollständig; er hatte für die Bewirtschaftung seiner relativ umfangreichen, aber zerstreut oft in Gemengelage mit den Bauernäckern liegenden Bodenflächen zu wenig Zugvieh. In den Stallungen des Gutshofs standen Kühe und Schafe, auch einige Pferde für den herrschaftlichen Wagen, aber keine oder nur wenige Ackerpferde oder Zugochsen. Dieses lebende Inventar eines landwirtschaftlichen Betriebs, aber auch manches tote Inventar wie Pflüge, Eggen und Fahrzeuge wurden dem Gutsbetrieb durch außerökonomischen Zwang, kraft der herrschaftlichen Gewalt über die Dörfer ohne Entgelt zugeführt. Es waren die spannfähigen Bauern, die diese Produktionsmittel mitbringen und mit ihnen im und für den Gutsbetrieb – wiederum ohne Entgelt – werken mussten. Diese Bedingungen für die Ackerspanndienste, Korn- und andere Fuhren waren in allen Gutsbetrieben der brandenburgisch-preußischen Kerngebiete gleich, galten also auch auf den Bismarckschen Gütern.

In der Gemeinde Crevese und in Schönhausen wird es kaum anders gewesen sein: Die Vollhöfe hatten sieben ganze, die Halbhöfe sieben halbe Tage zu pflügen; während dieser Zeit mussten die Lehnschulzen eggen. Dazu kamen die Verpflichtungen, das Getreide einzufahren und die Heufuhren zu besorgen, alles nach Ackerfluren und Wiesen penibel eingeteilt und verteilt. In einer bestimmten Reihenfolge mussten die Dörfler das zumeist im Winter ausgedroschene Korn nach der Stadt fahren. Wer je in Guts- oder Gerichtsakten schaute, weiß, dass Klagen über zu weite Fahrten, die Ross, Wagen und Fuhrwerker über Gebühr strapazierten, immer wiederkehren.

Die vielfältigen Spanndienste konnten nur die Bauern leisten, die auch Zugvieh, geeignete Arbeitsgeräte und Fuhrwerke besaßen. Zu den Spanndiensten kamen die wiederum genau geregelten Handdienste; die Bauern mussten mähen, binden und heuen. Beim Trocknen des Heus hatten auch die Kossäten mitzuhelfen; die mussten außerdem in jeder Woche zwei Tage Hofdienst für jede Arbeit verrichten. Dazu gesellten sich die Kinder der Untertanen, die sich beim gnädigen Herrn vorzustellen hatten, sobald sie herangewachsen waren; die Tauglichen wurden zum Zwangsgesindedienst genommen. Alles war auf Dienst und Herrschaft ausgerichtet. Die Leistungen der Bauern, der Kossäten, des jungen und alten Hofgesindes beruhten nicht auf einem Arbeitsvertrag, sondern auf einem Herrschaftsverhältnis. Herrendienste gingen allem anderen vor.

Wenn der Gutsherr die Bauern zum Arbeitsdienst auffordern ließ – von einer Mannsperson, später Inspektor genannt –, dann hatten sie sich mit bespanntem Pflug oder Egge im Gutshof einzufinden, manchmal schon im Morgengrauen, und hinaus ging's auf die Felder. Besonders in der Erntezeit waren neben den Spanndiensten, etwa den Heufuhren, die Handdienste der kleinen Leute für die Arbeit auf den Herrenländereien unentbehrlich; da kamen die Kossäten und die noch ärmeren Gärtner zu Fuß mit Spaten oder Hacke auf den Gutshof, um sich ihre Arbeit anweisen zu lassen. Wer braucht da einen authentischen Stimmungsbericht, um sich vorstellen zu können, dass die hier zur Fron beorderten Menschen kaum freudig ihren Dienst verrichteten? Aus diesen und ähnlichen Erlebnisbereichen mag der Ausdruck von der verdammten Pflicht und Schuldigkeit stammen. Es waren Verdammte dieser junkerlichen Landerde, die nur einen trügerischen Trost im Glauben an den unerforschlichen Ratschlag Gottes und an ein höheres und besseres Leben nach dem Tode fanden. An den Gräbern ihrer Toten mochten sie so frommen Herzens beten: »Herr, gib ihm Ruhe, das ewige Licht leuchte ihm!«

Hier auf Erden aber gab es keinen Lohn, weder in Geld noch in Naturalien, bestenfalls trinkgeldartige Zuschüsse. Das Zwangsgesinde wurde in der Haushaltung des gnädigen Herrn ernährt und bekam so viel Geld in die Hand gedrückt, dass etwa Schuhwerk oder ähnlich Notwendiges angeschafft werden konnte. Spann- und Handdienste aller Art galten als Gegenleistung für eingeräumten Landbesitz; man hielt sich an die juristische Fiktion, dass der Boden, auf dem Bauern und Kossäten ihre Hofstelle hatten, nicht ihr Eigentum, sondern das der Gutsherren wäre; er sei es, der Entgelt in Form von Abgaben und Diensten, eben den Fronden, mit Recht verlangen könnte und also keinen Geld- und Naturallohn zu entrichten hätte.

Das Herrschaftsverhältnis, das Leben, Werken und Denken des Dorfes durchdrang und Ende des 17. Jahrhunderts sein vorletztes Stadium erreichte, kam von weit her. Ursprünglich war es hervorgegangen aus der Lehnsverfassung, wonach der Ritter dem Landesherrn Rossdienste zu leisten hatte und dafür – um bestehen zu können – eine Grundherrschaft mit einem meist kleinen Gutsbetrieb erhielt. Die Bezeichnung Rittergut blieb über die Jahrhunderte hinweg gebräuchlich; sie war auch in der uns jetzt interessierenden Zeit gang und gäbe, als es keine mittelalterlichen Ritter und keine Lehnsverfassung mehr gab und der zu einer Gutsherrschaft ausgeweitete Gutsbetrieb in Marktbeziehungen eingebunden war. Der Name Rittergut mit seiner güldenen Aura des vornehmen Vasallentums nach oben zum Fürsten hin und des patronalen Herrschens nach unten über die Bauern behielt seine ideologische Funktion und damit seine gesellschaftliche Lebenskraft. Der Ritter war nicht mehr, wie zur alten Zeit der Markgrafen, der begüterte und privilegierte Nachbar der Bauern, sondern der fast unumschränkte Herrscher in Reichweite der dörflichen Gemarkung. Die Kurfürsten, später die Könige, redeten kaum in diesen Herrschaftsbereich hinein. Die Krönung der Gutsherrschaft waren die Polizeigewalt, die Gerichtsbarkeit und das Kirchenpatronat der Junker; so blieben die Dorfbewohner Untertanen mit Leib und Seele.

Im Rahmen der Gutsuntertänigkeit hatten sie eine wohl dosierte und kontrollierte Selbstständigkeit. Aus späteren Mitteilungen ist zu entnehmen, dass es in Schönhausen eine Gemeinde der Bauern, davon getrennt auch eine der Kossäten gab. Sie verhandelten in den Gemeindeversammlungen hauptsächlich Angelegenheiten der Feldgemeinschaft, die die Ackerwirtschaften der Bauern und Kossäten untereinander verband; man denke nur an die gemeinsame Bewältigung der Gemengelage der verschiedenen Ackerstücke, wenn es zu säen oder zu ernten galt, oder auch an die Gemeinschaftsrechte an Wald und Wiese. Diese kümmerliche Demokratie war ein kärglicher Überrest uralter Gemeinschaftsformen.

Wie es mit den verschiedenen Besitzverhältnissen der Bismarckschen Untertanen in den Dörfern links oder rechts der Elbe, etwa in Crevese, Briest, Fischbeck und dem Kernsitz Schönhausen, um die Wende des 17. und 18. Jahrhunderts im Einzelnen stand, bleibt im Dunkeln. Und was die Wohn- und sonstigen Lebensverhältnisse betrifft, so waren sie zu jener Zeit noch armseliger als im 19. Jahrhundert. Man wohnte häufig in elenden Hütten, einstöckig, mit Lehmwänden, ohne Fundament, oft ohne Schornstein, nur mit einer offenen Feuerstelle, von der der Rauch seinen Weg durch die Haustür finden musste. Die wiederum war in Ober- und Untertür geschieden. Die Fenster waren klein. Hausflur und Küche hatten einen Lehmboden, und nur in der Wohnstube war eine grobe Holzdiele gelegt. Dem allen entsprach das Primitiv-Grobklotzige des Mobiliars mit Tisch, Stühlen, Hockern und Wandbank. Die tägliche Kost bestand aus dem, was der Viehstall und Geflügelhof, was Garten und Feld im Kreislauf der Jahreszeiten hergaben – gebacken, gebraten, gesotten oder gekocht, wie man es von Großmutter und Mutter gelernt und wie es die knappe Zeit den Bäuerinnen oder Mägden in ihren primitiven Küchen erlaubte. Nicht selten kochte man für mehrere Tage. Die Armseligkeit im Wohnen und Essen der Dorfbewohner erinnert an Ludwig Feuerbachs Satz: »Der Mensch ist, was er isst.«

Diese Zustände berührten gerade dann stark, wenn wir sie mit der Lebensweise der Gutsherren vergleichen. August von Bismarck liefert ein Beispiel mit lehrhafter Kontrastwirkung. Nachdem er sich 1694 mit Dorothea Sophie von Katte, der Tochter eines seiner früheren Vormünder, des damaligen Kammerrats Hans von Katte, später Hofmarschall beim Herzog von Sachsen-Coburg, verheiratet hatte und 1695 unter Teilnahme von Brüdern, Vettern und Anderen mit Schönhausen belehnt worden war, ging er daran, die letzten Reste der Schutthaufen beseitigen zu lassen, die vom abgebrannten Herrensitz aus der Endzeit des Dreißigjährigen Krieges stammten. Ein halbes Jahrhundert nach der Brandschatzung war das Dorf ja nicht mehr verödet; in ihm lebten und werkten so viele Bauern und Kossäten, dass man mit ihrer Fronarbeit den Neubau eines schlossartigen Herrensitzes begin-nen konnte. Es gehörte durchaus in den Katalog der junkerlichen Gerechtsame, dass zu allen Bauten im Gutsbereich – ob klein oder groß – die Bauern Baumaterialien wie Bruchsteine, Kalk, Mauersteine und Holz heranfahren mussten. Und die Kossäten hatten bei jedem Bau besondere Handdienste zu leisten. Waren dennoch Handwerker von auswärts vonnöten, mussten die Bauern auch noch Betten zur Verfügung stellen.

August von Bismarck, der sich als Einziger der Lehnsträger von

Das schlichte Eingangs-
portal des Schlosses
in Schönhausen mit den
Wappen der Bismarcks
und Kattes

rechts:
Eingangshalle mit der
schweren Eichentreppe
zu den Obergeschossen

Schönhausen dort am Zentralsitz des Geschlechts niederließ, ahmte
das Repräsentationsstreben Friedrichs I., der dem Großen Kurfürsten 1688 gefolgt war – im dörflichen Maßstab, versteht sich –, durchaus nach. Das kleine Schloss in Schönhausen – später das Geburtshaus Otto von Bismarcks –, entstand in nahezu denselben Jahren, als
man in Berlin das große Schloss unter Beteiligung von Schlüter in ein
Barockschloss umbaute und das Zeughaus errichtete. Der Bismarcksche Herrensitz nahm einst neben der alten Kirche den wichtigsten
Platz in Schönhausen ein. Der etwas zurückgezogene, aber leicht erhöhte Ort war dazu angetan, vornehme Distanz und beherrschend-
erhabene Stellung gleichermaßen zu zeigen.

Der dreistöckige Schlossbau wurde in jenen Monaten vollendet,
da Kurfürst Friedrich III. die Königskrone für sich und seine Hohenzollernschen Nachfolger anstrebte und dann im Januar 1701 erhielt. Der Herrensitz bildete einen mächtigen Würfel mit hohem
Walmdach und dicken Mauern, die auch tiefe Fensternischen erlaubten. Von der geräumigen Flurhalle aus führte eine schwere und
breite Eichenholztreppe in die oberen Stockwerke mit großen, aber
verhältnismäßig niedrigen Zimmern. Das Prächtigste in ihnen wa-

ren Stuckdecken, verzierte offene Kamine mit holländischen Flie-
sen, Bilderfriese und Ölgemälde von Ahnen und Landschaften. Das
Mobiliar war einfach; nur einige barocke Stollenschränke zeigten
mehr Behäbigkeit als adligen Prunk. Sicherlich sah es nicht zu allen
Zeiten so ordentlich und wohl möbliert in dem Schloss aus, besonders nicht in jenen Jahren, da die Familie ihren Hauptsitz nach
Pommern verlegte.

Dem jungen Otto von Bismarck gefiel es bei der Beschreibung
seines Geburtshauses, mit romantisch-spukhaften Vorstellungen zu
kokettieren, so wenn er, Dichtung und Wahrheit mischend, als Studiosus, der für sein Examen büffelte, an seinen Freund schrieb:
»Seit vollen vier Wochen sitze ich hier in einem alten verwünschten
Schlosse, mit Spitzböden und vier Fuß dicken Mauern, einigen dreißig Zimmern, wovon zwei meubliert, prächtigen Damasttapeten,
deren Farbe an wenigen Fetzen noch zu erkennen ist, Ratten in
Masse, Camine, in denen der Wind heult, kurz in ›meiner Väter
altem Schloss‹, wo sich alles vereint, was geeignet ist, einen tüchti-
gen Spleen zu unterhalten. Daneben ist eine prächtige alte Kirche,
mein Schlafzimmer mit der Aussicht auf den Kirchhof, auf der

andern Seite einer jener alten Gärten mit geschnittenen Hecken von Taxus und prächtigen alten Linden.«[5] Herrschaftlich war der Park schon mit seinen Wassergräben und Hecken, mit Sandsteinfiguren und Lindenalleen. Durch eine dieser Alleen konnten die Besitzer – ungesehen von neugierigen Blicken der Dorfbewohner – ausfahren oder -reiten.

Die »prächtige alte Kirche« musste der junge Studiosus Bismarck schon deswegen so empfinden, weil sie die größte Dorf- und Herrschaftskirche der ganzen Umgebung war; sie bildete nicht allein durch ihren Standort, sondern in mancher Hinsicht auch durch ihre Funktion eine Einheit mit dem Herrensitz. Das wird offenbar, wenn wir ihren Innenraum etwas näher betrachten. Von der Ausstattung stammt aus der mittelalterlichen Zeit ihrer Erbauung nur das hölzerne, lebensgroße Kruzifix, im Triumphbogen aufgehängt; es gilt als eines der bedeutendsten Werke der spätromanischen Plastik. Sonst zeugen die barock geprägten Inneneinrichtungen wie Altaraufsatz, Kanzel, Grabdenkmäler und Epitaphien vom Wirken der Bismarcks.

Künstlerisch und kulturgeschichtlich bemerkenswert ist die Herrschaftsempore, die der Erbauer des Herrensitzes August von Bismarck und seine Frau aus dem Geschlecht der Kattes an der Nordseite des Kirchenschiffs etwa zwei Meter über den Kirchenbänken errichten ließen. Sie ist eine reich ornamentierte Schnitzarbeit aus Eichenholz. Solide und zugleich prächtig sollte sie sein, diese Herrschaftsempore mit zwei Wappen: rechts das Bismarcksche, das doppelte Dreiblatt; links das abstoßende Kattesche Wappen, die Katze mit der Maus im Maul. Der exklusive Logencharakter der Herrschaftsempore wurde noch dadurch betont, dass ihr direkt gegenüber die Kanzel in gleicher Höhe lag; der Pastor, der schließlich unter gutsherrlichem Kirchenpatronat stand, sollte direkt und gut hörbar zu den Herrschaften sprechen. Weit später ist die Kanzel in den vorderen Teil der Kirche zu Nutz und Frommen der einfachen Gemeindemitglieder gesetzt worden. Früher ließ auch eine kleine Tür den separaten Eintritt der Herrschaften vom Gutshaus her zu. Eine Treppe führte den Gutsherrn, die Gutsherrin und ihre Kinder in die nicht nur erhöhte, sondern auch räumlich vertiefte Familienloge. Dadurch nicht gut einsehbar, wies sie erst recht auf Distanz gegenüber der Gemeinde.

An der Stirnseite des Kirchenschiffs, dort, wo draußen der turmartige Querbau beginnt, befindet sich über die ganze Breite hinweg eine einfache, fast grob gebaute Tribüne; auf ihr, wo es auf den hinteren Bänken schon duster ist, hatte während des Gottesdienstes das Gutsgesinde seinen Platz. Unten, sozusagen im Parterre der Kirche, saßen die Bauern, hingegen die Häusler, später die Landarbeiter, auf den letzten sechs Bänken unter der Tribüne. Auf diese Weise war die Bevölkerung des Gutsbezirks gerade in der Kirche, wo doch die viel zitierte Gleichheit vor Gott herrschen sollte, nach ihrer sozialen Schichtung säuberlich getrennt, entsprechend abgestuft platziert und mit sinnbildlicher Akkuratesse eingeordnet.

Nachdem August von Bismarck seine gutsherrschaftliche Residenz auf- und ausgebaut hatte, ging er daran, seine materielle und politische Macht zu erweitern und zu sichern. Bismarck-Genealogen schreiben gern von den glücklichen Erbschaften und der sparsamen Wirtschaftsführung des Gutsherrn in Schönhausen, als ob es keine fronenden Bauern und keine billig zu erwerbenden Güter gegeben hätte. Was aus den Bauern herausgeholt wurde, können wir zwar rein rechnerisch nicht nachweisen, aber unser Vorstellungsvermögen kommt uns hier in Anbetracht der uns bekannten Abgaben und Dienste doch einigermaßen zu Hilfe; es muss viel gewesen sein. Über die Preise der im Laufe von dreißig Jahren von August von Bismarck gekauften Güter oder Gutsanteile sind wir teilweise unterrichtet; doch kennen wir nicht die den Taxwert bestimmenden Vergleichsdaten, beispielsweise den Umfang und die Qualität des erworbenen Areals.

Soviel sei festgehalten: 1706 erwarb August von Bismarck vom Rittmeister Grumbkow die Güter von Uenglingen, Schönebeck und dessen Anteil an Bündfelde. Es ist zu vermuten, dass der Verkäufer zum Geschlecht des General-Kriegskommissars und späteren Generalfeldmarschalls Friedrich Wilhelm von Grumbkow gehörte. Den nächsten größeren Kauf machte August von Bismarck erst 1721, und zwar erhielt er von seinem Vetter Georg Friedrich für dreiundzwanzigtausend Taler dessen Anteil an Schönhausen und Briest; neun Jahre später erwarb er von diesem auch dessen Anteil an Bündfelde und Fischbeck für sechstausendzweihundertfünfzig Taler und für seinen ältesten Sohn die pommerschen Güter von Jarchlin, Külz und Kniephof für zehntausend Taler; Kniephof sollte später für den heranwachsenden Otto von Bismarck mehr bedeuten als Schönhausen. Die Mittel für die pommerschen Erwerbungen brachte August von Bismarck durch eine Transaktion auf, indem er seinerseits den Sattelhof von Domersleben für achttausendachthundert Taler verkaufte. Insgesamt wurden die Güter in einer Zeit erworben, in der die jahrzehntelange Depression noch nicht voll überwunden, also auch die Preise für Gutsbetriebe noch niedrig waren. Noch Ende des 17. Jahrhunderts hatte nach dem Urteil des Kommentators des bayrischen Landrechts C. Schmide (1695) der adlige Landbesitz kaum die Hälfte, oft nicht den dritten oder vierten Teil des Preises vor dem Dreißigjährigen Krieg wieder erreicht.

Alles in allem: August von Bismarck schuf mit der Vermehrung des Güterbesitzes in einer für ihn gerade noch preisgünstigen Zeit eine neue Ausgangslage für die weitere Entwicklung seiner sich immer weiter verzweigenden Familie. Überdies verband er Geschäftssinn mit politischem Gespür, wenn auch sicherlich nicht in jener kühnen Weise, mit der sich sein Vorfahre durch die Fährnisse des 14. Jahrhunderts zu bewegen verstand. Unter dem Blickwinkel der Kombinierung von Geschäft und Politik richtet sich unser Interesse jetzt auf das Jahr 1710. Damals bewilligte König Friedrich I. (der vormalige Kurfürst Friedrich III.) auf die Bitte August von Bismarcks hin eine Fähre über die Elbe zur bequemeren Überfahrt seines Holzes nach Stendal; der Rat zu Tangermünde hatte sie ihm zuvor bei zwanzig Reichstaler Strafe verboten. Im selben Jahr 1710 ernannte ihn der König zum Landrat in der Altmark, betraute ihn also mit einem Amt, das halb ständisch-adlige Selbstverwaltung, halb landesherrlich-staatliche Verwaltung umfasste.

Verbindungen zur regierenden Dynastie in Berlin, mochten sie noch so lose und vermittelt gewesen sein, konnte also August von Bismarck sehr wohl profitabel nutzen. Wir bemerkten bereits, dass der Bauherr des Schönhausener Landschlosses den Glanz im Baugeschehen der Residenz nachzuahmen schien, wenn auch in den reduzierten Maßstäben einer Grundherrschaft. So mag es an der Zeit sein, aus dem Landleben herauszutreten, um einiges von der höfischen und städtischen Politik und Kultur in Augenschein zu nehmen.

KAPITEL 5

Glanz und Elend des Absolutismus

Könige in Preußen

Am 18. Januar 1701 setzte sich Friedrich I. in Königsberg die Krone des Königs von Preußen aufs Haupt und feierte diesen selbstherrlich anmutenden, aber vorher vom habsburgischen Kaiser gebilligten Akt mit aufwendigem Pomp, Edelsteingepränge und purpurnen Prunkgewändern. Diese königliche Rangerhöhung war formell nur für die preußische Provinz gültig, aber politisch symbolhaft für den gesamten brandenburgisch-preußischen Staat. Man wollte kraft der neuen Königswürde mit den rivalisierenden Nachbarn mithalten, eventuell gar einen Vorsprung erringen vor Hannover, das die Kurwürde errang, und Sachsen, dessen Kurfürst August II. überdies König von Polen wurde. Dafür musste August, der Starke genannt, 1697 zum Katholizismus konvertieren, während Sachsen als Ganzes lutherisch blieb.

War auch der Hohenzollernsche Monarch für einen Glaubenswechsel zu gewinnen? Immerhin geisterte in Berliner Hofkreisen der Jesuitenpater Vota auf weichen Sohlen herum, der mit weltmännischem Gehabe und weitherzig-verwegenen Diskussionen über Dogmen und moderne Philosophie Aufmerksamkeit erregte, wobei er den Zweck seiner Mission nie aus den Augen verlor. Aber eine Konvertierung des Hohenzollernschen Königshauses zum Katholizismus konnte der großmütig parlierende Seelenfänger nicht erreichen. Der Hohenzoller bezahlte die kaiserlich-habsburgische Anerkennung seiner Königswürde mit einem anderen politischen Preis als der Wettiner in Dresden: Noch vor der Königskrönung ließ Friedrich von seinem bevollmächtigten Gesandten einen Krontraktat unterzeichnen, worin er sich mit achttausend Mann seiner Truppen zur Unterstützung der österreichischen Ansprüche auf die spanische

Erbfolge mitzuwirken verpflichtete; der Kaiser wiederum stellte dafür hundertfünfzigtausend Gulden Subsidien – unverhüllter: Unterstützungszahlungen – jährlich in Aussicht. So war Preußen während des Spanischen Erbfolgekrieges von 1700 bis 1714 mit Hilfstruppen immer da, wo man diese Truppen brauchte.

Ob und wieviel kaiserliche Subsidien tatsächlich für den Unterhalt der Hilfskontingente verwendet oder vielmehr für den Glanz des Hofes und die Pracht neuer Bauten verausgabt wurden, ist schwer auszumachen angesichts des Verwischens und Verdunkelns aller Klassenverhältnisse, die führende Höflinge vom Schlage der damals sprichwörtlichen »dreifachen W des Landes«, dem Freiherrn von Wartenberg, dem Grafen von Wartensleben und Graf von Wittgenstein-Hohenstein, mit gaunerischer Meisterschaft beherrschten.

Große und kleine Potentaten waren stets darauf erpicht, den Glanz ihrer Macht durch repräsentative Bauten zu demonstrieren, gleichgültig, wie viel Schweiß und Blut solche Repräsentation das Volk kosten mochte. In diesem Geiste des höfischen Absolutismus ließ Friedrich I. während der acht Jahre von 1698 bis 1706 das königliche Schloss zu Berlin erbauen, das in seiner majestätischen Gestalt auch noch im 20. Jahrhundert einem Kaiser Raum und Würde zu geben vermochte. Wenn solche oder ähnliche Bauwerke Zeugnis davon ablegten, dass die Hohenzollernsche Monarchie um die Wende vom 17. zum 18. Jahrhundert über ihre Verhältnisse lebte, dann gibt es dafür keine Rechtfertigung, nur einen alles Unmenschliche fast vergessen machenden Trost: Es waren große Baumeister und Bildhauer am Werk, allen voran Andreas Schlüter. Er entwickelte das in Italien und Frankreich Aufgenommene zu einem eigenständigen Stil, der weder gegenreformatorischen Barock noch höfischen Klassizismus à la Versailles imitierte, aber auch nicht in einem nüchternen Soldatengeist verharrte. Man denke nur an das Berliner Zeughaus! Wie das Preußentum auch beschaffen sein mochte – wer kann das schon definieren? –, Andreas Schlüter bereicherte es mit seiner baumeisterlichen Kunst und mit seinem Geist.

Im Zeichen der Vernunft

Es ist ein eigen Ding mit diesem protzenhaften Neukönigtum vom Schlage Friedrichs I. Der standeserhöhte Herrscher schmückte sich mit Bauwerken großmächtigen Ausmaßes, und er zog geistige Weltmächte wie Gottfried Wilhelm Leibniz an, der allerdings seine Dienste im Welfenhause in Hannover nicht aufgab. Dort wurden die Beziehungen zu Berlin insofern gefördert, als der Hohenzollernmonarch die Tochter des Kurfürsten von Hannover, Sophie Charlotte, heiratete. Leibniz konnte das dynastische Wohlwollen und Mäzenatentum für seine wissenschaftlichen Pläne nutzen. Als erster Präsident der 1700 in Berlin gegründeten Societät der Wissenschaften, der ersten auf die Erforschung sowohl der Natur als auch der Gesellschaft gerichteten Akademie der Wissenschaften in Deutschland, ließ er sich von zwei Grundgedanken leiten: Zum einen erstrebte er eine für alle Einzelwissenschaften der Bereiche Natur, Gesellschaft und Denken gültige und auf dem Prinzip der in sich differenzierten Einheit der Welt beruhende Grundmethode, zum anderen das Umsetzen der Wissenschaft in die Praxis von Wirtschaft und Politik.

Leibniz, der Sohn eines früh verstorbenen Leipziger Professors und allen katholischen Bekehrungsversuchen widerstehender Protestant, lebte und wirkte in einer Zeit, in der der Handels- und Manufakturkapitalismus durch die Revolutionsperiode in England neue Impulse und der Absolutismus vom Frankreich Ludwigs XIV. aus mit seinen inneren Auseinandersetzungen und äußeren Kriegen klassische Ausprägung erhielt. Die Zeit war voller Ereignisse von dramatischer Wucht, aber auch voller schwer durchschaubarer Prozesse, voll lockender Möglichkeiten des Einwirkens, aber auch voller Gefahren – kurz: Diese Zeit mit dem Signum von Thomas Hobbes' »Kampf aller gegen alle« mahnte bedeutende Männer zu Vor- und Umsicht. Trotz gelegentlichen Leisetretens und höfischer Ängste, die bei Leibniz zu beobachten sind, erinnert er in vielem an die großen Renaissancemenschen: Als Polyhistor und weltoffener Mann mit weiten Beziehungen zu den europäischen Zentren, mit einem uner-

sättlichen Drang, alle ideologischen und wissenschaftlichen Umwälzungen seit dem 16. Jahrhundert, aber auch die sich ihm neu eröff-
nende Frühaufklärung zu einer umfassenden, vorwärts weisenden
Synthese zu verarbeiten, eröffnete er die Reihe jener großen Geister,
die nach Friedrich Engels die »theoretische Überlegenheit der Deutschen von Leibniz bis Hegel« repräsentieren.[1]

Leibniz' Sensorium für Umbrüche im geschichtlichen Prozess
wird offenbar, wenn man bedenkt, dass die Reifeperiode seines phi-
losophischen Schaffens um die Jahre 1685 bis 1688 begann, als in
Frankreich die letzte und entscheidende Etappe der Hugenottenverfolgung, meist fortgeschrittener Kräfte des Bürgertums, einsetzte,
während in England die Glorreiche Revolution den Handels- und
Manufakturkapitalisten Bewegungsfreiheit verschaffte und sich
schließlich die große Allianz europäischer Staaten gegen die Vorherrschaft Frankreichs formierte.

Die irenische, also friedenstiftende Art seiner Geisteshaltung,
die von einem gemeinsamen christlichen Fundament ausging, führte
Leibniz zu Vorschlägen, die einen dauerhaften Frieden sichern und
die zerstrittenen Konfessionen auf der Grundlage einer natürlichen
Theologie in einer Art Union wieder zusammenführen sollten. Sie
schien ihm geeignet, das religiös gespaltene Deutschland im europäischen Mächtespiel widerstandsfähiger zu machen und das christliche
Europa über alle religiösen Schranken hinweg gegen die osmanische
Bedrohung zu einigen. Die konfessionelle Union, wie sie im Einzelnen auch beschaffen sein mochte, setzte Toleranz des Denkens und
Handelns voraus und brachte damit mitten im Absolutismus einen
mehr oder weniger ausgeprägten Libertinismus hervor.

In diesem Geiste wurde unter dem Großen Kurfürsten 1688, also
wenige Jahre nach dem Potsdamer Edikt von 1685 zugunsten der
Hugenotten, der in Stockholm wirkende Historiker und Rechtsleh-
rer Samuel von Pufendorf als kurbrandenburgischer Hofhistorio-
graph nach Berlin berufen. Seine Ablehnung des konfessionellen
Absolutismus widersprach Geist und Praxis Ludwigs XIV., wie sie
auf der anderen Seite der kirchenpolitischen Staatsräson Brandenburg-Preußens entsprach. Es war wohl Pufendorf, der die konfes-

sionelle Toleranz als Erster theoretisch begründete; darüber hinaus bekämpfte er die Einmischung der Theologen in philosophische Kontroversen.

Unter dem neuen Kurfürsten, dem späteren König Friedrich I., kam auch der Vertreter des Frühpietismus, Philipp Jakob Spener, nach Berlin. In Kursachsen hatten lutherische Orthodoxe den gebürtigen Elsässer derart angefeindet, dass er eine neue Wirkungsstätte in Brandenburg-Preußen suchte und fand; er übernahm das Amt des Oberkonsistorialrats in der Nikolaikirche zu Berlin. Sein Pietismus wandte sich gegen die etablierte, orthodox verhärtete Kirche der Lutheraner und ihre rein äußerliche Religiosität. Spener und Pufendorf waren dem anderen gegenüber so aufgeschlossen und tolerant, dass sie sich in einer Lesegesellschaft zusammenfanden.

Die erstaunlichste Erscheinung im brandenburgischen Aufklärer- und Ketzerkreis war aber Gottfried Arnold. Er war der Verfasser der »Unparteyischen Kirchen- und Ketzerhistorie«, deren erster Band 1699 erschien; weitere drei Bände wurden bis 1715 publiziert, nachdem Friedrich I. Arnold 1702 zum königlichen Historiographen ernannt hatte. »Der Name Gottfried Arnolds gehört auf die erste Seite einer jeden geschichtlichen Darstellung der deutschen Aufklärung«, schrieb der bedeutende Aufklärungsexperte Werner Krauss.[2] Arnold hat erklärt, er habe sein Werk nicht allein für Akademiker verfasst, wenngleich es gelehrten Inhalts sei. Da er für den Bürger schlechthin schreibe, habe er die deutsche Muttersprache gewählt. Sein Leitmotiv war die Auffassung, dass die wahre Kirche nicht bei den von Hohepriestern und Hierarchen geleiteten Institutionen zu suchen sei, sondern überall da, wo gegen diese gekämpft wird. Die freien und verfolgten Geister aus allen Zeiten seien die Träger der wahren Kirche, die Verkörperung des wirklichen Christus, die Gegenwart der wahren und wirklichen Menschheit. Da die Forderung nach Toleranz bei Arnold zu einer geistigen Schlüsselstellung der Monarchie geworden war, lag es durchaus im Sinne der kirchenpolitischen Staatsräson Brandenburg-Preußens, dass Friedrich I. am 9. Dezember 1700, also kurz vor seiner Königskrönung, jeden Angriff von orthodoxer lutherischer Seite gegen Arnold verbot.

Werner Krauss fragte, wie ein Buch wie das von Arnold »unwidersprochen oder unverfolgt in deutschen Landen erscheinen konnte. Das Buch wurde angefochten, aber ohne dass die Person des Verfassers gefährdet war.« In der Tat war es preußisch-autoritativ geschützt. Und dennoch liegt in Arnolds Lebensende am 30. Mai 1714 in Perleberg, wo er in bewusster Ferne von allem Universitätsgetriebe als Oberpfarrer gewirkt hatte, eine symbolträchtige Tragik. Er starb ein Jahr nach der Thronbesteigung Friedrich Wilhelms I., des Soldatenkönigs, nach längerer Krankheit, aber in höchster Erregung darüber, dass preußische Werber in seinen Pfingstgottesdienst eingedrungen waren und junge Leute während des Abendmahls vom Altar weggerissen hatten, um sie gewaltsam in den Militärdienst zu pressen. Geschützt von der konfessionellen Toleranz Preußens, wurde Arnold letztlich Opfer des Militärdespotismus Preußens.

Es kann aber kein Zweifel bestehen, dass um die Wende vom 17. zum 18. Jahrhundert unter den Berliner Gelehrten ein aufgeklärter, überkonfessioneller Geist herrschte. Zu ihnen gesellte sich 1697 Mathurin Veyssière LaCroze, Leiter der Königlichen Bibliothek und Mitglied der Akademie. Er galt als guter Pädagoge und war Lehrer der älteren Schwester des nachmaligen Königs Friedrich II.

LaCroze war ein grundgelehrter Mann, der in seinen Forschungen über das Christentum in Indien, Armenien und Georgien, in Vorderasien, Ägypten und Äthiopien um ebenso viel quellenkritischen Scharfsinn wie begriffliche Präzision bemüht war. Wenn er dabei auf eine exakte Fassung des Begriffs Atheismus drängte, dann ging es ihm nicht nur um Klarheit des Denkens, sondern auch um Schutz vor demagogischer Anklage. Die klerikalen Fanatiker waren allemal schnell dabei, jeden, der von konfessionellen Dogmen abwich und sich der Kirchendisziplin entzog, als Atheisten zu diffamieren. Und beim Atheismus hörte die Toleranz auf, die sonst den besten Teil des Preußentums ausmachte.

Am Hofe Friedrichs I. herrschte also nicht allein kühle Staatsräson. Die Eitelkeit des geistig wie materiell neureichen Preußenkönigs mochte der freien Entwicklung der Wissenschaften durchaus förderlich sein; ihr konnten die Höflinge, die sich während der Salongespräche in spielerisch-unverbindlicher Libertinage über Gott und die Welt ergingen, schwerlich entgegentreten. Die Hofgesellschaft schmückte sich vielmehr mit Wissenschaft wie mit einer Goldkette.

Eitle Libertinage hin oder her: Sie gab der ernsten Wissenschaft einigen Spielraum und erlaubte ihr dann und wann auch kritisch-mahnende Worte. So schrieb Christian Thomasius, der an der 1694 feierlich eingeweihten Universität Halle nachhaltigen Einfluss aus-übte, recht freimütig an den brandenburgisch-preußischen Monar-chen über die Voraussetzungen wissenschaftlicher Blüte: »Die Frei-heit ist es, welche allem Geiste das rechte Leben gibt und ohne welche der menschliche Verstand gleichsam tot und entseelt zu sein scheint. Der Verstand erkennt keinen Oberherrn als Gott, und daher ist ihm das Joch, das man ihm aufbürdet, so man ihm eine mensch-liche auctoritas als Richtschnur vorschreibt, unerträglich oder aber er wird zu allen guten Wissenschaften ungeschickt ... Die Freiheit ist es allein, was den Holländern und Engländern, ja den Franzosen selbst (vor der Verfolgung der Reformierten) so viele gelehrte Leute gegeben, dahingegen der Mangel dieser Freiheit die Scharfsinnig-keit der Italiener und den hohen Geist der Spanier so sehr unter-drückt.«[3]

Die Berufung auf Gott als der einzigen Autorität wirkt wie eine Rückversicherung, die dem Schreiber den Vorwurf des Atheismus ersparen sollte. Thomasius war ein aufrechter Mann; sein Opportu-nismus war nicht der eines Duckmäusers, sondern vielmehr eines Schlaumeiers, der wusste, was im Absolutismus zu tun und zu lassen war, wenn man Wirkung erzielen wollte. Was aber aus dem Schreiben an den Monarchen eindringlich hervorgeht, das waren das Lob des freien, liberalen Geistes der Engländer und Holländer und das War-nen vor der Abstumpfung des Schöpfertums, wie es die Gegenrefor-mation in Spanien und Italien verabscheuungswürdig verschuldete.

Christian Thomasius, der von den lutherisch Orthodoxen aus dem kursächsischen Leipzig Vertriebene, brachte im preußischen Halle vor allem die staats- und kirchenrechtliche Lehre im Geiste des Naturrechts zügig voran. Indem er als erster Hochschullehrer in seinen Vorlesungen auf das im Banne einer erstarrten Theologie stehende Latein verzichtete und in der deutschen Muttersprache vortrug, erweiterte er nicht nur seine pädagogische Wirkung, sondern gab der gelehrten Diktion differenzierteren und wärmeren Ausdruck. Thomasius war in diesen nationalpädagogischen Bemühungen von Gottfried Arnold beeinflusst, aber auch in seinem Kampf gegen Hexenprozesse und Folterungen, kurz gegen den Feudalterror mit seinen klerikal-absolutistischen Vergötzungen. Wie Thomasius seine Rechtsauffassung entgöttlichte, so tat er es mit seiner Staatsauffassung. Er begriff den Staat immer mehr als eine natürliche weltliche Einrichtung, als eine Erscheinung des sozialen Lebens, die nicht aus göttlicher Übertragung abgeleitet ist und die Bibel nicht zur Norm der Staatskunst macht.

Die Weltanschauung von Thomasius teilte alle Stärken und Schwächen der Frühaufklärung. Zur Letzteren gehörten vor allem die Annahme einer statischen menschlichen Natur und damit zusammenhängend die unvermittelte Abstraktheit des Humanitätsideals. So stellten die Frühaufklärer nicht einmal die Frage nach dem Inhumanen des Systems, dem die Bauern auf dem Lande unterworfen waren, geschweige denn, dass sie diese beantworteten. Ihr Interesse richtete sich auf die Stellung des Bürgers in Gesellschaft und Staat, auf die Erweiterung seiner Freiheitsrechte gegenüber Thron und Altar; sie plädierten für das Mündigwerden gegenüber diesen Autoritäten, insbesondere gegenüber der Kirche, die das Denken einengte sehr zum Schaden des Fortschritts der Staats- und der Naturwissenschaften und damit auch dessen Anwendung in der Produktion. Hier konnten sich die Interessen der Aufklärer und der Monarchen durchaus treffen. Immerhin ging es dabei um den Leistungsvergleich und die Selbstbehauptung der großen und kleinen Staaten Europas.

Wer aber waren die Träger der Aufklärung in deutschen Landen? Indem sich seit dem Ende des Mittelalters die Gesellschaft sozial immer mehr differenzierte und der Staat unter der Herrschaft der Fürsten seinen hierarchisch gegliederten Behörden- und Beamtenapparat ausbaute, wuchs eine immer größere Zahl von Gebildeten heran. Aus der Schicht der höheren Beamten und Geistlichen, der Ärzte und Professoren, fast alle vornehmlich aus der städtischen Bevölkerung stammend und an den seit dem 16. Jahrhundert humanistisch-konfessionellen Universitäten ausgebildet, gingen nach intellektuellem und charakterlichem Ausleseprozess kritische Geister hervor, die auf dem Boden des sich entwickelnden Handels- und Manufakturkapitalismus einen Weg aus der allgemeinen gesellschaftlichen Krise suchten. Die Autonomie dieser Aufklärer war relativ, ihre Stellung immer wieder höchst prekär sowohl nach oben wie nach unten, gegenüber dem absolutistischen Fürstentum wie gegenüber dem Bürgertum. All diese Intellektuellen, die einerseits in ihrer materiellen Existenz als Diener des Staates, der Kirche und als Hofmeister, das heißt als Hauslehrer in wohlhabenden Bürgerfamilien, abhängig waren, andererseits in ihrer sozialen und moralischen Haltung nicht nur als Beamte und Bedienstete angesehen werden konnten, lassen sich noch am ehesten als Bildungsbürgertum bezeichnen. Es entstand auch ein Besitzbürgertum, aber die Dynamik der Klassenbeziehungen untereinander und zum Staat ließ das Bildungsbürgertum rascher wachsen als das Besitzbürgertum. Seine prägnanteste Erscheinung war Gottfried Wilhelm Leibniz.

Oft wird behauptet, die deutsche Aufklärung habe sich nicht auf europäisches Niveau erheben können; allein schon ein Leibniz, selbst Thomasius und Wolff oder später Lessing und Kant widerlegen eine solche manchmal fast autoritativ vorgetragene Meinung. Sicherlich war die deutsche Aufklärung in manchem anders geartet und in der Breite weniger wirksam als die der Engländer und Franzosen. Dennoch konnte sie sich mit dieser an geistiger Kraft messen. Wie aber ist das zu erklären angesichts der Schwäche des Besitzbürgertums im protestantischen, erst recht im katholischen Deutschland? Die europäischen Länder waren in Frieden und Krieg miteinander derart eng verbunden, dass Wort und Schrift fortgeschrittener Geister die sozialen und geistigen Verhältnisse nicht allein ihres eigenen Landes, sondern – zustimmend und widersprechend – die der anderen Länder Europas reflektierten. So bot die Universität Halle, in Kurbrandenburg gelegen und 1694 gegründet, eine Warte, von der aus gut zu beobachten und nicht schlecht zu lehren war. Im Ganzen war die

Aufklärungsphilosophie die Weltanschauung des gewordenen Manufaktur-Bürgertums in England und Holland ebenso wie des werdenden Bürgertums in Preußen, Kursachsen und andern Landen Deutschlands.

Im kurbrandenburgischen Halle gesellte sich zur naturrechtlichen Aufklärung der Pietismus; es gab da mannigfache Berührungspunkte, persönliche wie sachliche. Christian Thomasius hegte durchaus Sympathien für August Hermann Francke, das Haupt des Pietismus in Halle, bis dieser in polemischen Eifer verfiel.

Sachlich stimmten beide Repräsentanten – wenigstens in der Frühzeit – im Kampf gegen doktrinären Konfessionalismus überein. Der Pietismus war in mannigfachen Formen auf dem Boden der Erschütterungen des 17. Jahrhunderts entstanden. Er opponierte gegen die Pastorenkirche, die die lutherische Lehre von der Rechtfertigung ohne des Gesetzes Werke allein aus dem Glauben derart oberflächlich verkündigte, dass sich die Menschen in »fleischlicher Sicherheit« wogen, auf die allgemeine Vergebung hin sündigen zu können, wenn sie sich nur dem äußerlichen Kirchenbetrieb an- und einpassten.

In der Ablehnung einer solchen Veräußerlichung verbirgt sich vielleicht ein historisches Gesetz: Jedes Mal, wenn sich in dem Verhältnis von Kirche und Religion die Klerikerherrschaft in einem solchen Maß verhärtet und die Glaubenslehre orthodox so erstarrt, dass diese Deformationen bedeutungsvollen gesellschaftlichen Bedürfnissen zuwiderlaufen, entsteht eine ketzerhafte Opposition. Das kann dann bis zur Utopie einer Religion ohne Kirche – sozusagen einer körperlosen Religion – führen. Unter diesem Gesichtspunkt kann auch die Arnoldsche Kirchen- und Ketzergeschichte und sein Wirken abseits vom zentralen Kirchen- und Theologiebetrieb, aber nahe an der Basis der gläubigen und arbeitenden Menschen verstanden werden.

Der Pietismus wollte eine verinnerlichte Religiosität, die sich in Selbstbeobachtung und -überprüfung, aber auch in privaten Konventikeln anstatt in staatskirchlichen Institutionen verwirklicht. Francke in Halle ging weiter als beispielsweise Spener in Berlin, der im religiösen Individualismus verblieb. Als Tatmensch aktivierte Francke die innere Religiosität, indem er die lutherische Vorstellung von der Bewährung der Rechtfertigungsgnade in der irdischen Arbeit weiterzuführen strebte, und zwar durch Bemühungen um Reformen sozialer Schäden und um die den verschiedenen Ständen angemessene Erziehung. Francke sah sein Denken und Tun als Reformation der Reformation, als Erneuerung Luthers. Sicherlich war diese Selbstdarstellung reichlich überzogen, denn mit seinen Tod 1727 – ein Jahr später starb Thomasius – hatte der Pietismus in Halle seinen Höhepunkt überschritten. Doch es blieb zweierlei: Zum einen brachte er in das Luthertum einen Zug der Weltverbesserung und des Fortschritts ein, der sich immer wieder bemerkbar machte, zum andern verbleiben bis ins 20. Jahrhundert hinein die in den Jahren 1694 bis 1698 gebauten Franckeschen Stiftungen als Ensemble pädagogischer Einrichtungen, die einen sachlich und ständisch verschiedenen Bezug hatten: Armenschule, Bürgerschule, Pädagogium, Waisenhaus, Latina.

In der DDR verloren sie ihre Bedeutung und verfielen baulich. Nach der Neu-Vereinigung wurden sie restauriert, und neues Leben kehrte zurück. Heute befinden sich in ihnen ein Museum und ein Konferenzzentrum, soziale Einrichtungen und ein Studienzentrum mit Bibliothek und Archiv. In der Selbstdarstellung wird eine neue Facette der wiederaufgenommenen Tradition genannt: »Zu Franckes Zeiten waren es die verwaisten und verwahrlosten Kinder, heute ist es auch die wachsende Zahl alter, reger, aber doch pflegebedürftiger Menschen, für die in unserer Gesellschaft Platz gefunden werden muss.«

Zurück aber in die Aufstiegsphase des Bürgertums: Da zeigt sich, dass es zwischen Aufklärung und Pietismus nicht allein in der Opposition zu den orthodox verhärteten Kircheninstitutionen Gemeinsamkeiten gab, sondern auch in der Orientierung auf Pädagogik und Produktion. Diese stand, soweit sie modern war, im Zeichen der Manufakturen. Unter König Friedrich Wilhelm I. war der Pietismus der weltanschauliche Ausdruck des Bündnisses bürgerlicher Schichten mit dem preußischen Absolutismus.

Mit seinen Stiftungen verband August Hermann Francke vielfache Manufaktur- und Unterrichtspläne im Interesse einer naturwissenschaftlich begründeten und experimentierfreudigen Produktion. Immerhin von Leibniz vermittelt, pflegte er Beziehungen zu Ehrenfried Walther von Tschirnhaus, der einer der größten deutschen Mathematiker, Philosophen und Erfinder des 17. Jahrhunderts war; dabei ging es um sehr praktische Dinge, um technische Verfahren etwa, wie Ziegel feuerfest zu machen sowie fehlerfreie Brennspiegel herzustellen seien. Auch erhoffte Tschirnhaus von den Franckeschen Stiftungen durch modernen Unterricht in Mathematik und Physik, vor allem in der Mechanik, viel für den wissenschaftlichen und technischen Fortschritt Deutschlands. Leibniz wiederum verband mit seiner Berliner Akademie ebenso hochfliegende Pläne geistiger Ausstrahlungskraft wie Manufaktur- und Finanzierungsvorhaben. Bis nach Russland, ja bis nach China hinein sollte der geistige Austausch mit dem technischen von Manufakturwaren verknüpft werden. Schon Ende des 17. Jahrhunderts wurde in Berlin die Sinologie gegründet, und die brandenburgisch-preußischen Schlösser zeugen noch heute von der damaligen Chinamode mit ihren phantastischen Chinoiserien. In den ersten Jahrzehnten des 18. Jahrhunderts keimte das auf, was man als dreifachen Slawismus bezeichnen könnte: der Panslawismus, der vom zaristischen Russland ausging und alle slawischen Völker umfassen sollte; der Austroslawismus, der sich vor allem auf die slawischen Völker Mittel- und Südeuropas erstreckte; schließlich der borussische Slawismus, der sein Interesse mehr auf Nordosteuropa richtete.

Immer verbanden sich mit der Ausschau nach dem schon näher gekommenen Russland und dem noch fernen China Handelsinteressen. Der Manufakturkapitalismus setzte sich langsam, aber sicher und auf mannigfache Weise durch – ob staatlich gegängelt, wie vornehmlich in Preußen, oder frei sich entfaltend wie in England. Doch in welcher Region und Form er sich auch regte, er konnte die gesellschaftliche Produktion nicht im Ganzen ergreifen noch grundsätzlich umwälzen. Niemals konnte er den Feudalismus überwinden, aber er vermochte ihn tausendfach zu zersetzen und damit die industrielle Revolution zum Industriekapitalismus vorzubereiten. In diesem Zeichen stand ökonomisch, geistig und politisch das 18. Jahrhundert.

König Friedrich I. machte diesen Zug der Zeit höchst inkonsequent mit. Die freien und großen Geister ließ er gewähren, ohne sie großzügig zu fördern. Hier waren kaum Zielstrebigkeit, Konsequenz und Konzentration zu spüren; ein auf Glanz und Repräsentation eingestelltes Hofleben war das Hauptanliegen der Dynastie. Das zog Verschwendung nach sich und mit ihr verbanden sich Korruption und Intrige oben, steuerliche Auspowerung der Bauern und Handwerker, Hunger und Elend unten. Während der über zwei Jahrzehnte sich hinziehenden Kriegsoperationen, wo die preußischen Hilfskorps mehr marschierten und kampierten als fochten, wurde für das Heer insgesamt relativ viel ausgegeben, aber der einzelne Soldat blieb schlecht gekleidet und ernährt.

Im Vier-Millionen-Etat des preußischen Staates unter Friedrich I. war für das Heer mehr als die Hälfte vorgesehen. Von der anderen Hälfte gingen etwa hundertfünfzigtausend Taler für Sold und Pensionen ab, alles andere verschlang der Hof. Fehlbeträge auf der Einkommensseite waren eine regelmäßige Erscheinung; auf der anderen Seite der Bilanz zeigen sich Mehrausgaben über das Veranschlagte hinaus wiederum als Regel. Da betrog man sich und andere mit Anleihen, mit unsicher eingehenden Unterstützungszahlungen, mit außerordentlichen Steuern und Erhöhung der schon eingeführten Akzisen.

Halten wir uns vor Augen: Wir haben am Beispiel der Bismarckschen Güter das Fron- und Abgabensystem bereits kennengelernt; zu dieser gutsherrlichen Auspressung der Arbeitskraft der Bauern und ihres kärglichen Besitzes kam die wachsende Besteuerung durch den absolutistischen Gesamtstaat. Was die kleinen Könige auf den Gutshöfen aus den Bauern nicht herausholten, das besorgte der große König mit seinem Hofgeschmeiß.

Das Ganze auf Schwindel, Er- und Auspressung beruhende Verwaltungs- und Finanzsystem wurde von den »dreifachen W des Landes« ein gutes Jahrzehnt virtuos gefingert – so lange, bis zur ökonomischen Ausbeutung noch Pestilenz, Misswuchs und Hungersnot hinzukamen, die die Menschen 1710 vor allem in Ostpreußen zu Hunderttausenden hinwegrafften. Jetzt war nichts mehr zu verheimlichen, kaum noch etwas zu vertuschen – auch nicht vor dem verblendeten König. Unter den Verantwortlichen war da zunächst zu nennen der Freiherr Johann Kasimir Kolbe von Wartenberg, der sich um die Jahrhundertwende im Zusammenspiel mit seiner Frau Katharina, einer einflussreichen Edelhure, zum allmächtigen Mann am Hof hinaufgeschmeichelt und intrigiert hatte, um von dort aus die Stellung eines Premierministers einzunehmen. Zur Macht gehörten Glanz und Geld: Außer den Prinzen des königlichen Hauses verlieh man nur ihm den Schwarzen Adlerorden, kaum dass er gestiftet worden war; auch ein Einkommen von hundertdreiundzwanzigtausend Talern hatte er sich verschaffen können.

Das Massensterben in Ostpreußen verlangte Schuldige; so musste der König – nicht ohne Rührung, wie es hieß – diesen hochkarätigen Günstling am letzten Tag des Jahres 1710 entlassen, versorgt mit einer Pension von vierundzwanzigtausend Talern. Zwei Monate zuvor war schon das zweite W im Machttrio, der Hofmarschall Reichsgraf von Sayn-Wittgenstein, Wartenbergs rechte Hand im Ober-Domänendirektorium, entlassen worden – in weniger rührenden Formen, da er eine Geldbuße leisten und das Land verlassen musste, aus dem er aber vorher schon große Beträge durch Wechsel hinausgeschafft hatte. Das dritte W, der Graf von Wartensleben, Feldmarschall und Generalkriegskommissar und als solcher auch oberster Steuereintreiber, hätte eigentlich auch gehen müssen. Das verhinderte aber Friedrich I., um nicht den ihm unbequemen Fürsten Leopold von Anhalt-Dessau, den »Alten Dessauer«, zum Feldmarschall machen zu müssen.

Der heimlich schwärende, schließlich offen ausbrechende Bankrott der königlichen Staats-, insbesondere Finanzpolitik machte es Preußen unmöglich, im europäischen Mächteringen während der ersten beiden Jahrzehnte des 18. Jahrhunderts eine respektgebietende Haltung einzunehmen. Weder konnte es neutral bleiben noch als selbstständige Macht Krieg führen.

Im Zeichen des Militarismus

Es begannen zwei parallel laufende, sich lange dahinschleppende Kriege mit nur wenigen dramatischen Höhepunkten, dem Spanischen Erbfolgekrieg von 1700 bis 1714 und dem Nordischen Krieg von 1700 bis 1721.

Im Streit um die Erbansprüche auf den spanischen Thron war England, wiederum unter Wilhelm von Oranien, mit dem Kaiser verbündet und setzte die Große Allianz von 1689 bis 1697 nach kurzer Unterbrechung fort. Auf der Seite Frankreichs standen nur die erzkatholischen und dennoch kaiserfeindlichen Wittelsbacher: der Kurfürst Max Emanuel von Bayern und sein Bruder Joseph Clemens, der Erzbischof von Köln mit seinen weltlichen Territorien. Während des langen Krieges herrschte die Ermattungsstrategie vor, die auf allmähliche Menschenverluste des Gegners und Erschöpfung seiner Ressourcen hinzielte. Aber ohne Entscheidungsschlachten war auch dieser Krieg nicht zu gewinnen.

Einer der dramatischen Höhepunkte war die Schlacht bei Höchstädt und Blindheim im Jahre 1704, in der an der oberen Donau zwei berühmte Feldherren zusammenwirkten: der englische Herzog von Marlborough und der österreichische Heerführer Prinz Eugen von Savoyen. Die französisch-bayrischen Truppen wurden geschlagen; anstatt auf Wien zu marschieren, zogen sie sich sengend, brennend und plündernd durch den Schwarzwald westwärts über den Rhein zurück; Bayern ward der kaiserlichen Militärverwaltung unterworfen. Der Krieg war fortan in die Grenzgebiete Frankreichs verlagert. In der Armee des Prinzen Eugen kämpfte jenes preußische Infanteriekorps, das der König Friedrich I. gegen Subsidien, also Geld, dem Kaiser zur Verfügung gestellt hatte; befehligt wurde es vom »Alten Dessauer«, dem Fürsten Leopold von Anhalt-Dessau, der den Gebrauch des eisernen Ladestocks eingeführt hatte. Unbestritten war die militärische Tüchtigkeit des preußischen Hilfskorps, aber es war eben nur ein Hilfskorps und damit in der großen Mächtekonstellation schon seiner Zahl nach ein viel zu geringes Gewicht. Mit Höchstädt, dem ersten großen Sieg über Ludwig XIV., wurden überdies die Hauptmächte der Koalition, England und Österreich, auch gegenüber ihren Verbündeten gestärkt. Vorbei waren die Zeiten, da der Große Kurfürst bei den lockeren und labilen Allianzen seiner Zeit die diplomatischen und militärischen Fronten ebenso abrupt wie schamlos wechseln konnte, dabei immer seine Selbstständigkeit wahrend. König Friedrich I. blieb mit seinen Hilfskontingenten und seinen heruntergewirtschafteten Finanzen fest eingebunden in das Allianzsystem der Großen, aus dem es bei Strafe des Untergangs kein Entrinnen gab.

Es war der blutjunge Kronprinz Friedrich Wilhelm, der erkannte, dass Preußen Gefahr lief, zu einer untergeordneten Hilfsmacht wenn nicht des Kaisers, dann Englands herabzusinken. Einen besonders eindringlichen Anschauungsunterricht erhielt er im Herbst 1709 vor, während und nach der Schlacht von Malplaquet, wo wiederum wie in Höchstädt der Herzog von Marlborough und Prinz Eugen die verbündeten Armeen befehligten und die Preußen sich mit großer Bravour schlugen, ohne politischen Prestigegewinn zu erzielen. Obwohl der Kronprinz nur als Volontär, vor allem im Gefolge Marlboroughs, beim großen Geschehen zugegen sein sollte, vermochte er im preußischen Hilfskorps bereits einige Befehlsgewalt an sich zu reißen und seine neuen Vorstellungen von Militärdisziplin und -politik teilweise zu verwirklichen, jedenfalls zur Sprache zu bringen: Ausgleich der quantitativen Unterlegenheit des preußischen Heeres durch qualitative Überlegenheit, die nur durch harte Ausbildung und Disziplin von den obersten Chargen bis hin zum einfachen Soldat zu erreichen sei; Vermehrung der Truppenstärke des Heeres durch rigorose Verminderung der Ausgaben vor allem für den Hof und königliches Prachtgepränge. Hier kündigte sich programmatisch an, was später verwirklicht werden sollte.

Die Schlacht bei Malplaquet im Nordosten Frankreichs gilt als die größte des Jahrhunderts. Es scheint, als werde die Größe der Schlacht an den Verlusten gemessen: Fünfunddreißigtausend Tote und Verwundete waren am Abend des Massenschlachtens von den Lichtungen und aus den Wäldern zu räumen. Die Verbündeten hatten als Angreifer doppelt so hohe Verluste wie die Franzosen und waren deshalb nicht imstande, den Feind zu verfolgen und zu vernichten. Ein französischer Befehlshaber berichtete seinem König in pointierter Weise: Die Schlacht und der Rückzug der Franzosen hätten das Aussehen eines Sieges und die furchtbaren Verluste der Alliierten das Aussehen einer Niederlage. Eine Entscheidungsschlacht aber war nicht geschlagen, und so zog sich der Krieg noch einige Jahre hin. Seine Feldzüge, an denen sich übrigens der älteste Sohn des August von Bismarck als junger Kornett beteiligte, hatten meist den Charakter von Manövern im Stile der absolutistischen Ermattungsstrategie.

Die Seemächte unter Führung Englands einerseits und Frankreichs andererseits beendeten den Krieg 1713 im Frieden von Utrecht. Dessen entscheidende Bestimmungen nahmen Kaiser und Reich erst ein Jahr später in den Friedensschlüssen von Rastatt und Baden (Schweiz) an. Frankreichs Traum von der Beherrschung Europas war zwar ausgeträumt, aber sein Besitzstand auf dem europäischen Kontinent blieb ungeschmälert; selbst Straßburg und das Elsass blieben französisch. Das war im Sinne der englischen Doktrin des Gleichgewichts der Kräfte auf dem Kontinent. Frankreich musste dagegen einige außereuropäische Besitzungen wie Neufundland, Neuschottland und die Ländereien rund um die Hudson Bay an England abtreten oder seine Ansprüche darauf aufgeben, weiterhin musste es sich verpflichten, die Kronen Frankreichs und Spaniens niemals unter einem Herrscher zu vereinigen, und zugleich das Prinzip der protestantischen Thronfolge in England anerkennen. Gibraltar wurde englischer Seestützpunkt und Kontrollstation gegenüber Spanien. Dieses hatte schon einige Monate vor Utrecht im Assiento-Vertrag England das alleinige Recht auf Handel mit Negersklaven in den südamerikanischen Provinzen Spaniens zugestehen müssen. Österreich wurden die meisten spanischen Nebenländer wie die südlichen Niederlande – das spätere Belgien –, Mailand und Neapel zugesprochen.

In diesen Erwerbungen lag eine historische Tücke, die den alten Gegensatz zwischen Habsburg und Frankreich bis über die Mitte des 19. Jahrhunderts hinaus fortdauern ließ. Die Macht des habsburgischen Kaiserreichs verschob sich entgegen allen nationalen Tendenzen der Deutschen, Italiener und anderer Nationalitäten an die Peripherie des Reiches; diese Tendenz verstärkte sich, als im Gefolge des Türkenkrieges Prinz Eugen für das Haus Habsburg das Banat, Nordserbien mit Belgrad und einige andere Balkangebiete eroberte. Die national einheitliche Mitte des Reiches blieb staatlich weiterhin zersplittert. Darum wurden – auf ausländischen Druck und unter Ausnutzung dynastischer Eifersüchteleien – die Kurfürsten Max Emanuel von Bayern und Fürstbischof Joseph Clemens von Köln, die wegen ihrer Parteinahme für Frankreich geächtet waren, wieder in Macht und Würde eingesetzt.

Ein national starkes Reich lag nicht im Sinne der herrschenden Klassen Englands, gleichgültig, ob sie durch die Partei der Whigs oder der Tories vertreten waren. Das bekannte in lässig-offenherziger Weise kein Geringerer als der Herzog von Marlborough während einer Reise quer durch das Reich von Wien nach Den Haag. Dieses Deutschland erschien ihm als ein »großes und schönes, auch mächtiges Land«, das ihn auf seinen Stationen nicht einen Augenblick auf frische Pferde warten ließ und das, wie er einem französischen kriegsgefangenen Offizier zugestehen musste, allzu mächtig sein und überall das Gesetz geben würde, wenn es unter einem Herrn vereinigt sei.[4]

Die Engländer, die genügend über den beginnenden Gegensatz zwischen Habsburgern und Hohenzollern wussten, ließen zu, dass Preußen im Utrecht-Rastatter Frieden mit der Anerkennung seiner Königskrone abgespeist wurde. Territorialen Zuwachs errang Preußen erst im Laufe des Nordischen Krieges, an dem es sich zusammen mit Hannover nach dem Utrechter Frieden innerhalb der russisch-polnisch-dänischen Koalition gegen Schweden beteiligte. Dieses musste im Frieden von Stockholm 1720 an Preußen Stettin, Vorpommern bis zur Peene und die Inseln Usedom und Wollin abtreten. Vorpommern um Stralsund, Greifswald mit eingeschlossen, und Rügen blieben weiterhin schwedisch – dank der Allianz von Kaiser, Sachsen-Polen und Hannover-England, die Schweden gegenüber dem erstarkten Russland nicht allzu sehr schwächen wollten.

Auch bei den Friedensschlüssen, die den Nordischen Krieg beendeten, konnte England seine außenpolitische Doktrin vom Gleichgewicht der Kräfte geltend machen, indem es seinen mäßigenden Einfluss auf antischwedische Staaten wie Sachsen-Polen und Hannover ausübte. Diese Mächte, die nach dem welthistorischen Schlachtensieg Peters des Großen über den schwedischen König Karl XII. bei Poltawa 1709 selbst alles getan hatten, um Schweden als Großmacht für immer auszuschalten, wurden angesichts des an die Ostsee drängenden, in seiner Weite unheimlich wirkenden Russland von der englischen Diplomatie zur Neubesinnung gegenüber Schweden angehalten. Hannover mitzuziehen war umso leichter, als es nach dem Krieg gegen Schweden die ihm entrissene Beute, Bremen und Verden, wieder fest in Besitz hatte; es war ja Preußen, das zu verzichten hatte.

Die nach den drei Kriegen in Friedensschlüssen fixierten Bestimmungen waren einerseits Ergebnis des militärischen, diplomatischen und letzten Endes auch ökonomischen Kräftemessens der Staaten Europas, andererseits Ausgangspunkt neuer oder erneuter alter Gegensätze. Das manufakturkapitalistisch-protestantische England mit seinem Macht- und Prestigezuwachs, seiner fortgeschrittenen und fortschreitenden Ökonomie, entwickelte sich in den folgenden Jahrzehnten zum Demiurgen der historischen Entwicklung, in deren Sog das geistig und politisch nach wie vor großmächtige Frankreich geriet. Es ging einer sozial-revolutionären Krise entgegen, die England bereits im 17. Jahrhundert gemeistert hatte. Alle fortschrittlichen Kräfte der französischen Gesellschaft schauten lernend und produktiv weiterstrebend auf das Inselreich. Der vom Selbsterhaltungswillen ausgehende Leistungsvergleich der französischen Nation mit der englischen bildete eine bedeutende Komponente im Vorwärtsdrang zur Großen Revolution hin. In das Wettbewerbs-, ja Konkurrenzstreben bürgerlicher Kräfte diesseits und jenseits des Kanals verflocht sich der Machtkampf des französischen Absolutismus mit der Handels- und Kolonialmacht England.

Noch vor dem Ende des Spanischen Erbfolgekrieges starb Preußens Friedrich I. im Bewusstsein des Bankrotts seiner Staatspolitik, aus dem er seiner persönlichen Statur nach kaum einen Ausweg gesehen hatte, aber wohl auch ohne rechtes Gefühl für seine Schuld. Er machte den Weg frei für die neue Politik seines Sohnes, des vierundzwanzigjährigen Friedrich Wilhelm I. Unter dessen Regierung schloss Preußen die Friedensverträge von 1714 und 1720 ab.

Der Gewinn der Odermündung und die allgemeine Anerkennung der Hohenzollernschen Königswürde können als leidlicher Erfolg vermerkt werden. Aber das innenpolitische Erbe, das Friedrich Wilhelm I. antrat, war katastrophal, und die Aussichten, die sich ihm beim außenpolitischen Rundumblick darboten, waren auch nicht rosig. Sicherlich hatte er es nicht mehr mit einer Großmacht Schweden zu tun, aber in dessen Herrschaftsbereich war weiterhin der wertvollste Teil Vorpommerns. Ungeachtet verwandtschaftlicher Beziehungen zum Welfenhaus prägte sich darüber hinaus die Rivalität zwischen Hannover und Preußen immer stärker aus, von der mit Kursachsen schon gar nicht zu reden. Und wenn sich Preußen von der armseligen Position einer bloßen Auxiliarmacht, die also entweder dem Kaiser oder England half, lösen wollte, mussten die Beziehungen dorthin erst recht kritisch werden. Da blieb fast nichts anderes übrig, als auf das erstarkende Russland Rücksicht zu nehmen. Alles in allem war die Lage Preußens derart schwierig geworden, dass eine neue Gesamtpolitik unerlässlich war.

Friedrich Wilhelm I. bewältigte die außenpolitischen Probleme durch weitgehende Zurückhaltung. Zunächst legte er den finanziellen Sumpf trocken, indem er die Hofstaatskasse vom Staatshaushalt trennte, um Verschleierungen und Korruption zu unterbinden; überdies kürzte er den Hofetat und den des königlichen Haushalts drastisch. Doch es ging um mehr!

Der neue König hatte als Kronprinz während des kriegerischen Ringens der europäischen Mächte die Zwergenrolle der mit Subsidien unterstützten preußischen Hilfskorps bitter erfahren. Überdies leiteten die Friedensschlüsse von 1714 bis 1721 wiederum in eine Periode voller Spannungen über, die sich gelegentlich entluden wie im polnischen Erbfolgestreit von 1733 bis 1738. Sah Friedrich Wilhelm I. in den ersten Jahren seiner Regierung im Rückblick auf die unmittelbare Vergangenheit ein großspurig-verschwenderisches, aber fast ohnmächtiges Preußen, so beunruhigte auch der Ausblick auf dessen Positionen innerhalb der Staatenbeziehungen der nächsten Zukunft. Es gab für ihn nur einen Ausweg: Damit Preußen im internationalen Kräftespiel aus einer bedürftigen Hilfsmacht zu einem Respekt gebietenden Partner oder Gegner werden konnte, musste es eine qualitativ und quantitativ imponierende Streitmacht aufbauen und aus eigener Kraft die dafür nötigen Finanzmittel beschaffen. An die Stelle der staatspolitischen Zerfahrenheit des ersten Preußenkönigs sollte Konzentration treten, auch wenn man dabei dem Gotte Mars manche Musen opfern musste.

Das Verhältnis von Zweck und Mittel nahm eine eigenartige Dynamik an: Zweck war die Stärkung des preußischen Machtpotentials innerhalb der komplizierter gewordenen Beziehungen zwischen den deutschen und außerdeutschen Staaten, Mittel dazu die Vergrößerung des Heeres und die Erhöhung seiner Kampfkraft. Aber da dies alles angesichts der relativ geringen Bevölkerungsdichte Preußens und seiner vom brandenburgischem Kerngebiet getrennten und teilweise recht zersplitterten West- und Ostprovinzen zum besagten Zweck überdimensioniert werden musste, machte das Mittel zum Zweck – die Armee – diese schließlich zum Selbstzweck, jedenfalls zum Staat im Staate. Es will scheinen, dass eine solche Entwicklung die viel strapazierte These vom Primat der Außenpolitik bestätigt. Doch genau besehen, fasst sie ebenso wie ihre Antithese vom Primat der Innenpolitik immer nur eine einsträngige, jeweils nur in eine Richtung verlaufende Beziehung von Zweck und Mittel ins Auge; dabei bleibt das komplexe Spiel und Widerspiel von Zweck und Mittel wie ihr ökonomisch-soziales Bedingungsgefüge außer Acht.

Sicherlich konzipierte Friedrich Wilhelm I. die neuen Züge seiner Militär-, Finanz- und Wirtschaftspolitik nicht von Anfang an umfassend; aber unter seiner Regierung gestalteten sich die drei Bereiche in einem friktionsreichen Prozess derart, dass sie sowohl den absolutistischen Gesellschafts- und Staatsstrukturen als auch den manufakturkapitalistischen Entwicklungstendenzen entsprachen, ihnen jedenfalls nicht strikt entgegenstanden. Versuchen wir, die in

Frage stehenden Beziehungen wenigstens in Umrissen zu veran-
schaulichen.

Eine »formidable Armee und ein großer Tresor« lauteten die aus
den kronprinzlichen Erfahrungen geschöpften Grundvorstellungen
Friedrich Wilhelms I., von denen er besessen war in seinem staatlichen Denken und Handeln. Eine »formidable Armee und ein großer Tresor« – beides war in einem vorwiegend agrarischen Land
besonders schwer zu realisieren; noch am Jahrhundertende stand
nach glaubwürdigen Berechnungen das Verhältnis zwischen ländlicher und städtischer Bevölkerung in der ganzen Monarchie sieben
zu zwei; in der relativ städtereichen Kurmark ergab das Verhältnis
noch 1801 zwei zu eins. Dabei waren die Eigentumsverhältnisse auf
dem platten Land so geartet, dass über die Hälfte der Gesamtfläche
des Staates in der nahezu vollständigen Verfügungs- und Herrschgewalt der adligen Rittergutsbesitzer lag. Diese Daten zeigen bereits
grob an, woher sich die Monarchie für ihr Heer, wenn wir von der
ausländischen Werbung absehen, vorwiegend ihre Mannschaften
und Offiziere beschaffte: In die Mannschaften zwang man gutsun-
tertänige Dorfbewohner, als Offiziere verpflichtete man Landadlige.

Beginnen wir mit den landadligen Offizieren. Bekanntlich wurden Adlige von jeher Offiziere, aber für ihre Integrierung in das stehende Heer, das sich fast überall in Europa während des jahrzehnte-
langen Machtkampfes der Staaten weiterentwickelte, mussten neue
Formen gefunden werden, auch wenn sich dabei überkommene
Rechtsverhältnisse endgültig auflösten. Es ging nicht um eine Veränderung in den Gutsherrschaften, vielmehr um die Beseitigung alter
Lehnsverhältnisse im Staat, nicht um das Verhältnis zwischen Dörf-
lern und Adligen, sondern um das zwischen Adligen (Vasallen) und
Fürsten (Lehnsherren). Das alte Lehnsrecht, das sich auf Grund und
Boden bezog, entsprach schon lange nicht mehr der sozialen Wirklichkeit und ihrer Vorstellungswelt. Der Vasall hatte sich daran ge-
wöhnt, das Lehen fast als sein Eigentum anzusehen; in der latinisie-
renden Juristensprache gesagt, war das Band zwischen dem *dominium
directum* des Lehnsherrn, also des Fürsten, und dem *dominium utile*
des Vasallen, des Landadligen, bereits zerrissen. Der König hätte sich

um diese Diskrepanz zwischen Recht und Leben nicht zu kümmern brauchen, wenn mit diesem veralteten Bodenrecht nicht der militärische Bereich mit seiner Lehnsfolge und seinem Landesaufgebot verbunden gewesen wäre.

Gewiss, schon der Große Kurfürst hatte darauf verzichtet, das Stellen der Ritterpferde wie früher zu fordern, er verlangte stattdessen von den Vasallen eine Ablösesumme, die er zur Werbung von Söldnern verwendete; manchmal brachten die Vasallen selbst geworbenes Volk mit. All diese Aushilfsmittel, die mehr die Krise anzeigten als lösten, genügten nach den Erfahrungen der ersten zwei Kriegsjahrzehnte des 18. Jahrhunderts nicht mehr. Eine grundsätzliche Lösung im Sinne der Überwindung von Überresten der alten Lehnsverfassung war umso mehr geboten, als gerade diese Institution wie kaum eine andere in jeder Provinz ihre Besonderheiten hatte und die Durch- und Ausbildung eines gesamtstaatlichen Heeres ungemein erschwerte. Friedrich Wilhelm I. hatte den historischen Fortschritt auf seiner Seite, als er im Jahr 1717 die sogenannte Modifikation der Lehen beschloss. Danach sollte der bisherige Lehnsverband aufgelöst und an die Stelle der militärisch völlig unbrauchbar gewordenen Verpflichtung der Lehnsbesitzer, »Ritterpferde« zu stellen, eine der Kriegskasse zugutekommende Geldabgabe, der Lehenskanon, treten: vierzig oder fünfzig Taler jährlich für jedes zu stellende Ritterpferd.

Der militärisch wie staatlich sachgemäße Beschluss des Königs, der überdies der Devise »eine formidable Armee und ein großer Tresor« entsprach, stieß auf hartnäckigen Widerstand von Seiten des Adels und seiner ständischen Vertreter. Am Ende konnte er gebrochen werden, aber es waren langwierige und peinliche Verhandlungen notwendig, von Provinz zu Provinz gesondert, zeitweise auch mit dem Wiener Hof, dessen Einmischung vom brandenburgisch-preußischen Adel provoziert worden war. Besonders hartnäckig in ihrer Opposition erwies sich die Ritterschaft in Ostpreußen und Magdeburg.

Der Adelswiderstand war nicht nur wegen einer neuen Steuer geweckt, sondern auch angestachelt durch das Misstrauen, es könnte der Anfang vom Ende aller Privilegien sein. Solche Ängste mochten auch dann noch in manchen aristokratischen Köpfen rumoren, nachdem der König, dem niemals in den Sinn kommen konnte, an den Grundfesten der Verhältnisse auf dem flachen Lande zu rütteln, beruhigende Versicherungen abgegeben hatte. Aber in dem Zur-Schau-Stellen sozialer Existenzangst steckte auch theatralisches Gehabe der Herren Junker, ein taktisches Mittel, um dem König möglichst viele Konzessionen abzutrotzen.

In der Tat konnte dieser nur durch Zugeständnisse im Einzelnen und durch eine Taktik des Aufspaltens der Adelsfronde ans Ziel gelangen. Gegen die Magdeburger Ritterschaft kamen ihm in einem der zwei Jerichower Kreise der Oberst Hans Heinrich von Katte und dessen Bruder, ein Landrat von Katte, zu Hilfe. Oberst von Katte soll sich auf dem Schlachtfeld von Malplaquet und während des Nordischen Krieges vor Stralsund ausgezeichnet haben; für uns ist jedoch interessanter, dass er ein Halbbruder der Frau des August von Bismarck war, der geborenen Dorothea Sophie von Katte. Und der Landrat von Katte wirkte im Jerichowschen Kreise gleichsam in Nachbarschaft zum altmärkischen Landrat, eben dem zu Schönhausen residierenden August von Bismarck.

Die Verhandlungen, die Oberst von Katte im Auftrag seiner Jerichower Adelsstände führte, zogen sich mehrere Monate hin. Schließlich verlangten die Stände für die Zustimmung zum königlichen Allodifikationsbeschluss die Generalkonfirmation aller ihrer Privilegien und Rezesse; eine Aufhebung der alten Rechte in dieser Form hätte bedeutet, dass Ansprüche des Domänenfiskus an adlige Güter hinfällig geworden wären. Jedenfalls wollten die Berliner königlichen Kommissare auf die allzu dreisten Forderungen nicht eingehen. Da spielte der Oberst von Katte soldatischen Ingrimm gegenüber den Zivilisten, indem er sich in einer Eingabe vom März 1718 an den König beschwerte: Er sei nun schon das zweite Mal in vier Wochen in Berlin, ohne eine Resolution erhalten zu können; der König könne leicht ermessen, »wie sensibel mir ist«, nicht von Generälen, sondern von Zivilisten »Ordre zu empfangen«.[5] Dieses Mittel, den König an seiner soldatischen Ehre zu packen, wirkte; er trieb zur Eile an, gewährte zwar nicht alles, was gefordert wurde, aber in der Domänenfrage gab er wenigstens dieses Mal klein bei. Im April 1718 kam die sogenannte Assekuration für den Jerichowschen Kreis zustande, und im Juni wurde der Oberst von Katte zum Generalmajor ernannt. Die Stände und ihr Verhandlungsführer errangen also einen Erfolg, der ihren Interessen entsprach.

Es kann nicht anders sein, als dass der dem Verhandlungsführer verwandtschaftlich verbundene Landrat von Bismarck über die Vorgänge im nahe gelegenen Jerichowschen Kreis, aber auch in der Berliner Residenz genau informiert wurde. Da konnte August von Bismarck zwischen dem königlichen Gebot und dem Einspruch der »freien Ritter« umsichtiger lavieren. Wie gut er beraten war, sollte sich bald zeigen. Im Dezember 1718 entsetzte der König die Landräte von Veltheim und Daniel Ludolf von der Schulenburg zur Strafe für ihren Widerstand gegen die Allodifikation ihrer Ämter und entzog ihnen ihre Besoldung. Für den König galten die Landräte schon damals mehr als Beamte denn als Ständevertreter; gerade das sollten diese beiden Fälle demonstrieren. Überdies wollte Friedrich Wilhelm I. das alte Vasallentum in Gestalt der Lehnsfolge mit Ross und Reitern nicht ohne weiteres aufheben, vielmehr absolutistisch modernisieren.

Jedenfalls gab der Landrat August von Bismarck als einer der ersten unter den altmärkischen Adelsfrondeuren, wenn er je einer gewesen war, klein bei. Er blieb in seinem Amt, aber noch 1722 lehnte der König die Ernennung eines seiner Söhne zum altmärkischen Obergerichtsrat ab; der Monarch wollte in der Altmark keine Altmärker mehr in Amt und Würden einsetzen. Nach wie vor traute er den Adligen nicht über den Weg, besonders nicht den Schulenburgs, Knesebecks, Bismarcks und Alvenslebens, zumal ihm nicht unbekannt bleiben könnte, dass einige der magdeburgischen und altmärkischen Ritter auf einem Gut im Wolfenbüttelschen beschlossen hatten, sich erneut mit einer Eingabe an den Reichshofrat zu wenden.

Wahrscheinlich unter dem Eindruck solcher und ähnlicher Quertreibereien schrieb König Friedrich Wilhelm I. damals die viel zitierte »Instruckcion« für seinen Nachfolger, in der er die Adligen in den einzelnen Provinzen nach den absolutistischen Maßstäben der Vasallentreue und -ordentlichkeit beurteilte. Die Pommern, Neumärker, Prignitzer, vollends Mittelmärker und Uckermärker seien treu und gut; anders aber, von den Ostpreußen und Rheinländern abgesehen, seien die Magdeburger und Altmärker: »die altmerckische Vasallen sein schlimm ungehorsame leutte«, widerwillig, leichtfertig; mein »lieber Successor mus sie den Daum auf die augen halten und mit Ihnen nicht guht umgehen«; parierten die Landräte nicht, so kassiere er sie: Sie haben kein Kondominat – also gemeinsame Herrschaft – zu fordern. Wieder nannte er jene vier Familien als die vornehmsten und schlimmsten.[6]

Wenn Friedrich Wilhelm I., der grimmige Absolutist und rigorose Pietist, die Bismarcks den widerwilligen und – man bemerke! – leichtfertigen Adelsfamilien der Altmark zuordnete, dann hatte er wohl weniger August, den Gutsherrn von Schönhausen, im Sinn als vielmehr dessen Vetter, den 1683 geborenen Sohn des Generalmajors Christoph Friedrich von Bismarck, nämlich Ludolf August. Nach dem Studium in Halle, an der damals erst gegründeten, aber schon berühmten Universität, trat dieser sehr jung in die brandenburgisch-preußische Armee ein und wurde nach Verdiensten im Feldzug gegen die Schweden – wieder einmal Gegner Brandenburg-Preußens – zum Oberst befördert.

Als Regimentskommandeur zu Magdeburg ließ Ludolf August sich hinreißen, im Zorn seinen Bediensteten zu erstechen; er versteckte die Leiche unter dem Bett und nahm Reißaus. Wenn es später hieß, Ludolf August von Bismarck hätte im Dunkel der Nacht seinen Diener für einen Dieb gehalten und erstochen, dann ist das eine adelsfromme Lüge, die nicht einmal die offiziöse, hier mehrfach zitierte Familiengeschichte von Georg Schmidt übernahm, deren von Herbert von Bismarck durchgesehene Druckfahnen heute im Friedrichsruher Archiv der Otto-von-Bismarck-Stiftung liegen.

Offensichtlich zog sich Ludolf August von Bismarck nach seinem mörderischen Wutausbruch von Magdeburg nach Königsberg zurück. Von dort aus schrieb er in den Jahren 1722 bis 1724 mehrere Briefe an August von Bismarck – übrigens, wie dies feinen Leuten damals geziemte, mit französisch geschriebener Adresse: »Monsieur de Bismarck, Conseiller Provencial ... et Seigneur de Schönhausen«. Im ersten Brief ging es – soweit man es der entsetzlichen Schrift entnehmen kann – um eine Schuldenaufrechnung, in summa: zehntausendachthundertfünfzig Reichstaler. Aus dem zweiten Brief von April 1723 erwecken folgende Sätze unser Interesse: »... nach dem Lande werde ich nicht kommen können, als bis seine Majestät der König hier gewesen und möchte sich solches gar leicht noch bis medio Augusti trainieren ... Ich habe hier inzwischen auch eine Wirtschaft und zwar in Litauen angefangen, ... allem ansehen nach wird der Handel vor mich sehr profitabel sein, noch dazu da dort der General Katt so obligeant und sich die mühe genommen mir solches in stande zu setzen ...«[7]

Hier offenbaren sich wesentliche Züge aristokratischer Existenz: verwandtschaftliche Beziehungen, das Grundherrendasein als ökonomisch-soziale Basis in allen adligen Lebenssituationen, die Verbindung zum Offiziersberuf und im Hintergrund der König, der sich in der Frage der Allodifikation und des Lehenskanons nur nach Konzessionen gegenüber dem Adel durchgesetzt hat, aber immerhin so, dass die Herren Aristokraten in Zivil oder Uniform gelegentlich gezwungen waren, Seine Majestät als Bittsteller aufzusuchen. Ob und wie das Zusammentreffen mit dem König, dessen Ankunft in Königsberg sich bis Mitte August hinzog, zustande kam, ist unbekannt. Nachweisbar ist, dass der schon 1718 zum General avancierte Hans Heinrich von Katte Anfang der zwanziger Jahre gleichfalls beim König vorstellig werden musste.

Es scheint, dass Kattes Rolle als Sprecher der Jerichower Stände abermals genutzt werden konnte, um beim König Misstrauen zu säen. In einem achtseitigen Brief vom Juli 1721 berichtete Katte aus dem ostpreußischen Angerburg an seinen Schwager August von Bismarck über sein peinvolles Warten auf den König, den er in ungnädiger Stimmung gegen sich glaubte. Doch erwies sich die erwartete Ungnade entweder als grundlos oder als leicht zu zerstreuen angesichts der soldatischen Tüchtigkeit Kattes. Nach einer Militärrevenue wurde er »von Seiner Majestät embrasiert«, mit den Worten:

»Katt das ist ein schön regiment, schöne Leute, schöne manschaft, Katt wie kommet ihr auf die Gedanken, dass ich euch ungnädig bin, ich versichere Euch meine Gnade, schön Regiment.« Ja, der König ließ den überglücklichen Katte nicht zu Wort kommen, »ich mochte auch versuchen wie ich wollte, endlich reißte er vergnügt und content weg, …« Aber bei Katte blieb doch eine gewisse Unruhe zurück: »mir stecken die Schelme im Kopf so mich müssen angeschwärzet haben«, so meinte er noch. Schließlich endete der Brief mit der zufriedenen Feststellung vorteilhafter Gutsherrengeschäfte: »Der Fürst von Dessau, hatt schöne Güter vor seinen 2ten prinzen gekauffet, und continuiert noch, ich habe abermahl auch eine aquisition … getan, und habe nun das ganze Dorf alleine.«[8]

Hans Heinrich von Kattes militärische Autorität, die er sich bei großen Kommandos während mehrerer Kavallerieübungen erwarb, seine Gutsherrenstellung und seine gesellschaftlichen Verbindungen, auch mit dem alten Dessauer, dem engsten Freund des Königs – alles das festigte seine gesellschaftliche Position derart, dass ihm selbst die Hinrichtung seines Sohnes und Kronprinzenfreundes im Jahre 1730 nicht schadete. Die Wegmarken seiner weiteren Karriere: 1731 Beförderung zum Generalleutnant, 1736 zum General der Kavallerie und 1740 – unmittelbar nach dem Tod Friedrich Wilhelms I. – zum Generalfeldmarschall und Erhebung seiner Familie in den Grafenstand. Mit dieser Standeserhöhung wollte Friedrich der Große offensichtlich bereits in den ersten Wochen seiner Regierung das väterliche Unrecht an dem vor seinen Augen in Küstrin hingerichteten Jugendfreund in demonstrativer Weise postum wiedergutmachen. Hans Heinrich Graf von Katte starb bereits 1741.

Erreichte der eine aus dem verwandtschaftlichen Trio, das wir auf dem Höhepunkt des Allodifikationsstreites kennenlernten, den höchsten Rang der preußischen Militäraristokratie, dann setzte jener Ludolf August von Bismarck, nachdem er sich Anfang der zwanziger Jahre zunächst selbst aus der Bahn geworfen hatte, seinen Weg in fremden Landen auf recht verwegene Weise fort. Vom Kollegium des Geheimen Kriegsrats wegen der Tötung seines Dieners zwar begnadigt, überging ihn der pietistische Soldatenkönig mehrmals beim

Avancement. Das trieb Ludolf August dazu, den Abschied aus dem preußischen Heer einzureichen und 1732 in die Dienste des Zarenreichs zu treten, das damals begann, im Konzert der europäischen Staaten eine Großmachtrolle zu spielen. Eigentlich war das Außerlandesgehen von preußischen Offizieren gerade bei Friedrich Wilhelm I. verpönt. Wenn er Ludolf August von Bismarck dennoch ziehen ließ und ihn sogar, wie vermutet wurde, bei Ernst Johann von Biron, dem damals mächtigen Günstling der Zarin Anna Iwanowna, empfahl, dann war dies eine Gunstbezeugung unter der Hand, wohl mit Kalkül auf gute Beziehungen nach Petersburg hin.

Ludolf August von Bismarck agierte sowohl als diplomatischer Agent des Zarenhofes als auch als Heerführer im Krieg gegen die Türken. Nach einigen Jahren in das politische Intrigenspiel des russischen Hofes verwickelt, war er vorübergehend nach Tobolsk verbannt. Im Jahre 1747, drei Jahre vor dem Ende eines Lebens großen Stils und großer Gefahren, wurde er im Range eines Generalleutnants Oberkommandierender der in der Ukraine stehenden russischen Armee. Er war mit dem Soldatenberuf so eng verbunden, dass er schon lange vor der Übersiedlung ins weite Russenreich, wo er in den Kreis der adligen Gutsbesitzer Livlands trat, auf alle Rechtsansprüche an Schönhausen verzichtete – also zugunsten August von Bismarcks.

Der Landrat von Bismarck hatte bereits 1711 seinen ältesten Sohn, August Friedrich, in dessen sechzehntem Lebensjahr als Kornett in das Kürassierregiment geschickt, das damals eben Hans Heinrich von Katte als Oberst befehligte. Er zeigte damit Spürsinn für die heraufkommenden Tendenzen, denn die Bestimmung zur militärischen Ausbildung des Sohnes war durchaus im Sinne dessen, was Friedrich Wilhelm I. wenige Jahre später von allen Söhnen des preußischen Adels verlangte.

Wie bereits festgestellt, wollte der neue König mit seiner Allodifikation zunächst einmal die lehnsrechtlichen Hemmnisse für eine absolutistische Modernisierung des Vasallendienstes beseitigen. Damit verband er jedoch umfassendere Ziele: Entsprechend der Heeresvermehrung sollte das Offizierskorps verstärkt, zugleich aber im gesamtstaatlichen Geist auf den Hohenzollernkönig eingeschworen und im militärischen Elitegeist erzogen werden. Um dies zu erreichen, musste Friedrich Wilhelm I. in seiner absolutistisch-derben Weise Druck auf den Adel aller Provinzen ausüben, seine Söhne die Offizierslaufbahn einschlagen zu lassen.

In den brandenburgischen Provinzen dienten die jüngeren Söhne des Adels – aber kaum die älteren – bereits in der kurfürstlichen Armee und erreichten dort eher als Bürgerliche oder Fremde einen Offiziersrang; der Adel der andern Provinzen verhielt sich der Hohenzollernschen Herrschaft gegenüber reserviert, wenn nicht feindselig. Der urpreußische Adel ging ebenso gut in dänische und polnische, der clevische in holländische Dienste.

Von den Clevern meinte Friedrich Wilhelm I. in seiner Instruktion von 1722, sie seien maliziös, intrigant und falsch, saufen wie die Biester und verzehren mehr, als ihre Revenuen hergeben. Aber wenn man sie jung von Hause nehme und in Berlin erziehe, »alsdann brave und geschickte Kerls daraus werden, die mein Successor wohl gebrauchen kann«: Die Söhne dürfe man nicht in fremde Dienste gehen lassen, sondern müsse sie unter die Kadetten stecken und dann als Offiziere dienen lassen. Dadurch würden der Dienst in der Armee und die Ruhe des Landes gewinnen.[9]

In der Tat mussten viele Adlige, meist vom fünfzehnten Lebensjahr an, die neu gegründeten Kadettenanstalten besuchen; wenn sie nicht diesem Drill unterworfen wurden, traten sie als Zöglinge in die Dienste höherer Offiziere ein, wie August von Bismarcks Ältester bei seinem Anverwandten, dem Obersten Katte. Es ging um organisierte Zucht und Ordnung, nicht zuletzt um Kontrolle. Der König examinierte bei Militärrevenuen gelegentlich die jungen Herrchen selber; auch gestattete er die Kavaliersreisen durch die Länder Europas und den Studienaufenthalt auf ausländischen Universitäten nicht mehr. Es schien, als wolle er nach dem Prinzip verfahren: Einseitigkeit macht schneidig für den Zweck.

Das Hineinzwängen der Adelssöhne aller Provinzen in die Armee, der Ausschluss aller Fremden – mit Ausnahme der Refugiés – vom Offiziersberuf, das hartherzige Verbot aller Reisen ins Ausland, das polternde oder salbadernde Erziehungsgefuchtel – das alles traf auf viel Widerstreben. Wenn man im letzten Regierungsjahr Friedrich Wilhelms I. behauptete, der Adel in Preußen stehe vor der Revolte, dann zeigte diese Übertreibung immerhin eine aufgebrachte Stimmung an. Die Bismarcks und ihr weiterer Verwandtschaftskreis schienen zur aristokratischen Avantgarde zu gehören, die bei allem gelegentlichen Aufbegehren, bei allem eifrigen Wachen über ihre gutsherrlichen Privilegien und materiellen Vorteile den Königskurs in Armee und Verwaltung mitmachten.

Das königlich-absolutistische Erziehungswerk zeitigte noch nach Jahrzehnten nicht in allen Provinzen die gleichen Früchte: Im Ganzen war es so, dass im 18. Jahrhundert neunzig Prozent des Offizierskorps Adlige, aber umgekehrt nur sechzig bis siebzig Prozent der Adligen ehemalige oder aktive Offiziere waren. In dieser Hinsicht bildete Pommern schon 1724 jene Ausnahme, die die preußischen Könige zu rühmen wussten. Dort waren nahezu alle Adligen durch die Schule des Offizierskorps gegangen oder in ihm aktiv. Von diesem Kaliber waren in der Kurmark achtundsechzig, in Ostpreußen nur sechzig Prozent der Adligen. Zur aristokratischen Physiognomie des preußischen Offizierskorps sei noch vermerkt: von vierunddreißig Mitgliedern der Generalität waren alle adlig, von zweihundertelf Stabsoffizieren nur elf nichtadlig. Im Ingenieurkorps, wo es keine Attacken und Husarenstücke gab, mühte sich der Adel nicht sonderlich ab. Zur Zeit des Zusammenbruchs von 1806 waren von sieben- bis achttausend Offizieren nur sechshundertfünfundneunzig nichtadlig.

Nachdem das Rekrutierungsfeld der Offiziere aus dem Bereich der Landadligen abgeschritten und beleuchtet ist, soll das soziale Pendant im Dorf gesichtet werden, soweit es die gemeinen Soldaten betraf. Der König setzte bereits 1714, kaum zur Regierung gelangt, in einem Edikt fest, dass ihm »die junge Mannschaft nach ihrer natürlichen Geburt und des höchsten Gottes eigener Ordnung und Befehl mit Gut und Blut zu dienen schuldig und verpflichtet sei«.[10] Außerdem dekretierte er die lebenslange Dienstpflicht seiner Soldaten. Es wurde keineswegs die allgemeine Wehrpflicht proklamiert, wie vielfach behauptet, vielmehr in einer ebenso frömmelnden wie gewalttätigen Sprache ein Freibrief für die Werber geschrieben, die nach dem Prinzip der »natürlichen Geburt« Rekruten für den Armeestand als gemeine Soldaten so oder so heranzuschaffen hatten. Die Hauptleute der Kompanien hatten für eine bestimmte Mannschaftsstärke zu sorgen und schickten zu diesem Zweck Werber aus, die sich in der ersten Regierungszeit Friedrich Wilhelms I. als Schreckensgestalten des Landes erwiesen, betrieben sie doch eine Werbung, die vielfach dem Fang und Raub junger Männer auf offener Straße, auf freiem Feld, im Wirtshaus oder gar in der Kirche – wie im Fall von Perleberg – gleichkam. Wehrten sich die jungen Burschen oder versuchten sie auszureißen, dann wurden sie nicht selten verwundet oder gar getötet.

Der König sah »gar ungern, dass Blut so vergossen«, und sein Generalauditeur Katsch wollte »das viele Blutvergießen« möglichst vermeiden.[11] Geheuchelt waren die frommen Wünsche nicht, aber doch nur halbherzig: Gewaltsame Werbung galt offiziell als verboten, vielmehr sollte »listig« vorgegangen werden. Mit Gewalt war immer List verbunden und mit dieser Erpressung und Betrug. Juristischer Ausgangspunkt für alle möglichen Spitzbübereien war das Prinzip der Exemtionen, jener dehnbaren Bestimmungen, wonach die ältesten Bauern- und alle Bürgersöhne vom Militärdienst befreit waren. Das konnte manchen Bauern oder Bürger veranlassen, ein gut Teil seiner Habe zu verkaufen, um die Söhne für hohe Lösesummen vom Kriegsdienst zu befreien. Die erpressten Schmiergelder säckelte zu einem hohen Prozentsatz der Kompaniechef ein, der für die Beschaffung von Mannschaften verantwortlich war und die Werber an der Strippe hielt.

Ein Musterbeispiel für die erpresserischen Infamien der Regiments- und Kompaniegewaltigen war der Fall des Obristen Henning Alexander von Kleist. Im Jahre 1721 angeklagt wegen Befehlsverweigerung gegenüber dem »Alten Dessauer«, dem Fürsten Leopold von Anhalt-Dessau, wagten sich während des Prozesses alle hervor, die dem Herrn Obristen seit seiner Zeit als Kompaniechef eine erkleckliche Zahl von kriminellen Willkürakten nachweisen konnten. Kleist hatte nach eigenem Ermessen Soldaten für Geld verabschiedet, Geschenke erpresst, Unschuldige bedroht und in Arrest gebracht, Behörden bedroht, Diebe unter die Soldaten gesteckt und damit versteckt. Um welche Beträge es da manchmal ging, sei an einem der Straffälle gezeigt: Im Laufe von drei Jahren hatte der Obrist von Bürgern aus Halle zweitausendfünfhundert Taler »extorquiert«, auf Deutsch: erpresst. Leopold von Dessau schrieb an seinen königlichen Freund, dieser Kleist solle das Geld, obwohl nicht mehr ausreichend vorhanden, an die schändlich Erpressten, an die vielen Notdürftigen, »ja arme Witwen und Waisen« geben, die er auf dem Gewissen habe.

Der König reagierte auf all das entsetzt, aber auch achselzuckend. Einige der Verfehlungen des Obristen von Kleist seien bei allen Kompaniechefs gebräuchlich gewesen. Er wolle das alles nicht mehr zulassen, aber er wisse, wenn »wegen der Werbegelder vorgegangen, würde die ganze Armee in Inquisition kommen, denn kein Kapitän in der Armee ist da (dem) nicht so was möchte passieret«.[12] Kein Kapitän, dem so etwas nicht passiert sei! Da war es nicht verwunderlich, dass dieser Kleist, nach vier Jahren Festungshaft im Jahre 1726 reaktiviert, seine Karriere weiterverfolgen konnte und als Feldmarschall unter Friedrich dem Großen starb.

Das alles zeugt nicht gerade von den preußischen Tugenden Zucht, Ordnung, Disziplin, Gehorsam und Ehrbarkeit, jedenfalls waren sie recht lädiert. Moralische Skrupel halfen da zunächst nicht viel; vielmehr war es der Zwang der Verhältnisse, der der physischen und moralischen Turbulenz im Werbewesen allmählich ein Ende setzte. Vieles war zusammengekommen, was die Autorität von Staat und Armee zu untergraben, die agrarische und mitunter auch gewerbliche Produktion zu schädigen drohte. Der Ingrimm der Untertanen, das Erbostsein selbst der Gutsherrschaften, denen man kräftige Leute mitunter von einem Tag auf den anderen wegholte, waren nicht mehr zu überhören, aber auch nicht die Stimmen derer in der Armee, die wussten, wer und wo die Gauner in den eigenen Reihen steckten.

Den ersten Schritt, so etwas wie Ordnung und Planung ins Werbewesen zu bringen, stellte die sogenannte Enrollierung dar. Die jungen Leute, »welche unter denen Feldregimentern und Garnison Bataillons bereits zu dienen, oder künftig zu dienen capables sind«, wurden auf Listen oder Rollen eingetragen, eben enrolliert; sollten sie erst künftig dienen, stellte man ihnen Urlaubspässe aus, um sie im Bedarfsfall zum Dienst im Regiment heranzuholen.[13] Alldieweil sich die Regimenter ihren Nachwuchs gegenseitig abjagten, blieb die Praxis der Enrollierung immer noch Willkür, von der auch die Hauptstadt nicht verschont blieb. Aus Berlin wurde berichtet: »1726 den 18., 19. und 20. März begingen die allhier in Garnison liegenden 4 Regimenter große Exzesse, indem sie nicht allein in die Bürger- und Wirtshäuser einfielen und alle jungen Leute und auch Knaben von 7 bis 8 Jahren mit Gewalt wegnahmen, sondern auch von denen Straßen öffentlich selbige aufhuben, welches dann viel Unordnung verursacht.«[14]

Damit sich die Regimenter zum Schaden von Staat und Wirtschaft nicht weiter gegenseitig ins Gehege kamen, teilte man ihnen fest umgrenzte Rekrutierungsbezirke, Kantone genannt, zu. Bemessen wurden sie nach den Feuerstellen; in Ostpreußen bildeten etwa sieben bis achttausend, in Pommern etwa sechstausend und in der Mark nur fünftausend einen Regimentskanton, der wiederum in zehn Kompaniekantone unterteilt war. Ausschließlich in den ihnen zugewiesenen Teilen durften die Kompanien nunmehr berechtigt enrollieren und im Bedarfsfall von den Enrollierten einen Teil der Kompanie eingliedern. Dieses Kantonsystem bildete sich erst im Jahr 1733, zwei Jahrzehnte nach dem Regierungsantritt Friedrich Wilhelms I., heraus. Ein geordnetes Werbesystem setzte sich erst in einem langwierigen *trial-and-error*-Verfahren durch.

Gegen Ende der Regierung Friedrich Wilhelms I., der 1740 starb, überstieg der Unterhalt für die preußische Armee von jährlich rund fünf Millionen Talern die Bevölkerungszahl von zweieinviertel Millionen beträchtlich. Dreiundachtzigtausend Mann stark war die Armee. Mit den Zuschüssen aus staatlichen Domänen, der »Kontributionen« von meist vierzig Prozent des Reinertrages auf die bäuerlichen Güter und der Akzise, also der indirekten Besteuerung in den Städten, wurden fünfundsiebzig bis achtzig Prozent des reinen Staatseinkommens für militärische Zwecke aufgewendet. Die preußische Monarchie, die 1740 an Fläche der zehnte, an Einwohnerzahl der dreizehnte Staat in Europa war, kam nach ihrer Armee-stärke auf den dritten oder vierten Platz.

Soviel über die Quantität des Heeres. Wie stand es mit seiner Qualität? Das Wesentliche der Ausbildung und Kampfweise der preußischen Armee unter Friedrich Wilhelm I. lag in der Steigerung der Feuergeschwindigkeit; sie war das entscheidende Qualitätsmerk-mal. Die damit verbundene Technik und Taktik entwickelte sich seit dem Spanischen Erbfolgekrieg unter dem Einfluss des Fürsten Leopold von Dessau. Die Technik bestand in dem stählernen Ladestock für das Feuergewehr, dessen rasche und sichere Handhabung der preußische Infanterist mit selbstvergessenem Stumpfsinn einzuüben hatte. Die Taktik konzentrierte sich auf die unbeirrte Vorwärtsbewe-gung in langen Linien; aus ihnen heraus sollte die Masse der abge-feuerten Bleikugeln den Feind erschüttern und überwinden. Technik und Taktik des Gewehrfeuers wurden in zahlreichen, bis ins Ein-zelne ausgedachten Handgriffen und sogenannten Chargierungen mit schier nicht enden wollender Mühsal eingeübt. Das alles er-reichte bei der Infanterie, nicht jedoch bei der Kavallerie, eine Höhe der Ausbildung, die außerhalb Preußens nicht ihresgleichen hatte.

Aber diese maschinenhafte Sicherheit der Bataillone und Regi-menter erwarb man mit menschlicher Einengung und quälender Demütigung. Auf dem Exerzierplatz regierte der Korporalstock, den die Offiziere und Unteroffiziere ständig bei sich trugen und mit dem Ingrimm bornierter Garnisonsgewaltiger je nach Laune auf den Rü-cken des Rekruten applizierten. Wenn das gequälte Menschenkind aber die Nerven verlor und sich gar widersetzte, dann drohte ihm das Spießrutenlaufen, das nach den abgestuften Vorschriften des könig-lichen Reglements ablief. Ordnung muss sein – selbst in der Men-schenquälerei. Wo man sogenannte Manneszucht, »das Kleinod des preußischen Kriegswesens«, wie ein Geschichtsschreiber wie Curt Jany noch im 20. Jahrhundert meinte, einprügelte, blieben christliche Barmherzigkeit oder gar aufklärerische Humanität wie ausgelöscht. Nur gelegentlich gab es offizielle Ermahnungen, die übrigens bis ins 20. Jahrhundert hinein zum immer wiederkehrenden Ritual preu-ßisch-militaristischer Selbstgerechtigkeit gehörten.

Immerhin fühlte sich König Friedrich Wilhelm I. im Jahre 1738 genötigt, an den Obersten eines Regiments eine scharfe Kabinettsordre zu erlassen: »Es ist bekannt und wisset Ihr selbst wohl, wie dass ich zwar eine gute Subordination mit vor das vornehmste Stück im Dienst halte. Es muss aber solche so traktiret werden, dass nicht unter dem Deckmantel der Subordination barbarische und unchristliche Sachen mit unterlaufen, indem ein Soldat im Dienste ein Mensch ist, folglich wohl Fauten machen kann, welches wann es nicht aus Vorsatz und Mutwillen geschiehet, sondern entweder aus Dummheit oder aber dass ein Kerl, indem er es zuweilen gar zu gut machen will, manquiret, zwar verdienet, dass er davor angesehen und reprochiret, auch wohl ihm ein Schlag über die Schulter gegeben werde, aber deshalb einen Kerl gleich so zu prügeln oder wohl gar mit dem Degen zu hauen, dass das Blut davon gehet oder so ungesund wird, ist barbarisch … Vielmehr statuire Ich, dass ein Regiment zwar in Subordination, Disziplin und Ordnung sein muss, die Leute aber nicht bestialisch traktiret werden sollen.«

Hier wurden Exzesse moniert, zu denen der »Schlag über die Schulter« nicht gehörte, der zählte zum Alltagsgeschäft des preußischen Exerziermeisters, zur klatschenden Begleitung der Kommandoworte. Dieser gleichsam normale Alltag im Kasernenhof, aus dem die Exzesse trotz aller obrigkeitlichen Mahnungen auf die Dauer nie verschwanden, war in seinem brutalen Stumpfsinn wahrhaftig dazu angetan, die Sehnsucht der »Kerls« nach Beurlaubung zu nähren. Beurlaubung? Auch darin lag System – im engen und im weiteren Sinn, im Einzelnen und im Allgemeinen. Betrachten wir vor allem die allgemeinen Zusammenhänge, worin das Beurlaubungssystem seine überindividuellen Funktionen erfüllte.

Angesichts der Dimensionen der preußischen Armee drängt sich die Frage auf, wie sich das Militärsystem dem Wirtschafts- und Sozialsystem des Landes anpassen konnte. Der adlige Offizier in Gestalt des Regimentskommandeurs oder seiner Kompaniechefs wurde allmählich die beherrschende Figur; es lag in der Natur der Sache, dass der Kompaniechef den unmittelbaren Zugriff auf Menschen und Leben in seinem Kanton hatte. Doch wie die sozialen und politischen Gewichte im Verhältnis von Regiments- und Kompaniekanton auch immer verteilt sein mochten, der Kanton im Allgemeinen entwickelte sich vom bloßen Bezirk zur Rekrutierung des Mannschaftsersatzes zum »Urbestandteil des Staates«, wie es Friedrich der Große einmal ausdrückte. Vom guten Zustand des Kantons hing, so meinte er, Gedeih und Verderb der »Gesellschaft und Regierung« ab.[15]

Da die große Masse der inländischen, also nicht im Ausland angeworbenen Soldaten der Landbevölkerung angehörte, war gerade die Beurlaubung wichtig für die Agrarproduktion. Dabei musste nicht allein die Zahl der Beurlaubten, sondern auch deren Zeit berücksichtig werden. Während der Ernte, also in den Monaten Juli, August und September, wenn die Gutswirtschaften viele Hände brauchten, wurde eine größere Zahl von Urlaubern dorthin beordert. Es spielte sich ein, dass die Kompaniechefs möglichst die Gutshöfe ihrer näheren und ferneren Verwandten mit Urlaubern versorgten, und zwar solchen, die ohnehin dort fronpflichtige Untertanen waren. Wurde der im Heer eingezogene Dorfbewohner nicht auf dem Exerzierplatz gedrillt, so hatte er im heimatlichen Dorf dem Gutsherrn seine Dienste zu leisten. So entstand, wie Georg Heinrich von Behrenhorst, Sohn des »Alten Dessauers«, in seinen kritischen Betrachtungen einmal schrieb, »ein unglückliches Mittelding zwischen Bauer und Soldat«.[16] Vom bäuerlichen Kantonisten verlangte man im Rahmen des Militärsystems Dienst- und sogar Geldleistungen, auch Fuhren neben den feudalen Diensten im Rahmen der Gutsherrschaft.

So unglücklich der bäuerliche Kantonist als Angehöriger zweier Bereiche auch sein mochte, bisweilen konnte er die Friktionen mancher Sonderinteressen zwischen Militärs und Gutsherren zu seinem Vorteil nutzen. Die Klassensolidarität und die verwandtschaftliche Konnexion zwischen adligem Offizier und adligem Gutsherrn war keineswegs ungetrübt: Spielte sich der Kompaniechef in seinem Bezirk als unumschränkter Herr zum Schaden der agrarischen Produktion und der junkerlichen Herrschaftsrechte auf, dann konnte der Gutsherr seine Bauern, Kossäten und Gesindeleute durchaus in Schutz nehmen gegen die erpresserische Willkür der Offiziere.

Was sich die Kompaniechefs oder Stabsoffiziere nicht alles erlaubten! Sie konnten etwa bestimmen, ob jemand als Bauer ansässig wurde oder nicht, ob ein Bauernbursche heiratet oder nicht. Eine Kompanie sollte nicht mehr als ein Drittel beweibter Kerle haben, wie man so sagte. Das militärische Dreinreden in zivile Existenzfragen, an sich schon eine Zumutung, artete derart in Willkür und Plage aus, dass später Friedrich der Große in Befehlen versuchen musste, die Kompaniechefs von der Vorstellung abzubringen, sie könnten in ihren Kantons »mit denen darin befindlichen Leuten wie mit Leibeigenen schalten« und sich herausnehmen, »Leute aus dem Kanton zu misshandeln, zu verkaufen, zu vertauschen oder auch zu verschenken«.[17] Auf der andern Seite konnten sich die Herren Offiziere als Königsdiener gerieren und den Kantonisten, die immerhin des Königs Rock trugen, durch die Finger sehen, wenn sie sich vor den Dienstverpflichtungen gegenüber dem Gutsherrn drücken wollten.

Bei allen Friktionen zwischen adligen Gutsherren und adligen Offizieren im Einzelnen entwickelte sich das Beurlaubungswesen derart, dass sich im Ganzen die Beziehungen zwischen Militärsystem und Agrarverhältnissen auf ein labiles Gleichgewicht einpendelten; es war labil, weil sowohl die Zahl der Beurlaubten als auch die Zeit der Beurlaubung mitunter derart zunahmen, dass sie eher die Tüchtigkeit des Heeres als die agrarische Produktion gefährdeten. Stets war die Zahl der Beurlaubten bei der Kavallerie geringer als bei der Infanterie; es blieb aber dabei, dass in der Zeit vor dem Siebenjährigen Krieg etwa fünfundvierzig Prozent des gesamten Mannschaftsbestandes des preußischen Heeres zehn Monate des Jahres beurlaubt war.

Die Interessen der Monarchie verflochten sich mit dem Beurlaubungswesen noch in anderer Weise, denn es ging dabei nicht allein um die Schlagkraft des Heeres, sondern auch um die Finanzkraft des Staates. Im preußischen Heer des 18. Jahrhunderts waren die Kompaniechefs sowohl militärische Befehlshaber als auch Organisatoren des Heeresbestandes. Da diese Chefs (oder Kapitäne) vom Staat mit einer Pauschalsumme für mannigfache Ausgaben zum Erhalt der kompletten Mannschaftsstärke und zur Instandhaltung ihrer Kompanie ausgestattet wurden, waren sie gemäß einer spätfeudalen Tradition Militärunternehmer auf Gewinn und Verlust. Von dem ihnen überantworteten Geld musste vieles bezahlt werden: eigene Löhnung, Gemeinensold, Gewehrgelder, Monturen, Instandhaltungen, Kompanieverwaltung, nicht zuletzt die Werbungen, wobei für Letztere die disponiblen Gelder etatmäßig nicht festgesetzt waren. Da die Pauschalsumme, mit der die Kompaniechefs zu wirtschaften hatten, vom Staat bewusst immer zu knapp gehalten war, drohte ihnen stets der Bankrott; es blieb ihnen – Moral hin, Moral her – nichts anderes übrig, als Gemeinensold und sonstiges Geld einzustecken, indem sie möglichst viele Soldaten möglichst lange zur Arbeit, meist auf Güter, beurlaubten. Was lag näher, als dass die Herren Chefs, wenn es irgendwie ging, Güter von Verwandten mit beurlaubten Soldaten als Arbeitskräften versorgten; vor allem sollten diese in die heimatlichen und damit vertrauten Dörfer und Güter geschickt werden, wo man überdies seine sicheren und unsicheren Kantonisten kannte. Unter solchen Umständen gab es genug der inneren und äußeren Hemmnisse für Desertionen.

Es wird offenbar, dass sich im Beurlaubungswesen des stehenden Heeres verschiedene Interessen überkreuzten und recht und schlecht in Übereinstimmung gebracht werden sollten: Heeresstärke, Finanzkraft des Staates und Agrarwirtschaft. Wie stand es aber um die gewerbliche Wirtschaft? Sicherlich wurden viele Beurlaubte, meist die aus dem Ausland ins preußische Heer Geworbenen oder Gepressten, bei Handwerkern oder in Manufakturen als Handlanger untergebracht. Aber insgesamt hatte das Beurlaubungswesen für die Erhaltung und Entwicklung der gewerblichen Produktion und damit ihrer Steuerkraft nur eine geringe Bedeutung. Diesem Bereich kam die Institution der Exemtionen, der gezielten Befreiung vom Heeresdienst, zugute.

Bereits 1713, im Jahr des Thronwechsels von Friedrich I. zu Friedrich Wilhelm I., wies der Minister von Grumbkow in einer Denkschrift auf den gewerblich-industriellen Aspekt einer Reform des Rekrutierungssystems hin; deren Unterlassung werde »das bisherige Commercium und alle Hoffnungen zu des Landes Besten neue Manufacturen zu errichten, zernichten«.[18] Neun Jahre später, 1722, schrieb Friedrich Wilhelm I. in seiner Instruktion für den Nachfolger, dass nicht der Staatsschatz, sondern »Manufacturen das rechte gerum gerendarum (nervus rerum gerendarum) eines Landes und eines Landesherren« seien, und fuhr dann fort, dass sein Nachfolger »in Preußen und in alle seine übrigen Provincen wo keine Manufacturen sein welche anzulegen machen … und mein Successor muss die Manufacturen protegiren in alle seine Provincen. Alsdann werdet Ihr sehen wie euer Revenüen zunehmen werden und euere Länder und Leute in floressanten Stande kommen werden.«[19]

Zweifellos gehörte zu den ursprünglichen Motivationen dieses preußischen Königs für die Förderung der Manufakturen die Hebung der steuerlichen Einnahmen in Form der indirekten Gewerbesteuer, der Akzise. Hier kam wiederum die Wechselwirkung von Zweck und Mittel ins Spiel. Zweck war die Stärkung der Finanzkraft des monarchischen Staates, Mittel die Förderung der Manufakturen, die bei dem damaligen internationalen Höchststand der Produktivität besonders viele akzisepflichtige und profitable Waren auf den Markt bringen konnten. So schlug dieses Mittel insofern in den Zweck um, als die Manufakturen bis zum Wirksamwerden der industriellen Revolution zur vorwärtstreibenden, auch die Agrarproduktion zumindest indirekt beeinflussenden Kraft im preußischen Wirtschaftsleben wurden und damit zur wichtigsten Komponente der ökonomischen gesellschaftlichen Basis. Die List der Geschichte erwies sich wieder einmal als erfindungsreich.

Die Förderung der Manufakturen machte es unumgänglich, ihre Beschäftigten vom Heeresdienst zu befreien. Aber der königliche Wille konnte sich nicht so rasch und absolut durchsetzen. In einer Ordre an die Regimenter aus dem Jahre 1724 hieß es: »Unser Allergnädigster Herr haben missfällig vernommen, wie in verschiedenen Quatieren die Regimenter und Companien sich anmaßen, junge und unerwachsene Lehrknaben, auch wohl angesessene Bürger und Bauren und gar Wollarbeiter und andere Manufaturiera zu enrollieren und auszuheben, dieses aber Sr. Köngl. Majestät Intention … ganz zuwider ist.« Im Jahr 1726 spezifizierte Friedrich Wilhelm in einem

Infanteriereglement einige Exemtionen; so verbot er die Enrollierung aller Bürgerkinder, deren Eltern ein Vermögen von tausend Reichstalern hatten. Doch die Kapitäne hielten sich nicht an das königliche Verbot; erst nach 1733, als sich die Kantonsverfassung durchsetzte, respektieren sie die Exemtionen für die erwähnten Bürgersöhne und die ältesten Söhne der mit Haus und Hof angesessenen Bauern, an deren Spanndiensten die Gutsbesitzer interessiert waren. Noch einmal ward eingeschärft, dass »Wollarbeiter und andere Manufacturiers« mit ihren Lehrburschen von den Enrollierungen und Aushebungen befreit seien.

Auf der gleichen wirtschafts- und sozialpolitischen Linie lag es, dass Einwohner verschiedener Städte, die als Standort von Handwerk und Manufaktur privilegiert waren, von Enrollierung und Aushebung befreit wurden, so Berlin in einem Kabinettsbefehl vom 21. Mai 1733; nur »leute von geringer Extraction« sollten dort angeworben oder ausgehoben werden. Von ähnlichen Vergünstigungen wie Berlin profitierten bald danach noch andere Städte, Krefeld etwa, das allerdings jährlich zweihundert Taler an die Rekrutenkasse des Königs zahlen musste.

Die sozialpolitisch zielgerichteten Ausgliederungen waren in die Wirtschaftspolitik integriert. Wiederum in den dreißiger Jahren war es Friedrich Wilhelm I., der die staatlichen Konzessionen zugunsten fabrik- und verlagsmäßiger Produktion erleichterte und das überlieferte Zunftrecht lockerte: Die Zahl der Meister sollte nicht mehr so begrenzt sein wie früher; soziale Hindernisse, Meister zu werden, wurden weitgehend hinweggeräumt, ebenso Behinderungen des loyalen Wettbewerbs unter Zunftgenossen. Gesellen konnten nun leichter Meister werden, kapitalkräftige und energische Meister zu Verlegern aufsteigen, ohne dabei durch Vorschriften über die Anzahl von Gesellen und Arbeitskräften behindert zu werden. Die Zünfte verloren ihre innere Gerichtsbarkeit und wandelten sich zu Korporationen, die unter einem territorial-staatlichen Gewerberecht standen, das aber neue Eingriffe in Produktion und Zirkulation brachte.

Dass die preußische Monarchie die meisten Angehörigen gewerblicher Berufe, größere Städte und manche von Manufakturen stark durchsetzten Landbezirke vom Heeresdienst weitgehend befreite, erwies sich zusammen mit der zunftunfreundlichen und der manufakturfreundlichen Politik strukturbestimmend für Gesellschaft und Staat. Während man die Beschäftigten in Handwerk und Manufaktur häufig vom Militärdienst verschonte und auf diese Weise förderte, litt auf der andern Seite das gesamte Gewerbe unter feudalbürokratischen Gängeleien und steuerlichen Belastungen. Auch die Klassenbeziehungen erhielten dadurch eine besondere Prägung: Sowohl Besitzbürger als auch Bildungsbürger, zu denen viele aufgeklärte Beamte und Theologen gehörten, wurden weder Kantonisten noch Offiziere, wodurch sie sich in einem bedeutsamen Lebensbereich von Gesellschaft und Staat zusätzlich vom Adel unterschieden, der das Offiziersmonopol genoss, ihm aber auch unterworfen war; erst recht unterschieden waren die Besitz- und Bildungsbürger in diesem militärischen Lebensbereich von den ungelernten Arbeitern, den gleichsam ewigen Handwerksgesellen, die keine Meister werden konnten, den nicht erbberechtigten Söhnen der Bauern und der riesigen Masse der Guts- und Erbuntertänigen, also von allen, die der harte und unwürdige Soldatendienst belastete.

Es war das preußische Militärsystem, das die Gegensätze von Stadt und Land zusätzlich verschärfte: Der adlige Offizier trat dem Bürger hochmütig gegenüber, aber auch mit geheimem Neid; der Bürger wiederum zahlte auf seine Art mit Hochmut und Missgunst heim, vor allem erfasste ihn Grauen und Abscheu vor dem harten Drill auf dem Exerzierplatz und in der Kaserne. War die Armee schon Staat im Staate, so darüber hinaus auch eine Institution neben und gegen immer bedeutender werdende Teile der Gesellschaft. Dieser Umstand sollte gravierend werden in der Krisenzeit der Französischen Revolution und der napoleonischen Hegemonie. Es wird sich zeigen, dass Kritik an der preußischen Armee und ihrem Offizierskorps aus den eigenen Reihen heraus kam.

Mit der Feststellung all dieser Gegensätze sind wir auf weitere Aspekte der Beziehungen der Klassen untereinander und vor allem zu dem im Monarchen verkörperten Staat verwiesen. Noch einmal sei festgehalten: Die wichtigste, also nicht alleinige Stütze des Monarchen war der Adel, der nach dem Dreißigjährigen Krieg auf der unteren Herrschaftsebene, also den Grundherrschaften, weitgehend unumschränkt blieb. Mehr als früher entwickelte sich im 18. Jahrhundert die Armee, in die der Adel zunächst geradezu beordert und schließlich ökonomisch-sozial integriert war, zu seinem Herrschaftsinstrument – vor allem wieder auf der unteren Ebene, im Bereich der Kantone. Der Kompaniechef beherrschte seinen Kanton fast so unumschränkt wie der Junker seinen Gutsbezirk. Auch in der zivilen Bürokratie drückte sich die innere Logik des Absolutismus aus, die darin bestand, dass der Monarch bemüht sein musste, von seiner Hauptstütze, eben dem Adel, nicht abhängig zu werden. Es galt in Staat und Gesellschaft Gegenkräfte zu entwickeln oder gewähren zu lassen. Unter diesem Gesichtspunkt kann man die Domänenpolitik Friedrich Wilhelms I. sehen.

In der wirtschafts-, sozial- und militärpolitisch so bedeutsamen Zeitspanne von 1732 bis 1734 bestimmte der König, dass Offiziere und Edelleute von der Pacht der staatlichen Domänen auszuschließen seien; sie sollte nur Bürgerlichen vorbehalten bleiben. Darüber hinaus war er bemüht, seinen Herrschaftsbereich auf Kosten adligen Landes zu vergrößern. Wo königliche Güter etwa durch Pfandschaft in adligen Besitz geraten waren, tat die Verwaltung alles, um dies rückgängig zu machen – wenn es sein musste durch fiskalische Prozesse. Der König konnte es nicht vergessen, dass die Adligen in den Jahren des Allodifikationsstreits nach 1717 nicht zuletzt gegen die Rückgabe von verpfändetem Domänengut frondiert hatten. Jetzt ging er von neuem zum Angriff über. Friedrich Wilhelm I. hatte bei dieser Politik ein negatives und ein positives Beispiel vor Augen: In Polen und in den schwedischen Ostseeprovinzen war das Kronland größtenteils in die Hände des Adels geraten; umgekehrt hatte des Königs Freund, der Fürst Leopold von Anhalt, fast den ganzen Adel seines kleinen Landes ausgekauft. Indem der polnisch-litauische Adel in ganz anderer Weise als der preußische ökonomische und politische Machtpositionen an sich riss, wurde in Polen-Litauen die auf Leibeigenschaft gegründete Adelsdemokratie gestärkt, von der Friedrich Engels einmal meinte, sie sei »eine der rohesten Gesellschaftsformen«.[20] Diese Adelsdemokratie bildete eine nicht-absolutistische Enklave innerhalb des absolutistischen Staatensystems in Europa und führte zur Tragödie Polens Ende des 17. Jahrhunderts. Sie bewies besser als alle staatliche Selbstbehauptung ringsum, dass innerhalb feudaler Klassenherrschaft die Phase des Absolutismus nicht ohne Schaden übersprungen werden kann; es hatte ihr jene der absoluten Monarchie eigene, aber nie ganz vollständige Zentralisierung gefehlt, die Karl Marx »die eigentlich zivilisierende Tätigkeit dieser Staatsform« nannte.[21]

Am Ende der Regierung Friedrich Wilhelms I. umfasste der Domänenbesitz des Königs ein Drittel des land- und forstwirtschaftlich nutzbaren Bodens im Staat. Doch schon sein Nachfolger, Friedrich der Große, stoppte die Expansion staatlicher Domänen und damit die Ausbreitung bürgerlicher Pachtbetriebe und wetterte in einer seiner Instruktionen: »Denen Fiskalen soll bei Henken verboten, … die Edelleute zu schikanieren, ihnen alle Prozesse und Grenzstreitungen aufzuwärmen. Ein Edelmann, der schon vor anno 1740 im Besitz gewesen, darf es nicht höher beweisen (müssen), … was ein kleiner Verlust vor Mir ist, ist dem Edelmann ein großer Vorteil, dessen Söhne das Land defendiren und die Rasse davon so gut ist, dass sie auf alle Art meritiert, konserviert zu werden.«[22] Friedrich der Große war also durchaus bemüht, den Grundbesitz des Adels, der ihm die Offiziere lieferte, vor dem bürokratischen Eifer des Fiskus zu schützen, aber er dachte durchaus nicht daran, die an Bürgerliche verpachteten Domänen zu liquidieren, also jene Betriebe, die die landwirtschaftlichen Produktionsmethoden besser und rascher entwickelten, als es auf den meisten adligen Gütern der Fall war. Wenn schon im Agrarbereich die bürgerlichen Kräfte nicht aufzuhalten waren, so erst recht nicht in Handel und Manufaktur.

Der preußische Absolutismus stützte sich vornehmlich auf den immer noch starken Adel, auf der anderen Seite auf das politisch relativ schwache, aber ökonomisch doch unaufhaltsam erstarkende Bürgertum. Dabei hatten beide, die gegeneinander ausgespielt werden konnten, eine besondere Rechtsstellung im Staat und einen speziellen Ehrenkodex in der Gesellschaft, waren also voneinander abgeschlossene Stände, aber noch keine Klassen im Sinne jener des zeitgenössischen Englands oder gar des werdenden Industriekapitalismus im 19. Jahrhundert. Erst im späten 18. Jahrhundert, nachdem sich Besitz- und Bildungsbürgertum weiter ausgebildet und seine Besonderheiten gegenüber dem Adel auch juristisch fixiert hatten, sind die ständischen Vor- und Übergangsstufen zu den Klassen des 19. Jahrhunderts hinreichend ausgeprägt.

Die Vorrechte, in die jeder Angehörige des Adels hineingeboren wurde, sind zur Genüge bekannt. Doch dieser begünstigte Adel empfand sich auf seine Weise auch wieder schollenpflichtig und mannigfach gebunden: Die Güter waren schwer verkäuflich, zumal sie nicht an Bürgerliche veräußert werden durften, später jedenfalls nicht ohne behördliche Genehmigung. Ferner verboten Standesrücksichten eine andere wirtschaftliche Betätigung als die in der agrarischen Produktion. Des Adels Machtgrundlage beruhte nun einmal auf der Grundherrschaft. Sollte der eine oder andere Adlige das schier Undenkbare tun und auf jegliche Besitz- und Rechtstitel, die sich auf den Boden bezogen, verzichten, dann war es aus mit seiner Herrlichkeit. Da sich anscheinend der Drang einiger Adliger bemerkbar machte, aus dem ihnen zugewiesenen Wirtschaftsbereich auszubrechen, verbot Friedrich der Große den Angehörigen dieses Standes die Einrichtung von Kontors in den Handelsstädten – weil sie »dadurch von dem métier d'honneur abgezogen werden und vielleicht verschiedene von ihnen der Handelsschaft mehr als dem ihnen anständigen Kriegswesen obliegen würden«.[23] Das umriss Adelspflicht und Adelsehre recht dezidiert, und zwar in Abwehr bürgerlicher Einflüsse. Es ist überhaupt der Schlüssel zum Verständnis jener oft erwähnten Tatsache, dass Friedrich der Große viel adelsfreundlicher erschien als sein Vater Friedrich Wilhelm I.

Über diesem äußeren Erscheinungsbild darf nicht übersehen werden, dass sich beide Könige um eine aristokratische Homogenität des Offizierskorps bemühten; nur hatte Friedrich Wilhelm I. innerhalb des Adels selbst Widerstände und Friktionen zu überwinden, um eine größere Zahl von dessen Söhnen als Offiziere in die stehende Armee zu bringen und sie dort funktionstüchtig zu machen.

Harte Worte und äußerer Druck waren da unvermeidlich; zu Letzterem gehörte es, dass man den Adelssöhnen keinen Ausweg in die Güter des staatlichen Domänenareals gestattete. Friedrich der Große stand vor einer ganz anderen Situation: Er hatte im Adel nicht mehr alte Gewohnheiten und Vorstellungen über seine Funktionen in der stehenden Armee zu überwinden, vielmehr ihn zu schützen vor Einflüssen und Infiltrationen, die allein schon von der bloßen Existenz des erstarkenden Bürgertums ausgingen.

Alles in allem schuf Friedrich Wilhelm I. Institutionen und inaugurierte Gesetze, die Friedrich II. benutzen, ausnutzen und weiterentwickeln konnte. Seine Siege in den Schlesischen Kriegen, ja selbst im Siebenjährigen Krieg, waren Erfolge der von seinem Vater geschaffenen Armee. Seine Wirtschaftspolitik knüpfte an die manufakturfreundlichen Gesetze der dreißiger Jahre des 17. Jahrhunderts an.

Der preußische Absolutismus hatte sich in seinen Grundzügen bereits unter Friedrich Wilhelm I. herausgebildet. Wenn mit einigen guten Gründen gesagt wird, dass die Phase des aufgeklärten Absolutismus in Preußen erst mit Friedrich dem Großen begann, dann ist das zu relativieren. Sicherlich war bei Friedrich Wilhelm I. alles Grobianisch-Banausische aufdringlich und abstoßend genug; dennoch war er kein Obskurant. Er verkörperte die praktischen Staats- und Wirtschaftsauffassungen des hallensischen Pietismus, die keineswegs im Widerspruch zu aufklärerischen Gedanken standen. In diesem Sinne war er mit Erfolg bemüht, veraltete Privilegien und Institutionen zu beseitigen und damit bahnbrechend für den Fortschritt zu wirken.

Mit der Sicherheit des Gutsbesitzes

Lang blieben wir im Grundsätzlichen und bei prägenden Ideen. Was davon erlebten die Bismarcks, wie reagierten sie darauf? August Friedrich von Bismarck (1695 – 1742) schlug früh die militärische Laufbahn ein. Mit dem materiellen und gesellschaftlichen Rückhalt, den ihm die Herrschaft über die pommerschen Güter Kniephof,

August Friedrich von Bismarck (1695 – 1742) und seine Frau Stephanie Charlotte Luise, geb. von Dewitz (1706 – 1735). Nach dem frühen Tod Stephanies heiratete August Friedrich Friederika Charlotte von Treskow (1722 – 1785), die mit nicht einmal zwanzig Jahren Witwe wurde.

Jarchlin und Külz bot, machte er sich in den beiden Friedensjahrzehnten unter Friedrich Wilhelm I. militärisch verdient und avancierte bis zum Oberstleutnant.

Unter Friedrich dem Großen führte ihn bereits der erste Schlesische Krieg zu militärischem Ruhm und tragischem Ende. In der Schlacht von Mollwitz war er Kommandeur von fünf Eskadrons, also von fünf der kleinsten taktischen Einheiten der Kavallerie. Einige Tage später wurde er ausersehen, zusammen mit Oberstleutnant von Ziethen, der später im Siebenjährigen Krieg der gefeierte und populärste Reitergeneral werden sollte, an der Spitze von sechshundert Husaren und dreihundert Dragonern eine feindliche Gruppe von nahezu tausend Reitern unter dem ungarischen General Baroniay aufzuspüren und anzugreifen. In einem zeitlich geschickt abgepassten und kühn durchgeführten Überraschungsangriff konnten die Preußen die Ansammlung der feindlichen Reiter derart verwirren und in die Flucht schlagen. Achtzig Tote und Verwundete, hundertsechs Gefangene und den requirierten Vorrat von Fourage und Lebensmitteln mussten die Gegener zurücklassen. Dieses Bravourstück wurde mit dem im Jahr zuvor von Friedrich dem Großen gestifteten Orden Pour le mérite belohnt, mit einer jährlichen Pension von fünfhundert Reichstalern, der Ernennung zum Obersten und Regimentskommandeur und schließlich mit Vergünstigungen für den ältesten Sohn. Ein Jahr nach der Ruhmestat in Schlesien musste August von Bismarck sein Regiment nach Böhmen führen, wo er in der kriegsentscheidenden Schlacht bei Tschaslau (Čáslav)/Chotusitz (Chotusice) am 17. Mai 1742 schwer verwundet wurde. Einige Tage danach, am 23. Mai 1742, überfielen und erschossen ihn österreichische Husaren auf dem Transport in das relativ nahe Kuttenberg.

Die Familienüberlieferung erscheint glaubwürdig, wonach Friedrich der Große, der seine Offiziere noch kannte, diesen Bismarck, der ein Hüne an Gestalt und ein Mann von derb-dreister Lebensart und bravouröser Kampfeslust war, bei verschiedenen Gelegenheiten rühmte, wohl auch im Bewusstsein, dass August Friedrich von Bismarck ein früher Kriegskamerad jenes Ziethen war, der seine ruhmvolle Soldatenlaufbahn weiterziehen konnte.

Die beiden ältesten Söhne des August Friedrich von Bismarck starben früh, der drittälteste war Karl Alexander von Bismarck (1727–1797), der Großvater des späteren Reichskanzlers. Bis Ende 1775 residierte er als Gutsherr in Uenglingen bei Stendal, dem die Güter Schönebeck, Bündfelde und Charlottenhof angeschlossen waren; erst dann siedelte er nach Schönhausen I über – in das 1700 gebaute Schloss neben der alten Kirche. Elf Jahre später, 1786, also im Todesjahr Friedrichs des Großen, bekam Karl Alexander den *titulus possessionis*, den Besitztitel für die Güter und Dörfer von Crevese, Briest, Döbbelin und Schönhausen II bestätigt; so eng waren noch die Beziehungen zwischen den Bismarckschen Gütern links und rechts der Elbe. Wie und in welchen Zeitabschnitten Schönhausen II wieder unter eine andere Herrschaft kam, sei hier nicht weiter verfolgt.

Karl Alexander von Bismarck (1727 – 1797)
und seine Frau Christiane Charlotte Gottliebe,
geb. von Schönfeld (1741 – 1772)

Karl Alexander hatte ein soldatisches Zwischenspiel zu absolvieren, das acht Jahre dauerte. Sein Onkel, Präsident von Dewitz, preußischer Gesandter am kaiserlichen Hof, wollte im Jahre 1750 den damals Dreiundzwanzigjährigen als Attaché nach Wien mitnehmen und stellte ihn Friedrich dem Großen in einer Audienz vor. Doch dieser bestimmte in autokratischer Weise ganz anders: Der junge Herr müsse die Feder mit dem Schwert vertauschen, da er den Sohn eines so tapferen Vaters besser im Felde als bei Hofe brauchen könne. Auf Befehl des Königs in einem Regiment zunächst als Kornett dienend, nahm er dann als Leutnant während des Siebenjährigen Krieges an den Schlachten von Prag, Kolin, Leuthen und Hochkirch teil; 1758 wurde er verwundet und erbat daraufhin den Abschied. Offensichtlich gehörte des Reichskanzlers Großvater nicht zu jenen Bismarcks, die innerer Drang zum Soldatenberuf erfüllte; vielmehr nahm er die Blessur gern zum Anlass, um in ehrenhafter Weise wieder ins Zivilleben zurückkehren zu können. Herausragende Positionen im gesellschaftlichen und politischen Leben hatten die Schönhausener Bismarcks seit der zweiten Hälfte des 18. Jahrhunderts lange Zeit nicht mehr.

Da können sich die aus der Crevese-Briester-Linie eher sehen

Christoph Georg von Bismarck (1667–1730)
aus der Creveser Linie und seine Frau
Anna Elisabeth, geb. von Katte (1670–1714)

lassen. Unter den ersten beiden Preußenkönigen waren der Gutsherr auf den linkselbischen Besitzungen zu Crevese, Briest und Döbbelin, Christoph Georg von Bismarck (1667–1730), und der Gutsherr im rechtselbischen Schönhausen, August von Bismarck, über ihre aristokratische Interessengleichheit hinaus sowohl durch denselben Stammbaum als auch durch Verschwägerung eng verbunden; jeder von ihnen war mit einer Tochter jenes Katte vermählt, der in mehr als einer Hinsicht Beziehungen zum Hohenzollernschen Königshause hatte.

Das kam vor allem dem Sohn des Christoph Georg, dem 1703 zu Crevese geborenen und 1774 in Briest verstorbenen Levin Friedrich zugute, zumal er in seinem äußeren Schul- und Studienweg und in seiner inneren Haltung alle Voraussetzungen mitbrachte: Privatunterricht, vorübergehend auch in Berlin, dann Studium zusammen mit seinen Brüdern in Leipzig und nicht im aufgeschlosseneren Halle; danach begnügte er sich, da ja dem König Kavaliersreisen nach fremden Landen missfielen, mit einem Besuch in Berlin, wo sein Vater Mitverordneter im Ritterschaftsausschuss der Kurmark war.

Levin Friedrich war ein braver Bursche, der über sich selbst festhielt: »Ich habe meine Zeit nicht müßig und mit Pläsier verbracht,

Levin Friedrich von Bismarck (1703 – 1774),
Mitglied des Geheimen preußischen Staatsrats, und seine
Frau Sophie Amalie, geb. von der Schulenburg

sondern die Kollegien fleißig besucht und fast keine Stunde versäumt.«[24] Darüber hinaus absolvierte er die obligate Disputation. In Charakter und Bildung wohl vorbereitet, beschritt er ohne Umwege die königlich-preußische Juristenlaufbahn: 1727 Hof- und Kammergerichtsrat, 1731 Oberappellationsrat und 1738 zweiter Kanzler der neumärkischen Regierung zu Küstrin. Unter dem knausrigen Friedrich Wilhelm I. hatte er »elf Jahre dem Staate umsonst gedient, indem er weder Gehalt noch Sporteln bezog, und empfing auch als zweiter Kanzler zu Küstrin keine Besoldung«.[25] Aber er konnte sich diesen Wechsel auf die Zukunft leisten, weil er seit 1730 die von seinem Vater geerbten Güter besaß.

Erst unter Friedrich dem Großen bekam er ein Gehalt., als er 1740 an Stelle des verstorbenen von Borcke erster Kanzler wurde. Ende 1746, ein Jahr nach Beendigung der Schlesischen Kriege, machte er einen großen Sprung in seiner Laufbahn: Levin Friedrich von Bismarck wurde zum Geheimen Staats- und Justizminister sowie zum Chef am Kammergericht berufen, wenige Wochen danach im Geheimen Staatsrat verpflichtet. Allerdings darf das erste Amt nicht überschätzt werden; gerade im Justizdepartement gab es drei oder vier Minister, die sich die Leitung und Verantwortung teilen mussten. Der Historiker und Präsident des Geheimen Staatsarchivs Reinhold Koser nannte sie Viertelminister. Gleichsam wie ein Patriarch stand über ihnen Samuel Freiherr von Cocceji, der bis zu seinem Tod 1755 das Amt des Großkanzlers innehatte.

In einer Aufzeichnung über Levin Friedrich von Bismarck heißt es: »Er pflegte sehr früh aufzustehen und mit dem Glockenschlag acht auf dem Kammergericht an den Sessionstagen zu erscheinen. Vor dem späten Nachmittag sah ihn seine Familie nicht wieder. Eine Stund zu Mittag und zu Abend an der Tafel war die einzige Erholung, welche er den Tag über sich gönnte.«[26] Also ein Beamter, wie ihn der Absolutismus brauchte? Friedrich der Große war nicht ganz dieser Meinung, jedenfalls nicht in der Frühzeit seiner Regierung. Von Potsdam aus äußerte er sich in einer Kabinettsorder vom 21. Juli 1748 an Cocceji ziemlich kritisch über Levin Friedrich von Bismarck: »Er ist ordentlich und gut geschult und incorruptible, aber sehr timide und zu Zeiten in seinen idées sehr borniert, so dass er sich in Umständen, die nicht alle Tage vorkommen, oder die außer der ordinairen shaere gehen nicht gleich zu helfen weiß, noch von gebührender activité ist.« Man soll ihn aufmuntern, »dergestalt, dass Ich ihn auch in Sachen, so von einer größeren étendue, als den ordinairen und gemeinen Prozesse seyend, gebrauchen könne und er sich in allem so Ich von ihm verlange, oder von ihm wissen will, gleich zu finden u. zu helfen weiß, auch, wo es nötig ist, sich mit rigueur und authorité zu betragen wiße.«

Das war scharfsinnig und aufmunternd zugleich, aber ging dabei der König nicht von Idealvorstellungen aus, die er nicht realisieren konnte? Bekam er überhaupt in genügender Zahl Beamte, die über die »ordinaire sphaere« hinaus selbstständig zu denken und zu handeln verstanden? Was heißt überhaupt Selbstständigkeit von Beamten? Bewegte sich der König, einerseits von absolutistischen Positionen ausgehend, andererseits fast idealische Ansprüche an seine Untergebenen erhebend, nicht in einem unlösbaren Widerspruch? Und musste er sich nicht, da dieser objektiv unlösbar war, zunehmend hinter schroffe Rigorosität verschanzen und einsame Entschlüsse fassen?

Wir können und wollen die Ministertätigkeit des Levin Friedrich von Bismarck nicht weiter verfolgen. Im Herbst 1763, nachdem bereits im Februar der Siebenjährige Krieg zu Ende gegangen war, musste er wegen Augenschwäche seine Posten aufgeben; knapp acht Jahre später erblindete er und starb 1774.

Sein Sohn August Wilhelm, zweifellos von ihm gefördert, war schon mit siebenundzwanzig Jahren Gesandter am dänischen Hof; nach fünf Jahren diplomatischer Tätigkeit in Kopenhagen ernannte ihn Friedrich der Große im Oktober 1782 zum Etatminister, worauf das Königliche Preußische General Ober-Finanz-, Kriegs- und Domänen-Directorium bestimmte, dass dem »bisher bei dem Dänischen Hofe gestandenen Freiherr von Bismarck« auch noch »das 5. Departement von allen Commercien, Manufacturen und Fabriquen Sachen, in den Sämtlichen Königlichen Landen und Provinzen, exclusive Schlesien« anvertraut würde. Dieser hohe Staatsposten war besonders verantwortungsvoll in einer Periode, in der die von England ausgehende industrielle Revolution die Perspektive bestimmte. In dem Ernennungsschreiben sind auch die über die Manufakturen hinausführenden Fabriken besonders erwähnt. Doch August Wilhelm von Bismarck konnte sich auf dem immer wichtiger werdenden Gebiet der Wirtschaftspolitik nicht mehr bewähren; bereits im Februar 1783 starb er mit dreiunddreißig Jahren.

Die biographische Notiz über einen der Bismarcks wirft zugleich ein Schlaglicht auf einen wichtigen Ausschnitt jener revolutionsträchtigen Periode, die anhob, als der siebenjährige Doppelkrieg in Nordamerika, Indien und Europa 1763 endete – jener militärisch nebeneinander laufende und dennoch gegenseitig sich beeinflussende Doppelkrieg, der in den kolonialen und handelspolitischen Interessengegensätzen zwischen England und Frankreich wie in den gegen die junge Großmacht Preußen gerichteten Machtaspirationen von Österreich, Frankreich und Russland auf dem europäischen Kontinent begründet war.

Blenden wir noch einmal kurz zurück! Die nach und nach sich abzeichnende Umgruppierung der Mächte hätte unweigerlich zur kompletten Isolierung Preußens geführt, wenn es Friedrich dem

Großen nicht gelungen wäre, mit England im Januar 1756 die Westminster-Konvention und über zwei Jahre später einen Subsidienvertrag abzuschließen. Sicherlich beschleunigte diese preußisch-englische Allianz, die im Sinne des Protestantismus ideologisch gerechtfertigt wurde, den Abschluss des Bündnisses zwischen den bisher als erbverfeindet geltenden Mächten, dem habsburgisch-kaiserlichen Österreich und dem bourbonischen Frankreich. Deren diplomatisches, später militärisches Zusammengehen kam für die Zeitgenossen so überraschend, dass sie es als eine Umwälzung des europäischen Bündnissystems empfanden, die es auch tatsächlich war. Frankreich trachtete offensichtlich danach, die Großmacht Preußen als Gegengewicht zur habsburgisch-kaiserlichen Vormacht nicht mehr zu erhalten, sondern dem österreichischen Streben, dieses Preußen zu zerstückeln, in einem hohen Maße nachzugeben und aus Deutschland ein leicht manipulierbares Konglomerat von Klein- und Mittelstaaten zu machen. Die öffentliche Meinung beachtete Österreichs Bündnis mit Russland nicht so stark wie das mit Frankreich, Ersteres war aber im Krieg umso wirksamer – wenn auch nicht wirksam genug. Mit aggressiven Präventivschlägen den Krieg eröffnend, war Friedrich der Große doch in einer Defensivposition und ursprünglich durchaus bemüht, den Frieden für sein Land so lange wie möglich zu erhalten. Ausgerechnet der keineswegs fritzisch gesinnte marxistische Historiker Franz Mehring war es, der in kritischer Distanz zum linksliberalen Max Lehmann meinte, es gebe keine Handlung Friedrichs, »die sich nicht vollkommen erschöpfend aus seiner stets wiederholten Versicherung erklären ließe, er habe den Krieg begonnen, um sich zu verteidigen«.[27]

Irrtümer im Einzelnen kann man Friedrich dem Großen leicht nachweisen, Infamien nicht minder. Den größten Irrtum in diesem wechselreichen, mit Irrungen und Wirrungen belasteten Krieg der sieben Jahre und dreier Kontinente aber leistete sich Frankreich, indem es sich als Verbündeter Österreichs in Deutschland engagierte. Die schmähliche Niederlage der französischen Truppen in der viel zitierten Schlacht bei Rossbach Ende 1757 lieferte jenes herausragende Merkzeichen, das gerade nach dem Krieg dazu beitrug, das nationalbürgerliche Selbstbewusstsein in Deutschland zu heben und Frankreichs Ansehen herabzusetzen. Den Weg reaktionärer Irrtümer beschritt der bourbonische Absolutismus bereits seit den achtziger Jahren des 17. Jahrhunderts, als er die Hugenotten verfolgte und in England den katholisch-klerikalen Umsturzversuch anzettelte, den nur die Glorreiche Revolution verhinderte.

Machtpolitisch fixierten die Friedensschlüsse von Paris und Hubertusburg des Jahres 1763 die neuen Kräfteverhältnisse in der Welt: Bestätigte der erste Friedensvertrag die kolonial- und handelspolitische Überrundung Frankreichs, so der zweite die Ergebnisse der Schlesischen Kriege und damit die Großmachtstellung Preußens. Der österreichisch-preußische Dualismus war über ein Jahrhundert lang bestimmend für die Kräfteverhältnisse in Deutschland und dessen Stellung in Europa.

Klare Ziele hatten unsrer Politik seit dem Tode Friedrichs des Großen entweder gefehlt, oder sie waren ungeschickt gewählt oder betrieben; letzteres von 1786 bis 1806, wo unsere Politik planlos begann und traurig endete. Man entdeckt in ihr bis zum vollen Ausbruch der französischen Revolution keine Andeutung einer national-deutschen Richtung.

OTTO VON BISMARCK

KAPITEL 6

In revolutionärer Zeitenwende

Geistige Höhenflüge, aber was kam unten an?

Es ist das Jahr 1763, mit dem die Periode der unmittelbaren Vorbereitung der größten bürgerlichen Revolution begann. Im Geflecht der Bedingungen und Ursachen der weltgeschichtlichen Zäsur 1789 sind nicht allein die innerfranzösischen Beziehungen der Klassen untereinander und zum bourbonischen Staat bedeutungsvoll, sondern auch die der europäischen Staaten untereinander. Gerade in Frankreich hatten weite Kreise die bourbonische Politik, die den Sieg des protestantischen, kapitalistisch besonders entwickelten Englands erleichterte, als nationales Verbrechen empfunden. Die Hauptländer Europas und Nordamerikas waren politisch und sozial, in Frieden und Krieg miteinander so eng verbunden oder ineinander verkrallt, dass sie auch in der allgemeinen Krise einen »Kosmos«, einen »Körper« bildeten.

Die drei wichtigsten vorindustriellen Produktionsstätten oder -organisationen waren der Handwerksbetrieb, der Verlag und die Manufaktur. Alle fühlten sich während des Absolutismus in ihrer Entscheidungs- und Bewegungsfreiheit durch ein Netz von staatlichen Vorschriften eingeengt. Am schlimmsten erging es in dieser Hinsicht den Manufakturen, in denen die Produktion nicht nur arbeitsteilig vonstatten ging, sondern auch räumlich konzentriert war. Das wurde insbesondere im großmächtigen Frankreich schon deswegen als unerträglich empfunden, weil die ökonomische und politische Konkurrenz besonders mit England neue Anforderungen stellte. Französische Techniker und Unternehmer hatten durchaus einen eigenständigen Anteil an der industriellen Revolution im letzten Drittel des 18. Jahrhunderts. Man denke nur an Seidenzwirnerei und Seidenweberei, an Eisenhütten und Kohlezechen, deren Anfänge in die Zeit vor 1789 zurückreichen. Dennoch ging England für lange Zeit voran als unerreichbares Mutterland der industriellen Revolution – mit der Einführung von Werkzeug- und Kraftmaschinen, der Investierung großer Summen fixen Kapitals und räumlicher Konzentration der Produktion in Fabriken. Es überholte das absolutistische Frankreich, weil es über eine ausgedehnte Freihandelszone, ein auf mehrere Kontinente sich erstreckendes Imperium, verfügte und der vom Parlament nach kapitalistischen Interessen beherrschte Staat die Wirtschaft förderte und nicht gängelte. Kein Wunder also, dass nach 1763 in Frankreich wiederum der Einfluss der Physiokraten wuchs, die, obgleich ihnen die Landwirtschaft mehr am Herzen lag, Freiheit für Industrie und Handel verlangten und gegenüber dem absolutistischen System der Bevormundung die weltberühmt gewordenen Losungsworte der liberalen Wirtschaftspolitik aufstellten: »Laissez faire, laissez aller!«

Nach 1763 forcierte man auch die Herausgabe der »Enzyklopädie«, also jenes Unternehmens, das durch seine Synthese von Empirismus und Rationalismus von der Aufklärung nicht zu trennen ist; überdies braucht man in den Foliobänden der »Enzyklopädie« mit ihren beigegebenen Stichen nur zu blättern, um zu wissen, dass sie zur Verbreitung der neuen technischen Verfahren viel beitrug. In Deutschland entstand eine Reihe ökonomischer und patriotischer Gesellschaften als Förderer des sogenannten Gewerbefleißes.

Lohn, Kapitalgewinn und Grundrente, die drei Einkommensarten in ihrem politökonomischen Zusammenhang untersuchend, veröffentlichte Adam Smith 1776, in der Zeit des Übergangs vom Manufaktur- zum Industriekapitalismus, sein Hauptwerk »Wohlstand der Nationen – Eine Untersuchung seiner Natur und seiner Ursachen« und begründete damit die klassische Ökonomie, initiierte also in dieser die Wirtschaft widerspiegelnden Wissenschaft die führende Rolle Englands. Unmittelbar nach seinem Erscheinen wurde das Werk auch ins Deutsche übersetzt und seine antimerkantilistische Wirtschaftspolitik propagiert. Der deutsche Hauptverfechter des Gedankenguts von Adam Smith war der Königsberger Professor Christian Jakob Kraus, ein Freund von Immanuel

Kant und einer der geistigen Wegbereiter der Stein-Hardenberg-schen Reformen.

Oft vergisst man über der industriellen Revolution in England im letzten Drittel des 18. Jahrhunderts den dort und damals weit ausgreifenden Umschwung in der Landwirtschaft. Er war möglich, weil einerseits der englische Adel über ausgedehnte und nicht durch überkommene Gemengelagen gehemmte Betriebsflächen verfügte, andererseits die Landarbeiter frei von feudalen Fesseln, aber auch von Grund und Boden waren.

In Frankreich kümmerte sich die große Masse der adligen und geistlichen Grundherren kaum um die Leitung der Landwirtschaft, sie gaben den Boden vielmehr in Pacht oder Halbpacht an die Bauern; das Bauernland wiederum war zu klein und die darauf ruhenden feudalen Lasten zu groß, als dass sich dort die moderne Agrarwirtschaft in größerem Umfang hätte entwickeln können. Das erwies sich schon deswegen als bedeutungsvoll, weil die Landwirtschaft die große Mehrheit des französischen Volkes – nämlich zwanzig Millionen – beschäftigte, die also davon betroffen war. Da sich der Weg der Reformen als unbegehbar erwies, entstand in den Jahren von 1789 bis 1794 die Bauernbewegung als eine mächtige revolutionäre Trieb- und Schubkraft. Aber zu ihr stießen die Städter, die unter den feudalen Produktions- und Rechtsverhältnissen und deren akuten Auswirkungen – Unterlegenheit gegenüber der englischen Konkurrenz, Preissteigerung und Finanzkrise – litten; sie mussten sogar, wie seit Jahrhunderten in der Weltgeschichte, die geistige und politische Führung der revolutionären Gesamtbewegung übernehmen.

All die Verknöcherungen und Überlagerungen in den feudal-absolutistischen Institutionen, zu denen nicht zuletzt die katholische Kirche mit ihrem religiösen Einfluss gehörte, all die aristokratischen Schmarotzerauswüchse am Gesellschaftskörper fielen nicht von selbst ab. Bevor das alles im Gefolge einer politischen Revolution beseitigt werden konnte, musste sich die ideologische weiter entwickeln. Insbesondere innerhalb der Aufklärungsbewegung bildete sich in der vorrevolutionären Zeit vor 1789 eine Gruppierung bürgerlich-kapitalistischen Charakters prägnant heraus.

Die kapitalistische Waren- und Tauschwirtschaft verlangte zumindest in ihrem ökonomischen Bereich Freiheit des Denkens und Handelns, Gleichheit vor dem Gesetz, Toleranz gegenüber dem Geschäftspartner und Mitmenschen – ganz gleich, ob er Christ, Jude, Muslim oder Atheist war. Hier wirkten die wirtschaftspolitischen Losungsworte: »Laissez faire, laissez aller!« Die verschiedenen Schichten der kapitalistischen Eigentümer und ihre Ideologen, die diese Grundwerte und -forderungen – sicherlich mit unterschiedlicher Interpretation und Konsequenz – vertraten, mussten notwendigerweise in Konflikt mit den autoritativen Geboten und Verboten des absolutistischen Staates und der Kleruskirche geraten. Die rationalistisch-empirische Denkweise, das Wesen der Aufklärung also, war zwar in sich selbst wieder differenziert, jedoch fest geschlossen in der Ablehnung jeglicher Offenbarung. Wenn schon eine Religion, dann sollte es keine der Offenbarung sein, sondern eine »natürliche«, auf der Vernunft begründete; wenn schon eine anerkannte Religion, dann ohne Einfluss auf Staat und Regierung, ohne die Macht, die Autonomie der Vernunft zu gefährden.

Auf diese Weise gesellten sich zu den aufklärerischen Grundwerten von Freiheit, Gleichheit und Toleranz die der Gerechtigkeit, des Vertrags und der Vernunft – alle wechselseitig aufeinander einwirkend. In diesem Zusammenspiel der Werte erkannten und anerkannten die Aufklärer die menschliche Vernunft als so wesentlich, dass Friedrich Schiller von der »Monarchie der Vernunft« sprach.

Hatte die Aufklärung ihre sozialen Wurzeln in den Bedürfnissen und Interessen des Besitzbürgertums und war vom Bildungsbürgertum initiiert, so strahlte sie aus Gründen der Staatsräson und der Klassenbündnisse auf herrschende Schichten des Absolutismus, auf Aristokraten und Fürsten aus, zuallerletzt auf untere Schichten in Stadt und Land. Indem sich die Aufklärung ausbreitete, differenzierte sie sich zugleich – sozial, national, im territorial und kirchlich zerrissenen Deutschland auch regional; damit unlöslich verbunden war die Vielfalt der behandelten und auf die verschiedensten Lebens- und Bildungssphären (Religion, Erziehung, Staat, Ökonomie und Kunst) bezogenen Themen. Die Vernunft als zentraler Wert ermöglicht es, die ganze Spannweite aufklärerischer Betätigung in zeitlicher, politisch-sozialer, nationaler und regionaler Hinsicht und in ihrer ganzen Bewegtheit unter dem schwer zu definierenden, aber hinreichend klar strukturierten Begriff Aufklärung zu subsumieren.

In Preußen wurde in Bezug auf die Aufklärung nach 1763 zunehmend zwischen einer königlichen und einer bürgerlichen unterschieden; das drängte sich bereits den Zeitgenossen auf. Des Königs Ideenwelt knüpfte nach wie vor an französisches Denken aus der ersten Hälfte des 18. Jahrhunderts an und basierte auf praktischen Bedürfnissen, Interessen und Zielen des preußischen Absolutismus, die sich bereits unter Friedrich Wilhelm I. herausgebildet hatten; bei Friedrich dem Großen wurde alles systematischer konzipiert und kühner verfolgt. Unter den Bedingungen der von ihm errungenen Großmachtstellung, der Veränderung der Mächtekonstellation in Europa und in der Neuen Welt bekräftigte er in seinem »Politischen Testament« von 1768 den obersten Grundsatz: »Wir müssen Preußen als einen Militärstaat betrachten; alles muss darauf eingestellt sein.«

Da galt es zunächst, die zahlreichen Kriegsschäden zu beseitigen, aber auch nach umfassenderen Zielen zu streben: Förderung von staatlichen und privaten Manufakturbetrieben, fast ausschließlich in den Städten; Kolonisierung und Kultivierung umfangreicher Ländereien etwa durch die Regulierung der Oder und die Trockenlegung des Netze- und Warthebruchs; Modernisierung der landwirtschaftlichen Produktion, soweit unter Bedingungen feudaler Gutsherrschaften englische Vorbilder und im eigenen Lande entwickelte Vorstellungen überhaupt zu realisieren waren, etwa die Verbesserung der Dreifelderwirtschaft, der Gemengelage auf den Ackerfluren und der sukzessiv durchgeführten Gemeinheitsteilungen; Weiterentwicklung des Straf- und Zivilrechts, das den Wirrwarr der Rechtsbestimmungen wie den Provinzialismus weitgehend überwinden sollte, ohne allerdings die gutsherrlichen Obrigkeiten anzutasten; schließlich moralisch-politische Erziehung des die Armee und Verwaltung tragenden Adels im Sinne gesamtpreußischer Staatsgesinnung und Opferbereitschaft, was etwa in den Altersbriefen Friedrichs des Großen »Über die Vaterlandsliebe« aus dem Jahre 1779 zum Ausdruck kam.

Die preußische Monarchie konnte auf königlich-absolutistische Weise nur unter zwei Bedingungen regiert werden: Einmal musste sie den die Wirtschafts- und Finanzwelt stärkenden Manufaktur- und Handelskapitalismus so entwickeln und kontrollieren, dass das gesellschaftliche Gleichgewicht niemals zuungunsten des Adels gestört wurde; zum anderen musste sie aus der bürgerlichen, insbesondere aufklärerischen Ideologie jene Elemente benutzen oder tolerieren, die ihr eine Anpassung an die kapitalistische Entwicklung schlecht und recht ermöglichten, aber zugleich eine königliche Unabhängigkeit gegenüber den verschiedenen gesellschaftlichen Gruppierungen einigermaßen sicherten.

Von diesen praktischen Grundpositionen aus eignete sich Friedrich der Große einige Postulate der Aufklärung funktionsgerecht an. Er bejahte die Autonomie der Vernunft und verneinte jegliche Offenbarung als »ein widersinniges System von Fabeln«.[1] Die Freiheit des Denkens gewährte er insoweit, dass der wissenschaftlichen Forschung, ja selbst der prononciert bürgerlichen Aufklärung ein beachtlicher Freiraum blieb; nur durfte die Freiheit des Denkens nicht mit einer solchen des Handelns rechnen, die die gesellschaftliche und staatliche Ordnung des Absolutismus gefährdete. Mit der prekären Freiheit des Denkens und Handelns war die Toleranz verschwistert, von der die Katholiken seines Staates profitierten. Im Zentrum Berlins baute man unter Friedrich dem Großen die Hedwigskirche, und dem damals auch in katholischen Ländern verfolgten Jesuitenorden gewährte man Asyl in Schlesien.

Mit dieser Toleranz operierte der freidenkerisch-zynische Absolutist so, dass die lutherische Orthodoxie nicht allzu üppig werden konnte. Und was die Gleichheit vor dem Gesetz betrifft, so war sie allenfalls innerhalb der vorgegebenen Schranken der verschiedenen Stände möglich, aber eine Gleichheit all dessen, was Menschenantlitz trägt, etwa zwischen Adel und Untertanen, war weder denkbar noch praktikabel, auch wenn der königliche Herr auf Schlachtfeldern oder während der zahlreichen Inspektionsreisen durch das

Land volkstümliche Töne anzuschlagen und sich zur Vaterfigur des Alten Fritzen zu machen wusste.

Vom Gleichheitsideal konnte Friedrich der Große schon deswegen nichts halten, weil er von tiefer Skepsis gegenüber den Menschen als einer »niederträchtigen Rasse« durchdrungen war.[2] Selbst die Bevorzugung des Adels war für ihn nicht im höheren Menschentum, sondern in der historischen Gegebenheit und politischen Notwendigkeit des absolutistischen Staates begründet. Sogar an sein eigenes Gottesgnadentum glaubte er nicht; seine Herrschaft begründete er mit einer eigenartig konstruierten, aber immerhin aufklärerischen Theorie vom Gesellschaftsvertrag. Aus dem Unglauben an die Vervollkommnungsfähigkeit der Menschen resultierte sein Geschichtspessimismus. Sein Skeptizismus gegenüber Mensch und Welt, hier wiederum dem protestantischen Christentum verwandt, mochte seine Reglementierungssucht in Wirtschaft und Staat, seinen Unglauben an den agilen Geschäftsgeist des preußischen Manufakturkapitalisten nähren.

Das Aufklärertum Friedrichs des Großen ist nicht zu leugnen, aber es war von prononciert königlich-absolutistischer Prägung. Unverrückbar orientierte er sich auf den Adel, der seine wirtschaftliche Grundlage im Gutsbesitz mit seinen Herrschaftsrechten, seinen Offiziersstellen in der Armee, seinen Positionen in der Verwaltung und der Diplomatie besaß. Auf der anderen Seite sah er die Bauern als einen achtenswerten Stand an, der die Last der Feldarbeit schultert, während andere den Ruhm davontragen.

Die neue, vielgestaltige Phase der Aufklärung, die im letzten Drittel des 18. Jahrhunderts nicht minder prononciert ihren bürgerlichen Charakter entwickelte, kannte Friedrich nicht oder wollte sie nicht kennen – ob sie französisch, englisch oder deutsch war. Nur die deutsche Aufklärung behandelte er unverhohlen en canaille; einem Lessing und einem Winckelmann verwehrte er den Zutritt zu der von ihm beherrschten Königlich Preußischen Akademie der Wissenschaften, nicht weil die beiden Männer deutsch, sondern weil sie bürgerlich waren. Vom Bürgerlichen ihres Denkens und Handels aus wiesen sie nicht nur über den Absolutismus, sondern auch über den Staat Preußen hinaus. Solche Leute konnte er nicht in seinem unmittelbaren Wissenschaftsbereich gebrauchen und musste sie deshalb als minderwertig abtun; sein halb verdeckt demagogisches, halb instinktives Argumentieren gehörte zum Stil akademischer Intrigenwirtschaft und Irrationalität, wohlbekannt seit Jahrhunderten bis in unsere Tage.

Verwehrte Friedrich der Große einem Lessing wie einem trojanischen Pferd den Zugang in die Akademie, so ließ er doch die von diesem beeinflusste Gruppe junger unbeamteter Leute durchaus gewähren, die, kritisch distanziert zur Königlichen Akademie, die bürgerliche Aufklärung in Berlin noch während des Siebenjährigen Krieges inaugurierte. Hier war Toleranz ungefährlich. Als dann 1783, drei Jahre vor seinem Tod, im Geiste der Aufklärung die *Berlinische Monatsschrift* ins Leben trat, schien ein Eingreifen nicht opportun. Aufklärer war dieser Friedrich ja doch, wenn auch königlich-preußischer; und sollte er sich gegenüber dem aufklärerisch angehauchten Österreich eine Blöße geben? Immerhin hatte Preußen wenige Jahre zuvor, unmittelbar nach seinem Machtkampf im Bayrischen Erbfolgekrieg, dem durch kaiserliches Dekret geächteten Aufklärer Karl Friedrich Bahrdt Asyl gewährt; allerdings musste sich dieser frühere Professor der Universitäten Leipzig, Erfurt und Gießen, der sich seit dem nordamerikanischen Unabhängigkeitskrieg radikalisiert hatte, in Halle mit einer undotierten Dozentur begnügen.

Was die *Berlinische Monatsschrift* betrifft, so konnte sie ein geistiges Monopol ohnehin nicht ausüben, wurde vielmehr in der gegnerischen Publizistik als »Berliner Aufklärungssynagoge«, als Organ der »Berlinischen Aufklärungsclique oder Aufklärungsbande« beschimpft. Zu dieser »Bande« gehörten Mitarbeiter wie Immanuel Kant (mit fünfzehn Beiträgen insgesamt), Moses Mendelssohn, Friedrich Nicolai, Justus Möser, Christian F. D. Schubart, Johann Heinrich Voß, Friedrich Zelter, Wilhelm von Humboldt und andere mehr, aber auch die Nordamerikaner Benjamin Franklin, Thomas Jefferson und der Franzose Graf Mirabeau. Hier arbeiteten offensichtlich vor allem die bürgerlich-liberalen Aufklärer zusammen.

Immanuel Kant beteiligte sich in der Dezember-Nummer der

Berlinischen Monatsschrift 1784, also drei Jahre nach Erscheinen seiner »Kritik der reinen Vernunft« und fünf Jahre vor der großen Französischen Revolution, an der »Beantwortung der Frage: Was ist Aufklärung?« und lieferte seinen Beitrag mit dem berühmt gewordenen Leitsatz: »Aufklärung ist der Ausgang des Menschen aus seiner selbstverschuldeten Unmündigkeit. Unmündigkeit ist das Unvermögen, sich seines Verstandes ohne Leitung eines anderen zu bedienen.« Zu dieser Zeit wies er mit seiner Kritik der Einseitigkeiten des Rationalismus und Sensualismus und seiner präzisen Unterscheidung von Verstand und Vernunft bereits über die Aufklärung hinaus, ohne mit ihr zu brechen.

Gerade vom Sensualismus her gesehen, dem die Aufklärung insbesondere in der zweiten Hälfte des 18. Jahrhunderts verhaftet blieb, war die »Monarchie der Vernunft« keineswegs unbeschränkt; der Sensualismus erfasste Vernunft und Empfindsamkeit stets als Einheit und verlieh der Sinnlichkeit ihr volles Recht. Die Vernunft war vor allem gegen die Offenbarung gerichtet, keineswegs gegen das Gefühl; die Aufklärung verband sich mit der viel beredeten und praktizierten Empfindsamkeit. Darum wird, soviel man auch dagegen einzuwenden vermag, immer wieder vom Zeitalter der Empfindsamkeit gesprochen und geschrieben. Entstanden aus Opposition gegen den strengen Formalismus der ständischen Ordnung, gegen Amoralität und Nihilismus höfischer und adliger Kreise, wurde die Empfindsamkeit in Literatur, Gesellschaftskritik und Lebensweise ursprünglich von England, dann von Rousseau ideologisch genährt; in der Naturgestaltung sind uns die englischen Parks als bewusst gestaltete Gegenwelt zu den vom höfischen Absolutismus bestimmten französischen Parks bis in unsere Tage vertraut.

Auch der gegen die rationalistische Gefühlskälte gerichtete Pietismus beeinflusste die Empfindsamkeit. Es war Lessing, der Prototyp des bürgerlichen Aufklärers, der das Wort »empfindsam« so glücklich prägte, dass es in den Sprachgebrauch einging.

Die Empfindsamkeit war, wie die Aufklärung überhaupt, vielgestaltig in Qualität, Entstehung und Wirksamkeit. Es gab da mancherlei Suchen nach der guten und schönen Seele mit all ihrer moralischen Rührung, ja mitunter Selbstquälerei, viel Tränenselig-keit, Freundschaftskult und Naturschwärmerei; die Skala seelischer Äußerungen reichte von flattrigen oder modisch-konventionellen Empfindeleien bis zu jenen starken Gefühlen, die zusammen mit klarsichtigen Verstandeskräften unvergängliche Werke der Dich-tung, Musik, ästhetischer und gesellschaftlicher Kritik hervorbrach-ten. Wie Immanuel Kant 1784 in der *Berlinischen Monatsschrift* die Ergebnisse einer hundertjährigen Aufklärungsbewegung theoretisch aufarbeitete, so fasste Friedrich Schiller zehn Jahre später in seinen »Ästhetischen Briefen« das Mögliche und Notwendige im Wider-spiel von Vernunft und Gefühl zusammen: »Die Vernunft hat geleis-tet, was sie leisten kann, wenn sie das Gesetz findet und aufstellt; vollstrecken muss es der mutige Wille und das lebendige Gefühl.« Umgekehrt meinte er schließlich, müsse der Weg zum Kopf durch das Herz geöffnet werden: »Ausbildung des Empfindungsvermögens ist also das dringendere Bedürfnis der Zeit, nicht bloß weil sie ein Mittel wird, die verbesserte Einsicht für das Leben wirksam zu ma-chen, sondern selbst darum, weil sie zu Verbesserung der Einsicht erweckt.« Mit der Ausbildung der Vernunft und des Empfindungs-vermögens wuchsen alle Varianten des Humanitätsideals.

Wenn sich die empfindsame Haltung der bürgerlichen Welt ge-gen viele Erscheinungen des höfischen Absolutismus richtete, so gab es in ihr auch die Tendenz zur Übereinstimmung mit dem jeweiligen Fürstenhaus und der Aristokratie, soweit sie sich gelegentlich dem Empfindsamkeitskult anschloss. Dafür gibt die Familie des Karl Ale-xander von Bismarck ein Beispiel.

Als Gutsherr hatte dieser Bismarck manchen Stallärger mit dem lieben Vieh und manchen Ärger mit den Bauern und Kossäten, aber auch seine Freude an den Pferden und noch mehr an der Jagd, wie seine zahlreichen Briefe bezeugen. Über dieses ländlich-gutsherr-liche Leben hinaus widmete er sich in Uenglingen und Schönhausen der Lektüre der schönen Literatur und dem Genuss der Hausmusik. Er hinterließ mannigfache Exzerpte aus deutschen und französi-schen Dichtungen und übte sich in poetischen Produktionen; ver-schiedene Familienereignisse gaben dazu Anlass. Immer in der Beschränktheit der gutsherrlich-ländlichen Lebenssphäre und ihres Erlebnisbereichs war der Haus- und Gutsherr auf seine Art bemüht, das Wahre und Gute, Erkenntnis und moralisches Tun miteinander zu verbinden und damit einer milden Aufklärung zu genügen.

Nach dem Tod seiner Frau, die eine Tochter und sechs Söhne, von denen zwei schon im Säuglingsalter starben, zur Welt gebracht hatte, widmete er ihr, einer geborenen Schönfeld und Urenkelin des damals berühmten Generalfeldmarschalls Derfflinger, eine Gedächtnisschrift, die in dem ins Weltlich-Sentimentale übertragenen Stil jener Leichenpredigten gehalten war, die lutherische Pastoren in einem gottselig-theologischen Schwulst vortrugen und im Auftrag ihrer adligen Herrschaften drucken ließen. Karl Alexander überließ das öffentliche Gedächtnis an die Verstorbene keinem Pastor, sondern übernahm selbst diese Pflicht; darin lag etwas Aufklärerisches, das aber durch den Poesie-Album-Stil zugleich entwertet wurde. Der schriftstellernde Witwer schrieb von der »aufblühenden Rose«, gar reizend anzuschauen, von dem »stillen majestätischen Gehölz in des Mondes Silberschein«, von »des Baches Rauschen und bei der Nachtigall zärtlichen Klagen voll Liebe im Herzen«. Unerträglich wird die Schrift durch jene »empfindsame« Manier, die im Anbeten der Person ohne Fehl und Tadel aus einem Menschen ein engelgleiches Wesen in gleißendem Licht macht. Hatte es überhaupt einen menschlichen Fehler, dann nur in dem Sinne, dass die Gute zu gut mit den unguten Mitmenschen war. Im Ganzen legt das Schriftchen des Karl Alexander von Bismarck Zeugnis ab für den Zeitgeschmack dilettierender Empfindsamer.[3]

Ein von einem Unbekannten in ähnlichem Stil verfasster Panegyrikus auf Karl Alexander selbst liegt gleichfalls vor, allerdings mit einer kritischen Nachschrift, die den Verehrten auf das bildungsbeflissene Mittelmaß herabstuft. Darauf war die Atmosphäre der ganzen Familie abgestimmt. Die vier verbliebenen Söhne traten alle in frühem Alter in die Armee ein, in der allerdings nur zwei bis zu ihrem Lebensende verblieben, nämlich Friedrich und Leopold. Je jünger die Brüder waren, desto weniger vollzogen sie nach, was die Empfindsamen bewegte. Ferdinand, der Jüngste, Vater des späteren

Reichsgründers, war von ihnen am wenigsten be- und gerührt, schon seinem Charakter nach ein handfester, in manchem gutmütiger, sonst auf seinen Vorteil bedachter Junker.

Der älteste, Ernst Friedrich Alexander von Bismarck (1763 – 1820), übrigens durch seinen Sohn Theodor der Begründer der Linie Bismarck-Bohlen, die wir hier nicht weiterverfolgen können, hatte etwas sympathisch Exaltiertes an sich; als Zwanzigjähriger schrieb er am 22. November 1783 in idealischem Flug und mit dem respektvollen Sie der Anrede an seinen Vater: »Sie schlagen mir allerhand Zerstreuungen vor, wovon ich aber die wenigsten zu gebrauchen weiß. Ich soll auf die Jagd gehen, und finde kein Vergnügen mehr an Morden … Das Lesen ist noch mehr nach meinem Geschmack, und müssen es Bücher sein, die mit der jetzigen Verfassung meines Gemüts übereinstimmen. Um Gotteswillen nichts vom siebenjährigen Kriege, ich bin nie ein größerer Feind von Kanonen und Musqueten gewesen, als eben jetzt; statt der Geschichte der wilden Eroberer, schicken sie die sanftere Julie von Rousseau, und sollte sich der Werther in Ihrer Bibliothek befinden, so bitte ich ihn mir ebenfalls aus.«[4] Wer kann es übersehen? Hier wird geradezu lehrbuchgetreu die damals modische Empfindsamkeit zelebriert.

Über zwölf Jahre später schildert Ernst Friedrich Alexander in einem französisch geschriebenen Brief, ebenfalls an seinen Vater, den Vorgang und die Folgen eines Spießrutenlaufens: »Wir hatten vor einigen Tagen das traurige Schauspiel, dass man zwei arme Teufel durch die Spießruten laufen ließ, … Man hat sie mächtig maltraitiert und der eine von ihnen ist sehr krank. Er spuckt Blut …, weil der Major ihm sechzig Schläge mit dem flachen Säbel geben ließ. Ich wollte diesem elenden Säufer dreißig dieser Schläge geben können. Man findet beinahe immer, dass die schwachen Leute gegenüber demjenigen grausam sind, die das Unglück haben, ihnen untergeordnet zu sein und sich nicht verteidigen dürfen … Ich war zur Exekution nicht kommandiert und bin darüber sehr zufrieden … Aber einige meiner Kameraden sagten mir, ich hätte Unrecht, (dieses Schauspiel) zu vermeiden. Im Gegenteil, es wäre sehr gut, sehr instruktiv, manchmal Unglückliche zu sehen. Sie behaupten, dass die

Seele viel von ihrer Kraft verliert, weich und schwach würde. Ist dies wahr? ... Um ihnen zu beweisen, dass man von einiger Nützlichkeit sein kann, ohne Zeuge einer solch barbarischen Strafe zu sein, verschaffte ich den Arrestanten Betten; (jenen) die gezwungen waren auf Wache zu bleiben und von einer Ohnmacht in die andere fielen, ließ ich zu essen und eine Flasche Wein geben, damit sie wieder zu Kräften kamen. Ziemlich zufrieden mit mir, erzählte ich dies jenen Herren und fragte sie, wer mehr getan hätte, um diesen armen Leuten (ihr Los) zu erleichtern: diejenigen, die zu leiden gesehen haben oder ich, der nichts gesehen hat. Aber sie hatten auch schon für diese Leute Sorge getragen und es so arrangiert, dass der wachhabende Offizier ihnen zu essen und zu trinken gab und ihnen alles Nötige verschaffte. Was sagen Sie zu diesem Disput? – Wer von uns hat Recht?«[5]

Wir wissen nicht, ob der damals, 1796, schon kränkliche und ein Jahr später verstorbene Vater auf die drängenden Fragen des Sohnes überhaupt antworten konnte; aber wir können sicher sein, dass Ernst Friedrich mit seinem Vater eines Sinnes und noch ein echtes Kind der schon verflossenen Werther-Zeit war.

Der zweitälteste Sohn des Karl Alexander war Friedrich Adolf Ludwig von Bismarck (1766 – 1830), der spätere Generalmajor und preußische Militärgouverneur von Leipzig im Jahre 1814/15. Friedrich wurde schon mit fünfzehn Jahren in die Armee geschickt, zunächst – wie üblich für junge Adlige – als Fahnenjunker, dann als Kornett; in Salzwedel war er stationiert. Von dort aus berichtete »der ewig gehorsame Sohn« mit einigem Fleiß seinem Vater über das Garnisonsleben. Der junge Herr konnte kaum verbergen, dass ihm die gelegentlichen Manöver willkommene Abwechslung vom Stumpfsinn des Exerzierplatzes boten; das Sensationsthema erster Ordnung bezog sich immer auf Desertionen. Gleich im ersten Brief vom 12. Juli 1781 vermerkte er das Spießrutenlaufen eines Arrestanten, der desertieren wollte, und setzte nüchtern hinzu: »Sein Kamerad war glücklich weggekommen.« Außerdem lief einer von einer benachbarten Kompanie weg »und den Tag darauf einer von unserer Kompagnie und wir haben sie alle beide nicht wieder gekriegt ...« Auch die Fahnenjunker hatten es mitunter so satt, dass sie auf und davon liefen. »Die Junkers, die aus Stendal desertiert sind«, weiß er zu berichten, »soll ja der Herzog von Braunschweig wieder dahin zurückgeschickt haben … Sie werden auch kein gutes Schicksal haben. Es tut mir aber doch leid …« Sonst breitete er sich über allerhand Offizierssklatsch aus, zu dem auch Amouröses gehörte oder die Sensation, »dass der Leutnant Winterfeldt heiratet, eine Mamsel Krügern mit 30tausend Reichstalern«.

Kurze Bemerkungen, die dem jungen Herrn während des langen Briefwechsels[6] fast jedes Jahr in die Feder flossen, verrieten die Sorgen von Vater und Sohn, die die Bauern und Kossäten ihnen bereiteten; verräterisch klingt der Satz: »Die Bauern führen sich dieses Mal wider ihrer sonstigen Gewohnheit sehr gut.« Im Übrigen wusste Friedrich von Bismarck seinem Vater nach einem Besuch auf den Gütern von Charlottenhof und Uenglingen zu vermelden, dass »die Pferde in capitalem Zustand« seien.

Über das praktische Leben in Garnisonen und Gutshöfen hinaus zeigen die Briefe des jungen Friedrich, der nach vier Jahren Dienst Offizier wurde, viel Bildungsbeflissenheit: Er lernte Flöte spielen, aber auch französisch sprechen und schreiben, was ihn zehn Jahre später befähigte, in dieser Sprache lange Briefe zu schreiben. Mit seinem Vater tauschte er Bücherkataloge aus; eine Rechnung vermerkte Ewald von Kleists Werke, Mendelssohns philosophische Schriften, Übersetzungen von Torquato Tassos Dichtungen (wahrscheinlich die von W. Heinse 1781 herausgebrachten) und Stolbergs Gedichte. Die Aufführungen einer in Salzwedel für einige Zeit gastierenden Schauspieltruppe fanden des jungen Offiziers Sympathien wie Antipathien bei den geistlichen Eiferern. Friedrich von Bismarck wusste über all das seinem Vater lebhaft zu berichten: »Die Comödianten, die sich hier aufhalten, spielen wirklich sehr gut, … Sie führen auch kein unordentliches Leben, wie man sonst von den meisten Comödianten sagen will, sondern sind sehr ordentlich und manierlich. Ich habe deshalb noch keine Comödie versäumt …« Die Komödianten verstanden im empfindsamen Stil jener Zeit die Herzen tränenselig zu bewegen: »Neulich führten sie ein Trauerspiel, Albert von Thurnerien, auf und machten es so gut, dass fast alle Anwesenden bis zu Thränen gerührt wurden.«

Doch diese »ehrlichen Leute« von Komödianten provozierten abergläubische und gläubige Gegnerschaft: »Es gibt hier eine gewisse Art Leute, die das Komödiengehen für eine große Sünde halten und diese behaupten daher steif und fest, das jetzt einfallende Regenwetter sei eine Strafe von Gott, um die Leute deswegen zu züchtigen. Einige von ihnen, die schwarze Röcke tragen, eifern auch öffentlich dagegen, so gar von der Kanzel herab. Es hat neulich einer ihres Gelichters behauptet, es könnte gar nicht fehlen, dass alle diejenigen, welche die Komödie besuchten, ebenso graden Weges in die Hölle eingehen müssten. Die armen Komödianten hat er sehr sinnreich mit den Türstehern der Hölle verglichen, die immer bemüht wären, die Seelen in das Verderben und in den ewigen Pfuhl zu ziehen. Sie kennen diesen schwarzen Mann nicht, lieber Vater, und eben so wenig unseren Türsteher, aber dessen ohngeachtet wollte ich darauf wetten, dass Sie lieber mit mir in eine gute Komödie gingen, als in dieses sauberen Mannes saubere Predigt.«

Frömmlerisch waren sie also nicht, diese Bismarcks; darum hatte der junge Friedrich auch das Bedürfnis, seinem Vater fast genüsslich zu berichten, was in Offizierskreisen über die Sterbestunden Friedrichs des Großen kursierte: »Nahe vor seinem Tode hat sich ein Geistlicher aus Potsdam melden lassen, um ihn zu bekehren. Als der sterbende Herr sein Anliegen erfahren, ist er sehr zornig geworden und hat gesagt, er solle sich zum Henker scheren. Hierauf ist der Bekehrungslustige abgewiesen worden.« Ob wahr oder falsch, so sagt dies jedenfalls Interessantes über den Briefschreiber und seine Kameraden aus, zumal der junge Herr, der sich in antikirchlicher, wenn auch königstreuer Weise bewegte, im selben Brief Bemerkungen machte, die schon das politisch Sündhafte streiften: »Das Gedicht von Schubarth in den Intelligenzen werden Sie wohl gelesen haben. Ist das nicht recht schön? Nur schade, dass dieser gute Mann nun schon 10 Jahre im Gefängnis sitzt, weil er eine Satire auf seinen Landesherrn gemacht hat.« Aber ungeachtet des unterschwelligen Spotts über den vom preußischen König abgewiesenen Pastor und

trotz Sympathien mit dem eingekerkerten Dichter im Schwaben-
land, ein Rebell war der junge Friedrich von Bismarck nicht. Auch er
ließ die Kirche im Dorf; seinem Vater hatte er schon drei Wochen
vor diesen kritischen Anflügen versichert, auch wenn die meisten
Offiziere fast täglich das Theater besuchten, so würden sie dennoch
nicht »lauter Heiden« werden, wie es der Superintendent behaupte.
»Denn wir gehen ebenso fleißig in die Kirche, zwar nicht bei dem
Herrn Superintendenten, sondern bei einem Prediger, der erst hier-
hergekommen und ein trefflicher Mann ist. Die Kirche ist immer
gestopft voll. Dahingegen der Superintendent in der Wüste predigt.«
    Zum engeren Kreis seiner sowohl Schauspiel wie Kirche besu-
chenden Kameraden gehörten wohl jene jungen Adligen, die mit
Friedrich von Bismarck als Fahnenjunker ins Regiment eingetreten waren, nämlich ein Stülpnagel, ein Kleist, ein Schulenberg, ein
Borstel und ein Malzahn. Wer weiß, ob der Predigtbesuch dieser
jungen, im Gamaschenknopfdienst eingezwängten Offiziere mehr
durch ihr Bedürfnis nach Abwechslung als durch das nach religiöser
Besinnung motiviert war. Am Ende entsprang alles, die Kirchgänge
mit ihren demonstrativen Bevorzugungen des einen Predigers wie
die vielen Schauspielbesuche, ein und derselben Grundhaltung,
nämlich einer provinziell abgeblassten und verschwommen-kompro-
misslerischen Aufklärung, die charakteristisch für weite Kreise des
heranwachsenden Adels war. Bedeutungsvoller für die revolutionären Reformen künftiger Zeiten war jene steigende Zahl von etablierten Adligen im Zivil- und Militärdienst, von Bildungsbürgern gar
nicht zu reden, die sich über das Provinzniveau der Landadligen erhoben. Es gab genug Gründe, warum die Antiaufklärer unter dem
Nachfolger Friedrichs des Großen eine kirchen- und kulturpolitische
Reaktion in Gang setzten, allerdings ohne durchschlagenden Erfolg.
    Dem neuen König Friedrich Wilhelm II. hielten seine von ihm
gewählten Inspiratoren, die Rosenkreuzler Wöllner und Bischoffwerder, vor, dass sein Vorgänger »den Hauptgrund zur Freidenkerei
und zur Verachtung der christlichen Religion« gelegt habe. In der
Öffentlichkeit jedoch rechtfertigten sie ihre Religions- und Zensuredikte von 1788 mit der »wundersamen Mär«, wie sich der sonst

hohenzollerntreue Reinhold Koser ausdrückte, Friedrich der Große habe zuletzt seine Reue ausgesprochen und bekannt: Gern gäbe er seine schönste Bataille dafür zurück, dass er die Liebe zur Religion und die Moralität wieder so allgemein machen könnte, wie er sie bei seinem Regierungsantritt gefunden hätte. Diese »wundersame Mär« war wohl ein Gegengift gegen jene Erzählungen über den von Friedrich dem Großen grollend abgewiesenen Pastor; man kannte seine jungen Offiziere wie weiland Wallenstein seine Pappenheimer. Man wusste, wie es in manchen Universitäten, Regierungsbüros, Literaturzirkeln und Bürgersalons stand.

Alles in allem: Wenn auch reaktionär, historisch sinnlos waren sie nicht, diese restriktiven Religions- und Zensuredikte am Vorabend der Französischen Revolution. Subjektiv waren sie motiviert durch Charakter und Mentalität des neuen Königs und seiner Ratgeber: Dieser König gehörte zu jener Spezies politischer Mischlinge, die weiberlüsterne Liederlichkeit und frömmlerische Geisterseherei in sich vereinigten; um vor sich selbst bestehen zu können, glaubte ein neuer König ja oft, vieles ganz anders machen zu müssen als sein Vorgänger. Objektiv hatten die Edikte die Funktion, die Aufklärung in ihrem Entstehungs- und Verbreitungsgebiet zu unterdrücken; sie sollten sowohl das aus dem urständischen Boden des Bürgertums herausgewachsene als auch das auf das Terrain des – vor allem im Zivil- und Militärdienst tätigen – Adels hinüberwuchernde Aufklärertum aus- und wegjäten.

Friedrich der Große hatte in Johann Christoph Wöllner, dem man weltmännische Bildung und praktisch-politische Begabung nachsagte, einen »intriganten und betrügerischen Pfaffen« gesehen und diesen von sich ferngehalten. Erst unter Friedrich Wilhelm II. war Wöllners Zeit gekommen, und zwar als Justizminister und Chef der geistlichen Angelegenheiten. Johann Rudolf von Bischoffwerder konnte durch sein imponierendes Äußeres und seine Überredungskunst, die gepaart war mit Geheimnistuerei, der eigentliche Organisator der Rosenkreuzler-Kamarilla am Hofe des neuen Königs werden. Manches spricht dafür, dass er als Agent der Wiener Regierung agierte. War Wöllner der innenpolitische, so Bischoffwerder der außenpolitische Inspirator. Vornehmlich er vermittelte dem König den Gedanken eines Bündnisses mit Österreich und des Krieges gegen Frankreich. Die Revolution dort berührte in Europa alle Mächte, Klassen und Parteiungen, erregte oft genug bis in die Familien hinein, auch in die Bismarcksche. Schon diese Nahwirkung – von ihrer Fernwirkung ganz zu schweigen – macht es unmöglich, die weltgeschichtliche Wende von 1789 bis 1794 mit wenigen Sätzen abzutun.

Große Revolution der Franzosen und die Bismarcks im Krieg

Im großmächtigen Frankreich, wo sich alle Feudalgewalten auf einen Zentralpunkt, die Hauptstadt Paris, orientierten, prägten sich die Widersprüche zwischen den zum Kapitalismus hin tendierenden Kräften und den feudalen Verhältnissen an Breite und Tiefe so aus, dass sie zur Revolution trieben. Diese grundlegenden, immer spannungsreicher werdenden Widersprüche äußerten sich außen- und innenpolitisch, der Gegensatz zu England und die finanziellen Nöte des Ancien régime gehörten dazu. Letztere waren akut; in ihrem Zeichen vollzog sich der Aufmarsch der revolutionären Kräfte und stand der erste staatsrechtliche Konflikt: feudale Stände oder bürgerliche Volksvertretung? Letztere konnte nur durch Massenaktionen, durch den Sturm auf die Bastille am 14. Juli 1789 in der Hauptstadt, die Munizipalrevolution in den Provinzstädten und die Bauernunruhen auf dem Lande dem König und dem Hofe abgetrotzt und gegen diese gesichert werden. Überdies zwangen die Bauern den Adel, auf die Dienst- und Geldleistungen feudalen Ursprungs zu verzichten, allerdings zunächst gegen belastende und lästige Entschädigungen, die mit einem Schlag oder ratenweise zu bezahlen waren.

Der Fluchtversuch des französischen Königs im Juni 1791 zeigte, dass die Revolution nicht ohne Auseinandersetzung mit dem Ausland vonstattengehen konnte. Namhafte Teile der französischen Bourgeoisie wollten einen Präventivkrieg und zwecks Erweiterung ihrer Interessensphäre die Revolution ins feudale Ausland tragen;

der König und die Königin hingegen schürten Kriegshoffnungen aus entgegengesetzten Gründen. Sie setzten darauf, nach der von ihnen erwarteten Niederlage der eigenen, sich revolutionierenden Armee mit Hilfe der fremden Heere der österreichisch-preußischen Koalition und ihres Emigrantentrosses die feudale Konterrevolution nach Frankreich zu tragen. Österreich und Preußen wiederum wollten durch einen Krieg im Zeichen der Solidarität der Throne ein Übergreifen der französischen Bewegung auf ihre Länder verhindern. So entstand mit innerer Notwendigkeit der Krieg, der mit Waffen und mit Propaganda. Der Losung »Krieg den Palästen, Friede den Hütten« setzte die Konterrevolution im Manifest ihres Oberkommandierenden, des Herzogs von Braunschweig, die Drohung entgegen, Paris zu vernichten, falls der Königsfamilie Gewalt angetan werde.

Die Massen waren durch die Wirtschaftskrise und die Opfer an Gut und Blut im Krieg gegen das feudale Europa so belastet, dass sie sich mit der Herrschaft der großbürgerlich-adligen Konstitutionellen nicht zufriedengeben konnten. Empört auch über die Unfähigkeit, das französische Vaterland gegen die Heere des feudalen Europa zu verteidigen, stürmten Volksmassen am 10. August 1792 die Tuilerien. Nach dem 14. Juli 1789 war dieser 10. August 1792 der zweite »journée révolutionnaire«, der zweite große Wende- und Knotenpunkt jener Jahre: Der König wurde suspendiert, ein Nationalrat berufen und die bürgerliche Nationalgarde durch die allgemeine Volksbewaffnung zurückgedrängt. Während der durch den 10. August 1792 eingeleiteten Revolutionsphase, als die Gironde im Nationalkonvent noch vorherrschte, aber in einem ständigen Duell mit der Montagne stand, richtete man Ludwig XVI. am 21. Januar 1793 hin und erklärte der weltpolitischen Konkurrenzmacht England am 1. Februar 1793 den Krieg.

Im Auf und Ab der Volksbewegung, im Ablauf von Revolution und Konterrevolution war der dritte »journée révolutionnaire« der am 31. Mai begonnene und am 2. Juni 1793 vollendete Volksaufstand; er leitete die Herrschaft der Jakobiner ein, in der sich der Kampf gegen den ausländischen Feind und die innere Konterrevolution zuspitzte.

Zu den bleibenden Verdiensten der Jakobinerdiktatur gehört das Dekret über die vollständige und entschädigungslose Abschaffung der Feudalrechte im Juli 1794. Die ökonomisch und sozial befreiten Bauern, also die Mehrheit des Volkes, fühlten sich als Herren ihres Schicksals und kämpften mit den städtischen Handwerkern und Plebejern siegreich und mit patriotischem Enthusiasmus gegen die fremden Eindringlinge und ihre einheimischen Helfershelfer.

War der letzte Akt der Agrargesetzgebung der Todesstoß für den Feudalismus, so erwies er sich zugleich als die entscheidende Geburtshilfe für den Kapitalismus. Darüber schrieb Karl Marx mehr als ein halbes Jahrhundert später: »Die Bauernklasse war der allgegenwärtige Protest gegen die eben erst gestürzte Grundaristokratie. Die Wurzeln, die das Parzelleneigentum in dem französischen Grund und Boden schlug, entzogen dem Feudalismus jeden Nahrungsstoff. Seine Grenzpfähle bildeten das natürliche Befestigungswerk der Bourgeoisie gegen jeden Handstreich ihrer alten Oberherren.«[7]

In allen drei Phasen der Revolution, in denen Innen- und Außenpolitik stets miteinander verflochten waren, wirkte das Volk als Hauptkraft – von Phase zu Phase organisierter. Den Vortrupp bildeten die Massen der Pariser Handwerker und Plebejer, aber ohne die oft selbstständigen Aktionen in den Provinzstädten und auf dem Lande hätte es keine nationale Volksrevolution gegen die inneren und äußeren Feinde gegeben. In den Jahren 1789 bis 1794 vollzog sich die bürgerliche Revolution von unten in ihrer klassischen Ausprägung, wahrlich die Große Revolution der Franzosen.

Als am 9. Thermidor (27. Juli) 1794 die Bourgeois-Republikaner die Jakobinerdiktatur stürzten, wollten und konnten sie keineswegs das Ancien régime restaurieren. In diesem Sinne waren die Thermidorianer keine Konterrevolutionäre, sondern antifeudale Vertreter der Bourgeoisie.

Was sich auch an Antidemokratischem und Diktatorischem im Frankreich der nächsten Jahre und Jahrzehnte ereignen mochte, es blieben die Ergebnisse der revolutionären Befreiung von feudalen Fesseln in Stadt und Land, die Festigung der Einheit der Nation und die Sicherung ihrer Unabhängigkeit. Alle diese großen Fragen bestimmten in dieser oder jener Form den Widerstreit der Klassen und Staaten Europas bis ins letzte Drittel des 19. Jahrhunderts und müssen uns deshalb als Leitmotive in unserer Darstellung begleiten.

Schon um dieser Grundfragen willen muss zur ideologischen Kampfansage gegen die bislang unbestrittene These von der sozialen Revolution in den Jahren von 1789 bis 1794 einiges gesagt werden. Zwei Gegenthesen werden angeführt: Erstens habe die Französische Revolution nicht den Feudalismus beseitigt, weil dieser schon längst verschwunden war, zweitens war sie nicht das Werk von Kapitalisten; in die Verfassunggebende Versammlung (die Konstituante) zog die Gruppe von Großhändlern, Bankiers, Manufakturbesitzern und Fabrikanten mit nur dreizehn Prozent ein, während zwei Drittel der Deputierten des Dritten Standes freien Berufen angehörten. Manche Historiker sprachen von einer Revolution der aufklärerischen Eliten.

Die erste Hauptthese berührt das grundsätzliche Verhältnis von Basis und Überbau einer Gesellschaftsformation. Für viele ist bei der Begriffsbildung des Feudalismus sein Überbau, den die hierarchischen Über- und Unterordnungsverhältnisse der Lehnsverfassung kennzeichnen, entscheidend. Da nun diese im 18. Jahrhundert in der Tat durch den Absolutismus längst abgelöst war, haben die Kritiker den Schein der Berechtigung für sich – aber eben nur den Schein. Abgesehen davon, dass der Absolutismus aus der Dynamik der Lehnsordnung herauswuchs, schützte er die Basis des Feudalismus. Niemand kann bestreiten, dass die mit dem herrschaftlichen Landbesitz verbundenen Rechte wie Frondienst, Produktions- oder Geldrente am Vorabend der Revolution noch in Kraft waren und erst diese sie abschaffte. Ihre Beseitigung in dieser oder jener Form machte der Sieg der Französischen Revolution nicht zuletzt für Preußen in wachsendem Maße aktuell.

Was die zweite Hauptthese betrifft, die Französische Revolution sei allenfalls das Werk von bürgerlichen Schichten, aber nicht von eigentlichen Kapitalisten gewesen, so wird hier übersehen: Jede Klasse ist in ihrem Wesen durch ihren Platz innerhalb eines Systems der gesellschaftlichen Produktion bestimmt und in ihrer dadurch gegebenen Einheit arbeitsteilig strukturiert. Im Gesamten kann das

Wesen einer Revolution nicht allein an ihren führenden Kräften, sondern an ihren Früchten erkannt werden: Die Französische Revolution zerstörte nun einmal das alte feudale System und führte einschränkungslos die Freiheit des Unternehmertums und des Profits ein; sie schuf die Voraussetzung für die allmähliche Durchsetzung der industriellen Revolution. 1789 markiert trotz aller Verzögerungen in der Entwicklung die Ablösung des mit dem Feudalismus verbundenen Manufaktur- durch den Industriekapitalismus.

Nachdem Preußen, Österreich und England sich gegen Frankreich verbündet hatten, kam die Familie Bismarck durch den Koalitionskrieg in handfeste Verbindung mit der Französischen Revolution. Die Söhne, vom ältesten abgesehen, mussten in den Krieg ziehen. Merkwürdigerweise liegen von ihnen nur wenige Feldpostbriefe vor, von Ferdinand (1771 – 1845), dem Jüngsten, überhaupt keine, obwohl er geschrieben haben muss. Jedenfalls bezeugt das die umfangreiche Korrespondenz seines Vaters, des Karl Alexander, gerade aus den Jahren 1793 bis 1795. Der alte Herr schien gern zu schreiben; fast jeder seiner Briefe umfasst vier eng beschriebene Seiten, in denen er sich besorgt zeigt, manchmal moralisierend und die Söhne vor Ausschweifungen wie auch Ausschreitungen warnend. Wie nicht anders zu erwarten, zeigt sich Karl Alexander als ein konservativer Mann, der die Kriegsereignisse und die politische Entwicklung eifrig verfolgt, soweit es ihm von Schönhausen aus möglich ist.

Schon im ersten Brief vom 15. Februar 1793 an den Sohn Ferdinand meint er: »Vielleicht macht der Hunger Frieden. Was sagst Du zu dem Tode des Königs von Frankreich. Er hat sich als ein standhafter Mann aufgeführt und seine Gegner als schlechte Kerls – ohne Gerechtigkeit und ohne Großmut. Man sagt, die französischen Linientruppen wären sehr unzufrieden damit. Der Himmel geb es.«[8] Mit diesen Worten gab Karl Alexander die allgemeine Meinung und Hoffnung der europäischen – natürlich auch der französischen – Konterrevolution ziemlich genau wieder. Doch seine Hoffnung trog; einige Monate später, schon im Mai, hielt er es für nötig, seinen anscheinend hitzköpfigen Ferdinand zu politischer Vernunft und moralischer Einsicht zu mahnen. Er glaube zwar, dass die französische

Armee »aus unansehnlichen Leuten besteht; desto mehr ist es aber zu verwundern, dass diese Leute den diszipliniertesten Truppen von Europa Widerstand tun … Hältst Du diese Leute für unwürdig, etwas von ihnen anzunehmen? Was haben Sie getan? Sie wurden äußerst gedrückt? Sie wünschen Verbesserung ihres Zustandes. Wer könnt ihnen das verdenken?« Der konservative Briefschreiber erkannte schon einiges, wenn er auch von »Bösewichtern« schrieb, die dieses Volk irregeleitet hätten, und dann fortfuhr: »Dafür muss man dieses beklagen, aber nicht hassen … Man muss niemanden und also auch dem Demokraten nicht mehr Übel antun, als notwendig ist. Einen überwundenen Feind niederzuhauen ist niedrig und ungroß-mütig; und Edelmut und Großmut sollte doch wohl eine Haupt-eigenschaft eines Offiziers sein. Das Gegenteil macht die Menschen zu Tieren (Nur Tiger geben keinen Pardon) …«

Je länger der Krieg dauerte, desto mehr wuchsen die Sorgen des Vaterherzens um Gesundheit und Leben der Söhne, besonders des Leopold (1770 – 1813), der sich im Unterschied zum kaum beförder-ten Ferdinand vor Strapazen nicht drückte. Mit den Ängsten kamen Sehnsüchte nach Frieden, zumal sie durch recht materielle Interes-sen motiviert waren. Schon im Juni klagte der Gutsherr von Schön-hausen: »Ich wollte, dass Friede würde; auch wegen meines Weizens, der dann wohl nach Frankreich gehen würde. Ich habe ihn nun von 2 Jahren vorrätig.«

In Schönhausen hielten sich zwei Emigranten auf: »Bei uns wird jetzt«, berichtet Karl Alexander, »nichts als Französisch gesprochen. Marconi spricht auch sehr geschwind; aber sehr gut. Er hat viele Kenntnisse, auch Militärische, Ökonomische, Mathematische; spricht vor allem gründlich … Marcheval spielt sehr gut auf der Violine.« Sechs Wochen später zeigte der Briefschreiber noch offe-ner das solidarische Mitgefühl des Gutsherrn: »Wenn man bedenkt wie die armen Emigrierten, so unschuldig um all das ihrige gekom-men sind; und wie so mancher, der in Frankreich ein reicher Mann war, jetzt als ein Bettler herumziehen muss, so muss man hartherzig sein, wenn man sich nicht für sie interessiert.«

Zur Kampagne in Frankreich kamen die Operationen in Polen,

die Karl Alexander zu recht unfreundlichen Bemerkungen veranlassen: »Ich möchte nicht bei den neuen Regimentern in Polen stehen. Denn wenn man auch etwas avanciert; so würde es mir doch sehr unangenehm sein, meine meiste Lebenszeit in diesem uncultivierten Lande mit uncultivierten Leuten zuzubringen.« Wenn es über diese unangenehmen Gefühle hinaus noch politische Differenzen zwischen dem preußischen König und dem Kaiser in Wien wegen der Aufteilung der polnischen Beute gab, so habe der König nach Meinung des Briefschreibers dennoch »nicht die geringste Ursache«, seine »Alliierten zu verlassen und das teutsche Reich bloß zu stellen«.

Aus den Briefen des Jahres 1794 sprechen manche Bitterkeit, viel Unruhe und wachsendes Verlangen nach Frieden, das nicht allein familiärem Sicherheitsbedürfnis entsprang; auch politische Überlegungen drängten sich Karl Alexander auf, der befürchtete, dass ein guter Teil der preußischen Armee nach den Niederlanden gehen müsse, wo England, Holland, Österreich noch nicht Herr über die Sansculotten werden könnten; schließlich schärft er seinem Sohn ein: »Ihr steht nun einmal im Solde der Seemächte, wo die euch hinschicken wollen, dahin müsst Ihr gehen.« Als sich dann drei Monate nach diesem Brief die Blicke des Schönhausener Gutsherrn vom Westen erneut nach Osten wandten, war sein Anhauch von Reichspatriotismus wie weggewischt. Er glaubt etwas von preußischen Friedensfühlern in Paris zu wissen und kommentiert: »Verdenken könnte man es dem Könige nicht, wenn er machte, seine Armee wieder nach seinen Ländern zurück zu ziehen. Ein Jeder ist sich doch selbst der nächste.« Wiederum schob sich in das politische und militärische Kalkül die Polenfrage ein, da in Südpreußen revoltiert wurde; dort hätten sich jedoch die Einwohner »sehr gut aufgeführt und manchen Insurgenten totgeschlagen«, meint das gutsherrliche Goldherz. Auf jeden Fall benötige der König die Armee zur Sicherung der schlesischen und preußischen Grenzen. Nur dazu oder doch wegen mancher Insurgenten, also denen, die sich erheben?

Selbst in Urgebieten des brandenburgisch-preußischen Staates waren Adlige ihres Volkes nicht mehr sicher. Bislang Unerhörtes glaubt Karl Alexander seinem Ferdinand schon im Juli berichten zu müssen: »So lange die Preußische Armee zusammen bleibt, fürchte ich nichts. In Stendal hatte man noch eine üble Nachricht. Es wäre eine Art von Meuterei in der Armee gewesen. Die Leute hätten englischen Sold verlangt und sich beschwert, dass sie sich von Offizieren, die noch Kinder wären, müssten befehlen lassen und verlangt, sich selbst ihre Offiziere zu wählen. Es wären 25 deswegen erschossen worden. Ich wünsche, dass dies … unwahr sein möge.« Die bislang erschlossenen Quellen bestätigen diese Nachrichten nicht. Aber wo Rauch ist, ist auch Feuer – und sei es noch so verdeckte Glut –, und wo ein Gerücht ist, ist Unruhe, selbst wenn sie sich nicht dramatisch zeigt.

Schon im Spätherbst wusste man aus Schönhausen von einer »altmärkischen Revolution« zu berichten. »Ich glaube, man hat in dem Drömling Kolonisten ansetzen wollen; die Drömlinger haben ihr bisheriges Eigentum dazu nicht hergeben wollen, und glaube ich, auch eine schon aufgebaute Scheune abgebrandt; oder das Haus des Graben Inspektors? Nachdem man aber ein Depot Bataillon und ein Kommando Kavallerie dahin rücken lassen, haben sich die Leute zum Gehorsam bequemt, und werden auch das abgebrannte Gebäude wieder aufbauen.« Leicht beruhigt hieß es dann im nächsten Brief: »Die Altmärkischen Unruhen sind nach der heutigen Mode sehr vergrößert worden. Die Drömlinger haben sich etwas grob und widerspänstig gezeigt, weil sie dafür, dass man ihren Morast urbar gemacht, zur Ansetzung einer Anzahl Kolonisten und vielleicht auch zur Unterhaltung des Grabens etwas abtreten sollten. Sie haben sich aber wie sie den Ernst gesehen gleich zum Ziel geleget und hört nichts mehr davon.« Wie drei Wochen zuvor bezog sich der Briefschreiber noch einmal auf die Nachricht, »dass einige Dörfer nicht mehr hätten Dienste tun wollen«. Manches ist wirr, was Karl Alexander schrieb; doch abschließend konnte er feststellen: »Hier in unserer Gegend ist alles ruhig.«

Alles in allem gab es für Karl Alexander von Bismarck Gründe genug, ein Friedensarrangement des Königs von Preußen mit der Republik Frankreich herbeizuwünschen: Bangen um die im Felde stehenden Söhne, materielle Interessen am ungestörten Getreidehandel, die wachsende Erkenntnis von der unmöglichen Wiederherstellung eines vorrevolutionären Frankreich und von der Indienstnahme der preußischen Armee durch das Unterstützung zahlende England, schließlich das Dabeiseinwollen bei der Verteilung der polnischen Beute. Ähnlich wie der Schönhausener Bismarck fühlten und dachten vermutlich viele Landadlige, Beamte und Offiziere. Korrespondenzen zwischen den Alten drinnen in Land und Stadt und den Jungen draußen auf den Kriegsschauplätzen gab es nicht nur von und nach Schönhausen; die brieffreudige Zeit förderte in Junkerkreisen den Prozess einer in hohem Grade einheitlichen Meinungs- und Willensbildung, die bis in höchste Sphären der Residenz reichte.

Friedensarrangement also mit Frankreich, aber wie? Noch während der Jakobinerdiktatur meinte Karl Alexander: Man solle »die Rasenden unter sich guillotinieren lassen, wie sie wollen«. Mit dem Anbruch des Thermidors mahnte der Schönhausener Gutsherr erst recht zum Abbruch des Krieges: »In Frankreich hat ja nun die gemäßigte Partei wieder die Oberhand; vielleicht ist diese auch mehr zum Frieden geneigt als die Jakobiner, und die alliierten Mächte werden vermutlich die Saiten nun auch nicht so hoch spannen als im Anfang, da die Einführung der Königlichen Gewalt in Frankreich immer unmöglicher zu werden scheint.«

Sollte ein Frieden mit Frankreich tatsächlich im Gleichklang mit den Alliierten möglich sein oder doch nur im Alleingang Preußens, wie der Briefschreiber schon vorher angedeutet hatte? In der Tat konnte sich Preußen dem konterrevolutionären Abenteuer nur durch einen Separatfrieden entziehen, den ebenso notwendigen wie schmachvollen Baseler Frieden vom 5. April 1795. Preußen verzichtete praktisch auf seine linksrheinischen Gebiete und verschaffte sich eine allerdings nur zehn Jahre dauernde Ruhe durch eine von den Franzosen zu respektierende Demarkationslinie, die an der ostfriesischen Küste begann, südwärts bis an den Main und von da ostwärts bis Schlesien lief, also ganz Nord- und Mitteldeutschland von Süddeutschland abgrenzte, das jetzt erst recht zum Kriegsgebiet werden sollte. Das war nun weit weg von Ostelbien. So atmete Karl Alexander von Bismarck auf und sah seine Sehnsüchte erfüllt: »Der Friede ist also richtig! So braucht man nur Geduld zu haben, um das meiste Übel in der Welt aufhören zu sehen. Man will ja auch, dass Russland keine verdrießliche Miene dazu mache.«

Nicht minder als Karl Alexander atmeten bei Kriegsende seine vier Söhne auf, die draußen im Heer als Offiziere dienten. Leopold, der pflichtbewusste und ausdauerndste Soldat unter ihnen, war zugleich darüber enttäuscht, dass sein Regiment nicht demobilisiert wurde, sondern in Westfalen in Alarmbereitschaft blieb. Darauf reagierten viele ungeduldig gewordene Soldaten mit Desertionen. »Unsere Leute liegen alle«, so schrieb er im August 1796, »in diesen ungeheuer zerstreuten Ortschaften, so dass mich ordentlich bange wird, sie wieder zusammenzufinden.« Im selben Brief stöhnt Leopold: »Wozu die hier stehende Armee noch gebraucht werden soll, das erfährt kein Mensch, … Wir haben eine Art Vorposten Chaine ziehen müssen, um die Desertion von der hinter uns stehenden Infanterie zu verhindern.«

Von Ernst Friedrich von Bismarck (1763–1820), dem ältesten der Söhne Karl Alexanders, wissen wir, wie ihn die Desertionen aus seinem bereits in Salzwedel garnisonierten Regiment dienstlich und moralisch belasteten. Friedrich Adolf (1766–1830), der zweitälteste, ließ gleichfalls aus Salzwedel vernehmen, dass er sich einige Tage im Hannoverschen aufgehalten und »zwei hübsche Kerle angeworben« habe – wohl als Ersatz für Desertierte. In seinen Briefen befleißigte er sich jetzt des Französischen, geschrieben wie gestochen – als ob er eine Schulaufgabe mache. Gelegentlich unterliefen diesem preußischen Offizier recht unmilitaristische Stoßseufzer, wie etwa: »La guerre – un fléau« (Der Krieg – eine Geißel).

Das Nichtmilitaristische, das bei einem Friedrich von Bismarck mit militärischer Haltungsmoral zu vereinbaren war, nahm bei Ferdinand, dem jüngsten der Brüder, schon die Form von Drückebergerei an. Vom Vater über die internen Friedensgerüchte schon Ende 1794 unterrichtet, bereitete er seine Verabschiedung aus dem Heeresdienst vor, die ihm drei Monate nach dem Baseler Friedensschluss gewährt wurde, aber in keineswegs wohlwollender und ehrenvoller Weise; erst 1802 erhielt er die Erlaubnis, die alte Armeeuniform anzulegen, und bis 1815 musste er auf die Verleihung des Titels eines Rittmeisters a. D. warten. Nach seiner Entlassung aus dem Heer machte sich Ferdinand auf dem Gut seines schon recht kränklichen Vaters unentbehrlich. Elf Jahr später heiratete er die Tochter eines hohen preußischen Beamten, Wilhelmine Mencken. Aus dieser Ehe entspross als viertes Kind Otto von Bismarck.

Wohlbemerkt: Keine von Mencken, sondern eine Frau ohne Adelsprädikat. In welche Verzweigungen dieser Familie man auch blickt, nirgends findet man selbstbewusste Bürger; wir können sie nur als Nichtadlige bezeichnen, die an das System des Absolutismus sozial und politisch gebunden waren. Soweit sie kritisches Bewusstsein aufbrachten, zielte es nicht auf Überwindung, sondern Reformierung des Absolutismus. Die Eltern der Braut wuchsen in das höhere Beamtentum der jungen Großmacht Preußen hinein und mussten alle intrigenreichen Wechselfälle der höfisch-ministeriellen Existenz durchstehen. Änderte sich beim Thronwechsel von Friedrich dem Großen zu Friedrich Wilhelm II. an den ökonomisch-sozialen Grundlagen nichts, so doch einiges in der staatlichen Sphäre und ideologischen Atmosphäre. Zunächst erfuhr Anastasius Ludwig Mencken unter dem neuen König eine Beförderung: Ihm wurde bereits im November 1786 der Titel eines Geheimen Kriegsrates beigegeben und dementsprechend Gebührenfreiheit gewährt. Umso mehr drängt sich die Frage auf, wie Mencken einige Jahre später zum Krieg gegen Frankreich stand und welche Lehren er aus dessen Revolution zu ziehen gedachte.

Die geringe Begeisterung für die konterrevolutionäre Intervention bei Karl Alexander von Bismarck und seinen Söhnen im Felde entsprach vermutlich der Stimmung vieler anderer Landadliger, und sie ähnelte der in Regierungskreisen. Mencken gehörte zu den Kriegsgegnern. Ein Schulenburg denunzierte ihn deshalb Ende Mai 1792 gegenüber dem von kriegerischem Furor erfassten König als »frondeur«, andere beargwöhnten ihn sogar als Jakobiner. Mit solch grobschlächtigen Verdächtigungen war man schnell bei der Hand und fand dafür fadenscheinige Vorwände. Natürlich war Mencken nie Jakobiner; mit literarisch geschliffener Schärfe verwahrte er sich: es sei

Karl Wilhelm Ferdinand von Bismarck (1771–1845)
und seine Frau Louise Wilhelmine, geb. Mencken (1789–1839),
die Eltern Otto von Bismarcks

ein Niederträchtiger, der das dem König gesagt habe, ein Schwacher, der es glaube, und ein Feiger, der es besser wisse und dem nicht widerspreche. Der Angefeindete war dennoch während des Feldzugs von 1792 im preußischen Hauptquartier zu finden, wo ihn der König besser als in Berlin unter Kontrolle zu haben glaubte.

Mencken bestand jedoch die königliche Bewährungsprobe nicht; wie glaubhaft berichtet wird, war der Wechsel seiner Stimmung von bitterem Unmut zu sarkastischem Spott und lautem Lachen für die Lauscher so unverkennbar, dass ihm am Ende des Jahres befohlen wurde, nach Berlin zurückzukehren, wo er in den nächsten Jahren kein Amt mehr bekam. In dieser erzwungenen Ruhe und königlichen Ungnade hatte der durch das Vermögen seiner Frau materiell unabhängig Gewordene von seinem heute noch bestehenden Potsdamer Wohnsitz in der Eisenhartstraße 9 aus Kontakt mit jenen Männern der Aufklärung, deren *Berlinische Monatsschrift* unter Wöllner ihr Erscheinen einstellen musste.

Es ist ein Brief Menckens an einen Helmstedter Kirchenhistoriker aus dem Jahr 1795 überliefert, in dem des Schreibers rationalistische Religionsphilosophie ungeachtet aller diplomatischen Gebundenheit des Stils deutlich genug erscheint: »Bis jetzt hatte ich es noch nicht gewagt, in dieses unselige Labyrinth der menschlichen Torheit hinabzuschauen«, wie es die Kirchengeschichte darstelle. An die Auferstehung Jesu kann Mencken offenbar nicht recht glauben, denn er fragt den Verfasser der Kirchengeschichte, ob das darüber Gesagte wirklich seine Überzeugung sei »oder in einer sehr zu billigenden Rücksicht auf herrschende Meinungen« geschrieben. Zum Schluss bekennt Mencken: Hier weiter zu insistieren, frommt »meiner armen Seele« nicht, »da ich ziemlich im Gegensatze meiner Herren Namensverwandten … des Glaubens bin und bleibe, dass ein jeder nur nach dem Maße seines Erkenntnisvermögens und seiner ehrlichen Erkenntnis verantwortlich werden kann«. Mit diesen Worten berief sich Mencken, ganz Mann der Aufklärung, auf die Autonomie und Entscheidungsfreiheit der Vernunft.[9]

Ein Jahr nach dem Frieden von Basel, der 1795 den schmählichen Bankrott preußischer Kriegspolitik besiegelte, erinnerte sich Friedrich Wilhelm II. wieder an Mencken und beauftragte ihn, eine »Instruktion für die Kommission zur Organisation der Finanzadministration in Südpreußen« zu schreiben. Die amtliche Ausarbeitung, an der wahrscheinlich die Minister Struensee und Suarez mitwirkten oder wenigstens mit berieten, war von humanitären und freihändlerischen Gesichtspunkten geleitet und sprach sich gegen eine Besiedlung der neuen slawischen Gebiete durch deutsche Kolonisten aus. Ein schwieriger Punkt war angesichts des einflussreichen Katholizismus die zu befolgende Kirchenpolitik; der klerikale Eifer der hundertneun Mönchs- und dreiundzwanzig Frauenklöster in Südpreußen und dazu der in Dorf und Stadt herrschenden Weltgeistlichen sollte ohne Aufgabe aufklärerischer Toleranz gezügelt werden, was für absehbare Zeit einer Quadratur des Kreises nahekam.

Die Menckensche Instruktion wurde bürokratisch erdrosselt: Sie ist, wie ihr Verfasser später mit Sarkasmus feststellte, »mit Enthusiasmus aufgenommen, von dem König persönlich eingeschärft, hier nächst mit Stumpfsinn beherzigt, mit Einseitigkeit debattiert, mit Ränken eludiert und zum Schluss mit keiner Silbe erfüllt worden«.[10]

Friedrich Wilhelm II. starb im selbstverschuldeten Elend seines zerrütteten Körpers und Geistes dahin und endete im November 1797; ihm folgte Friedrich Wilhelm III., der schon als Kronprinz von Mencken ein Gutachten über die Reorganisation des Kabinetts erbeten hatte; noch kurz vor dem Tod des Königs konnte er es ihm einreichen. Es enthält eine harte Kritik der Regierungsgrundsätze und -praktiken Friedrichs des Großen – nicht in der impressionistischen Manier eines Mannes, der seine Erfahrungen bloß wiedergibt, sondern in theoretischer Verdichtung und pointierter Formulierung; man spürt, dass Mencken in der Zeit erzwungener Muße philosophische Literatur erarbeitete. Friedrich der Große habe sich strenge Grundsätze gebildet, »unter welchen die Geschäfte sich biegen mussten«. Die Grundsätze konnten das Ganze in unverrückter Ordnung erhalten, doch litt »manches einzelne Geschäft dabei offenbar Gewalt, sowie die Wohlfahrt manches Individui«. In früheren Zeiten sei der König »öfters zu einer Modifikation des Grundsatzes« bereit gewesen. Später dagegen machten »Rauheit des Alters, Misstrauen in die Menschen … seine Grundsätze eisern, und er suchte die Wahrheit nicht mehr im Detail der Sache, sondern im Grundsatze«.

Mencken schildert den Geschäftsgang, jene »sklavische Ordnung, der sich der König selbst unterwarf«; bei aller Ordnung in der Administration und der Schnelligkeit in der Ausführung waren die Nachteile groß: »Manche Sachen wurden durch die zu rasche Behandlung unvollkommen geendet und nicht immer in dem erforderlichen Zusammenhang bearbeitet. Die Gesichtspunkte der Staatsleitung lagen ausschließlich im Kopf des Königs, die Staatsdiener mussten sie erraten und vieles oftmals falsch.« Die Minister und Präsidenten »sollten bloß handeln und ausführen, und selbst in der Ausführungsart ließ er ihnen selten die Hände frei«. Die Schäden dieser Geschäftsführung zeigten sich insbesondere in den letzten Jahren: »Seine Grundsätze reichten für die sich mehrenden Complicationen der Staatsmaschine nicht mehr hin, zum Teil waren sie auch für den Geist der Zeit und der Menschen, die sich bereits merklich zu verändern anfingen, zu alt und zu rau.«[11]

Die Menschen fingen an, sich zu verändern? Das war zu erklären durch ökonomische Strukturen, die bereits über den Manufakturkapitalismus und erst recht über den feudalen Landwirtschaftsbetrieb hinauswiesen, und dementsprechend veränderte Verhaltensweisen herausbildeten, die in der variationsreichen Aufklärung und individualistischen Humanitätskultur gründeten.

Der neue König berief Mencken, obwohl sich dieser andauernder Arbeit gesundheitlich nicht mehr gewachsen fühlte, an die Spitze des Kabinetts. Ein großes Kirchenlicht war er nicht, dieser Friedrich Wilhelm III., aber von einiger Wohlanständigkeit, die anstößigsten Intriganten und Mätressen duldete er nicht mehr am Hof. So entließ er Hans Rudolf von Bischoffwerder mit kleiner Pension, zog das Vermögen der Mätresse Gräfin Wilhelmine von Lichtenau ein und zwang den Pastor und Staatsmann Johann Christoph von Wöllner zum Rücktritt. Die Kabinettsordres, die eine Korrektur ihrer administrativen und kulturpolitischen Praktiken zum Ziele hatten, waren von Mencken entworfen oder beeinflusst. Neben jener, die von der Verwaltung Fleiß, Sachlichkeit und pflichttreue Strenge verlangt, wurde die am bekanntesten, die das Religionsedikt Wöllners von 1788 verwarf. Dem von diesem seit jener Zeit geleiteten Department für geistliche Angelegenheiten warf man nicht mehr und nicht weniger als Heuchelei vor. Die Religion sei Sache des Herzens, des Gefühls und der eigenen Überzeugung und dürfe nicht zu gedankenlosem Plapperwerk herabgewürdigt werden. In deutlicher Anlehnung an Prinzipien der Aufklärung hieß es: »Vernunft und Philosophie müssen ihre unzertrennlichen Gefährtinnen sein; dann wird sie durch sich selbst feststehen, ohne die Autorität derer zu bedürfen, die es sich anmaßen wollen, ihre Lehrsätze künftigen Jahrhunderten aufzudringen und den Nachkommen vorzuschreiben, wie sie zu jeder Zeit denken sollen.«

Lernten wir Mencken in seinen privaten und amtlichen Schreiben als einen Mann kennen, der sich von aufklärerischer Denkungsart und kritischem Scharfsinn im Dienste königlich-preußischer Staatsräson leiten ließ, dann zeigen sich beim Durchblättern des Tagesjournals seiner Amtstätigkeit die Kehrseiten seines eingeschliffe-

nen Pflichtbewusstseins. In den sechs Bänden, die die Überschrift
»Minutes und Extrakte von verschiedenen Ordres« tragen, sind alle
Tageseinläufe und -entscheidungen regestenhaft verkürzt eingetragen; die notierten Angelegenheiten, große und kleine, sind kunter-
bunt: Unterstützungen, Begnadigungen, Huldigungsfragen, Hoftitel,
Pensionsgesuche, Straferlasse, die Seehandlung, Akademie der Wis-
senschaften, Kunstpflege, Zeitungswesen, Jagdrecht, Meliorationen,
Bauhilfsgelder, Armenanstalten, Schauspielverbote, Torfgräberei,
Judenschutzgelder, Gesuche um Erlaubnis von Gewerken, Bauge-
nehmigungen, Porzellanmanufaktur, Druck einer täglichen Hofgast-
zeitung und noch viel des Kleinkrams mehr bis zum Kröpfen von
Bäumen.

Das vom November 1798 bis Ende 1800 reichende Tagesjournal
zeigt, dass die kleinen Leute aus Stadt und Land sich vielfach mit
ihren Sorgen, Nöten und Kümmernissen an die oberste Staatsspitze
wandten; so stark war noch das Vertrauen ins Königtum. Die Antworten, die rasch erfolgten, waren mit den stereotypen Verben »abgewiesen« und »abgeschlagen« versehen. Der Königsdiener Mencken notierte in seinen »Minutes« alles aufs gewissenhafteste, dabei,
wie der Gesetzgeber es befahl, herzlose Abweisung und bürokratische Präzision verbindend. Allein aus der Ablehnungsliste eines einzigen Tages, des 27. Mai 1793, erfahren wir: Der Vorschuss, um den
ein Tuchmeister bittet, wird abgelehnt; sieben Kolonisten werden
mit ihrem Gesuch um Ackerland aus dem Gemeindeanger abgewiesen; eine Beschwerde von Ackerleuten wird »zur Ruhe verwiesen«;
die Unterstützung eines Invaliden zu einem Hausbau wird ebenso
abgeschlagen wie die Bitte eines Schauspielers zum »Schauspielern
in den kleinen Städten der Neumark und Vorpommern«; das Begna-
digungsgesuch eines Schumachers wird verweigert, ebenso das Ver-
sorgungsgesuch eines Hauptmanns, die Unterstützung eines Stadt-
inspektors bei einer Badereise, die Bitte eines Landschmiedemeisters
um Gesellen und Lehrburschen, die Pflichtentlastung einer ganzen
Gemeinde von Baufuhren und so weiter und so fort; dutzendweise
erfolgen die abschlägigen Bescheide an einem einzigen Tag. Man
wird an Hebbel erinnert: »O rühre nimmer an den Schlaf der Welt.«

Alles ist auf kleinliches Konservieren ausgerichtet, selbst bescheidene Regsamkeit des Bürgertums wird gedrosselt, so wenn Baugesuche meistens abgewiesen werden. Unter dem Stichwort »Bürgerschaften« wird eine Reihe von Anträgen zur Pflasterung von diesen oder jenen Straßen Berlins verweigert, manchmal in milder Form, indem man bittet, »sich zu beruhigen«, sich »bis zum Eintritt günstiger Zeiten zu gedulden«, während man sich um die Instandhaltung von Chausseen übers Land eher kümmert.

Zum ängstlichen Konservieren gehört repressives Vorgehen; so vermerkten die »Minutes« Menckens, dass der König am 31. August 1800 den Obristen von Leblow lobte, weil dieser »durch ein angemessenes Benehmen die widerspänstigen Bauern im Amte Bütow zum Gehorsam zurückgeführt« habe und zugleich dem Kammerpräsidenten von Angersleben zu Stettin befahl, »die Rädelsführer, besonders den allgemein als den Rädelsführer bezeichneten Reckowski zur Untersuchung zu ziehen, solche möglichst zu beschleunigen und für deren exemplarische Bestrafung Sorge tragen zu lassen«.

Unmöglich zu übersehen: In der Tretmühle der bürokratischen Arbeit des Königsdieners Mencken, seines Zeichens Kabinettschef, klafft eine mitunter empörende Diskrepanz zwischen den humanitätsbeflissenen, aufklärerischen Feiertagsbekundungen und den amtlichen Werktagsentscheidungen. Offensichtlich bildete sich schon früh jene sattsam bekannte Beamtenmentalität heraus, die auch bei kritischem Scharfsinn ihre Pflichterfüllung nach der bestehenden Ordnung ausrichtet und immer Schlimmeres verhüten will.

Geheuchelt hat er deshalb nicht, wenn er einmal in einer Art Credo schrieb: »Ich bin nie gekrochen, habe mich nie weggeworfen, allein ich habe mich in Rücksicht meiner politischen Lage immer in den Verhältnissen eines Menschen betrachtet, der als Passagier eine Seereise macht. Er wird es vermeiden können, mit den Matrosen zu fluchen und mit den Schiffern zu saufen, auch dem eingebildeten Steuermanne seine Unwissenheit vorzuwerfen, die ihm nur Grobheiten zuziehen würde; denn er muss durchaus lernen, seine Bewegungen nach den Schwankungen des Schiffes abzupassen, sonst fällt er sicher und erregt Schadenfreude. Dieß letztere habe ich sorgfältig beobachtet und ich bin nicht gefallen; wäre ich gefallen, so hätte ich selbst die Hand dessen, der mir ein Bein gestellt, nicht verschmäht, um mich daran aufzurichten. Aber geküsst hätte ich sie nimmermehr.«

Nicht ohne Schwermut gab sich hier ein geistreicher Mann Rechenschaft über sein inneres Verhalten, zu dem ihn die äußere Situation eines altersstarren Staatssystems immer wieder zwang. Was wir einem Geheimrat Goethe an Anpassungsgeist zugutehalten, ist einem weit weniger bedeutenden Mann wie Mencken auch zuzubilligen – zumal die Vermutung keineswegs abwegig ist, dass der preußische Kabinettsrat bei einem längeren Leben zum Kreise der Reformer um Freiherr vom und zum Stein gehört hätte. Immerhin anerkannte Stein später bei aller Kritik an den von Mencken zu wortreich und philanthropisch gefassten Kabinettsordres an, dass dieser vielleicht als Einziger ein redlicher Ratgeber des Königs gewesen sei und durch Verbreitung von Aufklärung und Anwendung liberaler, menschenfreundlicher Grundsätze das Wohl seines Vaterlandes zu befördern bestrebt war.

Beim Vergleich der beiden Großväter Otto von Bismarcks zeigen sich frappierende Unterschiede im Bildungsgang, in der geistigen Schulung und beruflichen Existenz. Aber wir stocken schon, wenn wir im Vergleich einen allzu strikten Gegensatz von adlig und bürgerlich feststellen wollen. Im Laufe des 18. Jahrhunderts richteten sich beide Familien immer mehr auf ein und dasselbe Gesellschafts- und vor allem Staatssystem aus. Statt von einem Gegensatz sollten wir eher von einer Zuordnung sprechen, und zwar in dem Sinne, dass die Bismarcks einerseits und die Menckens andererseits zwei aufeinander angewiesene Pole, nämlich Land und Residenz, verkörperten, zwischen denen sich jeder aufgeweckte Junker bewegte, wie das Otto von Bismarck in seinem Wirken eindringlich vorleben sollte.

Landleben II

Kehren wir wieder für eine Weile auf das Land, nach Schönhausen, zurück. 1797 war Karl Alexander von Bismarck verstorben. Das von ihm hinterlassene Gut Schönhausen I übernahm, wie erwartet, sein jüngster Sohn Ferdinand. Die Erbauseinandersetzungen scheinen nicht schwierig gewesen zu sein, wenn auch nicht friktionslos. Der älteste Bruder, Ernst Friedrich Alexander, hatte seinen Herrensitz in Uenglingen; die beiden anderen Brüder, Leopold und Friedrich von Bismarck, blieben Berufsoffiziere ohne sonderlichen Gutsbesitz. Friedrich, der inzwischen in das Garde-Korps-Regiment nach Potsdam versetzt war, muckte in den Abwicklungsgeschäften des Jahres 1798 etwas auf; am 4. September schrieb er an den Bruder Ferdinand: »Wegen der Verlosung der Güter freut es mich, dass es Euch nach Wunsch gegangen ist. Wenn ich eine bekommen hätte, so war es schon bestimmt, was ich damit machte; aber jetzt, da es nicht ist, will ich es auch nicht sagen.«[12] Sechs Wochen später meinte er deutlicher, aber skurril, man möge ihn mit der Lektüre von Rechnungen verschonen, »denn da ich nicht daraus klug werden kann, so muss ich mir doch gefallen lassen, dass Ihr mir ein X für ein U vormacht und mich über den ungarischen Löffel balbiert ... Verflucht wenig habe ich von den Kapitalien erhalten, das muss wahr sein und Euch rühmlich nachgesagt werden.«

Friedrich von Bismarck war in Potsdam Kompaniechef geworden, also nach alter, aber keineswegs guter Sitte preußischer Institutionen so etwas wie Militärunternehmer, der aus einer ihm vorgeschossenen Pauschalsumme für Wäsche, Uniform und Unterkunft seiner Leute aufkommen musste, wobei allerdings im Garde-Korps Gewehrgelder wegfielen. Trotz allen Stöhnens über die Schwierigkeiten, sich »endlich durchzuarbeiten«, bemerkte Friedrich am Jahresende halbwegs zufrieden: »Einnehmen tue ich genug; monatlich nahe an 600 Reichstaler; wenn nur das verfluchte Ausgeben nicht wäre. Eben trägt mein Quartiermeister 112 Reichstaler 17 Silbergroschen für morgen weg; das macht die verteufelte Kasernenwirtschaft. Da muss man Holz, Licht, Betten, Tisch, Stühle, Leinenzeug als

Überzüge, Tisch- und Handtücher, Eimer, Töpfe und Schüsseln, kurz was in eine komplette Wirtschaft gehört, anschaffen und halten; dazu kommt noch Wäsche und Aufwartegeld an die Weiber. Ja, ja, mein guter Nante, die Wirtschaft geht ein wenig ins Große. Ich weiß auch öfters nicht, wie mir der Kopf steht.« Schließlich »arbeitete er sich durch« und konnte ein gutes halbes Jahr später seinem Bruder gegenüber mit burschikoser Zufriedenheit feststellen: »Siehst Du, das habe ich alles aus der Compagnie herausgeschindert.«

All diese Kasernenwirtschaft, die menschlich nicht einmal schlechte Offiziere halb verfluchten, halb ausnutzten, konnte als Insel der politisch Armseligen mitten im revolutionär und kriegerisch aufgewühlten Europa nicht lange bestehen; sie brach im napoleonischen Sturm von 1806 zusammen und mit ihr das ganze altpreußische Militärsystem. In den wenigen Jahren des trügerischen Friedens nach der Jahrhundertwende war die altfeudale, bereits von Friedrich dem Großen moralisch in Frage gestellte Gutsherrschaft dem Untergang geweiht, mochte er sich auch nach 1807 in Etappen vollziehen. Aber noch regierten die Bismarcks als Gutsherren, von keinem Zweifel angekränkelt, wenn auch mit Schwierigkeiten konfrontiert, über ihre Untertanen.

Ferdinand von Bismarck fühlte sich ebenso berechtigt wie bemüßigt, auf den zu Schönhausen I gehörigen Gutsländereien ab und zu obrigkeitlich dreinzufahren. Am 15. März 1803, wahrscheinlich nach seinem üblichen Winteraufenthalt in der Residenz und der Frühjahrsbestellung, verfasste er eine gutsherrschaftliche Verordnung. Er leitete sie mit einer bemerkenswerten Feststellung ein: »Mit welcher Unordnung der Hofedienst in den verwiesenen Jahren von meinen Untertanen … getan ist, brauche ich nicht zu sagen, und dass ich verlangen kann, dass derselbe ins künftige pflichtmäßiger geleistet wird, sieht ein jeder vernünftige Mensch ein. Ich will es aber hierdurch nochmals bekannt machen, wie ich es ins künftige gehalten haben will, damit derjenige, der seine Pflicht nicht tut und in Strafe verfällt, sich nicht mit der Unwissenheit entschuldigen kann.« Unter Punkt 1 verlangte Ferdinand von Bismarck, »dass ein jeder, der den

Abend zuvor angesagt worden, sich den anderen Tag zur angesagten Arbeit unfehlbar stellt, im Ausbleibungsfall habe ich meinen Verwalter befohlen, für den Fehlenden sogleich einen Tagelöhner zu nehmen …« Das dafür ausgegebene Geld solle, »wenn es nicht mit Güte wiedergegeben wird, durch Auspfändung« beigetrieben werden. »Derjenige, welcher sich hierdurch in Unkosten und Unannehmlichkeiten bringt, hat es sich lediglich allein zuzuschreiben, denn ich verlange nicht mehr als Pflicht ist.«

Ferdinand von Bismarck ging nicht nur mit denen ins Gericht, die der Arbeit fernblieben, sondern auch mit jenen, die zur unrechten Zeit zur Arbeit kommen wollten; unter Punkt 2 fixierte er: »Wer unangesagt zum Dienst kommt, wird jedes Mal wieder zu Hause geschickt, indem es sich oft trifft, dass ich den Tag keine Leute gebrauche.« Unter Punkt 3 macht der Gutsherr mit Nachdruck seine Eigentumsrechte geltend: »Soll sich keiner unterstehen, er mag sein wer er will und unter welchem Vorwand es sei, ohne Vorwissen des Verwalters etwas mit zu hause zu nehmen, indem dieses so unverschämt gemacht ist, dass ich es überdrüssig geworden bin, und nicht mehr leiden will.« Das Abrechnungssystem im Gutsbereich Ferdinands zeigt noch recht urtümliche Züge. Unter Punkt 4 wird bestimmt: »Sollen die getanen Tage nicht mehr von Neumann, sondern von dem Verwalter in die Kerbstöcke eingeschnitten werden.«

Insgesamt wird dem Verwalter alles zugemessen, was Arbeitskontrolle, Strafe, kurz: die unmittelbare Herrschgewalt betrifft. Der Gutsherr gibt die Anweisungen und lässt zuzeiten bei schwierigen Familienverhältnissen patriarchalisch etwas ab. »Dass ich diejenigen höre und nachsehe, deren häusliche Lage es unmöglich oder nur sehr schwer macht, ihre Hofetage pflichtmäßig zu tun, habe ich wohl im vergangenen Jahre hinlänglich bewiesen«, so schließt die gutsherrschaftliche Verordnung.

Aus den Jahren vor dem Zusammenbruch Preußens besitzen wir keine Dokumente über Abgaben und Dienste, die die Bauern, Kossäten und Gärtner in abgestufter Weise an die Gutsherrschaft von Schönhausen zu leisten hatten. Wie aus einer statistisch-topographischen Beschreibung von 1804 hervorgeht, zählte man in

Schönhausen achthundertfünfundsechzig Menschen und hundert-
vierundfünfzig Feuerstellen. Die Ackerflur umfasste dreiundsechzig
und dreiviertel Hufen, dazu kamen in einem östlichen Zipfel der
Gemarkung in Richtung Rathenow noch zwei Abzweigungen von
Gutshöfen, Vorwerke genannt, mit acht Feuerstellen und sechsund-
fünfzig Menschen. An Wald gab es »1350 M Holz der Güter, 744 M
der Gemeinde«.

Eine annähernde Vorstellung von der Familienzahl kann sich
derjenige machen, der sich vergegenwärtigt, dass in Schönhausen
»39 Ganzbauern, 3 Halbbauern, 91 Kossäten, 48 Büdner, 47 Einlieger,
11 Leineweber, 2 Rademacher«, ferner Leute in der Ziegelei, in der
Schmiede, in den drei Windmühlen und ein Wirt im »Krug« in Un-
tertänigkeit von den zwei Gutsherren zu werken und ihr Leben zu
fristen hatten; auf den zwei Vorwerken, wo relativ viel Wald stand –
»800 M Holz« – hatten 6 Büdner und ein Mann am Teerofen ihr
Tagewerk zu verrichten. Es fällt auf, dass in dieser offiziösen Statistik
nichts über den Viehbestand in den gutsherrschaftlichen Dörfern
ausgesagt wird; nur in den internen Akten befindet sich eine »Gene-
ral-Tabelle vom Viehstande in der Kurmark im Jahre 1803« mit Un-
terteilung nach Kreisen, nicht mehr nach Dörfern. Schönhausen
gehörte zum Kreis Tangermünde. Unter dem Viehbestand waren
aufgeführt nach Kreisen die Zahl der Pferde, der Rindviecher, der
Schafe und der Schweine.

Ganz-, Halb- und Viertelbauer – das stufte sich meist nach der
Zahl der Zugpferde ab: etwa acht, wenn es hoch kam, sonst vier oder
zwei Pferde. Manchmal wurden die Kossäten, wenn sie etwas Zugvieh hatten, zu Spanndiensten herangezogen. Sie waren, einund-
neunzig an der Zahl, in Schönhausen besonders stark vertreten.
Dann folgten die achtundvierzig Büdner, die sich von den Bauern
und Kossäten dadurch unterschieden, dass sie neben ihren Häuschen oder Katen nur gerade so viel Land besaßen, dass sie eine Kuh
halten konnten. Sie waren auf Nebenverdienst angewiesen, den sie
bei einem Großbauern erarbeiteten oder durch anderweitige Hilfsdienste erwarben. Auch sie leisteten auf den Gutswirtschaften
Handdienste, im Sommer auf dem Felde, im Winter beim Getrei-

dedreschen. Die eigentlichen Landarbeiter waren die sogenannten Einlieger, die kein Grundstück besaßen, nur ein paar Schweine hielten und zur Miete wohnten, meist in gutsherrlichen Behausungen, die so kümmerlich waren, dass sie den Namen Wohnungen nicht verdienen.

Ferdinand von Bismarck gerierte sich in seinem Gutsbezirk den murrenden Bauern gegenüber als kleiner König, während er von der großen Residenz aus kaum königliche Gnade und damit kein sonderliches Sozialprestige innerhalb des märkischen Landadels genoss. Die 1802 gewährte Erlaubnis zum Tragen der alten Armeeuniform war keine Gunstbezeugung, die imponieren konnte. In der Statistisch-topographischen Beschreibung von 1804 figurierte Ferdinand als einfacher »Lieutnant von Bismarck«, während in derselben Rubrik der Eigentümer von Gut Schönhausen II, der aus einer anderen Linie stammende, allerdings um zweiunddreißig Jahre ältere August Adam Heinrich von Bismarck (1739 – 1813), der Chef des Leib-Carabinier-Regiments im nahen Rathenow gewesen war, als Generalmajor angeführt ist. Das waren militärische und gesellschaftliche Rangunterschiede nicht nur auf gedrucktem Papier, man empfand sie im dörflichen und gutsherrschaftlichen Leben als beachtlich.

Der Gutsherr von Schönhausen hatte also allen Grund, von seinem Landsitz aus die Verbindung zur Doppelresidenz Berlin-Potsdam zu pflegen. Ob Ferdinand von Bismarck in Berlin, wie manchmal behauptet wird, kameradschaftlichen Kontakt mit dem Prinzen Louis Ferdinand hatte, ist mehr als fraglich; für die Annahme einer solchen Verbindung mit dem preußisch-patriotischen Idol gibt es nicht einmal ein Indiz, geschweige einen Beweis.

Residenzleben

Grotesk ist die Vorstellung, dass Ferdinand, der das bildungsbeflissene Provinzniveau seines Vaters und Bruders Friedrich keineswegs besaß, zusammen mit dem exzentrischen Prinzen die Berliner Salons jener Jahre aufgesucht hätte – den der Rahel Levin, der Henriette Herz oder der Herzogin von Kurland, wo sich Juden und Christen, Gelehrte und Standesherren, Damen des hohen Adels und Schauspielerinnen trafen und im Geiste der Toleranz philosophische und literarische Fragen diskutierten, das Abstrahieren im Sinne der gerühmten deutschen Dialektik übten, aber auch eine beschwingte Geselligkeit mit allem ihrem Individualitätskult pflegten, wobei sich ihrem Denken und Fühlen die mannigfachen Erscheinungen der sozialen, politischen, nationalen, auch moralischen Krise aufdrängen mussten, in die Deutschland geraten war und immer weiter schlitterte.

Parallel zu diesen zivilen Salongesprächen diskutierten aufgeschlossene und gebildete Offiziere, voran Scharnhorst, Clausewitz, Boyen und andere, in der Militärischen Gesellschaft und in der Akademie für junge Offiziere die vielfältigen Probleme der Heeresreform. So unverbindlich das Disputieren in den gebildeten Kreisen der preußischen, insbesondere der Berliner Gesellschaft auch war, in gewissem Sinne bereitete es die Reformzeit vor. In all diesen Kreisen sich zu bewegen, mitzureden und mitzutun, lag außerhalb des Verlangens und Vermögens eines Ferdinand von Bismarck, so oft und so lange er sich auch in der Winterzeit in Berlin aufgehalten haben mochte; nicht einmal ins Theater, das damals eine große Zeit hatte, scheint er gegangen zu sein.

Potsdam zog den Gutsherrn aus Schönhausen stärker an. Die zweite Residenz war alles andere als finster und streng, sie hatte vielmehr ihre gewiss nicht sonderlich anspruchsvollen Festivitäten und Aventüren, die Bürger, Offiziere und Beamte aber gern mitmachten oder mitnahmen. Angetan war er davon, dass dort sein Bruder Friedrich wohnte, der immerhin als Gardeoffizier gelegentlich beim König vorsprechen konnte. So teilte er Ende 1803 seiner Schwägerin Henriette, der Frau seines ältesten Bruders Ernst, mit: »Ich habe mich heute beim König angemeldet und auch bei ihm gegessen; wovon sich aber nichts sagen lässt, da alles wie gewöhnlich war und indifferente Fragen und Gespräche niemanden interessieren können«, welch Letzteres ohne weiteres zu glauben ist, da vom einsilbigen und verkrampften Wilhelm III. sicherlich keine Geistesblitze ausgingen.

Zu ihm hatte Friedrich von Bismarck, der auch in der Familie Mencken verkehrte, noch gleichsam indirekte Beziehungen; in deren Haus mit schönem Garten hielten sich des Königs Söhne, der Kronprinz Friedrich Wilhelm und Prinz Wilhelm, der spätere preußisch-deutsche Kaiser, als Spiel- und Jugendkameraden der Louise Wilhelmine Mencken, die ihren Vater, den königlichen Kabinettsrat, verloren hatte, öfters auf. Das alles war vom König gebilligt und durch den Prinzenerzieher und Freund des Hauses Mencken, Johann Friedrich Delbrück, vermittelt.

Louise Wilhelmine, begabter als ihr älterer Bruder, wuchs auf in der gebildeten Atmosphäre des Hauses Mencken mit seinen Beziehungen zu aufklärerischen Erziehern und gelehrten Pastoren der reformierten Gemeinde Potsdams. Als das schöne Mädchen ins heiratsfähige Alter kam, baten Friedrich von Bismarck und sein Bruder Ferdinand, beide damals noch Hagestolze, um seine Hand. Offiziöse Versionen der Genealogen wollen glauben machen, dass das Herz der Umworbenen für den jüngeren der Brüder schlug. Das könnte arglos hingenommen werden, wenn nicht zwei merkwürdige Umstände Verdacht erregten. Einmal gingen gerade jene Aufzeichnungen Delbrücks verloren, die den Abschnitt von Mai bis August 1806, also die Zeit der Verlobung und der rasch folgenden Hochzeit der auch von ihm bis dahin behüteten Louise Wilhelmine betrafen, zum anderen wurde das Tagebuch, das diese seit früher Jugend geführt hatte, nach ihrem Tode – wie mehrfache Aussagen bezeugen – von ihrer Familie in Schönhausen verbrannt. Beide Umstände hat der Historiker zur Kenntnis zu nehmen; ihm mögen allzu gewagte Spekulationen verwehrt sein; aber er darf vermuten, dass in der Verlobungs- und Hochzeitsangelegenheit weniger die offiziöse als jene bereits 1875 veröffentlichte Version wahrscheinlich ist, wonach die junge Schöne »die schwärmerische Leidenschaft ihres Bewerbers nicht erwidert und nur auf Zureden ihrer Familie ihr Jawort gegeben« habe.[13] Die Trauung der Siebzehnjährigen mit dem Vierunddreißigjährigen fand am 6. Juli 1806 in der königlichen Hof- und Garnisonskirche statt.

An der Zuneigung von Ferdinand zu Louise Wilhelmine soll

nicht gezweifelt werden; aber man darf vermerken, dass die Neuver-
mählten in ihrer charakterlichen Wesensart wie in ihrer geistigen
Bildung recht verschieden waren. Zieht man das Votum der Familie
Mencken noch in Betracht, dann drängt sich der Eindruck auf, dass
in dieser Ehebindung soziale Interessen mitschwangen: die Potsdamer Familie drängte nach dem scheinbar sicheren Grundbesitz, die
Bismarcks wiederum – und hier waren sich die beiden Brüder, die
freundschaftlich verbunden blieben, wohl einig – suchten eine zusätzliche Sicherung in der verwandtschaftlichen Verbindung mit
königsnahen Gesellschaftskreisen. In dieser neuen Ehe verbanden
sich bei allem Unterschied der Charaktere und Temperamente, sozial
gesehen, adliger Landbesitz und königliche Residenz. Das waren verschiedene, aber nicht entgegengesetzte Welten, vielmehr miteinander
korrespondierende.

Von einer Bismarck-Biographie in die andere schleppt sich die
vereinfachte, zu falschen Schlussfolgerungen führende Vorstellung,
dass sich bei der Potsdamer Trauung, der zwei Tage später eine kirchliche Feier in Schönhausen folgte, eine bürgerliche Demoiselle mit
einem Mann aus märkischem Uradel verband; tatsächlich waren die
Menckens so wenig bürgerlich, dass sie nicht nur, wie manche Bürgerliche, ihr Kapital in Grundbesitz anlegten, vielmehr sozial in das Milieu des Landadels eindringen wollten; andererseits trachteten die
adligen Bismarcks mit Hilfe der nichtadligen Menckens danach, von
der Aureole preußischen Königtums beschienen zu werden. Mutter
Mencken, die bis 1818 lebte, war mit dem preußischen König so eng
verbunden, dass sie 1812 die Krongüter Königs Wusterhausen und
Hohenlehne pachtete, dann deren Verkauf an ihren Sohn und seine
Ernennung zum dortigen Oberamtmann bewirkte. Ferdinand von
Bismarck ging mit Louise Wilhelmine Mencken keine Mesalliance
ein, nicht einmal eine bloße Alliance, sondern eine soziale Symbiose;
der Gutsherr, der in Schönhausen nur Leutnant a. D. war, gewann mit
dieser Heirat an Sozialprestige, das allerdings durch die Katastrophe,
in die Preußen und seine Monarchie wenige Monate später geriet,
noch nicht zum Tragen kam.

Preußens Fall und Aufstieg

Preußens Katastrophe war durch seine innen- und außenpolitische Inaktivität bedingt, die es sich seit dem Frieden von Basel 1795 leistete. Im Innern änderte sich nichts Wesentliches an den überkommenen Verhältnissen, nicht einmal am Militärsystem, dessen Brüchigkeit sich in allen Kriegen gezeigt hatte, die der feudale Kontinent gegen das bürgerliche Frankreich führte. Innerhalb der europäischen Staaten blieb Preußen passiv, während die Großmächte England, Österreich und Russland in kriegerische Konflikte verwickelt waren. Sieht man auf das Dreieck Berlin – Weimar – Königsberg, dann kann man sagen: Preußen und mit ihm ganz Norddeutschland waren gedankenreich, aber tatenarm.

In Preußen blieb es bei der Befreiung von über fünfzigtausend spannfähigen Domänenbauern von den Frondiensten, bei ihrer Lösung aus dem Erbuntertänigkeitsverhältnis. Zu weitergehenden Reformen konnten sich die herrschenden Kreise, voran der König, nicht entschließen. Innere und äußere Politik waren Fortwirtschaften ohne Perspektive, ein stumpfsinniges Beharren auf alten Gewohnheiten des Regierens und Reglementierens über die Untertanen, ein eigensinniges und egoistisches Festhalten alter Privilegien, so fragwürdig sie geworden sein mochten – wie es am kleinen Schönhausen illustriert werden konnte. In der Außenpolitik gab es nichts als unsicheres Ausschauhalten, wo etwas zu erraffen war oder wo Gefahren drohten, nicht um sie zu überwinden, sondern um sich an ihnen vorbeizuschleichen.

Nachdem die preußische Diplomatie in einer Geheimklausel des Friedensvertrags von Basel 1795 in die Abtretung des linksrheinischen Deutschland an Frankreich eingewilligt hatte, tat Österreich dasselbe offen zwei Jahre später im Vertragstext von Campo Formio; auch hier war die Entschädigung deutscher Fürsten für die nahe Zukunft vorgesehen. Der Verzicht Österreichs auf seine Niederlande mit ihrer die Britische Insel bedrohenden Schelde-Mündung, also auf das spätere Belgien, war ein Ansporn für England, jetzt erst recht den Kampf nicht aufzugeben. Nach dem Scheitern Napoleons, des damals noch thermidorianischen Revolutionsgenerals, im Nahen Osten, wo er Englands Macht treffen wollte, brachte dieses die zweite Koalition zustande, diesmal mit Russland und wiederum Österreich. Napoleon, der 1799 als erster Konsul die diktatorische Gewalt an sich riss, erzwang durch seine Siege in Oberitalien den Frieden von Lunéville 1801 mit Österreich und zu Amiens 1802 mit England. Danach legte man die Abtretung des linken Rheinufers und die Entschädigung der weltlichen Fürsten auf dem rechten Ufer erneut fest.

Napoleon wollte die kleinen, österreichfreundlichen Reichsstände beseitigen und lebensfähige Mittelstaaten schaffen: zu schwach, sich gegen Frankreich zu erheben, aber stark genug als Gegengewicht zu Österreich. Mit diesen Grundgedanken variierte Napoleon entsprechend dem neuen Revolutionszeitalter ein Thema der französischen Diplomatie. Es wurde im Reichsdeputationshauptschluss von 1803 verwirklicht: So entstand ein neues Baden mit rechtsrheinischer Pfalz, den rechtsrheinischen Teilen der Bistümer Konstanz, Straßburg und Speyer, dazu viele Klöster und Reichsstädte, Württemberg mit Reutlingen, Hall, Gmünd, Heilbronn und Bayern mit den Bistümern an Main und Donau.

Wie das Vorgehen Napoleons im Einzelnen auch motiviert sein mochte, historisch ging es um mehr als nur um die Schaffung von Gegenkräften zu Österreich. Sicherlich beseitigte er schlimme Auswüchse der deutschen Kleinstaaterei; doch mit der Vereinfachung der politischen Landkarte erhob er den Partikularismus von der Position der Krähwinkelei auf die des Mittelstaates; er beseitigte ihn nicht, sondern modernisierte ihn, machte ihn also wieder lebensfähig.

Der Friedenszustand nach Lunéville und Amiens erwies sich als trügerisch. England verfiel schon im Mai 1803 wiederum in Feindseligkeiten mit Frankreich. Mit den alten Mitteln der Unterstützungszahlungen verstand es das Königreich erneut, sich Verbündete auf dem Festland zu schaffen und im Jahr 1805 die dritte Koalition zustande zu bringen, das heißt, Russland und Österreich wiederum in einen Krieg gegen Napoleon zu ziehen. Auch den dritten Koalitionskrieg führte Österreich mit denselben Methoden wie die beiden ersten. So musste der Krieg von 1805 mit einer schmählichen Niederlage des Habsburgerreiches enden.

Der Frieden von Pressburg leitete die Schlussetappe der Auflösung des Deutschen Reiches ein: Die Mittelstaaten wurden auf Kosten des Habsburgerreiches und durch die Mediatisierung der kleinen weltlichen Fürsten noch einmal territorial abgerundet, für souverän erklärt – das heißt unabhängig vom deutschen Kaiser – und zum berüchtigten Rheinbund zusammengefasst; die Unabhängigkeit vom deutschen Kaiser wurde durch eine weit stärkere Abhängigkeit vom französischen erkauft. Napoleon war nicht nur seinem offiziellen Titel nach Protektor der Rheinbundstaaten, sondern tatsächlich ihr oberster Souverän.

Den Schlusspunkt unter die Auflösung des Heiligen Römischen Reiches Deutscher Nation setzte der Verzicht des Habsburgers Franz II. auf die deutsche Kaiserkrone. Von nun an führte er den Kaisertitel nur noch für sein habsburgisches Erbreich. Das war die Konsequenz einer seit dem Mittelalter währenden Schwächung der kaiserlichen Reichsgewalt.

Im Sommer 1806 war Deutschland aber noch nicht vollständig unter der Herrschaft Napoleons; noch galt es, Preußen zu überwinden. Geboren aus der inneren und äußeren Schwäche dieses Staates, verstrickte sich seine Diplomatie 1805 und 1806 immer mehr in ein Netz von Dummschlauheit und Doppelzüngigkeit, bis Preußen schließlich moralisch geächtet und politisch isoliert dastand. Es lavierte zwischen allen Seiten, unentschlossen und innerlich zerrissen, nie sicher, ob nicht ein anderer als der eben eingeschlagene Weg der bessere sei – und dieses Schwanken währte bis in den Aufmarsch, sogar noch mitten in den Kampf hinein.

In der Doppelschlacht von Jena und Auerstedt im Oktober 1806 brachte Napoleons Heeresmacht den preußischen Armeeeinheiten die entscheidende Niederlage bei, manövrierte sie weiter auseinander und verfolgte sie bis an die äußerste Grenze des Landes. Jena wurde im Parteienkampf des 19. Jahrhunderts zum Symbol für das schmähliche Zusammenbrechen der von Friedrich dem Großen überkommenen Armee, die während der Herbst- und Winterkampagne von

1806/07 nur vereinzelt militärische Tüchtigkeit und moralische Kraft wie bei der Verteidigung von Kolberg an den Tag legte.

Nachdem Napoleon im Juni 1807 noch die russische Armee als Verbündeten Preußens in der Schlacht von Friedland geschlagen hatte, konnte sein weiterer Vormarsch nur durch den Frieden von Tilsit aufgehalten werden. Nach diesem Diktat verlor Preußen alle Gebiete links der Elbe, die dem neu gegründeten Königreich Westfalen unter Napoleons jüngstem Bruder Jérôme zufielen.

Schon territorial mutierte Preußen von der kleinsten Großmacht Europas zur Mittelmacht und noch dazu zu einer versklavten. Das war für jeden Urpreußen schwer zu ertragen, wie das auch Friedrich von Bismarck in einem sechzehnseitigen Brief vom Juli 1807 zum Ausdruck brachte. Die Kriegsereignisse hatten ihn und sein GardeKorps bis in die Nähe von Tilsit verschlagen, von wo aus er an seinen ältesten Bruder Ernst über seine Erlebnisse und Beobachtungen berichtete. Dabei enthielt er sich jeden Versuchs, sich über die tieferen Ursachen der preußischen Katastrophe und über die Mittel und Wege zu ihrer Überwindung klar zu werden. Fest standen für ihn, den Gardeoffizier, die Treue zum Königshaus und die Bereitschaft, auch dann durchzuhalten, wenn »Preußen wahrscheinlich auf lange Zeit eine subordinierte Rolle zu spielen« habe, wobei sich in die Ergebenheit zur Dynastie so etwas wie konventionelle Gottergebenheit mischte.

Gleich zu Beginn des Krieges bekam Friedrich von Bismarck zu spüren, dass es »immer ein unangenehmes Verhältnis« sei, »wenn Garden ohne den König ins Feld rücken«, was »zu manchen Kollisionen Anlass« gebe. Die Garden wurden schließlich einem preußisch-polnischen Kontingent unter Befehl des Generalleutnants L'Estocq unterstellt, den Scharnhorst als einen »alten, betäubten, gedächtnislosen, schwachen Mann« anklagte.[14] Friedrich von Bismarck wiederum hatte sich zwar vorgenommen, seiner Darstellung nichts von »eigenem Räsonnement« hinzuzufügen; aber seine Erlebnisse waren so stark, dass er bittere Worte über zahlreiche »Ungereimtheiten« nicht unterdrücken konnte, über militärische Missgriffe, die »unglückliche Schlachtopfer« auszutragen hatten, »die nicht einmal die Beruhigung mit ins Grab nehmen, durch ihren Tod zum Erfolge eines notwendigen guten Zwecks beigetragen zu haben«. Nüchtern wollte der Briefschreiber über das Treiben nach dem Waffenstillstand, über die Begegnungen zwischen Napoleon, dem Zaren und dem Preußenkönig, über all die militärischen Zeremonien berichten; dennoch wird dem Leser das chevareleske Getue des Siegers gegenüber dem Besiegten, dem russischen vor allem, durchaus deutlich. Die preußische Königin wird im Stabe Napoleons mit besonderen Honneurs und gemimter Begeisterung über die »belle reine de Prusse« empfangen. Doch, so setzt Friedrich von Bismarck hinzu: »Trotz aller dieser Höflichkeiten ist das Ende der Geschichte ganz schlecht für uns!«

»Das härteste von Allem« war: die Elbe bildete die Grenze. »Verloren ist Magdeburg, Halberstadt, Hannover, Hildesheim, Münster, Westphalen, Ostfriesland, diese so reichen zum Handel so wohl gelegenen Provinzen und ach, unser Vaterland, die gute Altmark! Das ist schrecklich und ganz niederdrückend; zerrissen, der preußische Staat gekränkt, gedemütigt alles, was Preußisch heißt, gesunken der preußische Ruhm, sonst der Stolz von ganz Europa!«

Natürlich wusste Friedrich von Bismarck von den Requirierungen durch die Franzosen, also Beschlagnahmen für den Heeresbedarf, bis hin zu den Plünderungen durch Baschkiren und Kalmücken zu erzählen; die »Kanaillen« von Asiaten hätten »auch ganz infam musiziert und gesungen« – »so ein Lied, das Stein erweichen und Menschen rasend machen kann!« Bissig meinte der Briefschreiber, man sehe es ihnen auf den ersten Blick an, »dass sie besser zum Plündern, als gegen den Feind zu gebrauchen sind«. Aber die Truppen des Zarenreichs waren wenigstens im Abmarsch und hatten die preußischen Lande bald verlassen, wohingegen eine französische Armee von hundertfünfzigtausend Soldaten und fünfzigtausend Pferden in dem stark reduzierten Staatsgebiet noch über ein weiteres Jahr verblieb.

Das verheerte und demoralisierte Land musste Mann und Ross ernähren und bekleiden, remontieren und einquartieren. Jeder trug dabei seinen besonderen Packen an materieller Belastung und moralischer Demütigung. Die Bauern waren durch unzählige Vorspann-leistungen und sonstige Dienste gepeinigt; die Beamten durch französische Besatzungsbehörden gegängelt, geschurigelt und zum Eintreiben der von Provinz zu Provinz wechselnden Kriegsauflagen angehalten; die Regierung schließlich blieb durch die Verhandlungen über die Höhe der dem Gesamtstaat aufzuerlegenden Kriegskontribution in Nerven zerreißender Spannung – bis die Unterhändler ihren Betrag im September 1808 auf hundertvierzig Millionen festsetzten, die französischen Truppen daraufhin abzogen und der preußische Monarch mit seinen Ministern von Königsberg, das allein mit seiner weiteren Umgebung schon 1807 besatzungsfrei war, nach Berlin umsiedeln konnte.

Aber während die armen Teufel in Stadt und Land ihre Opfer zur höheren Ehre des ins Elend gestoßenen Vaterlandes stumm, da und dort mit dumpfem Murren und entschädigungslos leisteten, konnten gerade die verursachenden herrschenden Kreise das wirklich oder vermeintlich Geleistete und Gelieferte publik machen, jedenfalls notifizieren und präsentieren.

Der Junker von der Marwitz, der in die Geschichte als der profilierteste Sprecher und Protestierer seiner Klasse eingegangen ist, hat noch später, als er über den »Zustand des Vermögens der Grundbesitzer in der Mark Brandenburg« schrieb, an die erste Stelle seiner Klagepunkte »Lieferungen und Contributionen für den Feind. Lieferungen und Ausrüstungen für das Vaterland« gesetzt.

Ferdinand von Bismarck war nicht so geartet, in die Öffentlichkeit zu treten. Aber er konnte rechnen und still und zäh seine Interessen, wie er sie verstand, vertreten. In einer »Specification« stellte er unter dem Datum »Schönhausen, 4. Dezember 1809« alles das auf, »was mir die Franzosen für Unkosten verursacht«. Da ist als erster Posten angeführt: »Fourage, Hafer, Heu und Stroh«, bewertet mit der hübschen Summe von siebenhundertsechsundfünfzig Reichstalern. Andere Posten, wie Festungsverpflegungssteuer oder Fleischgeld, sind wesentlich geringer veranschlagt. Der kleinste Betrag figuriert mit etwas über vier Reichstalern, und zwar für »gestohlen sein sollende Sachen«; aber dafür schwillt das, »was ich bei der Plünde-

rung verloren«, auf den dicken Batzen von über zweitausendfünf-
hundertvier Reichstalern an. Dann wird noch die Rechnung für die
diversen Einquartierungen in recht verquerer Weise aufgemacht:
»Ich habe 1052 Tage einen Offizier, ich bin nehmlich fast beständig
mit 3 bequartiert gewesen« à drei Reichstaler pro Tag, was summa
summarum dreitausendeinhundertsechs Reichstaler ausmachte; eine
Madame Imbert war hundert Tage im Schönhausener Herrensitz,
für sie forderte Ferdinand von Bismarck nur zwei Reichstaler pro
Tag, und für einen »Domestique«, der dort fünfhundertneun Tage
seine Dienste verrichtete, waren zwölf Groschen, also ein halber
Reichstaler pro Tag, veranschlagt. Alle Posten zusammengenommen
machten den Betrag von sechstausendneunhundertfünfundzwanzig
Reichstaler aus. Dazu kam noch die Kriegssteuer, die im Jahre 1807
in einer Höhe von tausendeinundsiebzig Reichstalern nach dem
westelbischen Tangermünde ging.

Was da im Einzelnen auch zu berichtigen war, das Angeführte
stimmt im Kern mit dem überein, was man sonst über die Besat-
zungsplackereien weiß. Jedenfalls schlugen sich die Weltbegebenhei-
ten bei Ferdinand von Bismarck wie wohl bei allen Gutsherren auch
in nüchternen und abrechenbaren Daten nieder. Aber was man hier
in der Quantität harter Forderungen im Gedächtnis und auf dem
Papier notierte, war ein mikroskopisch kleiner Ausschnitt der Staatskrise auf Leben und Tod, in die Preußen geraten war: sein Territorium nahezu halbiert und ökonomisch wichtiger Provinzen beraubt,
das stehende Heer, sein wichtigstes und traditionelles Machtmittel,
geschwächt, der Kriegsschatz aufgebraucht und ausgeraubt, die Steu-
ermittel der Einwohner durch eben die Kontributionen und allerlei
Brandschatzungen zusammengeschmolzen. War das Land nun reif
für tief greifende und weitgesteckte Reformen oder musste der Fall
noch weiter nach unten gehen?

Die akute Lebenskrise des preußischen Staates erforderte, dass
der preußische König in die ihm noch verbliebenen Machtpositionen
jene Männer berief und damit auf der großen geschichtlichen Bühne
auftreten ließ, die schon vor der Katastrophe von 1806 durch ihre auf
zivile und militärische Reformen abzielenden Vorschläge alle Kräfte

des Volkes zusammenfassen wollten, damit Preußen und im Laufe der Bewegung Deutschland der napoleonischen Beherrschung widerstehe. Tatsächlich wurden kurz nach dem Friedensdiktat von Tilsit zwei Immediatkommissionen gebildet, eine für die bürgerlichen und eine für die militärischen Angelegenheiten; in der ersten saßen Schön, Stägemann, Niebuhr, Klewitz und Altenstein, in der anderen Scharnhorst, Gneisenau und Grolman.

Karl August von Hardenberg verwies noch vor seinem durch Napoleon erzwungenen Rücktritt in einer Denkschrift vom 12. September 1807 auf die Umwälzung von 1789: Wie die Revolution in Frankreich alle schlummernden Kräfte geweckt, das Alte und Abgelebte zerstört habe, wie aller Widerstand dagegen fruchtlos gewesen sei, die neuen Grundsätze vielmehr eine solche Gewalt entfalteten, dass der Staat, der sie nicht annehme, untergehen oder sich die Annahme aufzwingen lassen müsse. Hardenberg verlangte deshalb »eine Revolution im guten Sinne«, die »durch Weisheit der Regierung und nicht durch gewaltsamen Antrieb von Innen und Außen« vollzogen wird.[15] Kurz: Er forderte eine Revolution von oben. Es war allerdings eine Selbsttäuschung oder bewusste Täuschung des Königs, wenn er so tat, als ob die ins Auge gefasste Revolution von oben nicht durch gewaltsamen Antrieb von außen in Gang gesetzt würde. In anderer Weise gab es einen Druck von innen. Indem sich mit Jena und Tilsit die Lebenskrise des preußischen Staates bedrückend und bedrängend zeigte, blieb zu ihrer Überwindung nur eine Chance: das Bündnis zwischen Regierung und Nation, wie eine damals nicht selten gebrauchte Formel hieß.

Aber was war die Nation? Sie konnte unter den gegebenen Verhältnissen nur durch ein antinapoleonisches Zusammenwirken von Adel, Bürgertum, Bauernschaft und Kleinbürgertum existieren. Nation, Vaterland, Patriotismus – das waren eigentlich ketzerische, ja revolutionäre Begriffe, in vieler Hinsicht fremdländische Ideen von 1789. Welche Tücke! Das »Allons enfants de la Patrie!« (Auf, Kinder des Vaterlandes!) des Revolutionsliedes und der heutigen Nationalhymne Frankreichs, der Marseillaise, das die napoleonischen Bauernsoldaten auf den Lippen hatten, als sie durch deutsche und preußische Lande als Eroberer zogen, musste gewissermaßen ins Deutsche übersetzt werden, in Fleisch und Blut der gesellschaftlichen Lebensformen Preußens übergehen – soweit wie möglich.

All die gesellschaftlichen und politischen Umwälzungen der Jahre 1807 bis 1813 werden im Zeichen des heraufkommenden bürgerlichen Zeitalters Stein-Hardenbergsche Reformen genannt. Dies ist insofern sachlich ungenau und persönlich ungerecht, als der nicht minder bedeutende Scharnhorst, der führende Militärreformer, ungenannt bleibt. Übersehen wir doch nicht: Je mehr Scharnhorst den Blick des preußischen Königs Friedrich Wilhelm III. für den organischen Zusammenhang zwischen Militär- und Gesellschaftsreform schärfen konnte, desto eher war er für ein Stück bürgerlicher Revolution zu gewinnen. Not ließ sehen, wenigstens das Nächstliegende; der Mut der Verzweiflung drängte zur Reform. Mehr noch: Die schmerzlich erlebte Zeitgeschichte paukte Dialektik ein. Vielerorts erkannte man, dass die militärische Invasion nur dann rückgängig zu machen sei, wenn die geistige Invasion verarbeitet und fruchtbar gemacht werde. Und sie ward seit dem Ende des 18. Jahrhunderts verarbeitet und weiterhin nach 1807 fruchtbar gemacht – wenn auch bei weitem nicht alle Früchte reiften.

Die Militärreformer hatten schon seit der Jahrhundertwende in Zirkeln Fragen der strategisch-taktischen Umwälzungen diskutiert und waren also nach 1807, als sie aus der erzwungenen Zurückgezogenheit geholt werden mussten, wohl vorbereitet für ihr großes Werk, das in Preußen die militärische Revolution einleitete. Zur Agrarreform gab es seit der Französischen Revolution in Preußen eine umfangreiche Literatur, die keine bloße Besserung im Rahmen der bestehenden Verhältnisse auf dem Lande, sondern eine Lösung ihrer wirtschaftlichen und moralischen Unverträglichkeiten forderte. Aufgeklärte Menschlichkeit nahm jetzt die Gestalt politischer Programmforderungen an. Diese waren erfüllt von der Kantschen Lehre über den Rechtsstaat und der Theorie von Adam Smith über die freie wirtschaftliche Konkurrenz. Aber nicht nur die Auseinandersetzung mit der ausländischen Wissenschaft und Publizistik bereitete die Stein-Hardenbergsche Staats-, Wirtschafts- und Agrarreform vor, sondern auch zahlreiche Informationsreisen nach Frankreich, vor allem aber nach England. Freiherr vom und zum Stein reifte zum großen Reformer und Inspirator, der in England Fabriken und Bergwerke besuchte.

Gedrängt durch die Nöte der Staatskrise und die Widersprüche in der Land- und Gewerbewirtschaft, flossen manche durch lebendige Anschauung und wissenschaftliche Vernunft gewonnenen Erkenntnisse in das Reformwerk ein. Es wurde eingeleitet durch das Oktoberedikt von 1807. Vorbereitet und weitgehend verfasst von jenen reformfreudigen, wenn auch nicht immer gleichgestimmten Männern der bereits im Juli eingesetzten Kommission für bürgerliche Angelegenheiten, war es dennoch das Werk des Freiherrn vom und zum Stein. Er sorgte dafür, dass das Edikt nicht durch allzu viele Klauseln und durch Begrenzung auf einzelne Provinzen seiner vorwärtsweisenden Kraft beraubt wurde.

Das Oktoberedikt brachte die allgemeine Freigabe des vorher dem Adel vorbehaltenen Rechts auf Bodenbesitz; von nun an konnte der Bürger adlige Güter erwerben, wie umgekehrt jeder Adlige ein bürgerliches Gewerbe ergreifen und bürgerliche wie bäuerliche Besitzungen kaufen durfte. Die erste Bestimmung sei auch im Hinblick auf spätere Besitzänderungen Bismarckscher Güter im Blick zu behalten. Alle veräußerbaren Grundstücke konnten von nun an geteilt, gepachtet oder zusammengelegt werden. Die für die Bauernbefreiung entscheidende Bestimmung war diese: Vom Martini-Tage 1810 an, also ab dem 11. November, durften die Bauern als freie Leute vom Gutsbesitz wegziehen und heiraten, wie sie wollten; der Zwang zum Gesindedienst und zur Übernahme eines fronbelasteten Bauernhofs entfiel. Als drückende Lasten blieben vorerst noch Hand- und Spanndienste, Gefälle- und Zinszahlungen, womit sich ein wesentlicher Unterschied zu dem zeigte, was die Jakobinerphase der Revolution den französischen Bauern brachte.

Nehmen wir das Oktoberedikt als Ganzes, das die Freiheit sowohl im Besitz wie im Gebrauch des Grundeigentums und die Befreiung der Bauern von der Gutsuntertänigkeit oder Leibeigenschaft forderte, dann schält sich sein historischer Wesenskern heraus: Mit dem Edikt waren zwischen den Klassen jene ständischen Schranken gefallen, die die Angehörigen einer ständischen Klasse schon von Geburt an auf eine bestimmte privilegierte oder unterprivilegierte Rechtsstellung im Staat festlegten und zu eingeengten Bewegungsformen in der Gesellschaft zwangen. Mit dem Abbau dieser Schranken waren die Grundlagen gelegt für die Reformen der nächsten Jahre: die Gewerbefreiheit; die Selbstverwaltung der städtischen Gemeinden und mit ihr die Reform der obersten Staatsbehörden; die Säkularisation der geistlichen Güter in den katholischen Provinzen; die Judenemanzipation; die Heeresreorganisation und die Regulierungsedikte, die die wirtschaftliche und soziale Entwicklung auf dem Lande – auch dem ostelbischen – im Sinne des Kapitalismus während der nächsten vierzig Jahre bestimmten. Nach 1807 wirkten in Preußen große Volkserzieher, Erwecker und Förderer des bürgerlichen Nationalbewusstseins, und mit der Gründung der Berliner Universität 1810 bildete sich das Zentrum dessen heraus, was Friedrich Engels die ideologische Revolution nannte.

Nach dem Oktoberedikt gingen die ständischen Klassen des Feudalismus in die mobilen Klassen des Kapitalismus über. Die Aufhebung der Gutsuntertänigkeit beseitigte den Status der Bauern als ständische Klasse. Auch die adligen Gutsbesitzer waren handlungsfähiger geworden; oft wird übersehen, dass auch sie in ihrer Art schollenpflichtig gewesen waren. Und was das Bürgertum betrifft, so war seine Umwandlung aus einer ständischen Klasse in eine kapitalistische nicht allein bedeutsam für die Entwicklung der Gewerbefreiheit, sondern für die damals lebenswichtige Militärreform. Im alten Preußen vor Jena und Auerstedt waren die Bürger und viele gelernte Arbeiter vom Militärdienst befreit. Mit diesen im Interesse der gewerblichen Produktion stimulierten Exemtionen verband sich zugleich eine Art Wehrunwürdigkeit. Das Konterfei des Philosophen Fichte als Landwehrmann wirkt heute etwas lächerlich, ist es aber nicht nach seinem zeitgenössischen Gehalt, denn mit diesem Bild demonstrierte Fichte seine neue gesellschaftliche Stellung als nicht mehr ständisch gebundener, sondern freier Bürger, der das Vaterland verteidigen darf und muss.

Mit dem Auflösungsprozess der feudalständischen Klassen änderten sich nicht allein die Struktur-, sondern auch die Bewegungsformen der Klassen. Indem die Gesellschaft einen qualitativen Umschlag erfuhr, nahmen auch die Provinzialstände im Staat einen anderen Charakter an. Ihre Standschaften waren nicht mehr von der adligen Geburt abhängig, sondern an den Grundbesitz geknüpft und auf städtische und bäuerliche Grundbesitzer ausgedehnt worden. Dem Namen nach alt, der Sache nach neu, waren die Provinzialstände nach 1807 im Kern Interessenvertretungen von werdenden Agrarkapitalisten, in deren Köpfen noch manche feudalen Vorstellungen spuken mochten. Die junkerliche Opposition gegen die seit dem Oktoberedikt eingeleiteten Agrarreformen war in ihrem Wesen nicht feudal, sondern ein agrarkapitalistischer Verteilungskampf um möglichst lukrative Ablösung des adlig-feudalen Obereigentums und um günstige Gestaltung der Besitzverhältnisse, schließlich um Sicherung der Arbeitskräfte.

Die Gutsherren hielten zwar bis unmittelbar nach der Revolution von 1848/49 an solchen feudalen Vorrechten wie der Patrimonialgerichtsbarkeit, am Kirchenpatronat und so fort verbissen fest, aber das waren überkommene Machtpositionen, die es ihnen erleichterten, im agrarkapitalistischen Verteilungskampf zu bestehen. Tatsächlich hätten die Junker ohne die aus dem Feudalismus stammenden Machtpositionen in ihren Gutsbezirken nicht die großen Gewinne bei der konkreten Realisierung der kapitalistisch ausgerichteten Agrargesetze erzielen können.

Die Entwicklung im ostelbischen Preußen entsprach in manchem derjenigen in England und widersprach ganz und gar den agrarischen Besitzumwälzungen in Frankreich. Nach 1688 setzte in England das goldene Zeitalter der großen Landgüter ein. Indem dort die Güter immer umfassender wurden, die landwirtschaftliche Technik sich verbesserte und nach kapitalistischen Marktgrundsätzen wirtschaftete, schwanden alle mittelalterlichen bäuerlichen Gemeinwesen. Die Oberklassen auf dem Lande hielten ihre Herrschaft in ihren Gutsbezirken unbeschränkt aufrecht, und das Parlament blieb lange Zeit, wie man spöttisch sagte, ein Komitee der Gutsbesitzer. Kein Wunder also, dass die preußischen Junker der ersten Hälfte des 19. Jahrhunderts England fast bewunderten, während sie Frankreich hassten.

Was den industriellen Sektor betrifft, so war auch in ihm der kapitalistische Aufschwung unverkennbar, nicht zuletzt der Vorsprung, den Preußen durch den Zollverein 1834 über Österreich gewann.

Alle Umwälzungen, die die große Reformzeit Preußens hervorbrachten, machten den Beginn der bürgerlichen Revolution von oben aus, die in den Jahren der Reichsgründung von 1866 bis 1871 Otto von Bismarck, der Sohn Ferdinands und Neffe von Friedrich, Ernst und Leopold von Bismarck, vollendete.

Die Bismarcks während des Beginns der Revolution von oben

Wenige Monate nach dem Oktober-Edikt und ersten Reformen schrieb Friedrich von Bismarck zunächst an Bruder Ernst nach Uenglingen bei Stendal, dann an Ferdinand nach Schönhausen. Durch die in Tilsit beschlossenen Grenzen war die Familie staatlich auseinandergerissen. Die Elbe war nun Grenzfluss zum von Napoleon geschaffenen Königreich Westfalen, zu dem die nahen, westlich des Stroms gelegenen Städte Tangermünde und Stendal gehörten. Schönhausen mit dem Bismarckschen Stammgut bildete einen preußischen Grenzort.

Dem Bruder Ernst gegenüber betont Friedrich zu Beginn des Briefes in burschikosem Ton, er sei schließlich ein »alter Stabsoffizier, der gleich auf den Commandeur folgt und bei der Majestät gut angeschrieben steht«. Dann fährt er stoßseufzend fort: »Es ist erschrecklich, wie sich in so kurzer Zeit die ganze Welt verändert hat!« und stellt die bange, in allen Krisenzeiten immer wieder auftauchende Frage: »Wenn die wilde Jugend Confusion macht, soll man sie denn gar nicht reprimandieren?« Nicht mit Tadeln, sondern mit einer Ansprache reagierte anscheinend der Empfänger. Friedrich will

Konkretes wissen und fragt: »Du sollst ja … von einem Tisch aus ein ganzes Feld voll Bauern harangiert haben. Wie war denn das? Ich bitte mir hiervon eine umständliche Beschreibung …« Und als ob der junkerlich versippte Stabsoffizier nicht allein murrende Bauern im Auge gehabt hätte, sondern auch aufmüpfige Kleinbürgersöhne, ermahnt er seinen Bruder Ernst, sich mit dem Hofmeister seines Sohnes Theodor »auf einen etwas ernsthafteren und bestimmteren Fuß einzurichten« und mit ihm nie wieder Karten zu spielen. Alle Fragen und Ermahnungen blieben Andeutungen, die dennoch soziales Kriseln und Knistern andeuten.

Was Friedrich vornehmlich berührte, blieb episodisch; über das Oktober-Edikt schrieb er nichts. Ob es ihm überhaupt bekannt war? Von Scharnhorst wusste er nur zu berichten, dass dieser bald Kriegsminister werde, was auf die »Einführung eines neuen militärischen Geschäftsganges« hinweise. Als ob es nicht um mehr gegangen wäre. Immerhin hatte Friedrich in Memel Oberst Wilhelm von Bülow getroffen, der ihm in »scherzhafter Weise« sagte, er sei dabei, »die Regimenter und Bataillone zu desorganisieren«; so überspielte er die Mühsal der Reorganisationsarbeit in saloppem Offiziersjargon. Oberst Bülow saß auch in dem »Kriegs-Gericht, welches alle nur irgend verdächtige Handlungen im Laufe dieses unglücklichen Krieges untersucht und darüber strenge und gerecht erkennen soll. Das ist sehr gut! es führt zur Bestrafung der Bösewichte und zur Rechtfertigung und zum Trost des redlichen, unerkannten und verläumdeten Mannes.« Sonst erwähnte Friedrich noch die Kürzung der »Revenuen« in den Regimentern, die die Offiziere zum Verkauf von Pferden unter ungünstigen Bedingungen zwang, und erging sich in manchem Regimentsklatsch, zu dem amouröse Aventüren gehörten.

Während Friedrich von Bismarck in seinem Brief an Bruder Ernst trotz aller Neigung zum unmittelbar Impressionistischen des Alltags noch kurze Blicke auf allgemeine Fragen von Staat und Gesellschaft wirft, enthielten die zwei Tage später an Bruder Ferdinand gerichteten Zeilen ausschließlich das, was diesen in seinem Gutsbereich berühren und bedrücken mochte; Friedrich kannte seinen Ferdinand nur zu gut. Sicherlich nahm der aus dem fernen Ostpreußen schreibende Bruder beredten Anteil am Brandunglück, das Ferdinand in seinem Schönhausen widerfuhr: Zwanzig Häuschen waren eingeäschert und zwanzig Familien obdachlos geworden – mitten in der durch Kontributionen belasteten Not der ersten Nachkriegszeit. Zwei Seiten des vierseitigen Briefes sind teilnehmend und mit guten Ratschlägen dem Dorfunglück gewidmet, aber er endet mit Betrachtungen über das Glück eines jeden mannhaften Junkers, ein starkes und gesundes Pferd als allerhöchstes Geschenk zu bekommen: »Daß Dir der König den Hengst geschenkt hat, freut mich sehr. Es ist gewiß ein charmantes, angenehmes Pferd, denn ich kenne Deinen Geschmack.« Anscheinend ließ der König während seiner Flucht vor Napoleon, also nach dem Übergang über die Elbe bei Tangermünde etwa am 19. Oktober 1806, dem Schönhausener Gutsherrn, der wenige Monate vorher Wilhelmine Mencken, die dem Königshause wohlbekannte Potsdamerin, geheiratet hatte, ein Pferd huldvoll zurück. Ob dieses Glücks im Unglück wird Friedrich redselig und ergeht sich in fachmännischen Betrachtungen über den Tritt, den Trab und Galopp seines Pferdes und vergisst nicht dessen Hinterteil, das »superbe« sei, zu preisen. Geistig gab es ein Gefälle zwischen den beiden Brüdern, aber seelisch waren sie vielfach gleichgestimmt. So schloss der Brief mit einem junkergemäßen, rossbegeisterten Happy End.

Machte die neue Grenzziehung schon die Brüder einer Bismarck-Familie zu verschiedenen Staatsangehörigen, so entfremdeten sich erst recht jene links- und rechtselbischen Bismarcks, die einerseits auf den Gütern von Briest, Döbbelin und Welle, andererseits in Schönhausen mit seiner Verwandtschaft im preußischen Offiziersrang herrschten. Die Entfremdung zeigte sich fast demonstrativ in Levin Friedrich Christoph August von Bismarck, dem Gutsherrn zu Welle und Domherrn zu Halberstadt, der während des kurzlebigen Königreichs Westfalen von Napoleons Gnaden in Stendal Cantonspräfekt im Elbdepartement war. Übernahm dieser Bismarck aus reinem Opportunismus dieses Amt? Oder waren es schon vorher gehegte ideologisch-politische Grundüberzeugungen, die ihm eine

Charlotte Amalie Ernestine, geb. von Rauch, und
Levin Friedrich Christoph August von Bismarck

Mitarbeit im napoleonischen Herrschaftsbereich moralisch erleichterten oder gar für angemessen erscheinen ließen?

Um diese Fragen wenigstens annähernd beantworten zu können,
ist ein Aufsatz über die Reformation aufschlussreich, den Levin
Friedrich Christoph August von Bismarck etwa um die Wende vom
18. zum 19. Jahrhundert, vielleicht als Domherr, in einer schönen,
relativ kleinen und charaktervollen Schrift niederschrieb und in
den Familienakten hinterließ. Für ihn war die von Luther bewirkte
»Reformation der christlichen Kirche« eine »der größten und wohl-
tätigsten Revolutionen, welche die Geschichte uns darstellt«. Vorher
gab es nur »unaufgeklärte Zeiten«. Die Reformation dagegen brachte
»allen Ständen die größten Vorteile«; viele Menschen seien »zum
Nachdenken und Forschen nach Wahrheit erweckt« worden. Die
»Freiheit im Denken, ohne welche keine wahren Einsichten und
Kenntnisse erlangt werden können, wurde jetzt bei vielen rege gemacht. Daraus entstand ein größerer Flor der Künste, deshalb wurden die Wissenschaften … ausgebildet … Copernicus und Galilei,
Newton und Tyche de Brahe sind die stärksten Beweise daran.« Die
»größere Denkfreiheit« führte zur Aufklärung; auch »für die bürgerliche Freiheit hat diese schätzbare Revolution die Menschen wieder

empfindlich gemacht«. Schließlich hatte Luthers Werk nicht nur für seine Anhänger wohltätige Folgen, selbst in katholischen Ländern zeigte es seine Gemeinnützigkeit.

Geschrieben ist das alles im Geiste der Aufklärung und des gemäßigten Liberalismus der Französischen Revolution; damit hinterließ der Autor in der Rückschau auf die Reformation eine Interpretation, die umso mehr für ihn spricht, als die Familienerinnerung an ihn fast schon feindselig war. Da schrieb in den Jahren 1918 bis 1920, also in der aufgewühlten Nachkriegszeit von Revolution und Konterrevolution, ein Leutnant von Bismarck Betrachtungen über die Ahnenbilder im Briester Saal; die Rührseligkeit hört auf, als der Familienchronist auf seine Urgroßeltern Levin Friedrich Christoph August von Bismarck und Charlotte von Rauch, die Tochter des Generalmajors von Rauch, zu sprechen kommt. »Den sehr hässlichen Urgroßvater zu schildern«, so hebt der sonst so Ehrfurchtsvolle an, »ist nicht ganz leicht«; nicht nur, »dass er äußerlich wenig anziehendes hat, er hat auch mancherlei getan, was ihn eigentlich in keinem sehr angenehmen Lichte erscheinen lässt« und womit er »von den Nachkommen wenig Liebe erworben hat, z. B. durch den Verkauf der alten Möbel und Rüstungen, die er z. T. meistbietend hier auf dem Hof als altes Eisen hat verkaufen lassen«. Dieser Urgroßvater scheint ganz unsentimental geschäftstüchtig gewesen zu sein, denn in der engeren und weiteren Familie galt er »für sehr reich und hatte den Spitznamen ›Krösus‹«. Für Briest habe er wegen seiner feuchten Lage keine Zuneigung gehabt, auch »keinen Sinn für die Familiengüter«.

Aus dem familiengeschichtlichen Exposé über den »Krösus« von Urgroßvater spricht der altaristokratische Freikorpsgeist des Jahres 1919 nicht allein, wenn er anklagt, sondern auch, wenn er entschuldigt: »Zur Zeit des Königreichs Westfalen, zu dem auch die Altmark gehörte, war der Urgroßvater Maire für den Kreis Stendal, eine schwere Lage, die ihm als altpreußischen Beamten schwer geworden sein mag, aber er glaubte so seinem unglücklichem Vaterland am besten zu nützen.« Nur seinem Vaterland? Immerhin gibt es Handakten über »Prozesse des Domherrn von Bismarck zu Stendal« zwecks Herausgabe von »Pachtland« gegen sechs Kossäten und drei Grundbesitzer; der Prozess wurde 1812 angestrengt und bis in den August 1813 hinein geführt – also unter der Herrschaft des Westfalenkönigs; es waren die Beklagten, die den Prozess verloren. Fünf Jahre später, als der Domherr schon wieder preußischer Regierungspräsident im Bezirk Magdeburg war, verkaufte seine zweite Frau das ererbte Gut zu Crevese an die dortigen Bauern, die für gutes und dazu geliehenes Geld all ihre feudalen Verpflichtungen loswurden.

Kurz gesagt: Der Domherr Levin Friedrich Christoph August von Bismarck verkörperte in seinem Denken und Handeln – klassisch verkürzt – den Übergang vom feudalen Gutsherrn zum kapitalistischen Gutsbesitzer und modernen Beamten.

Kampf mit Napoleon

Unser biographisch bestimmter Blick auf das Königreich Westfalen unter Jérôme – oder Hieronymus, wie er sich gelegentlich auf Deutsch nannte – verweist uns auf das, was mitunter als System von Tilsit bezeichnet wird. Die Knebelung und Halbierung Preußens war eingeordnet in die Weltpolitik Napoleons, die der seit dem 17. Jahrhundert während Gegensatz zwischen Frankreich und England dominierte, eine Rivalität, die ihren Höhepunkt erreichte. Noch bevor der Feldzug von 1806 in preußischen Landen endete, erließ Napoleon im November von Berlin aus das Dekret, das die Blockade über die Britischen Inseln erklärte und jeden Handelsverkehr mit ihnen verbot.

Le système continental, die Kontinentalsperre, bestimmte in den folgenden Jahren die Politik der großen und kleinen Mächte. Durchschlagenden Erfolg konnte sie nicht haben, auch wenn sie ein Industrieschutz für Frankreich und einige seiner Satellitenstaaten, beispielsweise für Sachsens Baumwollindustrie, sein mochte; zu sehr lastete die Sperre vor allem auf den agrarischen Ländern des Ostens, auf Preußen und Russland. Sie mussten immer entschiedener danach trachten, sich dem von Napoleon auferlegten Handelsverbot mit England zu entziehen.

Doch es war nicht die Ökonomie allein, die zum antinapoleonischen Widerstand zwang; dieser war auch durch den religiösen, manchmal bis zum Fanatismus gesteigerten Glauben der bäuerlichen Massen und den Klerikalismus der katholischen Papstkirche motiviert. In der Politik des Papstes und des Kirchenstaates verbanden sich ökonomisches Interesse, klerikales Machtbewusstsein und religiöse Überzeugung; darum verweigerte der Papst an der Küstenstrecke seines Kirchenstaates die Vollstreckung der Kontinentalsperre, opponierte gegen das innenpolitische System des Empire mit seiner Zivilehe und noch mehr mit seiner notwendigen Rücksichtnahme auf die vielen Protestanten des neu gewonnenen Machtbereichs. Man denke an die Haltung eines Levin Friedrich Christoph August von Bismarck, des Canton-Maire in Stendal!

Es folgten Schlag und Gegenschlag: Der Kirchenstaat wurde aufgehoben und der Papst ins Exil gebracht. Von Priestern angeführt, erhob sich das spanische Volk gegen die Fremdlinge und Aufklärer im Dienste des französischen Imperators; England bekam die Möglichkeit, Truppen unter dem Befehl des Generals Wellington zu landen. Österreich hielt den Augenblick für günstig, zu einem durch Heeresreform vorbereiteten Befreiungskampf aufzubrechen. Nach einem ersten großen Schlachtenerfolg des Erzherzogs Karl im Mai 1809 wurde die habsburgische Macht dann doch geschlagen und konnte nur durch weitere Gebietsverluste und das Ertragen der napoleonischen Kontrolle von Österreichs Küstenbesitz an der Adria einen prekären Frieden erringen. Es hatte sich gezeigt, dass eine Heeresreform und der religiöse Fanatismus der Tiroler Bauern nicht genügten, um Napoleons Herrschaft abzuschütteln; aber der habsburgische Vielvölkerstaat war seiner inneren Struktur nach zum Aufbau einer neuen Staats- und Gesellschaftsordnung im Unterschied zu Preußen nicht fähig.

Auch von Preußen aus kam 1809 militärisch einiges in Bewegung, als der tapfere, aber politisch wirre Major Schill mit seiner Freischärlerschar die östlichsten Grenzgebiete des Königreichs Westfalen gegen die napoleonische Fremdherrschaft aufzuputschen versuchte; er scheiterte nicht zuletzt wegen seiner erzkonservativen

Borniertheit, die allerdings durch seinen Heldentod im Straßenkampf zu Stralsund im Bewusstsein der Zeitgenossen und Nachfahren verklärt wurde.

Am Rebellenzug Schills nahm ein Bismarck als Leutnant teil, und zwar ein Heinrich Friedrich (1784 – 1846), der spätere Besitzer und Verkäufer von Schönhausen II; bei Tangermünde brachte er den schwer verwundeten Major von Lützow über die Elbe und ließ ihn mit Hilfe Ferdinands von Bismarck in Schönhausen ärztlich versorgen und dann weiter ins Preußische hinein transportieren, von wo aus er nach Dänemark flüchten konnte.

Das Jahr 1809 mit Niederlagen der habsburgischen Kaisermacht, der Tiroler Bauern und der Schillschen Freischaren lehrte die preußischen Reformern endgültig, dass die Befreiung von der Fremdherrschaft nur durch eine umsichtige und umfassende Reformarbeit im militärischen, staatlichen und gesellschaftlichen Bereich möglich sei, nicht zuletzt unter Berücksichtigung der weltpolitischen Entwicklung. Je mehr die Spannungen zwischen dem napoleonischen Empire und dem Zarenreich wuchsen, desto mehr pendelte sich das Verhältnis zwischen diesem und der notgedrungen lavierenden Hohenzollernmacht wieder auf ein antinapoleonisches Bündnis ein, was wiederum in den Augen Österreichs und Großbritanniens im Interesse ihrer europäischen Gleichgewichtspolitik nicht zu eng und dauerhaft werden sollte.

Das Jahr 1812, als Napoleon mit seinen französischen und nichtfranzösischen Heerscharen in die Weiten Russlands einfiel, ward zum Schicksalsjahr: Der Katastrophe des Angreifers folgte die Rebellion preußischer Militärs und schließlich das enge Bündnis zwischen Preußen und Russland. Das seit 1807 geschundene und doch auch wieder geistig-moralisch vorwärtsstrebende Preußen führte einen »halben Insurrektionskrieg« (Friedrich Engels), heutzutage nennt man es asymmetrischen Krieg. In der Tat, die allgemeine Volkserhebung in Berlin, in Schlesien, in den drei Provinzen der Monarchie und die Tatsache, dass freiwillige Jäger und Landwehr zu den regulären Linientruppen stießen, rechtfertigte den emphatischen Ruf: Das Volk steht auf, der Sturm bricht los!

Wie viele überall in Preußen berichtete Leopold von Gerlach, ein späterer Förderer Otto von Bismarcks, aus dem Breslau des Jahres 1813 über die Begeisterung unter den Kriegsfreiwilligen, über die herrlichen Zeiten, in denen alles wieder auflebte und auf einen großen Zweck hinzuwirken schien. Seine Impressionen beleuchten die politischen Farben, die er in dem wuselnden Leben auf Gassen und in Wirtshäusern zu erkennen glaubte. Er macht drei Richtungen unter den Freiwilligen aus: die Aristokraten, die Demokraten und die Anarchisten. Wer Leopold von Gerlach von seiner politischen Hoch- und Endzeit her kennt, wird mit einiger Verwunderung hören, dass er die Aristokraten als »ohne alle Position und Kraft« abtat. Dieses Urteil scheint umso dunkler gefärbt, als der junge und hochgemute Leopold auf die Demokraten, die »Ausgezeichnetsten und Kräftigsten unseres Landes«, ein helles Licht warf. Sie seien, »ganz aus der Zeit der französischen Revolution, Feinde des Adels, des Feudalismus, der Frondienste, der Leibeigenschaft, der Patrimonialgerichtsbarkeit, der Stifte u.s.w.« Er setzte dann hinzu, dass »fast alle was getan, was erlebt haben, in vielen Verhältnissen waren und daher in Rang und Würde stehen«. Doch die hier gekennzeichnet werden, waren wohl keine Demokraten, sondern eher Liberale.

Aber wie sah Leopold von Gerlach die sogenannten Anarchisten? Sie seien »von solchen Dingen« wie Rang und Würden entfernt und wüssten nicht, »wie es in der Welt steht«. Dieses abschätzige Urteil, das zwar manche illusionäre Züge von Enthusiasten richtig treffen mochte, ist doch wieder nicht allzu ernst zu nehmen, weil es immer mehr zur formelhaften Redewendung der Konservativen erstarrte; ständig meinten und meinen sie, ihre gesellschaftlichen Antipoden und politischen Gegner würden die Welt nicht kennen.

Die sogenannten Anarchisten, so fuhr Leopold von Gerlach fort, »sind Studenten, Doktoren, Buchhändler u.s.w., die nach Studentenmanier über alles hinwegsehen. Ihr Anführer ist Jahn, der nicht so zu sein scheint mit seinem kahlen Kopf und schönen Gesicht. Mir kam er einfach, reell und praktisch vor, doch mag er wohl im Grunde mit den Andern gleicher Gesinnung sein.«[16]

Ob man die junge Intellektuellenschar unter die Anarchisten

rubrizieren kann, mag bezweifelt werden. Wenn wir die weitere Entwicklung der Parteiungen in den Jahrzehnten des Vormärz im Blick behalten, dann könnten wir eher von Demokraten sprechen, die sich in einer noch recht gärend-unausgegorenen, anarchistisch-illusionären, deutschtümelnden Verfassung des Herzens und des Verstandes befanden.

Was uns Leopold von Gerlach aus jenem Breslau von 1813 überliefert, ist zwar nur eine Momentaufnahme, aber eine repräsentative. Wenn wir seine drei Richtungen des damaligen politischen Preußens soziologisch auf den Begriff bringen, dann können wir von Adel, Bürgertum und dem die Bauern mit vertretenden Kleinbürgertum sprechen, also von drei Klassen, die in einem antinapoleonischen Bündnis vorübergehend zusammenwirkten. Und dieses Zusammenspiel von 1813 war ebenso die negative Reaktion auf das fremdländische Joch wie die positive Auswirkung jener bürgerlichen Reformen in Wirtschaft, Gesellschaft, Staat und Kultur, die seit 1807 vorangekommen waren.

Auch Schönhausen durchwehte nationale und klassensolidarische Aufbruchsstimmung. Der zweiundvierzigjährige Ferdinand von Bismarck zog zwar nicht ins Feld, aber er soll daheim den Landsturm organisiert haben. Im Unterschied zu den Jäger- und Landwehrformationen kam dieser aber, Ende April 1813 als eine Art Partisanentruppe konzipiert und ohnehin nur als latente Organisation in Reserve gehalten, im Befreiungskrieg kaum zum Zuge. In der Hauptsache scheiterte der Landsturm am Widerstand adliger, aber auch bürgerlicher Ordnungshüter, die eine heillose Angst vor urtümlicher Turbulenz hatten. So brauchte Ferdinand von Bismarck seinen Kampfesmut nicht weiter unter Beweis zu stellen, Leib und Leben nicht sonderlicher Gefahr auszusetzen. Dennoch schien etwas vom vaterländischen Kriegsruhm auf sein Haupt. Im Mai 1813 lagen in Schönhausen unter Jahns Führung die Lützower Jäger; in der alten Kirche schworen die neu eingetretenen Freiwilligen den Eid und sangen Kampfeslieder von Arndt bis Luther. Im Pfarrhaus wohnte, wie ein Eintrag verbürgt, der heute berühmteste dieser Truppe, Theodor Körner, der Dichter von »Das ist Lützows wilde verwegene Jagd«.

*»Ein Sommerabend im Schlosspark zu Schönhausen«: Bernhard von Bismarck
mit seinen Eltern Karl Ferdinand von Bismarck und Louise Wilhelmine,
geb. Mencken, sowie seinem drei Jahre jüngeren Bruder Otto. Der spätere
Reichskanzler war das vierte von sechs Kindern, von denen drei früh starben.
Seine einzige überlebende Schwester Malwine kam 1827 zur Welt.
Lithographie nach einer Zeichnung von Carl Roehling*

Was sich während des preußisch-deutschen Frühlings im und
um das Schönhausener Gut zutrug, polierte das soziale Prestige des
Ferdinand von Bismarck leicht auf; unter dem Datum des 2. April
1815 kündigte er in Berliner Zeitungen in getrennten Anzeigen nicht
allein die Geburt seines Sohnes Otto an, sondern auch die Tatsache,
»dass des Königs Majestät aus Allerhöchst-eigenem Bewegsgrunde
geruhet haben, mir den Johanniter-Orden und den Charakter als
Rittmeister allergnädigst zu erteilen«.[17]

Der zweitjüngste der Brüder, Leopold, nahm als Major im Hu-
sarenregiment des Herzogs von Mecklenburg-Strelitz am Herbst-
feldzug des Jahres 1813 teil. Nach einem Bravourstück beim Übergang über die Elbe erhielt er das Eiserne Kreuz I. Klasse; während
der Völkerschlacht bei Möckern schwer verwundet, wurde er nach
Halle gebracht, wo er verstarb. Drei Tage vor seinem Tod schrieb er

mit fester Hand einen erschütternden Brief an seinen älteren Bruder: »Mein schrecklichster Zustand besteht darin, dass ich mich durchaus gar nicht im mindesten bewegen kann, sondern den ganzen Tag und Nacht ohne mich zu rühren auf einem Fleck still liegen muss.« Er habe »die langen Nächte mit den schrecklichsten Schmerzen zu kämpfen«. Und in Sehnsucht nach dem Leben seufzte der Sterbende ohne Heldenpose: »Meine gesunden Glieder wären mir aber doch lieber gewesen« als das Eiserne Kreuz.

Auf einer Gedenktafel an der Empore der Schönhausener Kirche ist der Opfertod des Leopold von Bismarck mit den Namen anderer Gefallener des Ortes ehrend verzeichnet.

Mein ideales Ziel, nachdem wir unsre Einheit innerhalb der erreichbaren Grenzen zu Stande gebracht hatten, ist stets gewesen, das Vertrauen nicht nur der mindermächtigen europäischen Staaten, sondern auch der großen Mächte zu erwerben, dass die deutsche Politik, nachdem sie die injuria temporum, die Zersplitterung der Nation, gut gemacht hat, friedliebend und gerecht sein will.

OTTO VON BISMARCK

KAPITEL 7

Revolutionär von oben: Otto von Bismarck

Urpreuße in der Zeitenwende

»Ich werde entweder der größte Lump oder der erste Mann Preußens«, tönte Otto von Bismarck einmal großsprecherisch vor einem Göttinger Kommilitonen.[1] Bis zum Auftauchen Hitlers gab es nicht wenige Linke, die ihn für Ersteres hielten, und bis heute gibt es Gründe, ihn als den größten deutschen Staatsmann zu charakterisieren. Obwohl sein Leben und Wirken nicht Hauptgegenstand dieses Buches sind, wäre es ohne ihn nicht geschrieben worden. Bis heute ist der Rang des Familienverbandes mit ihm unauflöslich verbunden. Eine Geschichte der Bismarcks ohne ihn wäre so, als ob man Schillers »Wallenstein« auf die Bühne bringen würde ohne die Zentralgestalt.

Im Sterben und Werden eines alten und kräftigen Geschlechts wird Otto von Bismarck an der Wende eines Zeitabschnitts geboren: Die napoleonischen Erschütterungen und Kriege gingen zu Ende; das europäische Staatensystem war entsprechend der Veränderung in den Kräfteverhältnissen zwischen den Klassen und Staaten neu zu gestalten, so die Aufgabe des von September 1814 bis Juni 1815 tagenden Wiener Kongresses. Zur territorialen und politischen Neuregelung in Europa gehörte die innerhalb Deutschlands.

England war der Hauptsieger im Jahrhundertkampf, der 1688 nach der Glorreichen Revolution begann, 1763 die Hegemonie der Bourbonen überwand und mit der Niederwerfung Napoleons endete. Von nun an stärkte das Land seine Stellung als erste Industrie- und Kolonialmacht. Österreich zog sich vom Rhein zurück, nicht allein durch die Preisgabe Belgiens, sondern auch des Breisgaus, und baute dafür in Venetien seine italienische Stellung aus; es wandelte sich stärker als vorher zu einer Südost- und Donaumacht, ohne auf hegemoniale Aspirationen in Deutschland zu verzichten. Russland rückte durch die Annexion von Zentralpolen nach Westen vor. Frankreich, wo das bourbonische Königtum wieder eingesetzt wurde, verlor nur Savoyen und Nizza, behielt aber Elsass und Lothringen. Preußen schließlich konnte sich zwar halb Sachsen, die Rheinprovinz und Westfalen einverleiben, aber sein Territorium blieb nach wie vor unzusammenhängend, durch Hannover und Hessen-Kassel getrennt.

In der Reichsgründungszeit hatte sich Otto von Bismarck nahezu mit all diesen territorialen, in seinem Geburtsjahr getroffenen Regelungen auseinanderzusetzen, erst recht mit dem in Wien abgeschlossenen Bundesvertrag, der eine krasse Missachtung aller nationalen Hoffnungen war, da er weder für eine Bundesregierung noch für ein Bundesparlament plädierte.

Das zentrale Organ mit dem schönfärberischen Namen Bundestag mit Sitz in Frankfurt am Main bildete eine Konferenz von Gesandten, die gebunden waren an die Instruktionen ihrer Regierungen. Die Souveränität der deutschen Fürsten blieb als Ergebnis eines halben Jahrtausends deutscher Geschichte erhalten.

Kindheitsmuster

In dieser aufgewühlten Epoche verbrachte der am 1. April 1815 in Schönhausen geborene Otto von Bismarck seine frühe Kindheit nicht in der Altmark, sondern in der ländlichen Idylle Pommerns.

Nach als hart und lieblos empfundenen sechs Jahren in der Plamannschen Erziehungsanstalt in Berlin kam für ihn in den Gymnasien, zuletzt im Grauen Kloster, eine Zeit freierer Geistesentwicklung. Als Otto von Bismarck 1832 das Gymnasium verließ, neigte er im Religiösen – keineswegs staatskonform – zum Pantheismus, wogegen im Politischen die mannigfachen Einflüsse des kritischen Berlin nicht stark genug waren, »um angeborene preußisch-monarchische Gefühle auszutilgen«. Trotz seines Urpreußentums widerstand er »dem zuletzt ziemlich kategorischen Drängen« seiner Eltern,

»Soldat zu werden, mit siegreicher Festigkeit«. Doch auch für eine Laufbahn im Verwaltungsdienst konnte er sich nicht erwärmen, da beklagte er »die körperlich und geistig eingeschrumpfte Brust, welche das Resultat des Beamtenlebens« sein werde. Worauf sein Tatendrang sich richtete, sagte er im Herbst 1838: Weniger auf dem »breitgetretenen Weg durch Examen, Connexionen, Actenstudium und Wohlwollen« seiner Vorgesetzten würden ihn Erfolge reizen, vielmehr könnten die »eines Mitspielers bei energischen politischen Bewegungen« auf ihn »eine jede Überlegung ausschließende Anziehungskraft ausüben, wie das Licht auf die Mücke«.[2]

Allerdings stand er, dreißigjährig und unverheiratet, immer noch am Anfang; seine soziale und persönliche Mentalität brachte ihn in zahlreiche Widersprüche. Er war preußischer Monarchist, aber scheute den Militärdienst und die bürokratische Arbeit; er war Junker und fühlte sich nicht heimisch in den üblichen Landjunkerkreisen. Sein geistiger Radius und sein Wirkungsdrang reichten beträchtlich über das Niveau seiner Standesgenossen hinaus. Theodor Fontane hat in jungen Jahren den märkischen Adel geliebt und ihn idealisierend verklärt, der kundige Otto von Bismarck aber tat das in Bezug auf den Landadel Pommerns wie den der Altmark nie. Was sollte er anfangen, um sein träge dahinschaukelndes Lebensschiff endlich ins strömende Wasser zu bringen?

Zunächst befasste er sich mit der Landwirtschaft, brachte Ordnung ins väterliche Gut in Pommern, las viel belletristische und religionskritische Bücher, erhielt als verantwortlicher Deichhauptmann für die rechtsseitige Elbstrecke von Jerichow bis Sandau sein erstes selbstständiges öffentliches Amt; doch das alles vermochte sein Aktionsbedürfnis nicht zu befriedigen.

Landleben III

In Kniephof gab es nach wie vor keine Bauern, neben dem Hausgesinde nur Instleute, auch Einlieger genannt. Das in Ostelbien nach 1815 mit dem Fortschreiten der Agrarreform sich weithin ausbildende Instverhältnis war insofern eine Übergangserscheinung, als der Instmann nicht mehr erbuntertäniger Büdner, aber noch nicht jener oft genug den Arbeitsplatz wechselnde Landarbeiter aus der Zeit etwa nach 1870 war. Dem Gutsherrn gegenüber war der Instmann für mehrere Jahre verpflichtet, seine und seiner Familie Arbeitskraft zu verdingen. Ob dies mündlich verabredet oder schriftlich festgelegt war, sei dahingestellt. Jedenfalls gewährte ihm der Gutsherr freie Unterkunft in den strohbedeckten, aus Lehm gebauten Fachwerkkaten, Heizmaterial, etwas Gartenland, die Ernte eines schon vorher bestimmten Landstriches und einen Anteil am Getreide, das im Winter ausgedroschen wurde. Der Geldlohn war im Allgemeinen so minimal, dass Beamte darüber von Zeit zu Zeit an die übergeordneten Behörden zu berichten für notwendig hielten. Feudale Schollenpflicht gab es nicht mehr, aber ein vorfristiges Wegziehen aus dem Gutsbezirk in die Stadt war ein Kontraktbruch, den sich ein Landarbeiter nur bei günstiger Wirtschaftskonjunktur erlauben konnte. Im Übrigen waren die Abmachungen mit dem prozentual festgelegten Anteil am Getreideerdrusch so gehalten, dass der Instmann materiell an den Gutsbesitzern durch gleiches Interesse an hohem Ernteertrag, an gutem Erdrusch und an hohen Preisen gebunden war.

Unter solchen Verhältnissen schleppten sich die seit Jahrhunderten eingefleischten Gewohnheiten im Gutsbezirk weiter; Unterwürfigkeit und patriarchalische Gebundenheit fanden nicht so rasch ihr Ende, zumal die Gutsbesitzer ihre Herrschaft als Inhaber der Polizeigewalt, als Herren des Patrimonialgerichts und als Kirchenpatrone weiterhin ausüben konnten. Gegen alle Tendenzen, diese feudalen Institutionen abzuschaffen, sollte Otto von Bismarck in den fünfziger Jahren des 19. Jahrhunderts verbissener als viele seiner Standesgenossen ankämpfen.

Gutssiedlungen wie die in Kniephof waren in Pommern häufig anzutreffen, wie überhaupt diese Provinz zu den am wenigsten bäuerlichen und am meisten junkerlichen Distrikten Preußens gehörte. »Mein Umgang«, bekannte Otto von Bismarck in einem Brief an einen Freund am 9. Januar 1845, »besteht in Hunden, Pferden und

Landjunkern, und bei Letzteren erfreue ich mich einigen Ansehens, weil ich Geschriebenes mit Leichtigkeit lesen kann, mich zu jeder Zeit wie ein Mensch kleide und dabei ein Stück Wild mit der Accuratesse eines Metzgers zerwirke, ruhig und dreist reite, ganz schwere Cigarren rauche und meine Gäste mit freundlicher Kaltblütigkeit unter den Tisch trinke …«[3]

Trotz aller liberalistisch anmutenden und gelegentlich oppositionellen Regungen blieb ihm stets bewusst, dass die materielle Basis seiner beruflichen Entscheidungsfreiheit sein Landbesitz war. Nie fiel es ihm auch nur im Traum ein, sich diesen sicheren Rückhalt schmälern zu lassen. Und man darf annehmen, dass die für seine Güter aufgewandte Arbeitskraft und Mühe die Bindung an seinen Besitz verstärkte.

Wie wandelte sich das Leben in Schönhausen? Es hatte sich Mitte des 19. Jahrhunderts zu einem reichgegliederten Gemeinwesen von annähernd zweitausend Einwohnern entwickelt, das fast schon den Charakter eines Agrarstädtchens annahm. An bedeutenden Waldungen von Eichen, Bruchhölzern und Kiefern, die den Ort noch Anfang des 18. Jahrhunderts umgaben, hatten die Gutsbesitzer wie später die Ackerleute erheblichen Raubbau betrieben. »Die westlich, nordwestlich und nordöstlich gestandenen Eichen«, so berichtet beispielsweise der Chronist, sind »bis zum Anfang dieses Jahrhunderts ausgerodet, so dass nun jede Spur der Eichwälder verschwunden ist.« In der Tat verkaufte Ferdinand von Bismarck noch 1812 Eichenholz – das war nun vorbei.

Verglichen mit Kniephof, das Otto von Bismarck Ende 1846 verpachtete, änderte sich in seinem unmittelbaren Umkreis in Schönhausen wenig. So bekannte er, das Gesinde sei alteingesessen, Inspektor, Ziegelmeister, Schäfer, Gärtner dienten den Bismarcks seit Jahrzehnten und in der zweiten Generation. Stärker als zuvor spürte er, dass »seit Jahrhunderten« seine Ahnen hier gewohnt hatten, hier geboren und gestorben waren. Dem Gutsherrenbewusstsein verband sich mehr denn je ein Ahnenstolz.

Dem Bismarckschen Gut waren vornehmlich Kossäten, zweiundzwanzig an der Zahl, dann fünf Ackermänner und fünf Büdner zugeordnet; sie alle hatten bis 1852 ihre verschiedenen Verpflichtungen aus der Zeit des Feudalismus zu erfüllen: Abgaben in Geld, unter anderem als Dienst- und Baudienstgeld, als Grundzins und Rente für aufgehobene Hütung; ferner hatten sie Abgaben in Roggen zu entrichten, alljährlich die zehnte Gans zu liefern, unentgeltlich zu spinnen und jährlich drei Tage ein Kind von mindestens sechs Jahren im Gutsgarten leichte Arbeit verrichten zu lassen.

Im Vormärz, der Zeit vor der Märzrevolution 1848, ergab sich eine bemerkenswerte Veränderung: Die früheren Handdienste waren in eine jährliche feste Geldrente umgewandelt worden. Das bedeutete, dass die Arbeiten auf dem Gut vornehmlich Tagelöhner verrichteten – ein weiterer Schritt hin zum kapitalistischen Gutsbetrieb.

Und die Frauen

Von den zahlreichen Jugendliebschaften und -affären Otto von Bismarcks hinterließ nur eine bleibende Spuren fürs Leben, nämlich die Tochter des Patriarchen der pommerschen Pietisten: Marie von Thadden. Sie berührte Tiefenschichten seiner Seele. Reizvoll war sie, diese Marie, voll sinnlicher Ausstrahlung und dennoch frommen Sinnes. Mit Erschrecken gewahrte sie seinen Pantheismus und wollte ihn aus seelischer Unbehaustheit retten. Liebevoll tat sie es und schalkhaft zugleich, man sprach und scherzte miteinander und kam sich gefährlich nahe. Gefährlich, weil eben die Frau, die Bismarcks Ideal verkörperte, schon verlobt war mit dem Freunde Moritz von Blankenburg. Welche Verwirrung der Gefühle! Nur allzu deutlich spürte Marie den Unterschied zwischen Bismarck und ihrem bieder-frommen »guten Moritz«. Unverhohlen schrieb sie sogar an den Verlobten von Bismarcks »einvernehmender Persönlichkeit«.[4] Noch deutlicher erfuhr es ihre Freundin Johanna von Puttkamer aus Reinfeld. Da ist von Goethes »Wahlverwandtschaften« die Rede, die sie vor Erregung fortlegen musste, »weil sie doch leicht über mich Gewalt bekommen könnte«, die finstere dämonische Welt, die sie darin erkennen will. Als kaum verdecktes Bekenntnis ist ihr aufregendes Gespräch mit Zitelmann zu verstehen, der von Menschen gesprochen habe, »die lange dahinlebten, ohne eine tiefe Liebe zu empfinden, die zu lieben glaubten, ja heirateten, ohne sie zu kennen. Aber wehe, wenn noch nach geschlossener Ehe die wahre Wesenserfüllung ihnen entgegentrete, dann fingen sie erst an zu leben, dann rühre sich der höhere Pulsschlag ihres Wesens – aber um für ewig unglücklich in der Ehe zu werden.«

Das alles erfuhr die Reinfelder Freundin Johanna, die Otto von Bismarck zunächst keineswegs so ansprechend fand, als er sie bei der Hochzeitsfeier Marie von Thaddens und Moritz von Blankenburgs zu Tisch führte. Außer den Raketen des Brautvaters, die einen Großbrand verursachten, zündete da nichts, obwohl es an deutlichen und überdeutlichen Hinweisen gerade von Moritzens Seite nicht gefehlt hatte. »Willst Du sie nicht, dann nehme ich sie zu meiner zweiten Frau«, hatte er forsch geschrieben.[5] Es war Marie, die die Dinge behutsamer anging und eine Harzreise des pietistischen Freundeskreises Ende Juli bis Anfang August 1846 arrangierte, auf der Bismarck Gelegenheit finden sollte, Johanna näher kennenzulernen. »Übrigens ist sie eine der liebenswertesten Frauen, die es gibt, wenn auch gar nicht hübsch«, sagte später einmal ein Gast über sie, »sie hat ihn mit ihrer großen Herzensgüte gewonnen.« Auch die Schönhauser Bauern befanden bei Johannas Einzug: »Von's schöne Geschlecht ist unsere junge Gnädige aber nicht«, was eine Verwandte Bismarcks »begreiflich« fand.[6] Sie wirkte offenbar nicht auf den ersten Blick, ihr Reiz ging von ihrer freundlich-warmherzigen Wesensart aus, von schlichter Natürlichkeit, und erschloss sich erst allmählich, auch für Bismarck, der ihr erst nach einer tiefen Erschütterung näherkam. Das war der frühe Tod Maries, die sich bei der Pflege ihrer an einem epidemischen Fieber erkrankten Mutter eine Gehirnhautentzündung zugezogen hatte und daran mit nur vierundzwanzig Jahren verstarb. »Es ist eigentlich das erste Mal, dass ich jemand durch den Tod verliere, der mir nahe stand und dessen Scheiden eine große und unerwartete Lücke in meinen Lebenskreis reißt«, schrieb Bismarck, der Marie nie vergaß. Wann immer ihm eine Frau gefiel, sah

er ein »Stückchen Marie Thadden« in ihr. Und noch im hohen Alter äußerte er, als ihm eine ihrer Nichten vorgestellt wurde: »Was sieht mich aus diesen Augen alles an!«

Nun erst war sein Herz frei, um sich nach schwerem Abschied einem Neuanfang zuzuwenden, dem mit Johanna. Marie hatte ihn zwar mit sachter Hand darauf hingelenkt, aber wahrscheinlich hatte ihr Bild ungewollt das ihrer Freundin zu sehr überstrahlt.

So fand Bismarck erst im einunddreißigsten Lebensjahr die Gefährtin, die dann achtundvierzig Jahre lang an seiner Seite leben sollte.

Ein Gutsherr geht in die Politik

Um der Enge des Landlebens zu entkommen, bedurfte Otto von Bismarck Förderer und fand sie schließlich bei den pommerschen Pietisten. Doch während der alte Pietismus im Kampf gegen die kirchlich erstarrte Orthodoxie in mancher Hinsicht der Aufklärung nahestand und dann den Absolutismus von Friedrich Wilhelm I. unterstützte, nahm der nach 1815 sich entwickelnde Neopietismus eine entgegengesetzte Stellung ein, als dieser durch sein Beamtentum Konzessio-

nen an das heraufkommende bürgerliche Zeitalter machte und die unmittelbare Machtausübung des Junkertums in seinen Gutsbezirken schwächte. Die Abwendung von der Aufklärung drückte sich bei den Neopietisten manchmal recht drastisch aus, so wenn Gustav von Below einmal schrieb, man müsse den »gewaltigen Teufel von geistiger Verstandeshoffart« bekämpfen.[7]

Otto von Bismarck behielt gegenüber dem religiösen Eifer der Pietisten immer Vorbehalte, doch ihr politisches und soziales Credo kam seinem Grundbesitzerinteresse durchaus entgegen. Jetzt eröffnete sich ihm die Möglichkeit, auf die größere Bühne gesamtpreußischer Politik zu gelangen, nicht als Staatsbeamter, sondern als einer, der für die sich herausbildende konservative Partei stritt.

Dies geschah in einer Zeit, da Deutschland die von England und Frankreich ausgehende Doppelrevolution, die industrielle und die politisch-soziale, zwar modifizieren, letztlich aber nicht verhindern konnte. Begleiterscheinung und Folge des Wandels in der Wirtschaft war die Agrarrevolution. Ihr passten sich die großen Landgüter in Produktion und Distribution an. Die industrielle Revolution stärkte die bürgerliche Welt der Fabrikanten und führte zugleich zur Herausbildung jener Arbeitermassen, die an die Stelle der Gesellen- und Lehrlingsscharen des alten Zunft- und Manufakturwesens traten. Am Ende dieses komplizierten Prozesses standen das Proletariat und ein ökonomisch-sozial zersetztes Kleinbürgertum. Mit diesen neuen Klassenbildungen und -umbildungen nahmen die liberalen, demokratischen und konservativen Parteien immer festere und zugleich differenziertere Gestalt an.

Die politisch-soziale Februarrevolution in Paris von 1848 war ein Signal gewesen, das die schon lange unzufriedenen Volksmassen in Bewegung brachte; in Wien war am 13. und in Berlin am 18. März 1848 die Absetzung der alten Minister und ihre Ersetzung durch bürgerliche vonstattengegangen. Die größte Errungenschaft des revolutionären März war die Rede-, Presse- und Versammlungsfreiheit. Dennoch blieben die Dynastien und deren Heere erhalten, also jene Mächte, die vom Herbst 1848 an alles revolutionäre Aufbegehren niederschlagen konnten.

Im Frühjahr 1848 waren Wahlen erzwungen worden, aus denen mehrere Parlamente hervorgingen, vor allem die Nationalversammlung in der Paulskirche zu Frankfurt und die preußische Abgeordnetenversammlung. Ihre Mehrheit bestand aus Vertretern des liberalen Bürgertums, welche die den Fürsten und dem Adel verbliebene Macht nicht brechen, sondern die Revolution durch »Vereinbarung« beenden wollten. Insgesamt gesehen, erwies sich die deutsche Revolution als eine abflauende, keine aufsteigende Bewegung. Ihr Niedergang begann in Preußen mit dem Hinausdrängen der liberalen Minister aus der Regierung und endete 1848 mit der Oktroyierung einer Verfassung und der Ernennung des Generals Wrangel zum Befehlshaber der Marken, wo die Bürgerwehr entwaffnet und der Belagerungszustand verkündet wurde.

Im Jahr 1848 gehörte Bismarck noch nicht zu den herausragenden Politikern, bestenfalls tat er sich als provokanter Redner hervor. Tief überzeugt, dass die Krongewalt und ihre Armee wieder zu stärken seien, hingegen eine liberale Mitregierung und erst recht eine demokratische Volksbewegung bekämpft werden müsse, fühlte er sich in seinem praktischen Verhalten doch verunsichert. In den ersten Tagen nach der Märzrevolution hatte er sich als spontaner und hitziger Draufgänger gezeigt, dann folgten Wochen des Nachdenkens. Die leitenden pietistischen Köpfe der Kamarilla, seine Förderer, der Präsident des Appellationsgerichts Ludwig von Gerlach und der Generaladjutant des Königs Leopold von Gerlach, grollten ihm mitunter ob seines vorsichtigen Taktierens. Auch bei der Gründung der *Kreuzzeitung*, des konservativen Parteiblatts, gehörte er keineswegs zu den Hauptakteuren.

Im Frühjahr 1849 beschloss die liberale Mehrheit der Frankfurter Nationalversammlung eine Reichsverfassung, deren Kernstück die allgemeinen, gleichen, geheimen und direkten Wahlen für das Volkshaus bildeten. Nur ein sogenanntes Kleindeutschland unter Ausschluss Österreichs war vorgesehen. Nachdem Preußens König Friedrich Wilhelm IV. die ihm angebotene Kaiserkrone, antiparlamentarisch voreingenommen wie er war, abgelehnt hatte, brachen in Dresden, Baden und in der Pfalz Aufstände aus; man wollte die Einführung der Reichsverfassung erzwingen. Preußen reagierte mit einer Doppelstrategie: einerseits mit Niederschlagung der radikal-demokratischen Aufstände durch Truppen unter dem Befehl des Prinzen Wilhelm, andererseits mit Inaugurierung einer deutschen Union unter seiner Hegemonie, unterstützt von kompromissbereiten Liberalen.

Bismarck wurde Abgeordneter in dem aufgrund des Dreiklassenwahlrechts gewählten Unionsparlament, das bald den Intrigen und Drohungen der beiden Großmächte Österreich und Russland sowie der deutschen Mittelstaaten ausgesetzt war. Als die Gegensätze sich verschärften, stand Preußen vor der Alternative, entweder Krieg zu führen mit Unterstützung der Liberalen, die dadurch wie die Demokraten wieder erstarken konnten, oder Kapitulieren vor den Widersachern. Die Kamarilla um die Gerlachs erreichte den Verzicht des preußischen Königs auf die Unionspolitik, was einer Kapitulation gleichkam. Anstelle des gescheiterten deutschen Bundesstaates unter preußischer Hegemonie trat ein Staatenbund. Der alte, 1815 gegründete Bundestag, eine Versammlung von Regierungsbevollmächtigten unter Vorsitz des österreichischen Gesandten, konstituierte sich wieder.

Zu allgemeiner Verwunderung und gegen alle Regeln der Beamtenlaufbahn ernannte die preußische Regierung 1850 den diplomatisch noch unerfahrenen Bismarck zu ihrem Bundestagsgesandten in Frankfurt. Das geschah nach seiner eindrucksvollen Rede über die Annahme des Diktats von Olmütz, in der er vor einem revolutionär-demokratischen Ausgang eines militärischen Machtkampfes zwischen Preußen und Österreich gewarnt hatte. Gleichwohl blieb Bismarck nicht unberührt von der Unterwerfung gegenüber Österreich und Russland, getroffen im Stolze seines Stockpreußentums. Diese Erlebnisse bewegten ihn ständig während seiner diplomatischen Gesellenjahre in Frankfurt, wo er Auseinandersetzungen führte über die Liquidation der deutschen Flotte, die Pressegesetzgebung und den von Preußen 1834 gegründeten Zollverein. Alles weitete sich aus zu einem grundsätzlichen Prestigekampf zwischen den beiden deutschen Großmächten Österreich und Preußen. Otto von Bismarck wusste da schon, dass trotz allem die alte Zeit nicht wiederzubeleben sei.

Am Frankfurter Bundestag als Gesandter Preußens absolvierte er seine politisch-diplomatische Gesellenzeit. Schon von dort aus, so sagte er später, hätte die Welt anders ausgesehen als von der pommerschen Ackerfurche her. In jener Zeit sammelte er Welt- und Menschenkenntnis und bildete eine neue Art heraus, die politischen Fragen geistig-praktisch zu bewältigen. Es waren Jahre, in denen der liberale David Hansemann in einer Landtagsrede den in den Schatz der geflügelten Worte eingegangenen Satz prägte: »Bei Geldfragen hört die Gemütlichkeit auf.« Damals entstand der Begriff »Realpolitik«.

Aber ebenso wichtig wie die äußere Erweiterung des Erfahrungshorizonts war Otto von Bismarcks innere Einstellung zu seinem neuen und von jeher erstrebten politischen Beruf. Niemals wollte er als Diplomat ein lediglich Instruktionen ausführender Beamter sein. Er zeigte geradezu Geringschätzung gegenüber seinem österreichischen Kollegen, dem Grafen von Thun-Hohenstein, weil dieser sich selten bemühe, »Einfluss auf den Inhalt seiner Instruktion zu üben«. An seinen Vorgesetzten in Berlin, den Ministerpräsidenten Otto von Manteuffel, schrieb Otto von Bismarck, Thun-Hohenstein würde ein bedeutender Mann sein, »wenn er eine starke treibende politische Überzeugung hätte, die seiner Tätigkeit Richtung und Ziel konsequent vorschriebe«.[8]

Diese Bemerkungen erhellen eigene Vorstellungen von den Aufgaben eines Diplomaten. Nie waren ihm spießerhaftes Verlangen nach Ruhe und Bequemlichkeit oder passives Sich-Abfinden mit Instruktionen eigen.

Nach der Niederlage des Zarismus im Krimkrieg 1856 gegen Frankreich und England brach die außenpolitische Basis der Stockkonservativen, der Kamarilla um die Brüder Gerlach, hoffnungslos zusammen. Hier erkannte Otto von Bismarck immer mehr seine Chance. Im Briefwechsel mit Leopold von Gerlach, dem Adjutanten Friedrich Wilhelms IV., entwickelt er den »Plan«, wie es öfter in den Briefen heißt, den er innen- und außenpolitisch in den sechziger Jahren verfolgen sollte.

Bismarck hält fest an der Unabhängigkeit der Krongewalt und ihrer Armee von aller parlamentarischen Mitbestimmung. In dieser Hinsicht macht er den Liberalen keinerlei Konzessionen; darin bestand dann auch der Kern des preußischen Heeres- und Verfassungskonfliktes in den Jahren 1861 bis 1866. Andererseits zielt er immer bewusster darauf hin, das preußische Streben nach Hegemonie in Deutschland mit dem der Liberalen nach Nationalstaatsbildung zu verbinden. Dieser von ihm konzipierte Kompromiss mit den Liberalen barg jedoch einen Rechtsbruch in sich, nämlich den Rauswurf Österreichs aus dem 1815 gegründeten Deutschen Bund und dessen Auflösung. Das Vorgehen Bismarcks im Jahre 1866 war also schon Ende der fünfziger Jahre ins Auge gefasst, wenn auch nicht im Einzelnen geplant.

Im grundsätzlichen Denken war Otto von Bismarck insofern konsequent, als er früh das Recht auf Revolution anerkannte. Im Mai 1857 wagt er in einem Brief an Leopold von Gerlach einen historischen Rückblick auf die Zeit seit der Französischen Revolution. Einmal zeigt er, wie legitime Zustände als »eingealterte« Revolutionen zu betrachten seien, zum anderen konnte der Rückblick Ausblicke auf die nächste Zukunft eröffnen, wenn es hieß: »Wie viele Existenzen gibt es noch in der heutigen politischen Welt, die nicht im revolutionären Boden wurzeln? Nehmen Sie Spanien, Portugal, Brasilien, alle amerikanischen Republiken, Belgien, Holland, die Schweiz, Griechenland, Schweden, das noch heute mit Bewusstsein in der ›glorious revolution‹ von 1688 fußende England; selbst für das Terrain, welches die heutigen deutschen Fürsten teils Kaiser und Reich, teils ihren Mitständen, den Standesherren, teils ihren eigenen Landständen abgewonnen haben, … und in unserem eigenen staatlichen Leben können wir der Benutzung revolutionärer Unterlagen nicht entgehen.«[9]

Das entspricht durchaus nicht jenem Klischee, Otto von Bismarck wäre nur ein Reaktionär gewesen. Instruktiv ist ein Vergleich mit Friedrich Engels, der fast drei Jahrzehnte später in einem Brief an August Bebel im Kern ähnliche Argumente geltend macht, wenn er Ende November 1884 schrieb: »Der bestehende politische Zustand in ganz Europa ist das Ergebnis der Revolutionen. Der Rechtsboden, das historische Recht, die Legitimität, ist überall tausendmal durchlöchert oder ganz umgestoßen worden … Das Recht zur Revolution hat existiert, sonst wären ja die jetzt Herrschenden unberechtigt … In Deutschland beruht der bestehende Zustand auf der Revolution, die mit 1848 anfing und mit 1866 abschloss.«[10] So verschieden Ausgangs- und Grundpositionen Friedrich Engels' von denen Otto von Bismarcks sind, die Aussagen beider Politiker über die Rolle der Revolutionen sind nahezu identisch.

Otto von Bismarck hatte sich im Politischen einen bemerkenswerten Denkstil angeeignet, der vorwiegend dem Empirismus verhaftet war. Damit vermochte er für einen zeitlich und räumlich begrenzten Umkreis die Kräfteverhältnisse und die handelnden Menschen realistisch einzuschätzen und konnte eine kluge Strategie und Taktik entwickeln. Mit Realitäten wirtschaften und nicht mit Fiktionen – das wurde seine Devise. Allerdings versagte sein realistischer Spürsinn, wenn ihm die Anschauung fehlte, und das war bis zu einem bestimmten Grade der Fall, sobald er mit der Welt der städtischen Arbeiter politisch zu tun hatte.

Eheleben und Kinder

Otto von Bismarck machte sich früh mit Ahnen und Verwandten vertraut – häufigen Verkehr mit anderen Linien seines Adelsgeschlechts hatte er nicht; die Kontakte waren zumeist zweckgerichtet. Beispielsweise ließ er sich von seinem Vetter Friedrich von Bismarck-

Bohlen (1818–1894), der seit 1856 Kommandeur der Leibgendarmerie war und darum stets in nächster Umgebung Friedrich Wilhelms IV. weilte, über den Krankheitsverlauf des Monarchen unterrichten. Aber die Spannungen seines konfliktgeladenen Lebens ertrug er nur durch das Refugium einer Familie. Er brauchte, wie er seiner Frau schrieb, »in der fremden Welt eine Stelle für mein Herz …, die all ihre dürren Winde nicht erkälten«.[11]

Aus der Ehe von Otto und Johanna von Bismarck entsprossen drei Kinder. In Schönhausen kam am 21. August 1848 die Tochter Marie zur Welt, am 28. Dezember 1849 wurde Herbert von Bismarck in Berlin geboren, Wilhelm von Bismarcks Geburt am 1. August 1852 kündigte die *Neue Preußische Zeitung* aus Frankfurt am Main an.

Auch wer die damalige Zeitmeinung von der Zweitrangigkeit der Mädchen nicht teilt, muss erkennen, dass die erstgeborene Marie die Farbloseste der ganzen Familie war. Johannas »gutes Kind« verfügte nicht einmal über die mitunter temperamentvolle Urwüchsigkeit der Mutter, sondern lebte ganz und gar in den häuslichen Gegebenheiten. Maries erster Verlobter, der als begabt geltende Wend zu Eulenburg, war schon im Verlobungsjahr 1876 gestorben. Am 6. November 1878 heiratete Marie schließlich den Legationssekretär Graf Kuno von Rantzau, der sich der Familie Bismarck eng anschloss und ein fleißig-biederer Privatsekretär des Kanzlers wurde, ihm im wahrsten Sinne des Wortes »zur Hand« ging.

Freunde und Bekannte nahmen durchaus wahr, dass Marie ihre Möglichkeiten nicht nutzte. Sie war bloß »leiblich« Bismarcks Kind, meinte die mit der Familie wohlvertraute Freifrau von Spitzemberg, »geistig probierte sie gar nicht, mit ihm zu leben, teilte nichts von seinen Interessen, nichts von seinen Bestrebungen«.[12] Blindlings und ohne Kenntnis der Zusammenhänge nach dem simplen Schema von Pro und Contra für den Vater Partei ergreifend, konnte Marie zwar der väterlichen Liebe, doch weniger der väterlichen Wertschätzung sicher sein. So meinte dieser einmal, es sei ein »großes Kunststück«, eine Tochter zu erziehen. Mit der oft so gewinnenden Freimütigkeit, deren Bismarck fähig war, sprach er es im April 1888 einmal aus: »Ich bin mit Marie oft hart zusammengeraten, sie hat für ihren natür-

Die drei Kinder der Bismarcks: Marie (1848 – 1926), Herbert (1849 – 1904) und Wilhelm (genannt Bill, 1852 – 1901), um 1856

lichen Verstand einen merkwürdig engen Interessenkreis: Mann, Kinder, wir erfüllen sie, aber fast kein Mensch, geschweige denn die Menschheit interessieren sie. Sie ist innerlich essentiell faul, daran liegt es.«[13]

Vom jüngsten Sohn Wilhelm, im Familien- und Bekanntenkreis Bill genannt, konnte der Vater – das erkannte dessen scharfer Blick bei aller Zuneigung sehr genau – nicht so viel aktive Hilfe erwarten wie von Herbert. Im Gegenteil, Bill wich früh aus und suchte sich andernorts eine untergeordnete Tätigkeit. Bedauerlicherweise gingen Wilhelm von Bismarcks Briefe größtenteils verloren; was überliefert ist, erhebt sich kaum über Durchschnittliches. Kein Satz, der aufhorchen lässt. Selbst wenn man darauf verzichtet, die phantasievoll-anschauliche Sprache Otto von Bismarcks zum Vergleich heranzuziehen; auch Bruder Herbert schrieb anders: politisch eigenständiger, sprachgewandter, ja auch warmherziger. Bill mag in manchem schlauer als Herbert gewesen sein, was half es, wenn er, zur Bequemlichkeit und Verantwortungsscheu neigend, ganz bewusst unter seinen Möglichkeiten blieb.

Die Brüder standen auf gutem Fuß miteinander; beide wählten die Universität Bonn, wo sie Rechtswissenschaften belegten, ins Corps Borussia eintraten und mit Billigung des Vaters, der sich offenbar eigener Reiselust in seiner Jugendzeit erinnerte, eine längere

Studienreise nach England, Schottland, Paris und Brüssel antraten. Beide machten den Frankreichfeldzug mit. »In der Schlacht von Mars la Tour vom 16. August 1870«, so erzählte später der Vater, »hatten beide Söhne als Leutnants im 1. Garde-Dragoner Regimente an dessen verlustvoller Attacke teilgenommen; der ältere, Herbert, war schwer verwundet worden und wurde wieder längere Zeit von der Mutter gepflegt, der jüngere, Wilhelm, war nur mit dem Pferde gestürzt und musste deshalb nur einige Zeit lahmen.«[14]

Wilhelm avancierte zum Ordonnanzoffizier bei General von Manteuffel, mit dem er den Winterfeldzug nach der Schweiz absolvierte und sich dabei – nach Otto von Bismarcks Ansicht – das schwere Gichtleiden holte, von dem ihn auch wiederholte Kuren in Marienbad, Kissingen und Gastein nicht befreien konnten. In den siebziger Jahren war Wilhelm von Bismarck nur gelegentlich Helfer seines Vater, was nicht allein mit seiner instabilen Gesundheit zusammenhing, sondern mit seiner Abneigung, sich politisch von ihm einspannen zu lassen.

Herbert, der älteste Sohn, erhielt in Erinnerung an Vorfahren die Namen Nikolaus, Heinrich, Herbert. Nach dem russisch-österreichischen Diktat, das Preußen Ende 1850 auferlegt worden war, vermied jedoch die Familie wegen des Anklangs an den russischen Zaren den Gebrauch des ersten Vornamens; aus dem kleinen Nikolaus wurde der heranwachsende Herbert.

Wie einst den Vater zog die militärische Laufbahn Herbert keineswegs an, er mochte sie nicht, die »Gamaschenknöpfe, die eng geworden waren im Mikrokosmos der Kaserne und ihre begrenzten Ideen von Weltauffassung tonangebend zu machen versuchten«.[15] Er wollte ebenso keine rein verwaltungsmäßig-bürokratische Laufbahn und wandte sich, kaum vierundzwanzigjährig, dem diplomatischen Bereich zu. Vom Vater behutsam gelenkt, arbeitete er kurze Zeit bei den Gesandtschaften in Dresden, München, Wien und Bern. Sein Staatsexamen legte er etwas verspätet erst im März 1876 ab. Gleich seinem Vater interessierte er sich in besonderem Maße für Geschichte, was seiner späteren diplomatischen Arbeit sehr zugutekam.

Bevor Otto von Bismarck in führender Position in die preußische Politik einsteigen darf, bekommt er unfreiwillig Innenansichten vom zaristischen Russland durch sein antiösterreichisches Agieren als Gesandter Preußens in Frankfurt. Die misstrauisch gewordenen Österreicher intrigierten ihn schließlich weg vom Bundestag, er wird nach St. Petersburg beordert, »kaltgestellt an der Newa«, wie er sagte. Aber eben dort lief er noch mehr heiß in antiösterreichischen Ambitionen, bei denen ihn der russische Reichskanzler Gortschakow unterstützte. Seit 1859 lebte er mit Unterbrechungen mit Frau und Kindern im angemieteten Palais der Gräfin Stenbock; ein Nachfahre der Gräfin wird in unserer Geschichte noch auftreten. Von diesem wohlproportionierten Gebäude mit großen Fenstern und vornehm gestalteter Fassade schweift bis heute der Blick auf die breit vorbeifließende Newa. Der für Naturerlebnisse empfängliche Bismarck beobachtete oft den Fluss und beschrieb ihn mit poetischer Bildkraft im Wechsel der Jahreszeiten: »Die Newa steht wie Granit und trägt Frachtwagen und Straßenlaternen im Eis auf den Übergängen.«[16]

Von Moskau geht er im Frühjahr 1862 als Gesandter nach Paris. Vom Kriegsminister Albrecht von Roon schon längere Zeit gegen den Widerstand König Wilhelms I. gefördert, wird Otto von Bismarck in der prekären Krisensituation des preußischen Heeres- und Verfassungskonflikts dann im September 1862 zum Ministerpräsidenten und Außenminister berufen.

Seine politische Kunst bestand darin, den strategischen Hauptgegner Österreich zum taktischen Verbündeten zu machen. Zugleich konnte er mit den militärischen Erfolgen 1863/64 und damit der Lostrennung Schleswig-Holsteins von Dänemark die Liberalen politisch in die Defensive bringen. Die Differenzen mit Österreich über die Verwaltung Schleswig-Holsteins konnte Bismarck ab Herbst 1865 derart verschärfen, dass eine kriegerische Auseinandersetzung unumgänglich wurde. Die im Frühjahr 1866 erstarkende Volksbewegung irritierte er durch den Vorschlag, ein deutsches Parlament aus allgemeinen, gleichen und direkten Wahlen hervorgehen zu lassen. Der Konfliktminister wandelte sich zum Testamentsvollstrecker liberal-demokratischer Aspirationen von 1848; zugleich aber blieb er Bewahrer ihrer Konterrevolution, insofern er die Prärogative der Krone stets entschlossen verteidigte und diese weiterhin schützen wollte.

Die Entscheidungsschlacht zwischen Preußen und Österreich begann in den Morgenstunden des 3. Juli 1866 bei Königgrätz – es war nach der Völkerschlacht bei Leipzig im Jahr 1813 die zweite große Massenschlacht des 19. Jahrhunderts. Auf den blutgetränkten Feldern beklagten die Österreicher am späten Nachmittag über zehntausend Gefallene sowie siebentausendfünfhundert Verwundete, und sie ließen zweiundzwanzigtausend Gefangene zurück. Die Preußen hatten etwa zweitausend Tote und, hier den österreichischen Verlusten nahekommend, fast siebentausend Verwundete. Zum menschlichen Elend der Gefallenen und Verwundeten kamen ausgebrannte und zusammengeschossene Dörfer, verwüstete Fluren.

Angesichts des Preußisch-Österreichischen Krieges, des »Bruderkrieges«, wie man damals sagte, wird immer wieder an Bismarcks Worte von »Eisen und Blut« erinnert, meist anklagend. Dabei übersieht man allerdings, dass er sie in der Epoche blutiger Einigungskriege und nationalrevolutionärer Aufstände aussprach. Man denke an Belgien, an Polen, an den relativ harmlosen Sonderbundkrieg in der Schweiz, an die militärischen Kampagnen in Italien und an den besonders grausamen Sezessionskrieg in den USA während der Jahre 1861 bis 1865. In der Tat wurden damals die »großen Fragen der Zeit«, wie Bismarck sich ausdrückte, durch »Eisen und Blut« gelöst. Bei seinen radikalen Gegnern dachte man nicht anders. So schrieb 1866 der badische Demokrat Ludwig Eckhart, dass »diese Einheitsfrage eine revolutionäre« sei, die »mithin nur auf dem Wege der Gewalt ... entweder von oben herab ... oder von unten herauf, durch das Volk« gelöst werden könne.[17]

Freilich, das Elend auf den Schlachtfeldern wuchs herzzerreißend. Dem schweizerischen Philanthropen Henri Dunant zum Beispiel bot sich nach der Schlacht bei Solferino ein Schreckensbild:

dahingeraffte und zerrissene Leiber, das Röcheln der Dahinscheiden-den, die Schreie der von Schmerzen, Durst und Todesängsten gequäl-ten Verwundeten, der eklige Brodem von Leichen in sengender Hitze. In Erinnerung an diese geschundenen und hilflosen Kreaturen, die kurz zuvor gesunde Männer gewesen waren, entstand der Gedanke, eine Organisation von Helfern zu schaffen; in der Tat wurde eine Bewegung ins Leben gerufen, aus der schließlich das Rote Kreuz hervorging.

Nach dem militärischen Sieg Preußens über Österreich 1866 be-gann in Deutschland die Staatsumwälzung durch Annexionen von Hannover, Kurhessen, Schleswig-Holstein und Frankfurt an Preu-ßen, ferner durch die Entthronung von drei Fürsten. Dies geschah gegen alle Prinzipien der Legitimität und des Gottesgnadentums. Da-rüber war der Zar begreiflicherweise recht ungehalten. Bismarck ließ ihm sagen, es sei besser, eine Revolution zu machen als zu erleiden.

Überdies beseitigte er den 1815 auf dem Wiener Kongress ge-schaffenen Deutschen Bund. Der 1867 gegründete Norddeutsche Bund war die Vorstufe des im Krieg gegen Frankreich geborenen Kaiserreiches von 1871. Das war der politische Höhepunkt der deut-schen Revolution von oben. So verstanden es viele Zeitgenossen von links bis rechts. Der bedeutende Liberale Ludwig Bamberger bei-spielsweise schrieb 1867, dass Bismarck – allen illiberalen Zügen sei-nes Wesens zum Trotz – letzten Endes im Dienste der 1789 begon-nenen bürgerlich-kapitalistischen Umwälzung agiere.

Zur Revolution von oben gehörten ferner die später zur Reichs-verfassung gewordene Verfassung des Norddeutschen Bundes sowie eine umfangreiche Gesetzgebung, die dem Industriekapitalismus der freien Konkurrenz diente.

Nachdem die Vereinigung von Nord- und Süddeutschland durch ein Zollparlament gescheitert war und sich Widerstände in Bayern und Württemberg gegen einen Nationalstaat unter preußi-scher Hegemonie verstärkten, erhöhte sich die Gefahr einer Inter-vention durch Frankreich, zumal Napoleon III. in eine innenpoliti-sche Krise geriet, so dass – wie Otto von Bismarck im März 1870 einschätzte – die wachsende Unzufriedenheit der Bevölkerung die

Nation zur Ablenkung in einen Krieg zwingen könnte. Unter diesen Umständen ließ sich Frankreich durch die berühmt-berüchtigte Emser Depesche Bismarcks provozieren zum letzten der preußisch-deutschen Einigungskriege von 1870/71.

Nach der Niederlage und Gefangennahme Napoleons III. bei Sedan im September 1870 war noch ein schwerer Waffengang notwendig, der mit dem Siege Preußen-Deutschlands endete. Mit der Kaiserproklamation zu Versailles und dem Friedensschluss mit Frankreich war das nationalpolitische Ziel erreicht und Otto von Bismarck auf dem Höhepunkt seiner Laufbahn angelangt.

An allen historischen Wendepunkten – 1864, 1866, 1870/71 – musste er entweder hinter dem Rücken seines Königs handeln oder dessen Widerstand mit nervenaufreibender Mühsal brechen. Das alles war unvermeidlich, weil hier zwei voneinander abhängige Persönlichkeiten wesensverschieden waren. Bismarck erarbeitete stets eine konkrete und situationsbezogene Konzeption; Wilhelm hatte nie eine solche, sondern nur allgemeine Prinzipien, mit denen der harten und komplizierten Wirklichkeit letztlich nicht beizukommen war. Bismarck war adels- und preußenstolz, dennoch nüchterner Realpolitiker, Wilhelm dagegen teils sentimental-legitimistischer, teils prestigebedachter Moralist. Recht schwach in seiner Fähigkeit entwickelt, die Dinge zu sehen, wie sie sind, ersetzte König Wilhelm konsequentes Denken durch moralisierenden Eigensinn, der stets durch die Macht der Verhältnisse und mit sehr viel Mühe gebrochen werden musste.

Lotse im Sturm

Im März 1871 versetzte Wilhelm I. Otto von Bismarck in den erblichen Fürstenstand, eine besondere Ehrung, denn es war die einzige Ernennung mit diesem Titel in der langen Regentschaft des Kaisers; im Sommer erfolgte die Dotation des Sachsenwaldes. Er wird der Schwerpunkt der fürstlichen Linie der Bismarcks bis zum heutigen Tag – doch für Otto von Bismarck bleibt noch für lange Zeit das

»Die Proklamierung des Deutschen Kaiserreichs«,
Gemälde von Anton von Werner, 1885

hinterpommersche Varzin mit seinen Hügeln und Seen, Kiefern-
und Laubwäldern bevorzugter Ort. Hier hatte er seine »depeschen-
sicheren Plätze«[18] auf schmalen Seitenwegen, auf denen er sich gegen alle Beunruhigungen der hohen Politik abschirmen, sich an den
Wäldern erfreuen und in Ruhe nachdenken konnte über politische
Strategien. Varzin hatte er von einer kaiserlichen Dotation nach dem
gewonnenen Krieg gegen Österreich 1866 erworben. Der avancierte
Fürst vergrößerte 1871 das Gut und ließ vieles ausbauen. Sein Verhältnis zum Eigentum wurzelt tief im altadligen Besitzdenken;
Bäume seien Ahnen, sagte er einmal und nannte sich einen »Baum-
narren«.[19] Aber es sollten seine Ahnen und seine Bäume sein. So
verriet der Sohn Herbert einmal, sein Vater könne angesichts eines
schönen und großen Parks sagen: »Was mir nicht gehört, interessiert
mich nicht.« Noch deutlicher drückte es Otto von Bismarck selbst
aus: »Es liegt mir wenig daran, ein schönes Haus zu bewohnen, in

schönen Parks spazieren zu gehen, in guten Betten zu schlafen und an feinen Tafeln zu speisen. Ich finde in dem allen keinen Reiz, wenn das Haus nicht mein Haus, diese Bäume nicht meine Bäume, wenn es nicht mein Bett und mein Tisch ist.«[20]

Dennoch war er nach Kaiserproklamation und Reichsgründung, nach Erhebung in den Fürstenstand und dem Erwerb neuer Besitztümer nicht siegestrunken blind. Er agierte als ein bedenkenüberladener Mann, der »nach oben wie nach unten Stimmungen berücksichtigen« musste, die die Annexion von Elsass und Lothringen verlangten.[21] Die damit verbundenen Zukunftsbelastungen erkennend, bemühte er sich, feierlich als Grundlage seiner zukünftigen Außenpolitik die territoriale Saturiertheit seines Reiches und die Nichteinmischung in fremde Angelegenheiten zu erklären. Diese beiden Grundsätze formulierte er in der von ihm verfassten Thronrede vom März 1871.

Vieles in Otto von Bismarcks Handlungsweise, was als diabolisch erschien, war nur der subjektive Ausdruck der objektiven Logik in der dreigeteilten Macht des preußisch-deutschen Bonapartismus. Um möglichst lange darin in überragender Stellung zu bleiben, war er gehalten, Dynastie, Armee, Minister, Reichstag, Parteien, Organisationen einerseits niederzuhalten, andererseits so zu erhalten, dass er sie je nach Bedarf als Gegengewicht im Kräftespiel des staatlichen und gesellschaftlichen Lebens benutzen konnte.

Neue innenpolitische Probleme erwuchsen in der Gründerzeit nur allzu bald. Im konstituierenden Deutschen Reichstag hatte Otto von Bismarck es nicht mehr allein mit den beiden liberalen und konservativen Parteien zu tun, die sich nach 1866 herausgebildet hatten, sondern auch mit der im Winter 1870/71 gegründeten katholischen Zentrumspartei, die mit der päpstlichen Kurie in Rom Kontakt pflegte. Vor allem die Liberalen in ganz Europa waren über das kurz vor Ausbruch des Deutsch-Französischen Krieges zu Ende gehende Vatikanische Konzil aufgebracht. Unter Pius IX. wurde der dort schon lange bekundete Geist der Unduldsamkeit, des Eifers und des Machtanspruchs der Papstkirche feierlich bestätigt und die Unfehlbarkeit des Papstes in allen dogmatischen Fragen verkündet. Der bedeutende Mediziner Rudolf Virchow, ein Linksliberaler, sprach deshalb später vom »Kulturkampf«, der gegen die Kirche geführt werden müsse.

Das rein Dogmatische des Vatikanischen Konzils interessierte Otto von Bismarck kaum. Besorgt war er jedoch zunehmend wegen dreier Aspekte des Konzils und der vorausgegangenen päpstlichen Kundgebungen, des »Syllabus errorum« und der »Enzyklika«. Einmal wegen der klerikalen Machtansprüche im Staat, nicht zuletzt im Unterrichtswesen, was ein altes Toleranzprinzip der preußischen Staatsräson, die Gleichberechtigung aller Religionen, erneut gefährdete. Zum anderen beunruhigten ihn die zentrifugalen Kräfte des Reiches wegen ihres überzogenen Partikularismus, vertreten vor allem vom katholischen Zentrum. Und dann erwuchs die Gefahr einer katholischen, reichsfeindlichen Liga etwa zwischen Österreich, Italien und Frankreich. So gab Bismarck dem preußischen Kultusminister Adalbert Falk weitgehend freie Hand für die Ausarbeitung einer antiklerikalen Gesetzgebung, die unter anderem die kirchliche Schulaufsicht beseitigte und die Anzeigepflicht bei Neuanstellung von Pfarrern und damit ein Vetorecht der Behörden vorsah. Das Kirchenvolk war weniger vom Inhalt der Kulturkampfgesetze berührt als von der Art und Weise, wie sie durchgesetzt wurden. Die Verhaftung von Priestern, angefangen von Kaplänen bis zu Bischöfen, sofern sie die gesetzlichen Bestimmungen nicht befolgten, führte oft genug dazu, dass monate-, ja jahrelang Pfarreien verwaisten. Ende der siebziger Jahre wurde Otto von Bismarck klar, dass der Kulturkampf in der ursprünglichen Weise nicht mehr weitergeführt werden konnte. Die Zeit zum Einlenken war günstig, weil der neue Papst, Leo XIII., zu einigen Kompromissen bereit war. So erreichte die katholische Kirche das Ende der Verfolgung, aber keineswegs die Zurücknahme wesentlicher Kulturkampfgesetze, etwa der Schulaufsicht und der Zivilehe. Die Zentrumspartei blieb stark genug, um die Interessen des katholischen Kirchen- und Volkslebens wirksam zu vertreten.

Während des »Kulturkampfes« wirkten Bismarck und die Liberalen zusammen, noch enger war diese Zusammenarbeit auf dem

Gebiet der Wirtschaftspolitik. Die reichsgesetzlichen Regelungen des Währungs- und Münzwesens und im Zusammenhang damit der Banken dienten der Entwicklung des Handels und des Kreditwesens. Parallel zu den Banken und mit ihnen wuchsen die Schwerindustrie, also Bergbau und Hüttenwesen, aber auch die eisenverarbeitende Industrie, der Maschinenbau. In den achtziger Jahren kündigte sich das Zeitalter der Elektroindustrie an. Auf dem Boden des herausgebildeten Industriekapitalismus verlagerte sich der Schwerpunkt des historisch-politischen Geschehens von der nationalen zur sozialen Frage. Sehr zu Recht konnte Bismarck am Ende seines Lebens davon sprechen, dass die Einheit Deutschlands viele neue Energien entwickelt und neue Interessen geschaffen habe. Doch die soziale Frage, so konzedierte er weiter, mache alle Regierungen schaudern. Sie stand in der Tat auf der Tagesordnung, zumal nach 1873 eine Finanz- und Wirtschaftskrise unbekannter Intensität einsetzte, die von heutigen Beobachtern als erste der bislang drei großen des Kapitalismus charakterisiert wird; die beiden anderen sind die 1929 und die 2008 begonnene Systemkrise.

Am 9. Mai 1873 veröffentlichte die Wiener Börse einen Kurszettel, der statt der Notierungen nur Striche enthielt, was peinlich mit der gleichzeitigen Weltausstellung in der Donaumetropole kontrastierte. Was in Österreich begann, erfasste nacheinander Italien und Russland und bezog am 20. September mit dem Zusammenbruch des New Yorker Bankhauses Jay Cooke & Co., der Bank der Regierung, Nordamerika ein. Anfang Oktober griff die Krise auf Deutschland über, was nach dem Wiener Börsenkrach der Finanzintimus Bleichröder Bismarck vorausgesagt hatte.

Die Börsenkönige hatten im Gründer- und Spekulationseifer Menschen aus allen besitzenden Klassen und Schichten, von der kaiserlich-königlichen Familie bis zu Besitzern von Tante-Emma-Läden, in ihre Geschäfte hineingezogen und überhörten jene Stimmen, die davor warnten, die französischen Kriegsmilliarden allzu rasch und unbedacht in den Kreislauf der Wirtschaft zu pumpen, wo sie wie Drogen wirkten, die die Produktion weit über den Bedarf stimulierten und zum großen Kollaps führten.

Panik ergriff dann die Spekulanten; Geldjäger sahen sich plötzlich in ein für sie unverständliches Unglück oder gar in die Schande des Bankrotts gestürzt, nicht selten kam allerlei Betrug ans Licht. Schuld erheischte Sühne! Vor allem Angestellte bekamen es zu spüren, die in der Zeit des Milliardenfiebers der Verlockung nicht widerstanden hatten, von den Gewinnen der Großen durch Unterschlagungen und Fälschungen etwas abzubekommen; sie wurden am ehesten gefasst, so dass Kassierer, Bankbeamte und Prokuristen in einer bis dahin noch nie dagewesenen Zahl ihr Leben mit Selbstmord oder ihre Karriere im Gefängnis beendeten. Nur auf die großen Spekulanten konnte der Betrugsparagraph des Reichsstrafgesetzbuches nicht angewandt werden. Liberale Juristen zeigten sich erbötig, ihnen durch spitzfindige Erörterungen ehrbares Tun zu bescheinigen.

Viele Gründer, die vor Ausbruch des Banken- und Börsenkrachs jegliche Regierungsintervention entrüstet zurückgewiesen hätten, riefen nun nach Staatshilfe, verlangten die Wiedereinführung der von der Kriegszeit noch in Erinnerung gebliebenen Vorschusskasse oder die Ermächtigung für die Preußische Bank, wertgeminderte Aktien beleihen zu dürfen. Doch vorerst konnten nur »notleidende Institute« unterstützt werden. Am ehesten intervenierte man, ganz im Sinn der Staatsregierung, zugunsten von Eisenbahngesellschaften.

Als die ganze Flut der Bankzusammenbrüche kam, war es der Preußischen Bank nicht mehr möglich, für alle Bedrohten und Betroffenen Stützdämme zu bauen, weder materiell noch moralisch-politisch. Mit Recht sah die öffentliche Meinung in den zahlungsunfähigen Bankiers nicht Notleidende, sondern Spekulanten, die keine Staatshilfe verdienten. Die meisten der Gescheiterten blieben sich selbst überlassen und auf die vielgepriesenen Selbstheilungskräfte der Wirtschaft verwiesen, was durchaus in der Logik des Kapitalismus der freien Konkurrenz lag.

Ende Juli 1874 gab sich Bleichröder in einem Brief an Otto von Bismarck optimistisch: »Im geschäftlichen Leben ist es außerordentlich still, die Börsen wollen sich noch immer nicht erholen; doch ich denke, zum Spätherbst müssen die Course anziehen, weil das Publikum im Allgemeinen die Gewohnheit angenommen hat, lieber gut zu essen und zu trinken, als gut schlafen zu wollen.«[22]

Dennoch mussten viele Bauunternehmer Arbeiter und Handwerker entlassen; die Gebäude blieben unfertig. Auch in anderen Bereichen spitzten sich soziale Konflikte zu. Die Sozialdemokratie erstarkte durch die Einigung der bisher getrennten und einander bekämpfenden Lassalleaner und der Marx-Anhänger im Jahre 1875. Otto von Bismarck reagierte mit einer Doppelstrategie: einerseits mit Repressionen, andererseits mit Konzessionen in Gestalt der Sozialversicherung.

Die Repression war das 1878 im Reichstag durchgebrachte Ausnahmegesetz gegen die Sozialdemokratie, gegen ihre Organisationen und Presseorgane; das Verbot traf auch nahezu alle Gewerkschaften; sozialdemokratische Funktionäre wurden aus den Betrieben entlassen, gelegentlich durch die Erklärung des sogenannten kleinen Belagerungszustandes aus ihren Heimatorten verwiesen. Die einzige legale Betätigung blieb den Sozialdemokraten in Wahlvereinen, die Kandidaten ernennen konnten, so dass die Arbeiterpartei während der ganzen Zeit des Sozialistengesetzes im Reichstag vertreten war.

Konzessionen wurden durch die Sozialversicherungsgesetze gewährt in Gestalt der Kranken-, Unfall-, Alters- und Invalidenversicherung. Sie wurden zukunftsweisend, selbst in außerdeutschen Ländern, zeigten sich aber im Jahrzehnt ihrer Entstehung politisch nicht wirksam. Das bewies die von Wahl zu Wahl anwachsende Stimmenzahl für die Sozialdemokratie. Die Leistungen der Sozialversicherung waren noch viel zu gering, zumal sie keine Fabrikgesetzgebung ergänzte, die sich etwa auf Arbeitszeit oder Arbeiterschutz bezog. Dagegen stemmte sich Bismarck mit schier unglaublicher Hartnäckigkeit; seine gutsherrlich-patriarchalischen Überzeugungen trafen sich mit dem Herr-im-Hause-Standpunkt der Unternehmer, die man bezeichnenderweise »Schlotbarone« nannte. Die patriarchalische Mentalität der in sich zwar gegliederten, aber doch einheitlichen Elite aus allmählich zusammenwachsendem Adel und Besitzbürgertum, in der sich Sentimentalität und Brutalität vermischte, drückte Krupp mit klassischer Klarheit aus: »Wir wollen nur treue Arbeiter haben, die dankbar im Herzen und in der Tat dafür sind, dass wir ihnen das Brot bieten, wir wollen sie mit aller Menschenliebe behandeln und für sie wie für ihre Familien sorgen, sie sollen das Maximum bei uns verdienen, was eine Industrie bieten kann, oder wir geben solche Industrie auf, bei der die Leute hungern müssen. Dagegen soll aber niemand wagen, gegen ein wohlwollendes Regiment sich zu erheben, und eher ist alles in die Luft zu sprengen, alles zu opfern, als Arbeiterbegehr nachzugeben unter dem Druck von Streiks.«[23]

Seit Jahren wollten sich die Arbeiter nicht mit Abschlagzahlungen für Kranke, Invalide und Altersschwache begnügen, sondern forderten auch den Schutz der Gesunden in den Betrieben. Dieses elementare Verlangen war im großen Bergarbeiterstreik von 1889 laut und unmissverständlich vorgetragen geworden. Im Übrigen tagte am 14. Juli 1889, am hundertsten Jahrestag des Sturms auf die Bastille, in Paris ein internationaler Arbeiterkongress, auf dem die II. Internationale gegründet wurde. Ihre zentrale Gegenwartsforderung war der Achtstundentag. So war eine Fabrikgesetzgebung für den Schutz der gesunden Arbeiter national und international auf die Tagesordnung gesetzt – dringend und drängend.

Familienleben und -drama

Herbert von Bismarck übernahm bereitwillig die Verpflichtung, den Vater, den Krankheiten und Nervenkrisen plagten, zu entlasten. Dem Vertrauen des Vaters entsprach die Ergebenheit des Sohnes – ein seltener Fall. Keine Phase der Opposition, des Sich-lösen-Wollens oder gar rebellischer Behauptung individueller Eigenständigkeit, nein, der Vergleich mit der ihn umgebenden Gesellschaft verwies Herbert immer wieder auf den Vater. Wie viel Heuchelei und Liebedienerei hatten doch beide Kanzlersöhne schon als Heranwachsende kennengelernt! Herbert hatte sich nun entschieden, und er blieb dabei.

Von Verdiensten, die wir zu schätzen wissen, tragen wir den

Keim in uns, sagt Goethe; in dieser Richtung muss es wohl gelegen haben. Denn lediglich ausführendes Organ war Herbert von Bismarck nicht, er war willig, nicht willenlos, und es waren gerade seine zweifellos vorhandenen Fähigkeiten, die ihm Konflikte einbrachten. Latent war ihm schon bewusst, dass er sich zuschanden arbeitete.

Und Otto von Bismarck war der Sohn als Stütze und Vertrauter bereits Mitte der siebziger Jahre unentbehrlich. Heiße Angst überkam ihn mitunter in schlaflosen Nächten, wenn ihn der Gedanke erschreckte, diesen Sohn verlieren zu können. Davon zeugt ein Brief vom 15. Oktober 1875, in dem es hieß: »Ich weiß nicht, mein lieber Junge, ob dieser dich noch in Berlin trifft, aber er mag immer nicht zu spät kommen. Mich beunruhigt in schlaflosen Stunden der Gedanke, dass dem bösen Feind, der sein Hauptquartier jenseits der Alpen hat, allerhand welsche Traditionen eigen sind. Thu mir den Gefallen und iß und trink dort nichts, was besonders für Dich bereitet werden könnte. Dein Leben ist ihnen bisher nicht schädlich, aber sie wissen, dass der Pfeil mich treffen würde. Sieh das nicht als krankhafte Sorge an, sondern hüte Dich, mir zu Liebe.«[24]

Nur wenn man dieses Von-Angst-gepeinigt-Sein Otto von Bismarcks recht versteht, seine tiefe Sorge um Herbert, der auch im politischen Sinne ein Stück von ihm war, begreift man die überempfindlichen Reaktionen des Vaters bei allem, was seinen Sohn betraf.

Auf den Gipfeln ist es oft kalt, auch in der Politik. Im Jahrzehnt nach den drei siegreich geführten Kriegen schrumpfte der Kreis derer, denen Otto von Bismarck wirklich vertrauen konnte; es drängten sich mehr denn je Menschen mit karrieristischen Absichten berechnend vor. Der Kanzler wusste nur zu genau, dass er sich weniger denn je den Menschen erschließen durfte. In der Familie war seine unpolitische Frau für einen Gedankenaustausch ungeeignet, ganz zu schweigen von der Tochter Marie. Der Sohn Wilhelm zog sich gern zurück und übernahm in der Politik nur nebengeordnete Aufgaben; ein ruhiges Amt in der provinziellen Verwaltung sagte ihm am meisten zu. Wer blieb, war der älteste Sohn Herbert, dem Vater zugetan, politisch interessiert, überaus fleißig und zuverlässig, Otto von Bismarcks Stütze und Hoffnung. Geradezu unerträglich musste für den

Vater mit seiner schwerer werdenden Bürde die Vorstellung sein, dass er ihm entfremdet werden könnte.

Diese Gefahr tauchte auf, als sich Herbert in die Fürstin Elisabeth von Carolath-Beuthen, eine geborene Gräfin Hatzfeldt-Trachenberg, verliebte und eine Ehe erwog, nachdem im April 1881 die Scheidung von ihrem ersten Mann ausgesprochen worden war. So erfasste die Familie Bismarck in einer Zeit, da der physisch erschöpfte Kanzler innenpolitisch hart kämpfen musste, eine schwere Erschütterung.

Die Beziehungen Elisabeth von Caroliths zu Herbert von Bismarck konnten unter gar keinem unglücklicheren Stern stehen, denn diese Frau verkörperte so ziemlich alles, was Otto von Bismarck gegen eine familiäre Verbindung aufbringen konnte: Sie stammte, wie Philipp von Eulenburg, damals der Vertraute Herberts, zu berichten wusste, »aus einem Kreise, den der alte Kanzler seit zwanzig Jahren als feindlich bewertete: Gegner in politischen und konfessionellen Fragen, Gegner 1866, Gegner im Kulturkampf, Gegner in der gesamten Lebensanschauung«.[25]

Die Fürstin war als Hocharistokratin »ihr Leben lang gewohnt, sich keinerlei Beschränkungen in ihrer Lebensführung aufzuerlegen«. Niemals hätte sie, so meinte selbst der mit ihr sympathisierende Eulenburg, »in Herberts Elternhaus den Ton uneleganter Schlichtheit getroffen ..., der hier herrschte«. Und etwas maliziös, im Kern aber zutreffend, setzte er hinzu: »Der Hauch provinzieller Landedelleute aus kleiner Begüterung ist niemals aus dem Salon Bismarck gewichen. Dazu trug der ganze Familienkreis den Stempel der Echtheit. Mochte man an dem Wesen dieses Kreises Geschmack finden oder nicht: niemand wird ihm den Vorzug des Echten und Unverfälschten abstreiten können.« Johanna, die die Schlichtheit des Landjunkertums verkörperte, hätte sich nie an eine selbstbewusst elegante Schwiegertochter Elisabeth von Carolath gewöhnen können.

Die Dame aus dem schlesischen, ehemals österreichischen Magnatentum wollte den Kanzlersohn für sich gewinnen und erwartete, dass Herbert um ihretwillen mit den Eltern breche und die Kraft aufbringe, »die Frau, die er liebte, gegen Hölle und Teufel sich zu

271

erringen«. Indem Fürstin Elisabeth so die Tiefenschichten Herberts verkannte, die ihn menschlich mit dem Elternhaus und politisch aus verpflichtender Überzeugung mit dem Vater verbanden, beging sie den entscheidenden Fehler. Sie habe sich, wie Eulenburg ihrer fraulichen Eitelkeit fast entschuldigend zubilligte, »die realen Hemmnisse nicht völlig klar gemacht, die Herbert wie mit eisernen Klammern gefangen hielten«.

Während die Fürstin sich ganz ihrer Neigung zu dem ansehnlichen Kanzlersohn hingab und auf ihre Anziehungskraft vertraute, ging es bei Herbert von Bismarck von Anfang an nicht ohne angst- und ahnungsvolles Vorgefühl ab. Dem damaligen Freund Philipp von Eulenburg eröffnete Herbert im April 1881, er hätte schon vor fünf Jahren, als die Fürstin erstmals ihre Scheidung vor ihm erwog, nicht dringend dazu geraten. Dennoch: Den Sturm der Leidenschaften, der nun über Herbert hinwegbrauste und ihn sogar bedenklich knickte, hatte er doch nicht erwartet. Er fühlte sich in tiefstem Zwiespalt zwischen den drängenden Forderungen der von ihm geliebten Frau und der elementaren Gewalt, mit der die Ausbrüche seines Vaters ihm die ganze Unlösbarkeit seines Konfliktes verdeutlichten. Der damals sechsundsechzigjährige und gesundheitlich schwer angegriffene Otto von Bismarck fühlte sich in seinem Lebensnerv getroffen und daher zum Eingreifen genötigt.

Es muss für jeden engagierten Politiker zum schwerwiegenden Problem werden, wenn sich ein Familienangehöriger einem konträren Lebensbereich anschließen will. Wie dann erst bei einem Bismarck, dem Herbert so viel mehr war als nur der leibliche Sohn. Nachdem er sich während der vergangenen Jahre auf verschiedenen Gesandtschaftsposten mit der diplomatischen Praxis und der politischen Gedankenwelt seines Vaters vertraut gemacht hatte, war er gerade Anfang 1881 in die Politische Abteilung des Auswärtigen Amtes eingeführt worden. Sichtbarer und intensiver denn je wurde Herbert des Vaters Stütze; der nervlich überreizte Kanzler musste darum kämpfen, dass der Sohn ihm die schwerer werdende Bürde weiter tragen half und ihm das Refugium eines einträchtigen familiären Kreises erhalten blieb. Ohnehin von Natur aus misstrauisch, konnte ihm leicht der Argwohn aufkommen, dass die Verbindung seines Sohnes mit Elisabeth von Carolath von hocharistokratischen Gegnern interessiert gefördert worden sei.

Die Vielzahl der politischen und menschlichen Probleme, die sich plötzlich auftaten, trieb Bismarck zum Äußersten. Es ist glaubwürdig, dass er nahe am Nervenzusammenbruch war. Herbert berichtete am 28. April 1881 aus Berlin dem damaligen Freunde »Phili« erschüttert: »Mein Vater hat mir unter schluchzenden Thränen gesagt, es wäre sein fester Entschluss, nicht weiter zu leben, wenn diese Heirath zu Stande käme, er hätte genug vom Leben, nur in der Hoffnung auf mich noch Trost bei all seinen Kämpfen gefunden, und wenn das jetzt ihm auch noch genommen würde, wäre es aus mit ihm … Und von meiner Mutter, die seit einigen Jahren schon an dem Herzen leidet, haben mir zwei Ärzte, die wohl gar nicht einmal genau Bescheid über mich wissen, gesagt, dass ihr Zustand gefährlich wäre, dass sehr bald etwas geschehen müsse und dass eine starke Gemütsbewegung gleich zum äußersten führen würde.«

Unerbittlich übte Bismarck zudem noch einen offiziellen Zwang und materiellen Druck aus, was er eigentlich gar nicht nötig gehabt hätte. Herbert schrieb darüber: »Dabei wird mir der Abschied aus dem Dienst verweigert, ich kann also ohne Konsens gar nicht heirathen (vor Ablauf von 10 Monaten geht es überhaupt gesetzlich nicht), und ich muss doch auch daran denken, dass ich der Fürstin garnichts bieten kann, denn nach den Majoratsstatuten, wie sie eben mit Genehmigung des Kaisers geändert sind, ist derjenige Sohn enterbt, der eine geschiedene Frau heirathet, und da mein Vater nichts hat außer dem großen Grundbesitz der beiden Majorate, so bleibt mir nichts. Pflichtteil gibt es bei Majoraten nicht.« Seine innere Zwangslage enthüllend, fuhr Herbert fort: »Dies wäre mir nun ja egal, wo ich doch in keinem Fall nach der Heirath lange leben könnte, denn der Bruch und das Verderben meiner Eltern würde mich umbringen; … mein lieber Phili, wie mich diese Unterredung mit meinem Vater erschüttert hat, dafür gibt es keine Worte, davon werde ich mich nie erholen, ich kann das nie vergessen, dass mein Vater um meinetwillen so aufgebracht ist.«

Der Gedanke, er könnte das Ende seiner Eltern verschulden, war »entsetzlich« für den Sohn. Herbert wusste zu genau, dass die Verzweiflungsausbrüche seines Vaters echt und keine Theatralik waren. Nicht mehr zwanzig Jahre alt, als ihn der Sturm der Liebesleidenschaft erfasste, sondern über dreißig und im amtlichen Dienst stehend, konnte er ermessen, was dieser zu tragen hatte. Unmöglich also, sich dem Vielgeplagten zu widersetzen und die Bindungen ans Elternhaus zu lösen, die in der Familienatmosphäre und -tradition, in der politischen Überzeugung und im Respekt vor der historischen Leistung seines Vaters wurzelten. Was Herbert bewegte, war nicht die willenlose Unterwerfung unter ein väterliches Diktat, sondern letztlich die Einsicht in politische und menschliche Notwendigkeiten.

Andererseits litt er nicht allein unter dem Verzicht auf seine Liebe, sondern auch unter dem Vertrauensbruch gegenüber der Fürstin Elisabeth. Schrieb er doch einmal an Eulenburg: »Ich tue es ja nicht aus eigener Entschließung, denn das wäre mir ganz unmöglich, selbst gegen den geringsten Menschen; ich habe, so viel an mir lag, niemals jemanden im Stich gelassen, der mir vertraut hat, das widerstrebt meinem Charakter, und es mag die kleinste Sache und meinen Diener oder Tagelöhner betreffend sein, immer habe ich vor mir selbst das Bedürfnis, das in mich gesetzte Vertrauen nicht zu betrügen. Ich kann nichts vergessen, weder mir noch anderen, und dass ich gerade hier, wo mir alles daran lag in unmögliche Situationen gebracht bin und auf das Härteste mich gezwungen sehe, anders zu handeln, als die arme Fürstin es nun schließlich erwartet hatte, das macht mich bitter und trocken im Herzen.«

Alle befanden sich in einer seelischen Zerreißprobe, am schwersten aber litt zweifellos Herbert. Er verstünde jetzt, so bekannte er, »wie den Leuten zu Mut war, die früher von 4 Pferden auseinandergerissen wurden«. Und zwei Tage später, am 8. Mai: »Ich könnte jetzt nie mehr auch nur einen Tag glücklich werden.« Sogar todessüchtige Äußerungen werden laut: »Nein, ich habe nur den einen Wunsch, nach der körperlichen Auflösung, ich fühle mich auch körperlich matt, elend und schmerzbehaftet – der Gedanke, dass es bald zu Ende gehen kann, tröstet mich!«

Wenn die Fürstin Elisabeth in geradezu erstaunlicher Weise die tiefwurzelnden Bindungen Herberts ans Elternhaus nicht recht verstehen konnte, dann fragt man sich, woher das verbreitete Urteil stammt, dass diese Frau das ersehnte Glück gebracht haben würde. Immerhin war sie zehn Jahre älter als er, viele Probleme mussten für sie schon dadurch anders geartet sein; auch die Frage der Nachkommenschaft spielte, wie Herbert in späteren Jahren zu erkennen geben wird, keine unbeträchtliche Rolle in der Familie Bismarck.

Vielleicht war Otto von Bismarck doch nicht der Unhold, der sich egoistisch-ungebärdig dem strahlenden Liebesglück des Paares entgegenstellte? Es liegt viel näher, in ihm den der Verzweiflung nahen Vater zu sehen, der um seine zuverlässige und zu dieser Zeit schon notwendige Stütze bangte.

Ganz gewiss, Herbert von Bismarck war aus dem Sturm der Leidenschaften nicht ohne schwere Verwundungen hervorgegangen. Die ihn näher kannten, bezeugen es: Er wurde noch aufopferungsvoller in seiner Arbeit als früher, aber freudloser, melancholischer; seine Schroffheit gegenüber den Menschen nahm zu. Nachdem dieses Lebensdrama für ihn zu Ende gegangen war – ein Drama, dessen Abschluss schon am Anfang feststand, eigentlich war es nur ein explosiver fünfter Akt –, schrieb er am 17. Juli 1881 aus Kissingen an Eulenburg, von dem er die Tröstung der tief gekränkten und schließlich für ihn verstummenden Fürstin erwartete: »Mir ist so dumpf und stumpf in der Seele, wie sollte das auch anders sein – der Rest des Lebens liegt vor mir wie eine endlose sandige Pappelallee in flacher Gegend, ich wate darin weiter trotz aller Müdigkeit, wenn ich auch genau absehe, dass es immer so bleiben wird, wie jetzt – aber wenn ich damit aufhöre und stillstehe, bleibt es ebenso, da folge ich dem mechanischen Schritt, solange ich es aushalte. Ich suche möglichst viel zu arbeiten, aber das nimmt mich doch nicht ganz in Anspruch, es ist auch im Grunde immer dasselbe, viel Mühe, noch mehr Widerwärtigkeiten und am meisten Ekel vor der crapule von Menschengeschmeiß, mit der man sich herumschlagen muss oder die man leiten soll. Mein Vater hat wirklich recht, wenn er im Gefühl der Ermattung und Amtsmüdigkeit sagt: ›Ich bin es müde, Schweine zu treiben.‹«

In diesem schmerzerfüllten Bekenntnis, in dem Herbert fast die Bildkraft seines Vaters erreicht, zeichnen sich auch die Unterschiede ihrer Charaktere ab. Otto von Bismarck war ein Mensch voll tiefer Widersprüche, bei dem sich Hartes und Weiches oft kontrastreich verbanden und sich die Entschlossenheit, einen gordischen Knoten zu zerschlagen, zu warmherziger Empfindung für die Seinen gesellen konnte. Der Sohn Herbert aber war nicht nur ein Mensch in seinem Widerspruch, sondern einer, bei dem die Pole seines Wesens sich kaum zu berühren schienen. Seine Untergebenen, die unter seiner oft hochfahrenden, verletzenden Art litten, konnten sich wohl kaum vorstellen, dass er einmal, der Pflichtaufgabe der Politik ohne Bedauern entsagend, schreiben würde, er frage sich, wozu er sich den »Verletzungen seines Inneren« und dem »großen Lügengewebe, das alle Wahrheit fälscht«, aussetzen solle; hätte das »Treiben dieser Verlogenheit« doch auch die letzten Lebensjahre seines Vaters verbittert.[26] Wenn bei diesem aber auf Perioden der Enttäuschung und Ermattung immer wieder solche der energischen, aktiven Zielgerichtetheit folgten, so blieb die Grundstimmung bei Herbert pessimistisch. Familiäres Glück – kaum noch erhofft von ihm – hatte das Leben schließlich doch noch für ihn bereit, aber befriedigende Selbstverwirklichung in der Politik vermochte er nicht zu finden.

Herberts jüngerer Bruder Wilhelm von Bismarck erkannte wie kein anderer, welche Last jenem bei der Zusammenarbeit mit dem Vater auferlegt war. Schrieb er ihm doch: »Glaube mir, das Leben mit Papa und ein fortwährender verantwortlicher Verkehr mit ihm ist für jemand, der ihn liebt und Unbequemlichkeiten von ihm fernhalten will, ungeheuer aufreibend. Er verlangt einen kolossalen Nervenverbrauch. Aber da Du mit ihm unvergleichlich besser eingearbeitet bist als ich, wirst Du diese Nervenwirkungen auch leichter zu vermeiden wissen.«[27] Ganz offensichtlich: Nicht nur Otto von Bismarck prüfte seinen Sohn Bill als möglichen politischen Mitarbeiter, auch dieser machte seine Erfahrungen mit dem Vater und zog Schlussfolgerungen daraus.

Nachdem Bill im dritten Erfurter Wahlkreis Mühlhausen-Langensalza 1878 bei der Nachwahl für den Reichstag als Freikonserva-

Die Familie Otto von Bismarcks um 1890 (v.l.n.r.): Dr. Rudolf Chrysander, Maries Mann Kuno Graf zu Rantzau, die drei Enkel Rantzau, der Sohn Herbert, Lindow, der Erzieher der Rantzau-Kinder, Wilhelms Frau Sibylle, geb. von Arnim-Kröchlendorff, der Sohn Wilhelm, die Tochter Marie, verh. Gräfin Rantzau, Ernst von Schweninger, Bismarcks Frau Johanna, geb. von Puttkamer, Otto von Bismarck und Herberts Frau Marguerite, geb. Gräfin von Hoyos

tiver kandidiert und ein Mandat errungen hatte, begleitete er seinen Vater im Sommer 1878 von Kissingen nach Gastein und hielt sich auch im Herbst des Jahres zu dessen Verfügung. Im Jahr darauf fuhr er mit ihm wiederum nach Gastein, als mit dem Leiter der auswärtigen Politik Österreich-Ungarns die entscheidenden Unterredungen vor Abschluss des deutsch-österreichischen Defensivvertrages geführt wurden. Damit war eigentlich schon die nähere Zusammenarbeit mit seinem Vater zu Ende.

Bill übersiedelte von Berlin nach Straßburg, wo er dem Statthalter von Elsass-Lothringen, dem Feldmarschall von Manteuffel, zugeordnet war. Seine spätere Tätigkeit lag im Wesentlichen auf dem Gebiet der Verwaltung. Nach seiner Heirat mit der Kusine Sibylle von Arnim-Kröchlendorff, der Tochter von Bismarcks Schwester Malwine, übernahm er den Landratsposten in Hanau. Von dort aus lobte man ihn, dem Vater zuliebe, als Regierungspräsidenten nach Hannover und schließlich als Oberpräsidenten nach Ostpreußen. Kein Avancement aus Notwendigkeit also, wie Otto von Bismarck es immer für sich gewünscht hatte, sondern eindeutig eine sozusagen protokollarische Begünstigung.

Wilhelm von Bismarck war in seiner Art durchaus intelligent, ein guter Beobachter; der Mitarbeiter Arthur von Brauer erwähnte Bills »listige Augen, die hinter der Brille spöttisch funkelten«.[28] Im Unterschied zu Herbert aber war er bequem, wobei man vielleicht seine frühe chronische Gichterkrankung nicht vergessen darf. Von sich selbst schrieb er 1887: »Ich bin nie Hofmann gewesen, habe mich stets als das Gegenteil von servil gezeigt und gelte bei Hofe wahrscheinlich als Frondeur.«[29] Wenn er sich politisch auch nicht allzu stark engagieren wollte, interessiert war er auf jeden Fall am Verlauf der Dinge. Davon zeugen die Briefe, die ihm der Bruder Herbert in reicher Fülle zu schreiben pflegte, denn die beiden kamen gut miteinander aus.

Mochte er sich sein Gichtleiden unverschuldet zugezogen haben, im Winterfeldzug 1871, wie der Vater meinte, die unbändige Esslust des immer wieder enorm übergewichtigen und dabei eher als klein zu bezeichnenden Mannes wäre zu zügeln gewesen.

Beide Söhne starben früh, Wilhelm schon 1901, Herbert 1904, die beiden Witwen dagegen wurden alt und starben erst in dem Jahr, in dem das von ihrem Schwiegervater gegründete Reich endgültig zugrunde ging: 1945. Zumindest eine wird in unserer Erzählung symbolkräftig erscheinen. Vor dem Auftritt der Söhne Herberts von Bismarck wenden wir uns wieder Otto von Bismarck zu.

Außenpolitik und Sturz

Als Grundlage von Bismarcks Außenpolitik galt nach 1871 die territoriale Saturiertheit des Reiches und Nichteinmischung in fremde Angelegenheiten. Davon ausgehend, strebte er stets aufs Neue die

Sicherheit des Reiches durch das Gleichgewicht der europäischen Großmächte an.

Schon während der Orientkrise, also in der Zeit des Russisch-Türkischen Krieges von 1877/78 und insbesondere auf dem Berliner Kongress von 1878, mahnte Bismarck als »ehrlicher Makler« unablässig, dass die zwischen Russland, Österreich-Ungarn und Großbritannien bestehenden Meinungs- und Interessenunterschiede zwar wichtig seien, aber man solle sie doch nicht für so lebenswichtig erachten, dass man deshalb in Gefahr gerate, Europa in Brand zu stecken.

Zur Beurteilung dieser Friedensbekundung müssen allerdings noch andere Aspekte beachtet werden. In seinem Kissinger Diktat vom 15. Juni 1877 erkannte Bismarck sowohl in den russisch-englischen als auch in den russisch-österreichischen Beziehungen eine letzte, stets vorhandene Rivalität, »die sie zur Teilnahme an Koalitionen gegen uns … kaum fähig macht«. Es war ihm also an einer Sicherheitspolitik gelegen, die Deutschland aus den militärischen Auseinandersetzungen der Zeit heraushalten sollte, anders als führende Generalstäbler wie Waldersee wollte er keine Präventivkriege gegen Frankreich oder Russland führen.

Vor allem lag ihm daran, ein russisch-französisches Bündnis zu verhindern und Deutschland davor zu bewahren, in Balkanhändel militärisch hineingezogen zu werden. Dem diente das Dreikaiserverhältnis zwischen Deutschland, Russland und Österreich. Im Jahr 1887 schloss er den geheimen, später berühmt gewordenen Rückversicherungsvertrag mit Russland ab, der wohlwollende Neutralität für den Fall, dass eine der beiden abschließenden Mächte von einer dritten Großmacht angegriffen werde, zusicherte. Seine diplomatischen Bemühungen gingen dahin, Frankreich an einem antideutschen Bündnis zu hindern. Aber er hegte niemals die Illusion, Frankreich als Großmacht vernichten zu können.

Wie aber kam es 1890 zum Sturz des Reichskanzlers? Damals hatte er es nicht mehr mit dem alten Kaiser Wilhelm I. zu tun, der im März 1888 verstarb, auch nicht mehr mit dem todkranken Kaiser Friedrich, dem Hundert-Tage-Kaiser, sondern mit dem jungen Kaiser Wilhelm II., der eine herausfordernde »Weltpolitik« anstrebte.

Die Reichstagswahlen vom Februar 1890 brachten für die Regierung und die systemkonformen Parteien eine böse Überraschung: die deutsche Sozialdemokratie erhielt die meisten Stimmen, in Berlin erreichte sie sogar die absolute Mehrheit. Die Krise des Kanzlerregimes war unausweichlich geworden, zumal sich zu innen- und sozialpolitischen Differenzen schicksalsschwere Auseinandersetzungen über die Außenpolitik gesellten. All das führte schließlich zum Sturz Bismarcks. Viele in Deutschland atmeten auf, aber das Ausland war betroffen. Respekt vor dem scheidenden Staatsmann vermischte sich mit Unbehagen vor dem künftigen außenpolitischen Kurs, repräsentiert durch den jungen Kaiser.

Rastlos im Ruhestand

Bismarck zog sich nach Friedrichsruh zurück, war aber dort, entgegen allen Erwartungen selbst seiner Familienangehörigen, politisch keineswegs im Ruhestand. Dass die unpolitische Johanna sich da getäuscht hatte, ist verständlich. Aber auch der vertraute Sohn Herbert nahm mit Erstaunen wahr, dass der Vater, entfernt von internen Informationsquellen, nun noch mehr Zeitungen abonnierte, um die Dinge weiter verfolgen zu können. Bismarcks Opposition im Sachsenwald ist zu Unrecht als die eines lediglich grollenden Alten abgetan worden. Bevor dieser politisch intervenierende und frondierende Bismarck vorgestellt wird, sei doch einiges gesagt über die Interessengebiete, denen er sich jetzt wieder stärker zuwandte.

Ein Leben lang begleitete Bismarck die Belletristik, allen voran Shakespeare, den er frei zu zitieren pflegte, aber auch Schillers Dramen, die er jetzt nochmals in der Reihenfolge ihrer Entstehung lesen wollte, und er fing wirklich mit den »Räubern« an. Manche Klassikerausgaben ließ er sich mehrfach schenken, um sie an seinen verschiedenen Wohnorten immer griffbereit zu haben. Natürlich kannte er Goethe, Chamisso, Heine, Schwab, aber auch Byron, mit dem er sich in der Jugend besonders intensiv befasst hatte. Zweifellos war es neben seiner bekannten Beziehung zur Natur vor allem die zur Literatur, die seine sprachliche Ausdrucksfähigkeit zu hohem literarischen Rang steigerte. In jüngeren Jahren hatte er gern Musik gehört und sich vor allem Beethoven, aber auch Schumann, Mozart, Chopin und Mendelssohn-Bartholdy von Johanna und dem vertrauten Keudell vorspielen lassen. Opernhäuser und Konzertsäle suchte er nicht gern auf. Er liebte – auch hier ganz der Landadlige – die Hausmusik. Noch im Sommer 1896 ließ er sich von dem berühmten Geiger Joseph Joachim Sonaten von Beethoven vorspielen.

Ein besonderes, sogar hochpolitisches Verhältnis bestand zwischen Otto von Bismarck und Hans von Bülow, der das Berliner Philharmonische Orchester zu Weltruhm gebracht hatte. Bülow brachte es sogar fertig, die Beethovensche »Eroica«, die ursprünglich Napoleon zugeeignet werden sollte, bei seinem Abschiedskonzert demonstrativ »dem Beethoven der deutschen Politik«, nämlich Bismarck, zu widmen.

Trotz des ihm eigenen Beziehungsreichtums zur Landschaft, zur Literatur und zur Musik war Bismarck auch im letzten Lebensjahrzehnt von seiner beherrschenden Leidenschaft, der Politik, erfüllt. Keine drei Wochen vergingen seit seiner Verabschiedung, da knüpfte er Beziehungen zu den bisher als nationalliberal bekannten *Hamburger Nachrichten* an, die seiner Meinung Ausdruck verliehen. Auch sonst empfing er allerhand Besucher, über die er seine Ansichten verbreiten ließ. Der reiche politische Erfahrungsschatz, der ihm zu Gebote stand, seine strategischen Überlegungen und die manchmal irritierende Fülle seiner taktischen politischen Kunstmittel fanden hier in Tischgesprächen und Interviews anschaulichen Ausdruck. »Der beste Rat in der Politik nützt nichts«, so meinte er, »wenn er nicht in der richtigen Weise ausgeführt wird. Das ist wie beim Reiten. Sie können einem Reiter in der Bahn die besten Hilfen zurufen, wenn er sie nicht in sich hat und der Natur seines Pferdes gemäß ausführt, wird es ihm nichts nutzen. Schließlich wird ihn der Gaul abwerfen.«[30]

Von eigenen Erfahrungen ausgehend, hält Bismarck Geduld für ein unerlässliches Requisit des Staatsmannes, sie bedeutet für ihn jedoch kein passives Abwarten, denn es müsse sich ihr die Fähigkeit zugesellen, »intuitiv zu erkennen, wohin der richtige Weg geht«, man müsse die Dinge rechtzeitig herannahen sehen und sich darauf einstellen. »Ist der Zug aber über die falsche Weichenstellung hinaus auf die schiefe Ebene geraten«, so erläutert er, sind die Bremsschrauben gelöst, so wird »keine Gewalt ihn mehr vor dem Zerschellen bewahren«.[31]

Welchen Wert er der Diplomatie beimaß, lässt sich daran erkennen, dass er ihr den Stellenwert der Kunst gibt. »Dafür ist eben die Diplomatie da«, so seine Meinung, »die Anlässe zu beseitigen, das muss sie können … Die Diplomatie ist kein Schusterstuhl, auf dem man sitzt, den Knieriemen angespannt und einen Fleck aufs Loch setzt. Die Diplomatie ist kein Handwerk, das man mit den Jahren erlernt und auf der Walze weiter ausbildet. Die Diplomatie ist eine Kunst.«[32]

Der imperiale Aktionismus unter Wilhelm II. zielte zunächst auf die Gunst Englands als Ersatz für die getrübten Beziehungen zu Russland. Mit der Forcierung des Schlachtflottenbaus richtete sich die Strategie aber schließlich gegen grundlegende Machtinteressen des alten Empire. In beiden Fällen verstieß man gegen die Politik des Gleichgewichts in Europa, was bei Bismarck wachsende Ängste um den Bestand des Reiches hervorrief. Anglophil war Bismarck nie, schon wegen des parlamentarischen Systems im Inselreich. Wenn er sich 1889 um allianzähnliche Bindungen mit England bemüht hatte, dann war das keineswegs gegen Russland gerichtet gewesen, das im europäischen Gleichgewichtssystem niemals fehlen durfte. Nach dem ergebnislosen Zwischenspiel äußerte sich Bismarck in den neunziger Jahren mehrmals recht unfreundlich über den britischen Kolonialexpansionismus. Aber selbst wenn er während der Auseinandersetzungen zwischen den Engländern und den Buren Partei für die Letzteren nahm, wollte er den britischen Löwen niemals reizen, wie das Wilhelm II. unbekümmert und ungehemmt mit seinem provokatorischen Glückwunschtelegramm an Ohm Krüger, den Präsidenten des Burenstaates, tat.

Bismarck stimmte zwar 1897 einer begrenzten Erweiterung der Marine zu, aber er wies die Vorstellungen, »eine achtbare Flottenstärke« könne Deutschland für Russland und andere Mächte bündnisfähig machen, beinahe zornig von der Hand. Sein Misstrauen gegen den Bau von Großkampfschiffen war unverkennbar; aber seine physische Kraft reichte nicht mehr aus, um seinen Einwänden in der Öffentlichkeit den nötigen Nachdruck zu verschaffen. Dennoch wurde der Altkanzler in August Bebels Reichstagsrede vom 11. Dezember 1897 als ungewöhnlicher Kronzeuge genannt: »Ich stimme mit dem Fürsten Bismarck sehr selten überein, aber in dem Einen hat er unzweifelhaft recht, das er vor einigen Monaten durch sein Organ in Hamburg verkünden ließ. Er sei der Meinung, dass die Schaffung einer Flotte, wie sie jetzt geplant wäre, außerordentlich Bedenkliches hätte.«[33]

In der Tat fühlte sich Großbritannien zwischen 1901 und 1907 gezwungen, den antideutschen Mächten beizutreten und zusammen mit Russland und Frankreich die Triple-Entente zu bilden. Die gefürchtete Ost-West-Einklammerung erweiterte sich durch England zur Gefahr einer Einkreisung.

Deutschland konnte durchaus ohne Schlachtschiffgeschwader auf die Weltmärkte gelangen, aber es ließ von seinem Imponiergehabe und seinen »undefinierten globalen Ansprüchen« nicht ab. Die ständig wachsenden deutschen Seestreitkräfte belasteten die ohnehin »weltweit überstrapazierte« britische Flotte, waren sie doch schon dadurch eine Bedrohung, dass ihre Stützpunkte ausnahmslos an der Nordsee lagen, gegenüber der englischen Küste.

Ein harter Wettkampf um Absatzmärkte und Auslandsinvestitionen war durchaus normal für die Wirtschaft im imperialen Zeitalter, doch es bestand für Deutschland kein determinierter Zusammenhang zwischen dem, was sich in dieser ökonomischen Sphäre abspielte, und einer Politik der Rüstung zur See. Der gegen die alte Seemacht gerichtete Militarismus des immer noch jungen Reiches war schlechterdings parvenuehaft und – was schlimmer wog – abenteuerlich. Er widersprach in eklatanter Weise dem Geiste Bismarcks und dessen politischem Stil.

Noch ein halbes Jahr vor seinem Tod am 30. Juli 1898 ließ Bismarck seine Meinung zur angekündigten Weltpolitik veröffentlichen.

Deutschland sollte sich auf überseeische Unternehmungen, so hieß es in den *Leipziger Neuesten Nachrichten*, nur dann einlassen, wenn dadurch kein Konflikt mit anderen Großmächten entstünde. Das Bedürfnis, überall dabei zu sein, widerspräche dem realen Interesse Deutschlands. Es komme nicht darauf an, »der Eitelkeit der Nation oder der Herrschsucht der Regierenden zu schmeicheln«. Bismarck wollte nichts wissen von einem »Wirtschaften auf Prestige«.[34] Das Sicherheitsbedürfnis Deutschlands stand ihm über dem kolonialen Expansionismus, dem er in seiner Amtszeit unter dem Druck von Interessenten und Ideologen eine Zeitlang nachgegeben hatte. Aber er hütete sich stets vor einer »Weltpolitik«, die mächtige Gegenbündnisse heraufbeschwören könnte und schließlich heraufbeschwor.

Es war ein bedenkliches Zeichen der Zeit, dass alle Mahnungen Bismarcks zur Mäßigung überhört oder als lästig empfunden wurden. So bismarckbegeistert die heranwachsende Elite der Aristokratie und des Bürgertums auch war oder sich gab, sie ließ sich von der imperialistischen Emphase doch hinreißen und wurde zweifelsüchtig am Alten im Sachsenwald. Das brachte, stellvertretend, der junge Graf Kessler zum Ausdruck, der Bismarck mit anderen Kommilitonen bereits 1891 in Kissingen aufsuchte, worüber er folgendermaßen berichtete: »Je länger man zuhörte, umso stärker zwang sich einem die Erkenntnis auf, dass, was er sagte, sich an eine Generation wandte, die der Vergangenheit angehörte … er bot uns jungen Deutschen als Lebenszweck ein politisches Rentnerdasein, die Verteidigung, den Genuss des Erworbenen; unser Schaffensdrang ging leer aus … er war, wie schmerzlich in die Augen sprang, kein Anfang, sondern ein Ende, ein grandioser Schlussakkord – ein Erfüller, kein Verkünder!«[35]

Und 1895 erklärte der einunddreißigjährige Max Weber in seiner akademischen Antrittsrede »Der Nationalstaat und die Volkswirtschaftspolitik« zu Freiburg recht provozierend: »Wir müssen begreifen, dass die Einigung Deutschlands ein Jugendstreich war, den die Nation auf ihre alten Tage beging und seiner Kostspieligkeit halber besser unterlassen hätte, wenn sie der Abschluss und nicht der Ausgangspunkt einer deutschen Weltmachtpolitik sein sollte.«

Gegenüber dem lockenden Tatendrang, der im imperialen Zeitalter gefordert erschien, verfing des Alten hellwache Gleichgewichtspolitik nicht mehr. Verehrt, aber nicht mehr gehört; allzu viele vernahmen nicht mehr, was er sagte, missverstanden ihn, weil sie es so wollten, oder taten ihn leichtfertig ab.

Die beiden zitierten Intellektuellen waren keine Einzelgänger; was sie dachten und sagten, nahmen Organisationen wie die der Alldeutschen oder der Flottenvereine auf und verbreiteten es. Zur zweckdienlich vergröberten Sicht auf Bismarck gehört die Unzahl von klotzigen Bismarcktürmen und ebensolchen -denkmälern. Er wurde heroisiert und damit als Mann von gestern abgetan.

Eitel stellte man in Plastiken und Souvenirs Otto von Bismarck zur Schau, obwohl es kaum einen Staatsmann gibt, der so wenig von persönlicher Eitelkeit erfüllt war wie er. Nicht nur, dass er eitle Menschen prinzipiell für »traitable« hielt, also zu lenken, die Eitelkeit selbst galt ihm stets als eine Eigenschaft, die vom Wert eines Menschen abzuziehen sei. So kann man ihm glauben, wenn er schrieb: »Auf Titel und Orden habe ich niemals großen Wert gelegt, so wenig wie auf Denkmäler, die man mir errichtet hat und errichten will; ich will weder ein Schaustück sein noch mich versteinert oder am wenigsten bei Lebzeiten als Mumie sehen. Mir genügt mein einfacher Name, und ich hoffe, dass er auch in der Zukunft genügen wird, die vielleicht weniger auf hohe Titel als auf erfolgreiche Taten sehen wird.«[36]

Bleibendes Erbe Otto von Bismarcks ist die Reichseinigung, in der er das nationalstaatliche Testament der deutschen Revolution von 1848 vollstreckte und sich im Strom der allgemeinen Geschichte seiner Zeit befand. Man zog da schließlich politische Konsequenzen aus der industriellen Revolution. Darum blieben alle jene Länder, denen die nationalstaatliche Einigung im 19. Jahrhundert nur unvollständig oder gar nicht gelang, ökonomisch rückständig, jedenfalls relativ gesehen. In Otto von Bismarcks Wirken zeigt sich die List der Geschichte, deren Gesetzmäßigkeiten sich immer wieder in vielfältigsten Formen durchsetzen.

Auf der Negativseite seines Wirkens bleiben seine Feindschaft

Bismarck-Denkmal in Hamburg

gegenüber allen demokratischen Kräften, insbesondere das Ausnahmegesetz gegen die Sozialdemokratie. Bismarck drängte zwar den Einfluss des Militarismus in der Außenpolitik zurück, aber ließ ihn im staatlichen und sozialen Bereich durchaus gelten; äußeres Zeichen dafür ist sein ständiges Auftreten in Uniform. Es bleibt stets bei seinem tiefwurzelnden Royalismus, der ihn trotz vieler kritischer Bemerkungen, besonders natürlich gegen Wilhelm II., in vieler Hinsicht lähmte. So konnte dieser letzte deutsche Kaiser zur Symbolfigur einer nicht nur von Unternehmern, Bürokraten und Militärs, sondern auch von bürgerlichen Parteien getragenen Politik der Herausforderung anderer traditioneller Mächte werden. Damit wurde das bedeutendste politische Erbe Bismarcks, nämlich stets Umsicht im europäischen Kräftespiel walten zu lassen, schlechterdings vertan. Diese Tragik einer reich entwickelten Persönlichkeit wurde zur Tragik der deutschen Nation.

KAPITEL 8

Der Kaiser verlässt den Raum

Erster Weltkrieg und Revolution

Als die Regimenter in den Augusttagen 1914 blumengeschmückt und umjubelt von einer in Begeisterung versetzten Menge unter schmetternden hurrapatriotischen Weisen und in gelerntem Gleichschritt zum Fronteinsatz zogen, da ahnten nur wenige, dass die Völker in einen langen, blutigen und millionenverschlingenden Krieg geraten würden. Das Traumbild eines raschen deutschen Sieges zerstob, als im September in der Marneschlacht der Durchbruch nach Paris, der scheinbar so wohl durchdachte Schlieffenplan, scheiterte. Bereits Anfang November ging der sogenannte Bewegungskrieg in den Stellungskrieg über.

Die Regierung war gezwungen, neue Kriegskredite zu fordern, deren Bewilligung nun Karl Liebknecht als einziger sozialdemokratischer Reichstagsabgeordneter verweigerte. Dieses Ausbrechen aus der Fraktionsdisziplin war mehr als Charakterstärke; im Sohn Wilhelm Liebknechts, des Demokraten und Sozialisten seit den turbulenten Tagen von 1848, verkörperte sich eine in dieser schweren Zeit weiterwirkende revolutionäre Tradition, die nicht zuletzt in Berlin lebendig geblieben war.

Im Frühling und Sommer 1916 tobten die Dauer- und Materialschlachten in der Hölle von Verdun und an der Somme. Mitten in diesen Monaten des schweren Leidens und Sterbens erklang Karl Liebknechts Stimme. Im Herzen Berlins, auf dem Potsdamer Platz, ertönte am 1. Mai 1916 vor demonstrierenden Arbeitern sein Ruf: »Nieder mit dem Krieg! Nieder mit der Regierung!« Und als daraufhin im Juni der Prozess gegen ihn begann, streikten fünfzigtausend Berliner Arbeiter; es war der erste politische Protest in diesem Weltkrieg. Auch auf der vom Waffengang verschonten Heimat lastete neue

Kriegshochzeit in Friedrichsruh: Otto von Bismarcks Enkelin Hannah von Bismarck-Schönhausen (1893–1971) heiratet im März 1915 den Rittmeister Leopold von Bredow (1875–1933).

Not. Die Behörden verordneten, um dem Mangel an Rohstoffen abzuhelfen, die Abgabe von Einrichtungsgegenständen aus Kupfer, Messing und Bronze für die Kriegsindustrie. Unerträglicher noch für die hart arbeitenden Menschen war die Lebensmittelknappheit bei steigenden Preisen, und all das angesichts eines provozierenden Kriegsgewinnlertums. In den Munitionsfabriken oder Verkehrsbetrieben mussten Frauen die Männer an der Front ersetzen, ständig in Angst vor der Schreckensmeldung: »Gefallen auf dem Felde der Ehre.«

Erbittert und gepeinigt von körperlichen und seelischen Nöten, aber bewegt von den revolutionären Geschehnissen in Russland vom Februar 1917, streikten nach dem berüchtigten Kohlrübenwinter im April 1917 die Arbeiter in dreihundert Berliner Rüstungsbetrieben. In jenen Wochen bildete sich die Unabhängige Sozialdemokratische Partei (USPD) heraus, zu der in Berlin mehr als die Hälfte der Mitglieder aus der von Friedrich Ebert und Philipp Scheidemann geführten Sozialdemokratie übertrat; auch die von Karl Liebknecht und Rosa Luxemburg politisch geleitete Spartakusgruppe verband sich mit der neuen Partei als selbstständige Gruppe.

Den Arbeiterinnen und Arbeitern drängte sich immer mehr die Frage auf, ob man dem Krieg und der Militärdiktatur nicht auf russisch-revolutionäre Art ein Ende bereiten könnte. Bewegt davon, legten am 28. Januar 1918 in Berlin vierhunderttausend die Arbeit nieder; es bildeten sich Räte als Organe der Massenaktionen. Das Streikprogramm forderte im Wesentlichen einen gemäßigten Frieden, Brot und Demokratie. Bald folgten diesem politischen Aufbegehren in Berlin die Arbeiter in allen bedeutenden Industriestädten Deutschlands. Obwohl führende Sozialdemokraten wie Otto Braun, Ebert und Scheidemann durch geschicktes Manövrieren die Lage ruhig halten konnten, steuerte das Hohenzollernregime seiner tödlichen Krise entgegen.

Großkapitalisten, Junker und fürstliche Aristokraten begannen sich gegenseitig der egoistischen Ausnutzung des Staates zu beschuldigen. Bis in den Sommer 1918 hinein wollte die Heeresleitung noch durch Offensiven einen »Siegfrieden« erzwingen. Er scheiterte an der zunehmenden Erschöpfung der Truppen und am wachsenden Übergewicht der Alliierten. Deren wochenlange Gegenoffensiven drohten für das deutsche Heer zum Debakel zu werden. Das zwang Hindenburg und Ludendorff am 29. September 1918, sich an die Reichsregierung zu wenden: Sie solle beim amerikanischen Präsidenten Woodrow Wilson die Vermittlung eines Waffenstillstands erwirken.

Mit Aussicht auf Erfolg konnte dies nur eine andere Regierung mit einem neuen Programm versuchen. So ernannte man als neuen Reichskanzler Prinz Max von Baden, der Anfang Oktober eine parlamentarische Monarchie initiieren und zugleich Waffenstillstandsverhandlungen einleiten sollte. Wilhelm II. blieb noch einige Wochen in Berlin in einer ihm immer unheimlicher werdenden Atmosphäre. Noch wagte niemand, öffentlich seine Abdankung zu fordern, nicht einmal die sozialdemokratischen Staatssekretäre in der Regierung; da reiste der einst so selbstherrliche Wilhelm am Morgen des 31. Oktober heimlich ins Große Hauptquartier nach Spa. Erst am 7. November verlangte die sozialdemokratische Parteispitze in ultimativer Form die Abdankung des Kaisers, die – wie der Sozialdemokrat Friedrich Ebert im Gespräch mit dem Prinzen Max von Baden bekannte – die herannahende »soziale Revolution« verhindern sollte.

Als am 28. Oktober die Kieler Matrosen das Signal gaben und sich weigerten, gegen die englische Flotte auszulaufen, griff in den Folgetagen die Bewegung gegen den Krieg, gegen die Hohenzollern, gegen die regierenden Fürsten und für eine Arbeiterrepublik auf die großen Städte der Wasserkante, Nordwestdeutschlands, Bayerns und schließlich auf Berlin über.

Am 9. November 1918 war Berlin reif für die Revolution. Alle Maßnahmen des Kommandierenden Generals des Garde-Korps zur Verteidigung der Innenstadt wurden zunichte vor der Massenbewegung. Selbst die als zuverlässig geltenden Truppenteile – wie das Jäger-Bataillon und das Alexander-Regiment – wollten die kaiserliche Macht nicht mehr verteidigen gegen Hunderttausende, die dem Aufruf ihrer Obleute und des Spartakusbundes folgten und ins Stadtinnere strömten. Die Truppen verbrüderten sich mit den Demonstrierenden und bildeten gemeinsam mit ihnen Arbeiter- und Soldatenräte.

Daraufhin besetzten die Arbeiter den riesigen, nicht mehr verteidigten Gebäudekomplex des Berliner Polizeipräsidiums und ernannten selbst einen Polizeipräsidenten. Um eine weitere Radikalisierung zu verhindern, mussten die führenden Sozialdemokraten rasch handeln: Scheidemann rief an einem Fenster des Reichstagsgebäudes die Republik aus; Prinz Max von Baden übergab die Regierungsgeschäfte Friedrich Ebert, der – eine Konzession an die Massenstimmung – einen »Rat der Volksbeauftragten« bildete, in dem die Vertreter der Unabhängigen Sozialdemokratie recht abhängig werden sollten von den Mehrheitssozialdemokraten.

Einen Tag nach diesem turbulenten 9. November und einen Tag vor Abschluss des Waffenstillstands ging der Kaiser ins holländische Exil, wo er erst am 28. November 1918 den Thronverzicht unterzeichnete. Die jahrhundertelange Herrschaft der Hohenzollern und der Fürsten fand damit ihr Ende.

Was bedeutete das alles für die Oberschicht, den Adel, die Bismarcks? Sebastian Haffner deutet in seinem Buch »Der Verrat« das Ende der Monarchie in Deutschland so: »Für die fernere Zukunft war das Wegschleichen des Kaisers und der lautlose Einsturz der deutschen Monarchie, den er bedeutete, ein ungeheures Ereignis. Es nahm den deutschen Oberklassen ihre Tradition und ihren Halt; es gab ihrer kommenden Gegenrevolution den desperaten und nihilistischen Zug, den sie als monarchistische Restaurationsbewegung schwerlich gehabt hätte; es hinterließ ein Vakuum, das dann schließlich Hitler füllte.«[1]

Marion Dönhoff schreibt in ihrem Erinnerungsband »Kindheit in Ostpreußen«: »Bei Ausbruch des Ersten Weltkrieges waren alle Kommandeure der achtzehn preußischen und deutschen Armeekorps Adlige. Noch gegen Ende der Monarchie waren von den dreizehn Oberpräsidenten der preußischen Provinzen – also den höchsten Verwaltungsbeamten – elf adelig. Alle Botschafter – es gab damals nur neun, denn nur in den wichtigsten Staaten war das Deutsche Reich durch Botschafter vertreten – gehörten dem Adel an, und von den achtunddreißig Gesandten, die die Wilhelmstraße in den kleineren Ländern repräsentierten, waren nur vier bürgerlich.«[2]

Es kam zu finanziellen Einbrüchen und sozialen Abstürzen, Karrieren und vorgezeichnete Lebenswege endeten jäh, emotionale und gedankliche Koordinaten wurden zerstört, so dass Stephan Malinowski, Autor des empirischen Standardwerkes »Vom König zum Führer«, konstatiert, »dass Kriegsniederlage und Revolution 1918 für den Adel als Gesamtgruppe in der Tat einen Sturz darstellten, der tiefer als für jede andere gesellschaftliche Gruppe war«.[3] Und das geschah nicht nur national, sondern auch international – man denke nur an das Ende des Zarentums. Für den Adel war es der umfassendste Einschnitt in seiner Geschichte. Das musste aber erst einmal erkannt, verschmerzt, überdacht, verarbeitet und umgesetzt werden in neue Positionen und Strategien.

Otto II. Fürst von Bismarck (1897 – 1975), der Enkel des Reichskanzlers, schrieb aufschlussreich für die jüngere Generation an seine Mutter Marguerite (1871 – 1945) am 12. November 1918 aus Potsdam:

»Es ist ja überhaupt sehr komisch, dass die Offiziere wieder in ihre Befehlsstellen eingerückt sind, (dass sie) ohne uns doch nicht fertig werden konnten. Es ist ganz witzig, weil alle bekannten Offiziere hier zusammenströmen (und) man jeden Tag alte Bekannte trifft.« Dann aber ist der Briefschreiber seiner Sache wieder nicht so sicher, er schreibe in Briefen vorsichtig, »da vielleicht kontrolliert wird«. Außerdem könne man nicht viel sagen, »da alles noch zu sehr im Fluss ist«.

Für die Jüngeren war ein Zeitalter beendet, aber keine Welt untergegangen. Paradigmatisch nannte es Arthur Moeller van den Bruck, der Ideologe einer begrifflich verschwommen bezeichneten »Konservativen Revolution«, so: »Wir wollen die Revolution gewinnen.«[4]

In der Tat, die deutsche Revolution war eine halbe, eine steckengebliebene, unvollendete, verratene – wie es die Auseinandersetzungen damit in Publizistik und Kunst immer wieder zeigten. Sie reichen hin bis zu Alfred Döblins epochaler zweieinhalbtausend Seiten umfassender Romantetralogie »November 1918 – Eine deutsche Revolution«, über die der Erneuerer des Welttheaters Bertolt Brecht schrieb, dieses epische Werk »stellt einen Triumph des neuen Typus eingreifender Dichtung dar, ein politisches und ästhetisches Unikum in der deutschen Literatur und ein Nachschlagewerk für alle Schreibenden«.[5]

Der von Frankreich ausgehende Abschied von den Monarchien leitete die Novemberrevolution in Deutschland ein, aber es war noch nicht der Sieg der bürgerlichen Demokratie, geschweige denn – wie die radikale Linke wünschte – der Aufbruch zu einer nachkapitalistischen, für sie sozialistischen Zukunft.

Am 18. Januar 1919 trat in Versailles die Alliierte Friedenskonferenz zusammen, um dem Deutschen Reich die Friedensbedingungen zu diktieren. Symbolträchtig und bewusst wählte man einen Jahrestag der Kaiserproklamation im Spiegelsaal des Schlosses von Versailles. Und dieser 18. Januar 1871 war gewählt worden, weil sich an diesem Tag im Jahr 1701 Friedrich I. in Königsberg zum ersten preußischen König erkor.

Es folgten Gebietsabtretungen, eine drastische Reduzierung der

Streitkräfte, gewaltige Reparationszahlungen, Verlust der Kolonien, Verbot der Vereinigung mit Österreich – es war weniger ein Friedensvertrag wie aus dem 19. Jahrhundert als mehr eine Urteilsverkündung für Straftaten.

Die Weimarer Verfassung und der Vertrag von Versailles ließen die erste deutsche Republik auf sehr brüchigen Grundlagen entstehen. Scharfsinnige Beobachter wie Golo Mann und Sebastian Haffner wiesen darauf immer wieder hin: Die Verfassung machte Deutschland innenpolitisch zu einem Staat der westlichen Demokratien, und der Vertrag von Versailles stempelte es zu ihrem Feind.

Mit dem Kaiser verschwanden achtzehn Bundesfürsten mit Höfen und Hofstellen, rund ein halbes Jahrtausend Mittelpunkte und Schaltstellen der Macht und des Einflusses; wesentliche Behinderungen des Parlamentarismus wie das Dreiklassenwahlrecht, das Otto von Bismarck initiiert hatte, damit er und seine Standesgenossen den Parlamentarismus ertrugen, wurden abgeschafft und aristokratische Seilschaften im Beamtenapparat reduziert; die auf hunderttausend Mann geschrumpfte Reichswehr schränkte das Offizierskorps auf wenige tausend Offiziere ein und damit ein traditionelles Berufsfeld des Adels; die Weimarer Verfassung nivellierte die Vorrechte der Hoheiten und erklärte die Adelstitel zum Bestandteil des Familiennamens, formal war es das Ende jenes Adels, wie wir ihn aus unserer Geschichte der Bismarcks kennen. Nicht verwunderlich, dass die Mehrheit der betroffenen Herrschgewohnten die Weimarer Republik – vorerst ohnmächtig – ablehnte. Es war die Geburtsstunde der sich stilisierenden Opfermythen.

Die von Kieler Matrosen begonnene, sich von Norddeutschland ausbreitende Revolution war auch geographisch steckengeblieben, weil sie einige Landesteile nicht oder nur oberflächlich erreichte. Durchaus glaubhaft berichtet Klaus von Bismarck (1912 – 1997), wie er den Umsturz in Pommern erlebte: Ein von kommunistisch gesinnten Gewerkschaftsfunktionären aufgewiegelter Gutsarbeiter aus Jarchlin versuchte, den Vater des kleinen Klaus zu erschießen. Die Pistole ging nicht los, der Attentäter »schlug daraufhin meinem Vater den Pistolenkolben ins Gesicht. Die Brille zerbrach, und Blut rann ihm über das Gesicht. Ich stand neben ihm und erschrak tief, als ich das entstellte Gesicht meines Vaters sah. Der Attentäter floh. Mein Vater, mehr oder weniger blind durch den Verlust der Brille und Blut in den Augen, verhielt sich stoisch. Der Täter wurde noch am selben Tag von der Polizei gefasst. An einem der nächsten Tage erschien seine Frau bei meiner Mutter: ›Gnädige Frau, ich wollt doch mal bitten, ob Sie nicht im Gefängnis in Naugard anrufen könnten. Ich wüsste so gerne, wie es meinem Mann geht.‹ Meine Mutter entsprach der Bitte. Das war die Revolution von 1918/19 auf dem Dorf in Pommern.«[6]

Der Landbesitz erwies sich verstärkt als ökonomisches Rückgrat des Adels, nachdem die Monarchenhöfe verschwanden und alte Verbindungen in Armee und Bürokratie sich abschwächten. Der Wechsel zwischen Gutshof und Residenz ließ nach, man lebte in der Stadt oder auf dem Gut. Der Verlust des Monarchen brachte langfristig den des monarchischen Denkens. Viele Aristokraten verarmten und radikalisierten sich. Jüngere trieb es zum Kampf, sie agierten in Freikorps und bei den Deutschnationalen.

Freilich, es gab wenige, aber markante Adlige, die nicht zur äußersten Rechten tendierten, sondern zur radikalen Linken. Der uradlige Arnold Vieth von Golßenau wandelte sich zum kommunistischen Schriftsteller Ludwig Renn, der ein Buch mit dem aussagekräftigen Titel »Adel im Untergang« schrieb; Alexander Graf Stenbock-Fermor, der im russischen Bürgerkrieg noch auf Seiten der Weißen kämpfte, ging nach Deutschland und schloss sich den Kommunisten als Schriftsteller an. Während der Nazizeit agierte er im Widerstand, und zwar von Anfang an, nicht erst im Sommer 1944. Bis zu seinem Tod 1972 schrieb er Drehbücher für die DEFA. Er ist übrigens aus dem Geschlecht jener Gräfin von Stenbock-Fermor, die einst Otto von Bismarck ein Palais vermietete, als er in den fünfziger Jahren des 19. Jahrhunderts als Gesandter in St. Petersburg arbeitete. Ein reichlich halbes Jahrhundert später, im Oktober 1917, sollte hier in der Mitte des Flusses, just vor dem Stenbockschen Palais, der Panzerkreuzer »Aurora« ankern und von dort den berühmten Kanonenschuss abfeuern, das Signal zum Sturm auf das Winterpalais. Es war der symbolische Höhepunkt der bolschewistischen Oktoberrevolution, zu jenen »Zehn Tagen, die die Welt erschütterten«, wie John Reed sein Buch nannte. Ihre Auswirkungen prägten das 20. Jahrhundert.

Im Banne des Bismarck-Mythos

Schon im wilhelminischen Deutschland begann die Verherrlichung Otto von Bismarcks in Denkmälern und mit Zitaten, wobei Letztere mitunter zweckdienlich aus dem Zusammenhang gerissen wurden. So fand man auf Tassen, Kissen und Tüchern oft den markigen Satz »Wir Deutschen fürchten Gott, aber sonst nichts in der Welt.« Das scheint für den uniformierten Blut-und-Eisen-Politiker zu passen. Allein das Zitat geht weiter. Die zweite Hälfte wird gern unterschlagen, »und die Gottesfurcht ist es schon, die uns den Frieden lieben und pflegen lässt«.[7]

In den zwanziger Jahren entwickelte sich der Bismarck-Mythos zur deutschnationalen Geschichtserzählung gegen die Weimarer Republik, gegen das »System«, wie es verächtlich hieß. Am 1. April 1924, an Otto von Bismarcks Geburtstag, veranstaltete die Deutschnationale Volkspartei (DNVP) einen Parteitag in Hamburg. Auf der Bühne stand eine überlebensgroße Büste des »Eisernen Kanzlers«, das Motto lautete: »Geist unseres Bismarck, schwebe uns voran!«[8] Als politisches Ziel forderte der Reichstagsabgeordnete Max Wallraf unter starkem Beifall die Wiedererrichtung des Bismarck-Reiches. Der 1897 geborene Enkel des Reichsgründers, der ebenfalls Otto hieß, nahm die Kandidatur zur Reichstagswahl im Weser-Ems-Kreis an. Bis zu seiner Abberufung in den diplomatischen Dienst 1927 agierte er als Abgeordneter.

Die deutschnationale Jugendorganisation nannte sich seit 1922 nach Otto von Bismarck; sein Enkel Otto II. von Bismarck übernahm die Schirmherrschaft. Sie wuchs bis 1928 auf rund zweiundvierzigtausend Mitglieder an und war damit nach der Sozialistischen Arbeiterjugend die größte Jugendorganisation in Deutschland.

Otto II. von Bismarck (1897–1975) und Ann Mari Tengbom (1907–1999)
heiraten am 18. April 1928 in Berlin; bei der Feier im Hotel Esplanade ist
neben vielen Vertretern der Reichsregierung und der schwedischen Botschaft
auch Reichspräsident Paul von Hindenburg zugegen.

Eine neue Kunst eroberte die Welt: Der Film. Bis zum Exodus
deutscher Filmschaffender nach der Machtergreifung der Nazis war
Deutschland eine Weltmacht in dieser Erzählkunst für Massen. Man
denke an Fritz Langs »Die Nibelungen« und »Metropolis«, an Friedrich Wilhelm Murnaus »Nosferatu – Eine Symphonie des Grauens«
und Walter Ruttmanns »Berlin – Die Sinfonie der Großstadt«; die
Stummfilme von Charly Chaplin und Buster Keaton machten diese
zu Ikonen der neuen Kunst rund um den Globus; ein Massenpubli-
kum nahm Sergej Eisensteins »Panzerkreuzer Potemkin« nicht nur
als Meilenstein des Filmschnitts wahr, sondern als politisches State-
ment für die Sowjetunion, den ersten Versuch eines nachkapitalistischen Staates. Aber nicht nur die radikale Linke, auch die Rechten
erkannten die emotionale Überwältigungskraft dieser Kunst.

Parallel zu Eisensteins epochalem Werk, das 1925, zum zwan-

*Immer in der Nähe der Macht: Die Familie Otto II. Fürst Bismarck
begrüßt Adolf Hitler am 13. Februar 1939 auf Gut Friedrichsruh,
im Hintergrund von links: Otto Meissner, Heinrich Lohse, Joachim
von Ribbentrop, Erich Raeder und Ernst von Weizsäcker.*

zigsten Jahrestag der Revolution von 1905, in die sowjetischen Kinos
und 1926 in die deutschen kam, brachte die eigens dafür gegründete
und von Industriellen wie Thyssen unterstützte Bismarck-Film AG
einen zweiteiligen Spielfilm über den »Eisernen Kanzler« auf die
Leinwand. Er blieb allerdings im Gegensatz zu den Fridericus-Rex-
Filmen filmgeschichtlich folgenlos.

Im Ehrenausschuss für den Bismarck-Film saß Otto II. von Bismarck, und er saß ebenso in dem für das Bismarck-Nationaldenkmal. Die Bismarck-Enkel Otto II. und Gottfried von Bismarck beeil-
ten sich, in die NSDAP einzutreten, aber nicht nur sie, auch Förderer
des Bismarck-Mythos wie die Industriellen Fritz Thyssen und Emil
Kirdorf begrüßten Hitlers Aufstieg.

Carl von Ossietzky, Chefredakteur der legendären *Weltbühne*,
nahm es 1931 als Ungeheuerlichkeit wahr, dass man Adolf Hitler als

Wiedergeburt Otto von Bismarcks feierte, denn dieser sei bei aller notwendigen Kritik schließlich eine »Jahrhundertgestalt«: »Wie groß muss die geistige Versumpfung eines Volkes sein, das in diesem albernen Poltron einen Führer sieht, also eine Persönlichkeit, der nachzueifern wäre! Wie groß muss die psychologische Unfähigkeit dieses Volkes sein, sein mangelnder Instinkt für Echtheit und für Falsifikat! Nun, Hitler wird niemals das Dritte Reich verkünden, Hitler wird untergehen.«[9]

Klare Erkenntnis der Unvereinbarkeit Hitlers und Bismarcks vermischt sich mit der Unterschätzung von Hitlers demagogischem Genie. Ein Poltron, ein Waschlappen war er nicht. Letzteres wurde Ossietzky zum Verhängnis, denn Nazi-Schergen verhafteten den großen Stilisten bereits einen Tag nach dem Reichstagsbrand, am 28. Februar 1933, und er litt schlimme Jahre im Gefängnis und im KZ, die seine Gesundheit ruinierten. Endlich entlassen, starb der Friedensnobelpreisträger des Jahres 1936 bald darauf an Tuberkulose. Eine vergleichbar markante Stellungnahme zu ihrem berühmten Vorfahren und dem »Führer« ist von keinem der Bismarck-Enkel überliefert, dafür aber schon seit 1932 Zusammenkünfte von Vertretern der fürstlichen Linie mit Hitler, Göring oder Goebbels. Die Ehrenrettung dieser Linie gebührt Hannah von Bredow, Otto von Bismarcks Enkelin, die von Anfang an Hitler als Verbrecher bezeichnete.

Insgesamt traten vierunddreißig Bismarcks aller Linien in die NSDAP ein – vier davon vor der Machtergreifung.

Eine Beziehung zwischen Hitler und Bismarck bleibt nur insofern überlegenswert, als Bismarck seinem Reich so etwas hinterließ wie »die Sehnsucht nach einer genialen Führerfigur bewusst oder unbewusst, absichtlich oder unabsichtlich als Vermächtnis ...,, ebenso wie die Abneigung gegen die Parteien«.[10]

Weltwirtschaftskrise

Der 25. Oktober 1929 ging als Schwarzer Freitag in die Geschichte ein – der Zusammenbruch des New Yorker Aktienmarktes steht am Beginn der zweiten großen Systemkrise des Kapitalismus. Die im Vergleich zur ersten Krise von 1873 verstärkte Verbindung der Volkswirtschaften mit den Kapitalströmen war besonders gravierend für die deutsche Wirtschaft, die von amerikanischen, nun eifrig zurückgeforderten Krediten abhing. Der Finanzkreislauf, der die von Deutschland an England und Frankreich bezahlten Reparationen nach Amerika als Kriegsschuldentilgung brachte und von dort teilweise als gigantische Kredite nach Deutschland zurück, erlitt einen Kollaps. Die Aktienkurse fielen tief, die Arbeitslosenzahlen stiegen hoch, und das alles traf eine Bevölkerung, der die Inflationsjahre, besonders das Jahr 1923 mit seiner immensen Geldentwertung, noch in den Knochen steckten.

Während die USA, wenn auch zögernd und erst mit dem neuen Präsidenten Franklin Roosevelt die Richtung des New Deal einschlugen, die große öffentliche Aufträge brachte, verschärfte Reichskanzler Brüning die Krise, indem er die staatlichen Leistungen sogar senkte. Ob er das aus wirtschaftspolitischen Überzeugungen tat oder um den Reparationen zu entgehen, kann hier nicht erläutert werden. Auf jeden Fall vertiefte er die Wirtschaftskrise und gefährdete damit die junge Demokratie – eine extreme Lösung lag als Zeitstimmung geradezu in der Luft. Eric Hobsbawm, »der bekannteste Historiker weltweit« (Tony Judt), charakterisiert in seiner Autobiographie »Gefährliche Zeiten« diese Jahre, die ihn prägten und die er in Berlin verbrachte: »Wer das Zeitalter der Katastrophe im zwanzigsten Jahrhundert in Europa nicht miterlebt hat, kann sich nur schwer vorstellen, was es hieß, in einer Welt zu leben, an deren Dauerhaftigkeit niemand glaubte, die nicht einmal als Welt bezeichnet werden konnte, sondern nur als Übergang zwischen der toten Vergangenheit und einer noch nicht geborenen Zukunft.«[11]

Nicht nur Schlangen von Arbeitslosen und herumstreunende Bettler sah Agnes-Marie Grisebach in der Großstadt Berlin, sondern ebenso das Leben auf einem pommerschen Gut der Bismarcks. Jahrzehnte später, Orte und Personen umbenannt, schrieb sie darüber in ihrem 1988 erschienenen erfolgreichen autobiographischen Roman »Eine Frau Jahrgang 13«. Für sie »wirkten die fast unverändert gebliebenen feudalen Verhältnisse in Stubbenhof … wie ein bei einer Überflutung ausgespartes, übriggebliebenes Stücken Land aus Grimms Märchen, wo alles noch nach wundersamen Gesetzen zuging und keiner danach fragte, ob das nun gut oder böse sei. Mit einmütiger Überzeugung glaubte man oben und unten an das, was in der Bibel über Hirten und Schafe, Herren und Knechte geschrieben steht. Weil Tante Hedwig ein verantwortungsbewusster, selbstloser und gerechter Mensch war, hielt auch jedermann in Stubbenhof das Feudalsystem für gerecht, und ich begann daran zu zweifeln, dass es die Ordnungssysteme sind, die man ändern muss, um eine bessere Welt zu schaffen, in der die Menschen glücklicher sein können. Hier schien der Weihnachtsmann jedenfalls zu jedem zu kommen, der an ihn glaubte, und ich beneidete alle, die das konnten, um ihre Seelenruhe. Ich schämte mich heimlich meiner Kritik an den Zuständen, bei denen den Besitzenden alles, den Arbeitenden nichts gehörte und diese dem guten Willen ihrer ›Herrschaft‹ völlig ausgeliefert waren.«[12]

Als sie die Tante auf ihr umständlich erscheinende Arbeitsprozesse anspricht, antwortet diese dem »lieben Kind«, dass es immer

so war und die Leute es so haben wollen. »Wir haben genug Empörung geerntet, als mein Mann und ich vor dem Krieg die Dorfkaten
modernisieren und elektrisches Licht einbauen ließen. Nie wieder
zwinge ich Leuten Veränderungen auf, die sie nicht selbst ausdrücklich wünschen. Sie würden sich alter Rechte beraubt fühlen, wenn
man sie an den im Schloss anfallenden Arbeiten nicht mehr teilneh-
men ließ oder sie gar durch Maschinen ersetzte.«

Schwer zu sagen, wo hier die Stilisierung beginnt und die
Macht der Gewohnheit endet, die sich ja bekanntlich niederschlägt
in Sprichworten wie: »Was der Bauern nicht kennt, isst er nicht.«
Wahrscheinlich spiegelt die Angst vor Maschinen auch soziale
Ängste wider, immerhin ist es die Zeit der Weltwirtschaftskrise, de-
ren Auswirkungen auch in diese abgeschottete Welt dringen. Etliche
Bettler und Landstreicher kamen ins Gut und erhielten auf Anwei-
sung ein »Stückchen« Speck.

Freilich, der Gutsbetrieb war kapitalistischer durchsetzt, als ro-
manhaft beschrieben, wenn auch die feudalen Ausprägungen stärker
waren als in anderen Regionen. Auch Klaus von Bismarck erläutert,
dass es in Pommern selbst in den zwanziger Jahren nur wenige reine
Bauerndörfer gab. Die Abhängigkeit der Landarbeiter vom Gut erfolgte dadurch, »dass der Lohn für die Landarbeit zu einem hohen
Anteil aus Deputat- oder Naturallohn bestand. Der in Geld ausge-
zahlte Stundenlohn war äußerst gering. Auch der Deputatlohn war
nicht üppig, aber reichte zum Leben.«[13]

Wenn wir Begriffe wie Kapitalismus und Feudalismus verwen-
den, so sind es Charakteristika, die das Wesen, aber nie die ganze
Gesellschaft in ihrer Fülle und Breite erfassen. Es gab schließlich im
Feudalismus schon Elemente und Bereiche, die zum Kapitalismus
tendierten und entsprechend strukturiert waren, ebenso wie der Kapitalismus der Truste und Monopole noch feudale Enklaven aufwies,
die aber Teil einer – nicht der! – kapitalistischen Volkswirtschaft
waren, die in Beziehung stand mit anderen andernorts.

Es gibt keinen linearen Fortschritt in der Geschichte, die sich
winden und wenden kann in mannigfacher Weise. Ein beredtes Beispiel liefert Klaus von Bismarck: »Trotz aller Kritik von heute ließ

die traditionell patriarchalische Ordnung auf dem Gut den Landarbeitern ihre selbstverständliche Würde. Der alte landwirtschaftliche Betrieb gab ihnen das Selbstbewusstsein, auf ihre Weise an einem wichtigen Platz in der Gesellschaft zu stehen.« Von den selbstständig-abhängigen Bauern dagegen weiß er zu berichten, dass »in Jarchlin alle Bauern die NSDAP (wählten, A. E.) oder waren schon Mitglieder dieser Partei, weil sie sich – im Gegensatz zu den Landarbeitern – viel von der proklamierten ›Blut-und-Boden‹-Agrarpolitik der Nazis versprachen. Diese Hoffnung trog sie ja auch zunächst nicht. Hitlers Agrarpolitik verschaffte ihnen Erleichterung und Vorteile. Dass der Krieg dann alles zerstörte, konnten und wollten sie als Preis damals – wie viele andere – nicht sehen.«

Allerdings war diese immer noch ständisch geprägte Welt eine Insel im Ozean eines fordistisch, das heißt nach der Organisation von Kapital und Arbeit durch den wegweisenden Industriellen Henry Ford geprägten Kapitalismus. Massenproduktion und Fließband charakterisieren eine Epoche, die poetisch anschaulich und zugleich historisch genau Charly Chaplin in seinem Meisterwerk »Modern Times« verdeutlichte.

Wie wirkte sich die langjährige Systemkrise auf die fürstliche Linie der Bismarcks aus? Am 2. November 1931 erläutert Otto II. von Bismarck, dass ihn die »außerordentliche Zuspitzung der Wirtschaftskrise und ihre Rückwirkung auf Land- und Forstwirtschaft« schon in den letzten Monaten gezwungen habe, sich »wenigstens zeitweise um die Verwaltung meiner Besitzungen persönlich zu kümmern«.[14] Nach dem Tod seines Generalbevollmächtigten bittet der in London lebende Diplomat um Urlaub vom 15. November 1931 bis zum 31. März 1932. Dieser wird ihm umgehend bewilligt, aber ohne Bezüge, um deren Auszahlung er am 12. November dringend bittet, da es ihm »trotz allen Versuchen bei dem augenblicklich vollkommenen Daniederliegen des hiesigen Wohnungsmarktes nicht gelungen ist, das Haus anderweitig zu vermieten … Es ist mir im Augenblick unmöglich aus privaten Mitteln die genannte Summe flüssig zu machen.«

Am 7. März 1932 muss er eine Urlaubsverlängerung um sechs

Monate bis zum 1. Oktober beantragen. Als Grund gibt er an, noch keinen Nachfolger für seinen Generalbevollmächtigten gefunden zu haben. Die Lage in der Land- und Forstwirtschaft nennt er »außerordentlich kritisch«. Der Nachurlaub wird gewährt »unter Einbehaltung Ihrer Bezüge und unter entsprechender Kürzung Ihres Besoldungsdienstalters«. Doch damit noch nicht genug: Die Auszeit muss er bis zum 12. Juni 1933 fortsetzen. Erst dann kann er seinen Dienst in London wieder antreten.

Freilich, es sind Luxussorgen im Vergleich zum Massenelend. Alexander von Stenbock-Fermor berichtet 1931 in seinem Aufsehen erregenden Buch »Deutschland von unten. Reise durch die proletarische Provinz« über die schlesischen Weber und die Holzarbeiter im Erzgebirge, die Chemiearbeiter in Leuna und die Mietskasernenbewohner im Berlin der »goldenen zwanziger Jahre«. Neben seine eigenen Beobachtungen stellt er Zitate aus Akten und Aufsätzen anderer, so aus amerikanischen Artikeln von Val. J. Peter, der betont, dass ihm sein Begleiter nicht ausgesucht schlechte Wohnungen gezeigt habe: »Er führte uns in Wohnungen im Berliner Norden, in der Chaussee-, Kösliner-, Ackerstraße und in der Prinzenallee, Wohnungen solider Arbeiter, die in versicherungspflichtigen Arbeitsverhältnissen stehen, Wohnungen, deren Fenster in kahle Höfe gerichtet sind, auf schmutzige hohe Mauern, von denen der Stuck abbröckelt, auf Müllkästen, die überfüllt sind, neben denen deswegen Müll zu Bergen aufgehäuft liegt, Höfe, wo sich auch Ställe befinden mit Dunggruben und Stallmisthaufen, worüber Fliegenschwärme sich tummelten. Abschreckend hässliche Höfe, die blassen Kindern als Spielplätze dienen. Dunkle steile Treppen führen in Kellerwohnungen, die nicht einen Strahl Sonne empfangen, die so feucht sind, dass Dielen faulen, Schimmel Wände bedeckt, Betten und Keilkissen verschimmeln, ja Kleider im Schrank während einer einzigen Nacht verstocken. Man sah rachitische Kinder, die in feuchten, verschimmelten Betten schlafen müssen. Man hörte herzbewegende Klagen von Hausfrauen, die mühsam erworbene Möbel gern vor dem Untergange retten möchten, aber vergebens ankämpfen gegen Nässe und Moder. Man sah … Wohnungen, die aus einer einzigen dunklen Stube bestehen, in deren einer Ecke sich eine Herdstelle befindet, die fünf Menschen als gemeinsamer Wohn- und Schlafraum dient.«

Allerdings glaubt Alexander von Stenbock-Fermor, der sich mit den Proletariern solidarisierte, es seien nicht mehr die, die Käthe Kollwitz porträtierte: »müde, verzweifelte und zu Boden gedrückte Menschen. Es sind leidenschaftliche Kämpfer, Soldaten der Revolution.«[15]

Und tatsächlich erstarkte die Kommunistische Partei in der Krise, und die Liberalen versanken in die politische Bedeutungslosigkeit. Selbst Rechte interessierten sich für die Sowjetunion, die von der Weltwirtschaftskrise nicht betroffen war. Aber der neue Vielvölkerstaat entwickelte sich nach der Machtergreifung Stalins im Jahr 1929 zu einer Diktatur, die das bis dahin größte Zwangsarbeitslagersystem errichtete. Als etliche in Deutschland sehnsuchtsvoll nach Osten blickten, verhungerten dort Millionen wegen der Kollektivierung der Landwirtschaft und des Krieges gegen die Bauern, den Stalins Schergen erbarmungslos führten.

KAPITEL 9

Der Führer betritt die Bühne

Die Enkel des Reichskanzlers

In seiner Auszeit vom diplomatischen Dienst wegen der Gefährdung seiner Besitzungen erlebt Otto II. von Bismarck die Machtergreifung der Nazis am 30. Januar 1933 als begeisterter Anhänger mit besten Kontakten. Schon knapp ein Jahr bevor Hitler Reichskanzler wurde, hatte sich Otto von Bismarck mit diesem und Goebbels, wie man in dessen Tagebüchern nachlesen kann, getroffen. Drei Tage vor der Machtergreifung schrieb er seiner Mutter, dass das zu erwartende Kabinett Hitler-Papen seinem Bruder Gottfried und ihm prächtige Karrierechancen eröffnen werde. Bereits am 1. Februar 1933 notierte Propagandaminister Joseph Goebbels, dass Otto und seine Frau Ann Mari »ganz begeistert« vom Siegeszug der Nazis seien. Einen Monat später, am 5. März 1933, heißt es: »Abends mit Hitler und den Bismarcks zusammen.« Bereits am 16. März erfolgt der nächste Eintrag: »Bis in die tiefe Nacht lange mit Fürstin Bismarck und Winifred Wagner palavert. Hitler ist auch da und in Laune.« Noch im selben Monat, am 28. März, »palavert« man erneut bis in die »tiefe Nacht«. Diese Treffen brechen dann ab, der letzte, lobhudelnde Tagebucheintrag zu den Bismarcks stammt vom 6. April 1933: »Fürstin Bismarck strahlt vor Schönheit.«

Ottos Schwester Hannah von Bredow schreibt am 7. Februar 1933 in ihr Tagebuch: »Ann-Mari in seliger Nazibegeisterung.« Vergeblich habe sie gewarnt: »Mein liebes Kind, der Herr (Hitler) ist ein Verbrecher ganz großen Ausmaßes, und es gibt keine Worte, um Eure Blindheit zu schildern.«[1]

Otto II. von Bismarck gehörte jedenfalls zu den ersten, deren Güter bereits Ende 1933 als Erbhof anerkannt werden. Im *Völkischen Beobachter* verkündet er daraufhin – schon beauftragt, die Geschäftsführung des Botschaftsrates in London zu übernehmen –, er werde »den Ehrennamen Bauer« mit Stolz tragen. Die *Berliner Börsen-Zeitung* berichtet am 2. November 1933, Otto II. von Bismarck habe vor dem National Council of Women eine Lobrede über das neu erwachte Deutschland gehalten.

In der Tat schienen die Nazis auf der Tradition Preußens fußen zu wollen – man denke an den »Tag von Potsdam«, als der Reichspräsident Paul von Hindenburg den neugewählten Reichskanzler Adolf Hitler mit dem Pomp eines feierlichen Staatsakts in der Potsdamer Garnisonskirche in sein neues Amt einführte. Das Datum der festlichen Eröffnung des neuen Reichstags war mit Bedacht auf den 21. März 1933 gelegt, denn am 21. März 1871 hatte Otto von Bismarck die erste Sitzung des Deutschen Reichstags eröffnet.

Der Bismarck-Mythos verblasste, je mehr der als »Trommler« für einen nationalen Erlöser angetretene Hitler zum »Führer« mutierte und diese Rolle auf der Bühne der Geschichte spielte. Im Sommer 1934 stellten die Nazis die Arbeiten am Bismarck-Nationaldenkmal bei Bingen ein und erklärten die Bismarck-Feiern des Alldeutschen Bundes für illegal. Große Preußen waren bald nur noch kleine Vorgänger des »Vollenders« Adolf Hitler.

Adel und Nazis verband keine Liebeshochzeit, aber häufig ein Zweckbündnis. Es konnte geschehen, dass Adlige auf die Nazis setzten und sie zugleich verachteten. Sie unterstützten die Diktatur, um ihre jahrhundertealten Machttraditionen zu erhalten. So öffnete beispielsweise der Armeeausbau den traditionellen Karriereweg wieder, der nach 1918 zu einem Nadelöhr geworden war. Etliche glaubten, schnell mit dem »böhmischen Gefreiten« fertig werden zu können. Cecilia von Sternberg erinnert sich: Otto II. von Bismarck »fand den Führer gewöhnlich und ziemlich lächerlich und bezweifelte, dass er lange am Ruder bleiben werde. Einstweilen aber, so meinte er, sollten möglichst viele anständige Leute in die Partei eintreten, um die Zügel der Regierung zu übernehmen, sobald Hitler aus dem Sattel gehoben werden konnte«.[2] Klaus von Bismarck berichtete höchst aufschlussreich, dass man noch im Herbst 1934 in seinem Jäger-Bataillon »mit seinem elitären Selbstbewusstsein« nicht mit »Heil Hitler«

grüßte. Nur Arbeitslose, die in die Kaserne kamen, um altes Brot zu sammeln, verwendeten den neuen Gruß. So konnte es geschehen, dass sie devot in schlechter Kleidung vor die schmissig Uniformierten traten: »Heil Hitler! Haben Sie altes Brot?« Das sorgte dann »für herablassenden Spott«.[3]

Es gab ebenso Adelshass wie -sehnsucht bei den Nazis, Ersteres zeigte sich besonders in der Frühzeit. Ernst Engelberg, der am 26. Februar 1934 von der Gestapo in Berlin-Gesundbrunnen verhaftet wird, sah beim Sammelpunkt zum Abtransport ins berüchtigte Columbia-Haus eine inhaftierte Gruppe von Männern mittleren Alters in eleganter Kleidung, überwiegend sogar im Smoking. Es waren Monarchisten, erfährt er bald, und ein Mithäftling flüstert ihm zu: »Die da sind Blitzableiter für uns.«

»Man zwängte uns allesamt in die grüne Minna, aber schon beim Ausladen ging ein großes Hallo der SS-Lümmel los, als sie die vornehm Gekleideten gewahrten. … Nach der mehrstündigen, streng überwachten Stehtortur verpasste man uns Gefängniskutten, zu lang, zu kurz, zu weit, zu eng, am schlimmsten wurden die Monarchisten bedient. Ich gehörte zu den letzten Neuankömmlingen. Was ich denn sei, wurde ich angeherrscht. ›Kommunist‹, antwortete ich, darauf kam ein fast burschikoses: ›Na endlich ein anständiges Gesicht.‹ Nachdem die Lümmel mit den Smoking-Leuten zu tun gehabt hatten, überkam sie die Laune, mich bekehren zu wollen. Ich sei doch ein großes Rindvieh, wenn ich auf den jüdisch-moskowitischen Schwindel hereinfalle. Der ›Adolf‹ mache es klüger und werde mit dem ›raffenden Kapital‹ ganz anders fertigwerden. Zu beachten dabei ist, dass die einfachen Nazis damals fast kumpelhaft noch von ›Adolf‹ sprachen, erst später kam der gestelzte Ausdruck vom ›Führer‹ auf. In jenen Wintermonaten 1933/34 schwirrte noch der plebejisch pervertierte Geist einer ›nationalen Revolution‹ in den Köpfen herum – ein Geist, der durch die blutige Niederschlagung des Röhmschen Machtstrebens im Juni 1934 vornehmlich aus den Reihen der SA, aber auch der SS ausgetrieben wurde.«[4]

Unterschwellig rumorte es bei vielen Adeligen, deren Familien auf bis zu tausend Jahre Herrschaft zurückblicken konnten, und

Aufsteigern, die ein »Tausendjähriges Reich« errichten wollten. Doch nie – auch nicht beim Attentatsversuch auf Hitler am 20. Juli 1944 – kämpfte eine Mehrheit des Adels gegen die Nazis. Und von denen, die Widerstand leisteten, favorisierte nur eine kleine Minderheit ein fortschrittliches Gesellschaftsmodell. So verkündeten die Brüder Claus und Bertold von Stauffenberg am Vorabend des Attentats in einem Aufruf, dass sie zurückwollten zu einer feudalen Gesellschaft: »Wir wollen eine Neue Ordnung, die alle Deutschen zu Trägern des Staates macht und ihnen Recht und Gerechtigkeit verbürgt, verachten aber die Gleichheitslüge und beugen uns vor den naturgegebenen Rängen.«[5] Das war anachronistisch. Der Staatsstreich scheiterte nicht allein wegen unglücklicher Zufälle, sondern weil ihm keine Idee innewohnte, die Massen ergreifen konnte, ja nicht einmal die Mehrheit des Adels.

In seinem berühmten Buch »Anmerkungen zu Hitler« schreibt Sebastian Haffner: »Nichts ist irreführender, als Hitler einen Faschisten zu nennen. Faschismus ist Oberklassenherrschaft, abgestützt durch künstlich erzeugte Massenbegeisterung ... Von Stalins ›Sozialismus in einem Lande‹ unterschied sich Hitlers ›Nationalsozialismus‹ (man beachte die terminologische Identität!) freilich durch das weiterbestehende Privateigentum an Produktionsmitteln, für Marxisten ein gravierender Unterschied ... Aber die Unterschiede zum klassischen Faschismus Mussolinis sind jedenfalls noch gravierender: ... keine feste Hierarchie in Partei oder Staat, keine Verfassung (auch keine faschistische!), kein wirkliches Bündnis mit den traditionellen Oberklassen, am wenigsten Hilfsdienste für sie.«[6] Und dann macht er auf eine Beobachtung aufmerksam: Nur am Anfang, als er Hindenburg und Papen noch brauchte, trug Hitler gelegentlich einen Frack; »danach immer nur Uniform – wie Stalin«.

Zwar irrte Otto II. von Bismarck nicht, als er für sich und seinen Bruder Gottfried gute Aufstiegschancen unter der Nazi-Herrschaft sah, aber das Verhältnis zu dieser kühlte bald ab. In der Botschaft zu Rom ist nicht zu übersehen, dass er mit dem italienischen Außenminister Galeazzo Ciano eher eine Wellenlänge findet als mit dem deutschen Außenminister Joachim von Ribbentrop.

Wo man auch nachschlägt, es ergibt sich immer ein ähnliches Bild. Innerlich ist Otto II. von den Nazis enttäuscht, nach außen vertritt er die offizielle Linie. Gustav René Hocke, Korrespondent der *Kölnischen Zeitung*, berichtete, der Botschaftsrat habe »seine Abneigung gegen den ›Größten Feldherrn aller Zeiten‹ beim dritten Glas Wein kaum noch verbergen« können. Und der italienische Außenminister Ciano notierte in sein Tagebuch: »Nach Bismarck erwarten die deutschen Militärkreise, dass man fünf Millionen Gefangene machen wird, ›fünf Millionen Sklaven‹, sagte Otto.«[7]

Michele Lanza, Zweiter Sekretär an der Botschaft, mit dem Otto II. des Öfteren zusammenkam, schreibt boshaft in seinen Erinnerungen: »Er ist ein Mann um die 40, dunkelhaarig, bebrillt, mit immer schwitzigen Händen und von unbedeutender Konversation. Er scheint von der Bürde, die die Erinnerung seines Namens hervorruft, niedergedrückt.« In seinem Salon hängen gleich mehrere Darstellungen seines Großvaters.

In dieselbe Richtung geht die Darstellung von Otto II. und Ann Mari von Bismarck in dem schrillen Roman »Kaputt« von Curzio Malaparte, der sich weltweit als vielgelesenes Buch über den Krieg in Europa durchsetzte. Der italienische Journalist und Schriftsteller deutscher Abstammung, einer der schillerndsten Autoren nicht nur der italienischen Literatur, war ein Freund des Außenministers Ciano und hatte trotz seiner teilweise kritischen Haltung zum Faschismus und seiner zeitweisen Verbannung Zugang zu höchsten Kreisen. In dem Roman setzt er der Hofhaltung der Mächtigen wie des Generalgouverneurs von Polen, Hans Frank, oder eben Cianos in Rom Schreckensberichte von den Gräueln des Krieges und des Mordes an den Juden entgegen, und er erfindet Gespräche, die die Bismarcks als Teil der römischen Dekadenz zeigen.

Bei Otto II. von Bismarck verbanden sich Opportunismus und Geltungssucht, dabei hätte er sich ohne weiteres zurückziehen und seinen Gütern widmen können, wie es etwa Herbert Rudolf von Bismarck (1884 – 1955) tat. Otto wurde nach Kriegsende verhaftet und im Lauenburger Schlossturm gefangen gehalten. Der Entnazifizierungsausschuss stellte am 8. Mai 1947 fest, man verstehe nicht, »warum sich Bismarck als Träger einer der berühmtesten Namen in Deutschland überhaupt unter dem Nationalsozialismus als Beamter betätigt hat«.

Opportunismus und Geltungssucht sind keine Verbrechen, aber zur Ehre gereichen sie auch nicht. Will man den Nachfahren Otto von Bismarcks Gerechtigkeit widerfahren lassen, muss man allerdings fragen, ob sein Erbe für die Kinder und Enkel nicht zu übermächtig war. Ist für die freie Entfaltung nicht der Ausbruch, zumindest ein teilweiser Bruch notwendig? Selbst die weltgeschichtliche Gestalt Otto von Bismarcks hat seinen Weg erst gefunden, nachdem er die pommersche Scholle gegen den Frankfurter Bundestag getauscht und sich von seinen stockkonservativen Förderern emanzipiert hatte.

Nach seiner Entlassung befasste sich Otto II. von Bismarck mit dem Wiederaufbau des im Krieg zerbombten Schlosses Friedrichsruh. 1948 kehrte er in die Politik zurück, agierte zunächst auf Kreisebene für die CDU im Herzogtum Lauenburg, dann 1953 im Bundestag, dem er bis 1965 angehörte. 1975 starb er achtundsiebzigjährig in Friedrichsruh.

Mit Ottos Bruder Gottfried von Bismarck (1901–1949) verbindet sich ein Rätsel in der Familiengeschichte. Wenig schmeichelhaft notiert der Diplomat Ulrich von Hassell, einer der Köpfe des konservativen Widerstands gegen Hitler, nach einem Essen mit Gottfried 1943 über die Enkel des »Eisernen Kanzlers«: »Er sieht jetzt klar, aber etwas spät. Diese Bismarckenkel sind weit mehr Hoyos als Bismarck, aber auch ihre Mutter ist mehr Persönlichkeit als sie.« Und er fügt hinzu, die beiden Enkelinnen, Hannah von Bredow, die schon 1933 Hitler einen Verbrecher nannte, und Goedela von Keyserling, die Frau des Philosophen Hermann Graf Keyserling, »haben mehr vom Großvater geerbt«.[8] Überdies vertraute der Diplomat – treffend und ergreifend – seinem Tagebuch nach einem Besuch in Friedrichsruh im Juli 1944 an: »Kaum zu ertragen, ich war dauernd an Tränen beim Gedanken an das zerstörte Werk. Ich habe mich in den letzten Jahren viel mit ihm beschäftigt, und er wächst als Außenpolitiker dauernd bei mir. Es ist bedauerlich, welch falsches Bild wir selbst in der Welt von ihm erzeugt haben, als dem Gewaltpolitiker mit Kürassierstiefeln, in der kindischen Freude darüber, dass jemand Deutschland endlich wieder zur Geltung brachte. In Wahrheit war(en) die höchste Diplomatie und das Maßhalten seine große Gabe. Er hat verstanden, die Gegner auszumanövrieren und *trotzdem* in einziger Weise in der Welt Vertrauen zu erwecken, genau umgekehrt wie heute.«

Gottfried von Bismarck wollte in die Fußstapfen seines Großvaters treten und sich politisch entfalten. Lange vor der »Machtergreifung«, am 1. September 1932, trat er in die NSDAP ein und stieg schnell auf: 1935 war er Regierungspräsident in Stettin und ab 1938 von Potsdam. Am 13. Mai 1935 erfüllte sich sein Wunsch, in die SS aufgenommen zu werden; er schaffte es bis zum 30. Januar 1944 vom Untersturmführer zum Brigadeführer, was in der Wehrmacht einem Aufstieg vom Leutnant zum Generalmajor entsprochen hätte.

Seine Schwester Hannah von Bredow spielte wahrscheinlich eine große Rolle bei seinem Gesinnungswandel. Inwieweit auch die nahende Kriegsniederlage wirkte, muss offen bleiben, aber es fällt auf, dass Gottfried erst nach dem psychologischen und militärischen Wendepunkt des Krieges – den Schlachten um Stalingrad und den Kursker Bogen – umschwenkte. Auf jeden Fall geriet er in dramatische Situationen.

Der Nachbar von Hannah von Bredow, Otto von Mendelssohn Bartholdy, litt schwer unter den Diskriminierungen, Demütigungen und finanziellen Erpressungen der Diktatur, aber er musste wegen seiner deutschen Ehefrau Cécile nicht befürchten, deportiert und vergast zu werden. Als »Mischling II. Grades« war er nicht unmittelbar todesbedroht. Schreckliches muss er durchlitten haben, als seine Frau erkrankte und am 22. Februar 1943 starb. Er konnte Deutschland nicht verlassen, obwohl er spürte, wie die Krallen der Diktatur nach ihm griffen. Am 31. Juli 1943 kam der Befehl: »Es ist dafür zu sorgen, dass der Jude Mendelssohn aus dem Haupthaus auszieht.«[9] Otto von Mendelssohn Bartholdy wechselte in das Gärtnerhaus, in dem bereits seine Tochter Cécile mit ihren beiden Kindern wohnte. Hannah von Bredow versuchte zu helfen, aber es schien vergeblich zu sein. Im Herbst 1943 klingelte es frühmorgens. Vor der Haustür standen zwei Männer in Zivil: »Wir kommen wegen der Wohnsitzverlagerung des Juden Otto Israel Mendelssohn.«

Wohnsitzverlagerung hieß Deportation! Das bedeutete für den alten Mann, der bei keiner Selektion auf die Seite der Zwangsarbeiter gekommen wäre, sondern auf die der zu Vergasenden, das Todesurteil.

Die Männer führten den Großvater vor den Augen der Tochter und der beiden Enkel ab – ein Abschied ohne Wiedersehen? Die Enkelin Vera Schieckel läuft zu Hannah von Bredow, was schon vorher für diesen Fall verabredet worden war. Diese ruft sofort ihren Bruder Gottfried an, also den Regierungspräsidenten in Potsdam.

»Am nächsten Tag konnte Graf Bismarck in Erfahrung bringen«, erinnert sich Vera Schieckel, »dass mein Großvater ins Gestapo-Gefängnis in die Prinz Albrechtstraße nach Berlin gebracht wurde und für den nächsten Transport nach Theresienstadt vorgesehen war. Am Nachmittag fuhr dann Graf Bismarck mit meiner Mutter nach Berlin, um eine Rettung zu versuchen. Unterwegs im Auto besprachen sie, welche Argumente meine Mutter anführen könnte, um die Deportation abzuwenden.

1) Das hohe Alter meines Großvaters

2) Da meine Mutter die schwedische Staatsangehörigkeit hatte, würde sein Verschwinden doch auch im Ausland Aufsehen erregen

3) Der Vorschlag des Grafen Bismarck, doch zu erwähnen, dass der Name Mendelssohn einen gewissen Bekanntheitsgrad hätte und es doch ein Unterschied sei, ob man so oder Meyer-Müller-Schulze hieße.

Nach der Rücksprache, die meine Mutter mit dem betreffenden Gestapo-Mann hatte, fuhr sie mit dem Grafen Bismarck wieder zurück nach Potsdam. Sie erzählte natürlich von ihrem Gespräch und auch dem Vergleich des Namens Mendelssohn mit Müller.

Inzwischen wusste Graf Bismarck aber, dass der Verhandlungspartner meiner Mutter den Namen Müller hatte, und das Entsetzen war natürlich groß. Der nächste Tag verging für uns alle in größter

Sorge. Spät abends klingelte es dann bei uns an der Haustür, und zu unserer allergrößten Freude stand dort mein Großvater.«

Nach Meinung von Sebastian Panitz, des Biographen Otto von Mendelssohn Bartholdys, dürfte die Einbindung der Familie in die Adelskreise Potsdams wichtig gewesen sein. Wahrscheinlich haben Gottfried von Bismarck und Hannah von Bredow noch andere Protektoren in den Fall involviert, denn auch als die Gestapo Gottfried von Bismarck im Zusammenhang mit dem Attentat vom 20. Juli 1944 verhaftete, wurde Otto von Mendelssohn Bartholdy nicht deportiert, blieb in Potsdam und erlebte noch den Untergang im Bombenkrieg und die Befreiung von der Diktatur.

Über Gottfried von Bismarcks Beziehungen zu den Männern des 20. Juli 1944 gibt es wenig Gesichertes, aber eine Fülle von Spekulationen und unbewiesenen Behauptungen in Büchern und Artikeln, in Gesprächen und im Internet. Da hört und liest man sogar, er hätte den Sprengstoff für Stauffenberg versteckt, Aussagen, die ihn förmlich ins Zentrum der Widerstandsgruppe rücken. Verbürgt ist, dass er etliche der Verschwörer kannte, sich spätestens von 1943 an in Gesprächen kritisch zur Hitler-Diktatur äußerte, dass die Gestapo ihn verhaftete und vor den Volksgerichtshof brachte.

Gottfrieds Leben war akut gefährdet, als Heinrich Himmler, Reichsführer SS und Polizeichef, am 1. September 1944 verkündete: »Sie sind erwiesenermaßen aktiv in den Attentatskomplex des 20. Juli 1944 verwickelt und haben dadurch Ihre Ehre verloren.« Wenige Tage später, am 5. September, wurde er aus der SS »ausgestoßen«.[10] Alle, denen Ähnliches widerfuhr, wurden hingerichtet – Gottfried von Bismarck aber sprach der Volksgerichtshof am 4. Oktober 1944 wegen Mangels an Beweisen frei.

Warum wohl? Weil Heinrich Himmler es sich anders überlegt hatte, weil er den Enkel des legendären Reichskanzlers sozusagen in der Hinterhand haben wollte, da er plante, den Bund der Alliierten zu sprengen und mit den Westalliierten gemeinsam gegen die Sowjetunion zu marschieren? Weil Hitler nicht wollte, dass es in der Presse und im Ausland hieß, ein Nachfolger des Eisernen Kanzlers habe versucht, ihn zu töten und sei nun hingerichtet worden?

*Bei einem »Deutschen Abend« der DNVP im Jahr 1932 in
Berlin-Köpenick weiht der Landrat Gottfried von Bismarck
eine Fahne der Kampfgemeinschaft.*

Diese und ähnliche Spekulationen finden sich in der einschlägigen Literatur. In einem hier erstmalig ausgewerteten Briefwechsel
wirft Heinrich Himmler im Dezember 1944 Gottfried von Bismarck
vor, dass er, »auch wenn das Gericht Sie hundertmal freigesprochen
hat, schwärzeste Schande auf sich geladen« habe. Warum? Von aktiver Beteiligung ist nicht mehr die Rede, es geht um »defaitistische
Redensarten«, die er unter anderem von Stauffenberg gehört und
nicht gemeldet habe. Das heißt, die Ermittlungsbehörden haben keinen Beweis, dass der Bismarck-Nachfahre in das Attentat und den
Staatsstreich verwickelt war. Himmler lässt dem Inhaftierten die
Möglichkeit, darauf zu reagieren: »Wenn ich Sie herauslasse, was
werden Sie tun?« Der immer noch Gefährdete beteuert, beim nächsten Termin hätte er alles gemeldet. Wenn er freikomme, werde er
sich in alter Militärtradition »an die Front melden«.[11]

In einem langen Brief vom 15. Januar 1946 schildert Hannah von
Bredow, was sie über Gottfrieds Verhaftung, den Prozess und die
anschließende Odyssee weiß: »Die anderen wurden zum Tode ver-
urteilt, er wurde ›wegen mangelnden Beweises‹ freigesprochen und
kam sofort in die Hände der Gestapo, die ihn nach dem K.Z. Lager

Gottfried von Bismarck
im Oktober 1944 als Angeklagter
vor dem Volksgerichtshof

Flossenbürg bei Seiden in der Oberpfalz brachte ... Am 12.12.44 kam Gottfried in das Polizeigefängnis neben dem K.Z. Lager Drögen bei Fürstenberg in Mecklenburg, was wir aber nur durch ›Kassiber‹ (verbotene Zettel) erfuhren, weil der Mann aus der Bäckerei Kaldewey in Potsdam auch da saß und Verbindungen hatte ... Am 3.2.45 wurde Gottfried mit vielen anderen Gefangenen plötzlich wieder in die Albrechtstraße 8 nach Berlin gebracht, die am 3.2. früh um 10 durch einen furchtbaren Luftangriff fast ganz zerstört worden war.

In den schuttgefüllten Kellern verbrachten die Gefangenen einige qualvolle Tage ohne Wasser und mit geringster Verpflegung – am 3.2. war auch das Volksgericht völlig vernichtet, die Richter Freisler und Stier getötet worden, worauf das Volksgericht dann nach Potsdam verlegt wurde – und wurden dann in Lastwagen nach Buchenwald bei Weimar gebracht.

Am 7.2. früh verließen sie Berlin. Am 7.2. mittags wurde Mélanie von einer Gestapostelle angerufen, die, da Mélanie nicht zuhause war, dem Mädchen bestellte: ›Melden Sie Frau Gräfin, dass Herr Graf endgültig entlassen ist.‹ Als Mélanie abends todmüde nach

Hause kam, sagte ihr Anna diese unglaubhafte Nachricht. Mélanie, die nur von meinem Abtransport aus Drögen gehört hatte, (geheime Nachricht) und nun ganz außer sich geriet, fuhr am 8.2. früh nach Berlin zur Prinz Albrechtstraße, stürmte einfach bei dem Oberverbrecher Müller herein (der sich immer verleugnen ließ), und fragte: ›Wo ist mein Mann?‹ Müller antwortete erst gar nicht, dann – um sie loszuwerden – erwiderte er schließlich: ›Er ist in Mitteldeutschland, wo, kann ich Ihnen nicht sagen.‹ ›Buchenwald‹, sagte Mélanie und merkte an Müllers Gesicht, dass sie recht hatte … Mélanie kam völlig gebrochen heim.«

Im KZ Buchenwald starben etliche Widerstandskämpfer noch kurz vor Kriegsende, aber schon am Abend rief die Ehefrau die Briefschreiberin überglücklich an: »Er ist da, er ist da!«

»Ich sah ihn am 9.2. wieder – es war unendlich ergreifend. *Wie* es zu seiner Freilassung kam, die auf Himmlers Befehl über Müller (Gestapochef, A. E.) hinweg erfolgt war, haben wir nie erfahren.«[12]

Eine eidesstattliche Erklärung von Walter Schellenberg, Hitlers letztem Geheimdienstchef, aus dem Gefängnis Nürnberg wirft im Jahr 1948 ein Licht oder auch Irrlicht auf das Geschehen. Sicher ist, dass dieser mit schwedischen Diplomaten verhandelte und dass die Bismarcks durch die Fürstin, eine Schwedin und Gottfrieds Mutter, mit diesen verbunden waren. Sie wandten sich an Schellenberg, um Gottfried von Bismarck zu retten. Als dieser bei Himmler vorstellig wurde, soll der geantwortet haben: »Ohne Hitler in dieser Angelegenheit zu entscheiden, sei unmöglich.« Dann kolportiert Schellenberg ein Gespräch zwischen dem Gestapochef Müller und Obergruppenführer Kaltenbrunner, dessen Zeuge er zufällig geworden sei. Die beiden hätten sich darin über den Freispruch erregt. Schließlich erklärt er, Himmler nie auf diese Unterhaltung angesprochen zu haben: »Man durfte nämlich in erfolgreich abgeschlossene Sachverhalte, die man erstrebt hatte, nicht aus Neugierde absolut hineinleuchten wollen, um sich zukünftige Situationen nicht zu verbauen.« Da Historiker bis heute nicht weiter hineinleuchten können, weil immer noch Archivbestände gesperrt oder unzugänglich in Privatbesitz sind, deutet einiges auf nicht genehme Umstände hin.

Schloss Friedrichsruh, erbaut 1763,
seit 1871 im Besitz der Familie Bismarck,
Aufnahme um 1920

Wie dem auch sei: Gottfried von Bismarck spielte als früher Nazi und SS-Mann ungewollt eine Nebenrolle beim Untergang des Werkes seines Großvaters und erlitt den KZ-Terror am eigenen Leib. Es hat daher beinahe etwas Symbolisches, dass er die Bombardierung und Zerstörung des Bismarckschen Schlosses in Friedrichsruh am 29. April 1945 zusammen mit Geschwistern, Frau und Mutter erleben musste.

Zunächst nahmen die Bismarcks an jenem Tag keine Notiz von den Bombern, so die Briefschreiberin Hannah von Bredow, erst als sie »wegflogen und nochmals zurückkehrten, sagte Mama: ›Die fliegen so tief, ich glaube, sie meinen uns‹, und im selben Augenblick krachte die erste Bombe ins Esszimmer.

Ann Mari flog zur Seite, raste ins Haus, die Treppe hinauf, rief nach Otto, der sich in aller Ruhe anzog, weil er noch nicht im Bilde war, und dann den Gang entlangging.

Auf halber Treppe trafen sie sich und jagten nun zu Mama. Inzwischen fiel die zweite Bombe in die Halle, zerschmetterte das

Rote-Kreuz-Auto und den Fahrer. Gottfried trug Mama in den Garten. Sie aber zog es dann vor, zu gehen und ging mit den vier Geschwistern mitten im wildesten Bombenhagel zum Stall hinunter, wo man sie auf einen Stuhl setzte und sie vor dem Tor der Remise vollkommen ruhig der Vernichtung des Hauses zusah.

Die Bombardierung dauerte 14 Minuten und galt nur dem Hause, von dem nichts übrig blieb. Feuerwehr und Truppen, die nach dem Angriff zur Bekämpfung des Brandes eingesetzt wurden, fanden die schwedischen Alkoholvorräte, besoffen sich sinnlos und lagen bis zum nächsten Morgen im Rausch herum. Gottfried und Otto mit einigen anderen retteten aus dem Brand noch so mancherlei, aber das Haus selbst brannte bis auf die Grundmauern herunter. Die Schweizer und Fräulein Schuldt waren tot, und drei andere Ausländer.«

Gottfried von Bismarcks unbekannter Part im späten Widerstand um Stauffenberg bleibt im Dunkeln, umflackert von Irrlichtern unbewiesener Geschichten. Zurückgekehrt in das von sowjetischen Truppen besetzte Potsdam, stellt die Schwester in einem Brief fest: »Es ist zweifellos, dass die Haft bei der Gestapo und Verwandtschaft mit Bismarck, den sie alle verehren, bei den Russen ein wenig zu unseren Gunsten wirkte, denn immerhin wurde mein Haus nicht beschlagnahmt. Wir hatten oft Einquartierung, und das war immer sehr unangenehm.«

Nach dem Krieg war es Gottfried von Bismarck nicht mehr vergönnt, neu anzufangen. Er starb mit seiner Frau am 14. September 1949 bei einem Autounfall in Verden an der Aller.

Hochzeit mit Stahlhelm

Wenden wir uns nun Klaus von Bismarck zu, der der Linie des älteren Bruders des Reichskanzlers, Bernhard von Bismarck (1810 – 1893), entstammt. Der spätere Intendant des Westdeutschen Rundfunks heiratete am 15. Juli 1939, also kurz vor dem Einmarsch in Polen, auf Gut Pätzig in der Neumark Ruth-Alice von Wedemeyer. Alexander Stahlberg, dessen Patenonkel der spätere Reichstagsabgeordnete

Herbert Rudolf von Bismarck war und der als Offizier in Kontakt kam zum Widerstand um Stauffenberg, beschreibt die Hochzeit in seinen Erinnerungen »Die verdammte Pflicht« als ein Ereignis zwischen Glanz und Schrecken. Drei Abende tanzte man übermütig, dann vollzog sich die Hochzeitszeremonie nach altem preußischem Reglement: Der Bräutigam reichte der Braut den Arm und führte sie in die Kirche, mit »Stahlhelm, Säbel, Paraderock, Fangschnur und in Reitstiefeln«.

»Der große Tag blieb märchenhaft bis an sein Ende. Wir feierten, wir tanzten nach Herzenslust. Wir waren ganz einfach fröhlich, denn wir hatten uns vorgenommen, nichts als fröhlich zu sein. Diese Hochzeit am 15. Juli 1939 – alle wussten es, aber niemand sprach es aus – war ein Abschiedsfest, denn viele von uns hatten ihren Einberufungsbefehl zum 1. August bereits erhalten. Wie anders sollte man denn eine Hochzeit feiern, wenn man wusste, dass der Krieg bevorstand. Wenn man wissen musste, dass der Tod hineinfahren würde

Hans-Otto von Bismarck,
† mit zwanzig Jahren am 27. Mai 1940
bei Lille

Hans Hasso von Bismarck, *1902,
† am 22. Juni 1941, dem ersten Tag des
»Unternehmens Barbarossa«, in Tauragė

in unsere fröhliche Schar. Ja, ganz bewusst feierten wir unseren Abschied vom Frieden.«

Im Jahre 1995 fragte Friedrich Schorlemmer das Paar, das sich noch im Alter neckte und hakelte, ob sie damals den Gegensatz zwischen der Braut in Weiß und dem uniformierten Bräutigam mit Stahlhelm empfunden hätten. Ruth-Alice verneint das: »Wir waren sehr stolz auf unsere Soldaten. Wir sind als Preußenkinder, als Soldatenkinder aufgewachsen.« Klaus erklärt, dass er ein passionierter Soldat gewesen sei; seine Einstellungen zum Soldatenberuf hätten sich erst später verändert. Er habe aber nach der Trauung die Uniform abgelegt und in Zivil weitergefeiert. Er hätte »sein Mädchen« auch im Trainingsanzug geheiratet.[13]

In seiner Autobiographie erinnert Klaus von Bismarck daran, dass seine Mutter bürgerlich gewesen sei und dass er als Jugendlicher im Bücherschrank der Großmutter Bücher von für ihn damals höchst ungewöhnlichen Autoren wie Alfred Döblin, Erich Maria Remarque und Bertolt Brecht gefunden habe – kurzum: Er hatte wie andere wichtige Vertreter des Familienverbundes frühen Kontakt zu neuen geistigen Strömungen der Zeit. Zunächst zeigte das aber keine Wirkung.

Busso von Bismarck, † mit neunund-
zwanzig Jahren am 14. August 1941 bei
Leningrad

Dietrich II. von Bismarck, † mit
zwanzig Jahren am 27. August 1941 in
Staraja Russa

Beim Betrachten der Hochzeitsbilder drängte sich den Eheleuten eine schmerzliche Erkenntnis auf: »Ich habe es nachgezählt. Von den jungen Leuten, die bei unserer Hochzeit waren, haben siebzig Prozent den Krieg nicht überlebt. Insofern sind die Hochzeitsbilder schon ein Schock«, sagt Klaus.

Welche Lücken und Wunden riss das große Morden in den Familienverband der Bismarcks? Im Polenfeldzug blieben die Bismarcks noch verschont, doch schon am 27. Mai 1940 fiel zwanzigjährig Leutnant Hans-Otto von Bismarck bei Lille im Frankreichfeldzug.

Gleich am ersten Tag des »Unternehmens Barbarossa«, also des Einmarsches der Wehrmacht in die Sowjetunion, starb am 22. Juni 1941 in Tauroggen, dem heute litauischen Tauragė, der 1902 geborene Unteroffizier Hans Hasso von Bismarck. Wenig später fielen am 14. August 1941 der neunundzwanzigjährige Oberleutnant und Kompanieführer im Panzer-Regiment 1 Busso von Bismarck fünfzig Kilometer vor Leningrad und der Fähnrich Dietrich II. von Bismarck zwanzigjährig am 27. August 1941 in Staraja Russa.

In Afrika starb am 31. August 1942 der 1891 geborene Generalleutnant und Kommandeur der 21. Panzer-Division Georg IV. von Bismarck in den schweren Kämpfen um das ägyptische el-Alamein,

Georg IV. von Bismarck, *1891,
† am 31. August 1942 bei el-Alamein

Friedrich Wilhelm von Bismarck,
† mit fünfundzwanzig Jahren am
18. November 1943 in Italien

Wilhelm III. von Bismarck, † mit
zweiunddreißig Jahren am 1. Mai 1945
bei Wismar

Ulrich von Bismarck, * 1904,
† im April 1943 in Elabuga an der
Kama

an dem Ort, wo die Alliierten den Vormarsch der deutsch-italienischen Truppen unter General Erwin Rommel zuerst stoppten und schließlich unter General Bernard Montgomery den Rückzug der Achsenmächte einleiteten.

In Italien fiel am 18. November 1943, zwei Tage nach seinem fünfundzwanzigsten Geburtstag, Friedrich Wilhelm von Bismarck.

Theodor von Bismarck, † mit fünfundzwanzig Jahren am 20. März 1944 im
weißrussischen Rajon Derewnaja

Hans Tassilo von Bismarck, *1880,
† am 20. April 1945 bei Schäcksdorf

Achaz von Bismarck-Bohlen, † mit
fünfundzwanzig Jahren am 30. Oktober
1945 in Prokopjewsk

Friedrich von Bismarck-Osten,
*1913, † 1941 im Lazarett in Krefeld

Beim langen, mörderischen Rückzug aus den Weiten Russlands
in einem spätestens nach der Panzerschlacht am Kursker Bogen militärisch verlorenen Krieg, starb Theodor von Bismarck fünfundzwanzigjährig am 20. März 1944 sinnlos im weißrussischen Rajon Derewnaja, wo besonders viele Dorfbewohner im Partisanenkampf gegen
die Okkupanten aktiv waren. In den letzten Kriegstagen wurde am

*Hans Hummel, *1910,
† am 28. Dezember
1943 in der Biskaya.
Seine Frau Hedwig
überlebte ihn um mehr
als ein halbes Jahr-
hundert.*

20. April 1945 Hans Tassilo von Bismarck (geb. 1880) im Wald bei Schäcksdorf erschossen, und am 1. Mai 1945 fiel bei Wismar Wilhelm von Bismarck mit zweiunddreißig.

Dazu gerieten etliche in Kriegsgefangenschaft; einige kamen in der Lagerhaft um wie der 1904 geborene Oberleutnant und Ordonnanzoffizier Ulrich von Bismarck, der am psychologischen Wendepunkt des Zweiten Weltkrieges, bei Stalingrad in sowjetische Gefangenschaft geriet und in Elabuga an der Kama im April 1943 zu Tode kam, oder wie Oberleutnant Achaz von Bismarck-Bohlen. Fünfundzwanzigjährig erlosch sein Leben am 30. Oktober 1945 im sibirischen Zwangsarbeitslager Prokopjewsk, also einer Insel im Archipel Gulag.

Weiterhin verschied Friedrich von Bismarck-Osten (1913 – 1941) an einer »im Felde zugezogenen Krankheit« im Kriegslazarett Krefeld, und es fielen noch etliche Ehemänner der als Bismarck geborenen Frauen wie der 1910 geborene Hans Hummel, der am 28. Dezember 1943 bei einem Seegefecht in der Biskaya starb. Seine noch bis 1998 lebende Ehefrau hatte bereits ihren Vater mit drei Jahren im Ersten Weltkrieg verloren. Claus-Ulrich von Bismarck starb an einer am 18. Oktober 1916 bei Swistelniki erlittenen Verwundung in Berlin am 17. Januar 1917. Bereits in dieser »Urkatastrophe des 20. Jahrhunderts« (George Kennan) fielen etliche Bismarcks als Militärs.

Wie erging es dem jungen Bräutigam? Klaus von Bismarck kam

als Bataillonsadjutant zum Kolberger Jägerbataillon des 4. Infanterie-Regiments; er erlebte die Blitzkriege gegen Polen und Frankreich, die für ihn »und für viele andere junge Offiziere, aber auch für junge deutsche Soldaten, eine Rauschwirkung« hatten.[14] Die Ernüchterung begann in seiner Erinnerung mit der Vorbereitung des Angriffs auf die Sowjetunion, die er beschreibt als »die Ahnung von einer frevelhaften deutschen Überheblichkeit«. Vieles in der Haltung von damals ist heute nur noch schwer zu verstehen. »Woran lag es, dass von denen, die 1941 so ernüchtert über Adolf Hitler dachten, außer wenigen alten Kommunisten niemand auf die Idee kam, den Wehrdienst demonstrativ zu verweigern oder überzulaufen? Damals war in der Denktradition die ›Fahnenflucht‹ als Verrat am Vaterland so negativ besetzt, dass ein solcher Schritt völlig außerhalb unserer Erwägungen stand.« Zwar weiß er von Vorbildern wie dem Frontenwechsel von Tauroggen, wo Teile des preußischen Heeres 1812 von den napoleonischen zu den zaristischen Truppen wechselten, aber Klaus von Bismarck und seine Freunde meinten, nicht ausbrechen zu können.

Mit Panzern und Stukas, Kanonen und Infanterie griffen die Wehrmacht und ihre Verbündeten die sowjetische Westgrenze von der Ostsee bis zum Schwarzen Meer an. Unter dem Decknamen »Unternehmen Barbarossa« überschritten rund drei Millionen deutsche und rund sechshunderttausend verbündete Soldaten aus Rumänien und Italien, Ungarn und Finnland die Grenze. Klaus von Bismarck erinnert sich wie andere Zeitzeugen, dass er in etlichen Dörfern mit Brot und Salz empfangen wurde. »War dies ihre Freude über die Befreiung vom Kommunismus? Oder war es mehr schlaue ›Fraternisierung‹ mit ein paar hübschen jungen Mädchen an der Spitze der Empfangsdelegation am Dorfeingang?« Doch bald schon schlug die Stimmung um, zäh verteidigten sowjetische Soldaten ihr Land, im Rücken der deutschen Front formierten sich Partisanen.

Während des Krieges an der Ostfront konnten die Sowjets den Bismarck-Mythos für ihre Zwecke nutzen. Bismarcks Urenkel, Heinrich von Einsiedel, unterzeichnete, kurz nachdem er im September 1942 in sowjetische Kriegsgefangenschaft geraten war, ein

Flugblatt mit der Warnung seines Urgroßvaters vor den Folgen eines Krieges gegen Russland. Am 18. Januar 1944, dem 73. Jahrestag der Bismarckschen Reichsgründung, erklärte Otto Korfes, ein Generalmajor der in Stalingrad besiegten 6. Armee, im Radiosender Freies Deutschland, durch das »Abweichen von Bismarcks kluger und behutsamer Politik« sei Deutschland »in das Unglück des Ersten Weltkrieges getaumelt. Aber das Wagnis, mit dem Adolf Hitler das Deutsche Reich in diesen Krieg gezwungen hat, ist ein Akt, den Bismarck als ein Verbrechen gegen die Nation bezeichnet haben würde. Jedem Deutschen ist es heute zum Bewusstsein gebracht, welche Weiten das Demagogentum Adolf Hitlers von der staatsmännischen Klugheit und Besonnenheit Otto von Bismarcks trennen.«[15]

Vor dem Attentat vom 20. Juli 1944 wird Klaus von Bismarck gefragt, ob er sich dem militärischen Widerstand anschließen will, schließlich kennt er etliche der Verschwörer, unter anderen Henning von Tresckow; zudem ist die Schwester seiner Frau die Verlobte des inhaftierten Theologen Dietrich Bonhoeffer, der dem Widerstandskreis bei der Abwehr nahesteht. In seiner Autobiographie, in Interviews und Artikeln äußert er sich später dazu: Nach seiner Meinung schätzten die konservativen Offiziere die Entwicklung in Deutschland falsch ein, war es den Nazis »im Bewusstsein breiter, vor allem kleinbürgerlicher Bevölkerungsschichten« doch gelungen, »mit den alten Oberschichten aufzuräumen, die von der Restauration der Verhältnisse vor dem Ersten Weltkrieg träumten. Diese Oberschicht war mit dem Erzfeind von der ›Reaktion‹ gemeint, zu der es im Horst-Wessel-Lied heißt: ›Kameraden, die Rotfront und Reaktion erschossen‹.«[16]

Klaus von Bismarck lehnte ab. »Mit meiner Antwort muss ich leben.« In seine Gewissensentscheidung flossen viele, teilweise widerstrebende Aspekte ein. »Mit meinem fast durchgehenden Einsatz an vorderster Front war eine Tätigkeit im Widerstand auch praktisch unvereinbar. So kam es, dass ich – vor allem aus der Motivation meiner Verantwortung für die mir anvertrauten Soldaten – bis zum Schluss im Banne der preußisch-soldatischen Tradition blieb.«

Bis zum bitteren Ende gibt er sich loyal. Dabei kommt es zu

makabren Szenen. Kurz vor Weihnachten 1944 soll ihm mit anderen Offizieren das Eichenlaub zum Ritterkreuz in Stellvertretung für Adolf Hitler vom berüchtigten SS-Führer Heinrich Himmler verliehen werden. Die SS-Mannschaft forderte die Auszuzeichnenden auf, ihre Waffen abzugeben. Ein knappes halbes Jahr nach dem 20. Juli hatte sie Angst vor einem Attentat auf Himmler. Die zu dekorierenden Offiziere fühlten sich in ihrer Ehre gekränkt und weigerten sich. Die SS gab nach, und der Massenmörder Himmler überreichte die Auszeichnungen. »Die politische Blindheit, mit der ich damals noch eine Auszeichnung von Himmler annahm, erkannte ich erst später als Schuld.«

Bis zum Ende des Krieges kämpft Klaus von Bismarck und gerät im Mai 1945 glücklicherweise nicht in sowjetische, sondern in britische Kriegsgefangenschaft. »Das Ende des Krieges spülte mich mit vielen anderen an den Strand. Man war wie ein Kind glücklich, dass man überlebt hatte; zugleich war man sich aber der Verflochtenheit mit dem deutschen Schicksal und auch der Schuld sehr wach bewusst. Ich war gewiss kein Nazi, aber auch kein Widerstandsheld! Die Wunden taten sich auf wie Ohren.«[17]

Traumwein und Gift

Der stärkste Träger der alten Autorität, so Golo Mann, der preußische Adel, ist im Zweiten Weltkrieg dreimal ruiniert worden: durch den Tod in den Kriegen, durch den späten Widerstand einiger Mitglieder, durch Vertreibung und Enteignung. Das für Golo Mann aussagekräftigste Symbol dafür und für Deutschlands tiefen Fall stammt aus der Familie Bismarck. Überliefert ist es der Nachwelt von Marion Gräfin Dönhoff in ihrem Erinnerungsband »Namen, die keiner mehr nennt«.

Auf der Flucht aus Ostpreußen vor der mit modernen Panzern vorrückenden Sowjetarmee erreicht die Gräfin – traditionell zu Pferde – das Bismarck-Schloss in Varzin. Sie sieht viele Wagen vor dem Schloss, aber merkwürdigerweise keine Flüchtlinge. Die Wagen

Im Schloss Varzin in Pommern, seit 1945 Warcino in Polen,
ist eine staatliche Forstfachhochschule untergebracht.

sind bestimmt für den Abtransport des dort lagernden Archivs Otto
von Bismarcks. Im Schloss wird sie empfangen von der alten Gräfin
Sybille von Bismarck, der Witwe von Wilhelm und damit Schwiegertochter des Reichsgründers. Gräfin Dönhoff geht durch die Räume:
»Alles war wie immer. Der alte Diener, der auch nicht weg wollte,
servierte bei Tisch. Es gab einen herrlichen Rotwein nach dem anderen – Jahrgänge, von denen man sonst nur in Ehrfurcht träumt. Mit
keinem Wort wurde das, was draußen geschah und was noch bevorstand, erwähnt.« Die alte Dame winkt der Gräfin noch lange nach.
Sie wird Varzin nicht verlassen. Im Park ist schon ihr Grab ausgehoben, das Gift steht bereit. Beim Einmarsch der Sowjetarmee ist
sie tot.

Im Rückblick wirkt es, als habe in Varzin eine Wachablösung
stattgefunden, ein Aufbruch zu neuen Ufern. Nur wenige haben sich
wie Marion Gräfin Dönhoff für die Versöhnung mit dem Osten und
damit für einen demokratischen Aufbruch, also für Deutschlands
Wiederaufstieg, eingesetzt.

Fazit: Der blutige Terror der Nazis beseitigte die legale Opposition und schüchterte das Volk ein, gaukelte ihm ein neues »Tausend-

jähriges Reich« voller Größe und nationalem Ruhm vor. Die außenpolitischen Erfolge Hitlers, die ihm die europäischen Mächte aus
Schwäche, Dummheit und partieller Sympathie gestatteten, schienen anzukündigen, dass diese größenwahnsinnigen Visionen sich
erfüllen würden. Das deutsche Volk zog in einen Eroberungskrieg,
in dessen Gefolge ein Massenmord in bis dahin unvorstellbarem
Ausmaß zunächst an Juden und Zigeunern begangen wurde, denen
weitere Gruppen folgen sollten. Das Ende war für die Deutschen
millionenfache Schande und millionenfache Rache.

Befreite Völker sind nicht dankbar, sondern anspruchsvoll.

OTTO VON BISMARCK

KAPITEL 10

Fall und Aufstieg

Vertreibung und Aufbruch

»Aufbruch aus Pommern«, nicht Flucht oder Vertreibung – ein bemerkenswerter Titel für das Erinnerungsbuch eines Adligen. Freilich räumt Klaus von Bismarck im Gespräch mit Friedrich Schorlemmer ein, der Aufbruch sei nicht freiwillig erfolgt, »sondern durch die Geschichte vorgegeben, Aufbruch auch aus dem konservativen, preußischen, agrarischen Pommern, mit der Sicherheit eines nicht reichen, aber doch de facto im Selbstbewusstsein reichen Grundbesitzes, nicht groß und mühsam zu bewirtschaften, aber ein herrlicher Besitz. Dann plötzlich musste und wollte ich aufbrechen, nicht nur nach Westfalen, nicht nur nach Köln, nicht nur nach München, sondern bis zu einem gewissen Grade dann auch mit dem WDR und dem Goetheinstitut in die ganze Welt.«

Wie sein großer Vorfahre Otto von Bismarck in seiner politischen Gesellenzeit in Frankfurt am Main erfuhr auch Klaus von Bismarck im Westen, dass die Welt sich dort anders darstellt und sich gründlich von dem unterscheidet, was man sozusagen aus der pommerschen Ackerfurche wahrnimmt: »Es ist schon etwas dran, dass der Standort das Bewusstsein prägt, aber auch die Bewegung und der Zeitpunkt, d.h. ich bin ein lustvoller Entdecker gewesen, trotz Verlust der Heimat. Das bedeutet für mich Aufbruch. Es ist etwas Schönes.«

Die Vertreibung so zu sehen, hängt von vielerlei ab, vom Alter, der Mentalität, der traditionellen Prägung, dem Charakter. Die damals fünfundzwanzigjährige, aus einem tief religiösen Elternhaus stammende Ruth-Alice sah es ähnlich: »Ich glaube, dieser Aufbruch, der uns zwangsweise beschieden war, aus unserer alten Welt, halb gezwungen, aber auch halb freiwillig, muss immer gewagt werden, um die Schwermut einer vergehenden Zeit nach vorn zu durchbrechen. Wir erlebten einen Gott, der Neues machen will. Wir waren einfach stark traditionsverwurzelt. Das war ein ganzes System: Da oben war der Vater, eine sehr patriarchalische Familie, aber er war ein guter Vater, der da sagte: ›In meinem Haus kann jeder tun und lassen, was ich will.‹ Die Welt stimmte noch.«

Klaus von Bismarck erinnert sich der Geschichte und daran, dass Vorpommern lange Zeit zu Schweden gehörte, Hinterpommern dagegen war karger, preußischer. Es wäre ohne den »schwedischen Einschuss« ein gesteigertes Preußen gewesen. »Achtzig Prozent der Großgrundbesitzer waren preußische Offiziere, ließen sich auf ihren Gütern mit Herr Rittmeister, Herr Major anreden und waren im Grunde in ihrem männlichen Selbstbewusstsein bis zu ihrem Lebensende, auch als Gutsherren, durch die Soldatenhierarchie geprägt. Das war in Vorpommern anders. Das kann man schon sprachlich verfolgen. Ich bin in Mecklenburg zur Schule gegangen. Die Sprachgrenze zum mecklenburgischen Platt, das breiter und selbstbewusster ist, geht ungefähr sechzig Kilometer nach Osten über die mecklenburgische Grenze hinaus. Also Anklam ist noch ganz schön mecklenburgisch. In Hinterpommern ist das Lebensgefühl anders: Zucht und Ordnung.«

Freilich, das sind Aussagen im Abendlicht eines erfüllten Lebens. Damals im Treck, unsicher, ob die Front sie einholt oder Fliegerstaffeln; damals als Offizier, nicht wissend, ob man zu den letzten Opfern eines sinnlos gewordenen Mordens, Brennens und Schändens gehört, ob man in Kriegsgefangenschaft gerät und in den Weiten Russlands verschwindet; damals wird das Erleben anders gewesen sein, ungewiss, beängstigend, aufwühlend. Während Ruth-Alice im Sommer 1945 erfuhr, dass ihr Klaus überlebt hatte, erreichte ihre Schwester Maria von Wedemeyer die schlimme Nachricht, ihr Verlobter Dietrich Bonhoeffer sei am 9. April 1945 im KZ Flossenbürg erhängt worden.

Als die Eheleute Klaus und Ruth-Alice von Bismarck sich wiedertrafen, ahnten sie noch nicht, dass der Theologe Dietrich Bonhoeffer, der ehemalige Tischtennispartner von Klaus, durch seine nachgelassenen Schriften bald weltberühmt werden würde, und Ruth-Alice ahnte noch nicht, dass sie knapp vier Jahrzehnte später den Gefängnisbriefwechsel zwischen ihrer Schwester und Dietrich Bonhoeffer herausgeben würde, das ergreifende Dokument einer großen Liebe. Damals wussten sie noch nicht einmal, ob sie überhaupt eine neue Lebenschance bekommen würden in dem besetzten und zerbombten Land.

Spuren auf vielen Gebieten hinterließ Klaus von Bismarck nach seinem ersten Leben als Gutsbesitzer und hochdekorierter Wehrmachtsoffizier in seinem zweiten Dasein in Ämtern der Demokratie: als Leiter des Jugendhofs Vlotho (1946 – 1949) und des Sozialamts der Evangelischen Kirche von Westfalen in Haus Villigst (1949 bis 1961), als Intendant des Westdeutschen Rundfunks (1961 – 1976) und als Präsident des Goethe-Instituts (1977 – 1989), als führender Funktionär im Deutschen Evangelischen Kirchentag (1949 – 1995) und im Weltkirchentag (1961 – 1968) – nur ein Amt lehnte er entschieden ab: Im Jahre 1958 wollte er nicht erster Wehrbeauftragter der Bundeswehr werden. Kein Militär mehr.

Im geteilten Europa

Den Adel als gesellschaftliche Klasse wie Bürger oder Arbeiter im nationalen Kräfteparallelogramm gab es im 20. Jahrhundert nicht mehr. Diese Funktion hatte er schon zu Beginn des Jahrhunderts verloren. Nach dem Zweiten Weltkrieg wurde die Schicht des grundbesitzenden Adels durch Vertreibung, Enteignung und Bodenreform zudem extrem reduziert. Durch die Bodenreform verloren die Bismarcks auf dem Gebiet der DDR rund zweitausend Hektar Land, darunter den Stammsitz Schönhausen. Die Nationale Volksarmee sprengte in den fünfziger Jahren sogar das Geburtshaus Otto von Bismarcks.

Nach der Neuvereinigung kauften oder erhielten einige Bismarcks Gutshäuser zurück, so Alexander von Bismarck 1991 Schloss Döbbelin und Maren und Friedrich von Bismarck 1997 den alten

Schloss Schönhausen
nach der Zerstörung

Familienstammsitz Briest, Philipp von Bismarck ließ das heute in Polen gelegene Gutshaus in Külz (Kulice) renovieren und gründete eine deutsch-polnische Akademie, dennoch: Der alte Gutsbetrieb blieb Geschichte ohne Gegenwart.

Aber der Adel ist nicht einfach verschwunden. Einige seiner Vertreter kamen aufgrund ihrer Fähigkeiten, ihrer gesellschaftlichen Beziehungen und ihrer jahrhundertelang tradierten Herrschaftsmethoden wieder zu Amt und Würden, darunter etliche Bismarcks in einem radikal veränderten Europa, das seine Stellung als Mittelpunkt der Welt verloren hatte. Es war nun eingespannt zwischen der Sowjetunion und den USA, die den Kontinent in Einflusszonen teilten. Die Trennung verlief mitten durch das bedingungslos kapitulierende Deutschland, teilte das Land in einen West- und einen Oststaat.

Im Westen, in der Bundesrepublik, wurden die sozialen Konflikte zwischen Kapital und Arbeit wohlfahrtsstaatlich so entschärft, dass es Klassenparteien nur noch am Rande gab. Dem Trend zur Volkspartei schloss sich mit dem Godesberger Programm 1959 die bis dahin erfolgreichste Klassenpartei an: die SPD. Im Osten, in der DDR, strebte man danach, so hieß es offiziell, die Diktatur des Proletariats zu errichten – eine mit scheinselbstständigen Parteien bestückte Herrschaft einer von Moskau abhängigen Partei mit mittelmäßigen Funktionären.

Das »Überspringen« des Kapitalismus erwies sich als Geburtsfehler der Sowjetunion, den sie mit wenigen Ausnahmen auf Osteuropa übertrug. Eine feudal geprägte riesige Landmasse ohne demokratische Traditionen in einen nachkapitalistischen Staat verwandeln zu wollen, führte in der Sowjetunion zu unlösbaren Widersprüchen und quasifeudalen Verhaltensweisen. Sie zeigten sich mannigfach im Verhältnis der Moskauer Machthaber – den Roten Zaren, wie man sie häufig nannte – zu ihren Landesfürsten im Ostblock, die teilweise wie Ceaușescu und Schiwkow dynastische Pläne ausklügelten; sie offenbarten sich darin, dass Bilder der Parteichefs in Amtsstuben hingen, und in den Quasi-Königsdramen, die sich abspielten, wenn ein Landesfürst abgesetzt werden sollte; und nicht zuletzt zeigten sie sich in der beliebtesten Freizeitbeschäftigung der Herrschenden, der Jagd.

Bereits 1918 – im Jahre eins der später »real existierender Sozialismus« genannten Gesellschaftsform – schrieb Rosa Luxemburg in ihrer hellsichtig-legendären Schrift »Die russische Revolution«: »Ohne allgemeine Wahlen, ungehemmte Presse- und Versammlungsfreiheit, freien Meinungskampf erstirbt das Leben in jeder öffentlichen Institution, wird zum Scheinleben, in dem die Bürokratie allein das tätige Element bleibt. Diesem Gesetz entzieht sich niemand. Das öffentliche Leben schläft allmählich ein, einige Dutzend Parteiführer von unerschöpflicher Energie und grenzenlosem Idealismus dirigieren und regieren, unter ihnen leitet in Wirklichkeit ein Dutzend hervorragender Köpfe, und eine Elite der Arbeiterschaft wird von Zeit zu Zeit zu Versammlungen aufgeboten, um den Reden der Führer Beifall zu klatschen, vorgelegten Resolutionen einstimmig zuzustimmen, im Grunde also eine Cliquenwirtschaft – eine Diktatur allerdings, aber nicht die Diktatur des Proletariats, sondern die Diktatur einer Handvoll Politiker.« Dem ist wenig hinzuzufügen, außer, dass Idealismus und Energie schwanden und die Geheimpolizei bald und besonders stark in der Sowjetunion wichtige Köpfe ausschaltete durch Mord, Gefängnis, Zwangsarbeitslager und Verbannung.

Ohne Zweifel verfügte Walter Ulbricht über politisches Talent und Macht, doch die bedeutenden deutschen Politiker der zweiten Hälfte des 20. Jahrhunderts agierten in der Bundesrepublik. Es waren Konrad Adenauer und Willy Brandt, Helmut Schmidt und Richard von Weizsäcker – keiner von ihrer Statur regierte in der DDR. Diese Politiker trugen entscheidend dazu bei, die erste von der Mehrheit der Deutschen getragene parlamentarische Demokratie zu etablieren, und zwar eine, die keinen Reichspräsidenten kennt wie die Weimarer Republik mit quasi monarchischen Rechten.

Es gibt wenig, was von der DDR übrig bleiben wird. Möglich, dass von der in hundert Jahren noch lebendigen Kunst aus der zweiten Hälfte des 20. Jahrhunderts vieles aus der DDR stammen wird, sicher ist die eine Produktionsform ihrer Wirtschaft, die sich – wiewohl stark marktwirtschaftlich modifiziert – als überlebensfähig erweist, die landwirtschaftliche Genossenschaft, die größtenteils auf enteignetem Adelsland entstand. Stärker noch als der Genossenschaftsgedanke bewährte sich die Großraumlandwirtschaft im Vergleich zu den durchweg kleineren westdeutschen Betrieben. Die Tradition des ostelbischen Großgrundbesitzes wird so gleichsam aufgehoben.

In der Kunst der DDR scheint in bedeutenden Werken wie beispielsweise denen von Heiner Müller oder Werner Tübke schon schlaglichtartig eine neue Gesellschaft auf, die aus dem Kapitalismus geboren und entwickelt werden wird, so wie dieser sich nach mannigfachen Versuchen und Fehlschlägen, Revolutionen und Reformen, Erfolgen und Rückschlägen aus und gegen den Feudalismus entwickelte. In Tübkes in jeglicher Hinsicht großem Bauernkriegspanorama in Bad Frankenhausen wird der Kampf zwischen Bauern und Feudalherren zum universellen Welttheater stilisiert; in Heiner Müllers Drama »Die Umsiedlerin oder das Leben auf dem Lande«, das einen der großen Kunstskandale auslöste und jahrelang verboten war, wird die Bodenreform, durch die »Junkerland in Bauernhand« gelangte, in künstlerischer Überhöhung und Verdichtung als dramatisch reicher, widersprüchlicher Kampf um eine humane, ausbeutungsfreie Gesellschaft dargestellt.

In der Zeit der Teilung war die Evangelische Kirche in Deutschland (EKD) die einzige gesamtdeutsche Institution – ohne sie wären Revolution und Neuvereinigung anders verlaufen. Im Jahr 1954 fand in Leipzig der erste gesamtdeutsche Kirchentag in der DDR statt, und das war für die Jahrzehnte der Teilung zugleich der letzte gesamtdeutsche. Über eine halbe Million Menschen kamen, unter ihnen Klaus von Bismarck. Aus heutiger Sicht hielt er damals die wichtigste Rede. Sie stand unter der Überschrift »Die Freiheit des Christen zum Halten und Hergeben«. Während sich einer seiner Brüder noch in sowjetischer Kriegsgefangenschaft befand, sagte er: »Mein Herz sucht in diesem Augenblick die Wiesen, die Felder und die Bäume in meiner jetzt polnisch verwalteten Heimat in Pommern. Ich sehe keinen Weg – um offen und nüchtern zu sein –, ohne Krieg und neue große Schrecken dorthin zu gelangen. Ich will für diesen Preis nicht zurück. Das ist meine persönliche Meinung – die einige von Ihnen vielleicht nicht übernehmen können; wir haben vor Gott kein Recht darauf, das wieder zu erhalten, was er uns genommen hat, auch wenn Völker- und Privatrecht uns eine Handhabe des Anspruchs geben.«[1]

Die Rede löste heftige Kontroversen aus. Dass die Vertriebenenverbände, die damals noch großen Einfluss hatten, ihn als »Heimatverräter« bezichtigten, war zu erwarten, ebenso Konflikte im Familienverband, etwa mit seinem Bruder Philipp, der später als Sprecher der Pommerschen Landsmannschaft agierte. Was aber schmerzte, war, dass von Seiten der Kirche die erhoffte Unterstützung ausblieb.

Sehr früh, noch vor Marion von Dönhoff, stellte sich Klaus von Bismarck der Realität und sprach aus, was viele nicht wahrhaben wollten, nämlich dass das Land verloren war. »Das ist zwar gegen das Völkerrecht«, erläuterte er später im Gespräch mit Friedrich Schorlemmer, »dass wir vertrieben wurden, genauso wie die Angriffskriege von Hitler gegen das Völkerrecht waren. Und natürlich darf man Menschen nicht so hin- und herschieben.« Aber nun musste man versuchen, einen Weg nach vorn zu finden – deshalb hielt er die Rede in Leipzig. Für den Weg nach vorne hat er viel getan, vor allem als Rundfunkintendant.

Medienrevolution

Die am 9. Juni 1950 gegründete Arbeitsgemeinschaft der öffentlich-rechtlichen Rundfunkanstalten der Bundesrepublik Deutschland, besser bekannt unter den drei großen Buchstaben ARD, entwickelte im Laufe der fünfziger Jahre das Fernsehen zum Leitmedium. Im April 1961 übernahm Klaus von Bismarck die Intendanz einer der wichtigsten ARD-Anstalten, des Westdeutschen Rundfunks. Er wurde im Laufe seiner Amtszeit zu einer der markantesten Medienpersönlichkeiten. Deshalb ist der große Sendesaal in Köln heute nach ihm benannt.

Wenige Monate nach seinem Amtsantritt wird die Mauer quer durch Deutschland gebaut; Klaus von Bismarck ist daran gelegen, Probleme der deutschen Teilung und des deutsch-polnischen Verhältnisses darzustellen und zu analysieren, deshalb bittet er den Journalisten Peter Bender, Sendepläne zu entwickeln, die Verbindungen suchen und erweitern. Dieser erinnert sich, dass er sich sogleich ans Werk machte und verschiedene Sendungen entwickelte: »Eine hieß: ›Wettkampf der Systeme‹. Das zielte auf Nikita Chruschtschow hin, der gesagt hatte, beide Systeme sollen einen Wettkampf führen, der erweisen solle, wer die besseren sozialen, politischen und menschlichen Verhältnisse schaffen könne. Die einzelnen Sendungen schrieben vor allem Leute, die ursprünglich Marxisten oder auch in der SED waren, sich aber entfernt hatten und dann sozusagen als Revisionisten mit Rosa Luxemburg und Karl Kautsky argumentierten. Wir machten lange Programmvorschauen, so dass die Leute mitschreiben konnten, wann was gesendet wird. ›Der Wettkampf der Systeme‹ bestand lange, aber die Anzahl der Ost-

West-Sendungen schwand. Die Teilung, die einmal die ganze Nation erregt hatte, erstarrte zur Tatsache, die zum großen Teil der Gleichgültigkeit anheimfiel.«[2]

Klaus von Bismarck brachte viele heute noch existierende Formate wie den »Weltspiegel« auf den Weg. Die Struktur- und Entwicklungsprobleme der Dritten Welt lagen ihm dabei immer besonders am Herzen, so dass die Mitarbeiter schon frotzelten: »Wer mal schnell eine Audienz beim Chef haben will, der malt sich am besten vorher schwarz an.«[3]

In fünfzehn Jahren – also in drei Amtsperioden – formte der Intendant den Sender. Heute noch bekannte Journalisten wie Gerd Ruge und Peter Scholl-Latour fanden im WDR eine publizistische Heimat. Immer schaute Klaus von Bismarck nach vorne, immer galt sein unermüdlicher Einsatz der Demokratie in Deutschland. Er ermöglichte Sendungen, die Fernsehgeschichte schrieben, wie »Heia Safari – Die Legende von der deutschen Kolonial-Idylle in Afrika« von Ralph Giordano, und er bemühte sich um organisatorische und strukturelle Neuerungen wie die Frauenquote, die Entwicklung von Ausbildungs- und Lehrverhältnissen, den Schutz und die unabhängige Arbeit von Redakteuren.

Stets hatte der Intendant als Sachwalter des Ganzen zwischen verschiedenen Strömungen und Parteien inner- und außerhalb des Senders zu vermitteln, Position zu beziehen, Akzente zu setzen. Es gab eine CDU-Kampagne, die den WDR als Rotfunk denunzierte, andererseits wollte der Intendant keine Sendungen, die Institutionen der jungen Demokratie beschädigen könnten, was ihm einige Linke verübelten. So setzte er eine Dokumentation ab, die die Beteiligung des Bundespräsidenten Heinrich Lübke am Bau von Konzentrationslagern anprangerte. Später begründete er das mit seiner Auffassung, »dass ein Staatsoberhaupt nicht wie alle anderen Politiker und Personen in öffentlichen Ämtern jeder öffentlichen Kritik ausgesetzt sein darf. Mir ging es in diesem Fall auch um den Schutz und die Würde dieser Institution im Interesse der Gesamtgesellschaft.«[4] Auf der anderen Seite trat er für die Ausstrahlung des Filmes »Nicht der Homosexuelle ist pervers, sondern die Gesellschaft, in der er lebt« von

Rosa von Praunheim ein; als der Streifen als WDR-Beitrag 1973 im ARD-Gemeinschaftsprogramm lief, stieg der Bayerische Rundfunk aus der Übertragung aus, und die Katholische Kirche protestierte.

Die Parteienkämpfe zermürbten den »weit über seinen Ursprung hinausgewachsenen liberalen Sprössling einer altmärkischen Adelssippe« (Ralph Giordano) gegen Ende seiner dritten Amtszeit. Die Gründe für sein Ausscheiden im Jahre 1976 sind vielfältig: der Wunsch der Parteien in den Sendeanstalten, Intendanten mit Parteibuch zu haben; sein Führungsstil, der antiautoritären Linken zunehmend patriarchalisch erschien – wahrscheinlich ein Relikt seiner Herkunft; Angriffe konservativer Kreise wegen seiner liberalen Programmpolitik und veränderte wirtschaftliche Rahmenbedingungen, die sein bildungsgeprägtes, nicht auf Quoten und Werbekunden versessenes Programmverständnis unzeitgemäß erscheinen ließen.

Seinen Themen konnte er sich als Präsident des Goethe-Instituts fortan besser widmen. Schon beim WDR hatte er neue Korrespondentenbüros in Ost- und Südosteuropa eröffnet, nun entstanden in aller Welt Zweigstellen dieser Kulturinstitution. Dabei legte der Präsident Wert darauf, dass ein partnerschaftlicher Dialog entstand und keine Propaganda für die Bundesrepublik betrieben wurde. Seinem Motto aus der Nachkriegszeit blieb er treu: »We agree to differ.«

Bewahrt hat Klaus von Bismarck sich in all diesen Jahren seinen schalkhaft-schlagfertigen Humor. Er konnte im sächsischen Dialekt, den er seinem Violinlehrer abgelauscht hatte, von einem Grenzübergang bei Helmstedt erzählen: »Da steht ein Zöllner und sagt: ›Ihren Pass bitte.‹ Ich gebe ihm den Pass. Er sagt: ›Bismarck, Bismarck?‹ … Der arme Kerl merkte, da war doch irgendetwas. Dann hat er plötzlich zum Himmel geguckt und gefragt: ›Sind Sie verwandt mit dem da?‹ Das stimmte in jedem Falle. Mich juckte es, und ich habe versucht, an alle meine preußischen Ahnen zu denken und habe ihm gesagt: ›Ich bin es selbst.‹ Er hat richtig zackig gegrüßt.«

In den Medien machte ein weiteres Mitglied des Familienverbandes eine ganz andere Karriere. Gunilla von Bismarck, eine Tochter Otto II. von Bismarcks, entwickelte sich zur omnipräsenten Me-

*Gunilla von Bismarck
(*1949), Mittelpunkt des
internationalen Jetsets,
1998*

dienadligen, die Fernsehhofberichterstatter als »ungekrönte Königin
von Marbella, strahlenden Mittelpunkt des internationalen Jetsets«
anpriesen. Ihr Gesicht war das bekannteste der Bismarcks im vergangenen Jahrhundert. Glamouröse Feste und Wohltätigkeitsveranstal-
tungen, TV-Shows und Homestories füllen ihr Luxusleben zwischen dem Chalet im schweizerischen Crans Montana, der Finca in
Marbella und dem Schloss Friedrichsruh. Durch ihre Mutter Ann
Mari, die Tochter eines schwedischen Hofarchitekten, ist sie wie ihre
Geschwister eng mit dem schwedischen Königshaus verbunden. Königin Silvia von Schweden ist die Patentante ihres Sohnes Francisco.
Im Gegensatz zu vielen anderen verlief das Leben der 1949 geborenen Gunilla von Bismarck skandalfrei. Mit der Entstehung privater
Sendeanstalten wächst die Zahl solcher Medienadligen, in Deutsch-
land geschieht das seit den 1980er Jahren.

Besorgt analysiert Klaus von Bismarck diese Entwicklung in
einem gemeinsamen Buch mit Alexander Kluge und Günter Gaus
unter dem aufschlussreichen Titel »Industrialisierung des Bewusst-

seins«. Der Rundfunk wandelte sich für ihn zu einem »wirtschaftlichen Dienstleistungsunternehmen«, ein Prozess, in dem sich ökonomische und politischen Kräfte und Interessen verflochten. Als liberaler Demokrat argumentiert er gegen den ökonomischen Neoliberalismus. Nach seiner Ansicht erhoffen sich dessen Verfechter »von immer mehr kommerziellem Rundfunk zwar nicht zugleich mehr politischen Einfluss, aber doch eine Übereinstimmung in der wirtschaftlichen Grundkonzeption; nämlich, dass uns die Befolgung des Prinzips des Wettbewerbs auch über die Wirtschaft hinaus dem Heil am nächsten bringt.« In der »freien Wildbahn des Marktwettbewerbs« verdränge leichte Unterhaltung seriöse in die Nachtstunden; es zeichne sich ab, »dass unter dem uneingeschränkten Gesetz des Marktes künftig mehr und mehr nur noch eine Programmware Lebensfähigkeit hat, die so standardisiert ist, dass sie weltweit absetzbar ist«.[5] Im Jahre 1985 waren diese Aussagen geradezu prophetisch.

Verbrechen der Wehrmacht

Bei der Beantwortung der Frage, was das für Menschen waren, die den industriell organisierten Massenmord in Auschwitz und Treblinka betrieben, wirkten Klaus von Bismarck und seine Familie indirekt mit. Die mit ihnen befreundete Autorin Gitta Sereny sprach im Düsseldorfer Gefängnis zwischen dem 2. April und dem 27. Juni 1971 insgesamt siebzig Stunden mit Franz Stangl, dem Mordgesellen von Treblinka. Einen Tag später, am 28. Juni kurz vor Mittag, starb Franz Stangl – wie die meisten, die Gleiches getan hatten wie er – an Herzversagen. Nach diesen Gesprächen befragte Sereny Opfer, Weggefährten, die Familie von Stangl. Am Ende stand eines der großen Dokumente des 20. Jahrhunderts: »Am Abgrund – Gespräche mit dem Henker. Franz Stangl und die Morde von Treblinka«. Ein Buch, das erhellend bleiben wird, solange es Menschen gibt, die sich für diese Abgründe des Menschen interessieren. Es ist die einzige Gewissensbefragung, die dem Kommandeur eines Vernichtungslagers gilt.

Wie aber konnte Gitta Sereny das durchstehen? »Wissen Sie, ich war befreundet mit der Familie Klaus von Bismarcks, der Intendant des Westdeutschen Rundfunks war und in Köln mit acht Kindern lebte. Sie luden mich ein, bei ihnen zu wohnen, während ich die Gespräche mit Stangl führte. Besorgt kümmerten sie sich um mich während dieser schwierigen Arbeit. Wochenlang wohnte ich bei ihnen, jeden Tag fuhr ich von ihnen nach Düsseldorf und dann zurück. Nicht nur, dass ich dort eingeladen war und es hilfreich, freundlich und schön war, die ganze Familie, die Eltern und die Kinder, nahm Anteil an diesem Experiment, das erstmalig war. Jeden Abend warteten sie schon auf mich mit dem Essen, auch wenn es spät war, und dann versammelten sich die Kinder um den Tisch und fragten mich aus: Was hast du gefragt, was hat er gesagt, wie hat er darauf reagiert? Unter den acht Kindern waren sehr idealistische junge Menschen, auch einige Studenten. Sicher haben viele Fragen, die ich Stangl stellte, ihren Ursprung in diesen Gesprächen mit den jungen Bismarcks … Ich brauchte diese Wärme, das Wissen, dass ich am Abend in ein Zuhause kam, wie das abendliche Telefonat mit meinem Mann und mit meinen Kindern. Das war sehr wichtig, weil es sehr schwierig war, was ich mit Stangl unternahm.«[6]

Es gibt wenige Adlige, Vertriebene oder Wehrmachtsoffiziere wie Klaus von Bismarck, die sich so früh mit den Verbrechen der Nazi-Diktatur auseinandersetzten, den Verlust ihrer Heimat hinnahmen, für Aussöhnung und Verständigung plädierten und sich ohne Wenn und Aber bei der Errichtung einer lebensfähigen Demokratie in Deutschland einsetzten. Allerdings war es auch für ihn ein beschwerlicher Weg und eine erschütternde Erkenntnis, wie stark die Wehrmacht in die Jahrhundertverbrechen verstrickt war.

Im Herbst 1986 hielt er in Minsk einen Vortrag über Kriegsgefangene und Zwangsarbeiter. Im Vorfeld, einundvierzig Jahre nach Kriegsende, hatte es Bedenken gegeben. Deshalb beschloss er, nicht als Präsident des Goethe-Instituts, sondern als Privatperson aufzutrten. »Die Bedenken aus dem politischen Raum waren im Kern alle etwa der Art, ob es denn wirklich nötig sei, diese alten Geschichten im Ausland aufzuwärmen.« In seinem Vortrag sprach er von einem

Klaus von Bismarck,
Aufnahme von
Henry Ries, 1991

»Missbrauch« seines »vaterländischen und soldatischen Pflichtgefühls« – zum letzten Mal.

Anschließend sah er sich mit Dokumenten und Aussagen konfrontiert, dass Wehrmachtseinheiten brutal gegen die Zivilbevölkerung vorgegangen seien. Spontan bestritt er das und konnte vorbringen, dass er und seine unmittelbare Umgebung den berüchtigten Kommissarsbefehl nicht umgesetzt hatte, der anordnete, gefangene sowjetische Politkommissare gegen alle Gesetze des Kriegsrechts sofort zu erschießen. Aber ein Stachel blieb. Wie Ödipus, der weiterfragt auf die Gefahr hin, Schlimmes zu erfahren, forschte Klaus von Bismarck nach der Wahrheit, fragte nach bei deutschen Forschungseinrichtungen.

Am 6. Mai 1991 kam es zu einer denkwürdigen Begegnung. Für sein Porträtbuch »Abschied meiner Generation« besuchte der bekannte amerikanische Fotograf Henry Ries den einst hochdekorierten Wehrmachtsoffizier Klaus von Bismarck. Henry Ries, als Heinz Ries 1917 in Berlin geboren, wollte 1937 mit einem Teil seiner Familie in die USA fliehen, aber die Einwanderungsbehörden in Ellis Island schickten ihn, der New York mit seiner berühmten Skyline schon sehen konnte, wegen Problemen mit seinem Pass ins judenfeindliche Nazi-Deutschland zurück. Kurz vor Toresschluss gelang es ihm 1938, ein weiteres Mal den Atlantik zu überqueren; andere Familienangehörige kamen um.

Im Zweiten Weltkrieg kämpfte Ries in der US-Armee, von 1946 an arbeitete er als Fotograf für die amerikanische Militärregierung. Durch seine Fotos von den Nürnberger Kriegsverbrecherprozessen und der Berlin-Blockade wurde er bekannt. In zeitgeschichtlichen Büchern beschrieb er später, wie sich Menschen in der Nazi-Diktatur verfingen und welche Spuren das hinterließ.

Als Henry Ries den ehemaligen Regimentskommandeur nach Kriegsverbrechen in den vier Jahren an der Ostfront fragt, beobachtet er, wie Klaus von Bismarck mit seinen Emotionen kämpft, eine längere Pause braucht, um dann mit »leicht vertränten Augen« zu antworten: »Also ich bin erschrocken nicht nur von dem, was ich erlebt habe, sondern von mir selber, auch bis ins Nachhinein. Es gibt eine einzige Erfahrung, die ich während des Krieges erlebt habe. Mitten im Winter, es war wohl im Jahre 1942, wurde ich vom Fluglandeplatz in Pleskow abgeholt, um Generalfeldmarschall Busch einen Bericht zu geben.«

Während sie über die schneebedeckte Straße fahren, fällt der Blick Klaus von Bismarcks auf Hügel im weißen Schnee, »beinahe eine Spur, wie ein schlechter Landwirt den Dung in Haufen liegen lässt. Da ich nun selbst Landwirt bin, und auch Jäger, war mir klar, dass es nicht Dung sein konnte.« Er befahl dem Fahrer zu stoppen und lief zu den Haufen, von einem zum anderen, die ganzen Reihen entlang. Die darin entdeckten Toten waren durch Kälte und mangelnde Nahrung bestürzend ausgemergelt. »Es waren alles erschossene russische Kriegsgefangene! Hinterkopfschuss!«[7] Dass so etwas nicht nur von der SS, sondern auch von Wehrmachtseinheiten verübt worden war, weiß er seit seinen Nachforschungen. Schon beim

Frankfurter Kirchentag 1987 nannte er die Vorstellung von der »sauberen« Wehrmacht ein Trugbild.

Am 16. März 1995 eröffnete Klaus von Bismarck in Hamburg die Ausstellung »Vernichtungskrieg. Verbrechen der Wehrmacht 1941 bis 1944«, die zu einer breiten Diskussion im neu vereinten Land führte. Das Verteidigungsministerium erlaubte Angehörigen der Bundeswehr den Besuch nur als Privatpersonen.

Klaus von Bismarck bekannte, dass er und seine Kameraden auf einer »Insel des Selbstbetruges« gelebt hätten, »denn wir hatten geglaubt, wir könnten anständige Soldaten bleiben in einem Krieg, der verbrecherische Ziele hatte«. Er widerspricht denen, die die Verbrechen der Wehrmacht zu Randerscheinungen erklärten: »Es waren nicht nur Einzelne, die bei verbrecherischen Handlungen mitgemacht haben, sondern am Ende – ich bin bis zum Schluss dabei gewesen – war vermutlich auch die Mehrheit der Wehrmacht bereits von der skrupellosen Nazi-Ideologie erheblich infiziert.«[8] Zum Abschluss sagt er: »Als Kriegsteilnehmer glaube ich, dass diese Ausstellung im Wandel der Geschichte und einiger ihrer Kriterien nicht Vorgänge von vorgestern mit Kriterien von heute aburteilen und in diesem Sinn Enthüllungsgeschichte betreiben kann. Ich hoffe vielmehr, dass sie einen schmerzlichen Prozess in Gang setzt. In ihm könnte sich der Schock angesichts von unabweisbaren Fakten mit Schmerz und Trauer verbinden. Nur in dieser Verbindung können wir uns mit uns ›selbst‹ versöhnen und Versöhnung von den Opfern annehmen, die sie uns angeboten haben.«[9]

Ein Ende und doch keines

Ende der sechziger, Anfang der siebziger Jahre veränderte sich das weltpolitische Kräfteparallelogramm. Die Kulturrevolution der Achtundsechziger erfasste allmählich das Bewusstsein der Mehrheit. Der Prager Frühling erwies sich als letzter Reformversuch innerhalb des Kommunismus; 1989/90 gab es zwar noch sozialistische Gruppen und Forderungen, aber sie waren nirgends mehr geschichtsmächtig.

In dieser Umbruchszeit schrieb Sebastian Haffner einen Essay unter der Überschrift: »Ist die bürgerliche Revolution zu Ende?« Er glaubte, dass Marx diese zu früh durch eine proletarische ersetzte, weil er sich durch ein Wellental täuschen ließ. Die bürgerliche Revolution sei ein Vorgang, der sich über Jahrhunderte erstreckte und immer wieder auf- und abbrach. »Der große Aufstand gegen die Allmacht der Kirche, mit dem die bürgerliche Revolution … begann, produzierte zunächst keine volle Säkularisierung, nur eine Gegenkirche. Der Aufstand gegen den Feudalstaat schuf gerade in Marxens Zeit keine volle Demokratie, nur einen neuen Klassenstaat, eine Art Industriefeudalismus. Und doch war das niemals das Ende der bürgerlichen Revolution … Die Säkularisierung geht immer noch weiter, ebenso die Demokratisierung, und nach Kirche und Staat erfasst gerade jetzt … die Revolution ein neues Gebiet: Sitte und Familie. Es ist immer noch erkennbar dieselbe Revolution, dieselbe bürgerliche Revolution. Vielleicht gibt es gar keine andere.«[10]

Prüfen wir das am Beispiel der Bismarcks.

Am Ende seines Lebens fuhr Philipp von Bismarck, der Bruder von Klaus, zur Weihnachtszeit in die deutsch-polnische Akademie in Kulice, die sich im ehemaligen Bismarckschen Gutshaus von Külz befindet. Wie seine Vorfahren als Junker veranstaltete er als pensionierter bürgerlicher Politiker eine Weihnachtsfeier, bedachte dabei auch Dorfkinder mit Geschenken. Dies war kein Auftritt auf der Bühne der Geschichte, auch nicht auf einer Bühne, die die Welt bedeutet, sondern bestenfalls ein nostalgisches Privattheater, doch man sollte sich darüber nicht mokieren.

Mit dem Tod Philipps von Bismarck am 20. Juli 2006 endet die preußische Familiensaga der Bismarcks – fast ein halbes Jahrhundert nach der endgültigen Auflösung Preußens durch die Alliierten 1947. Eine Wiederbelebung Preußens ist aussichtslos, Staaten gehen unwiederbringlich unter, Nationen und Ideen können wieder auftauchen. Schon der von Sebastian Haffner am 10. April 1960 im *Observer* publizierte Artikel »Ein Plan für Preußen« – er plädierte dafür, diesen Staat neu zu gründen, um die deutsche Teilung zu mildern – wirkt seltsam anachronistisch zwischen seinen Schriften. Wie abgelebt Preußen ist, sieht man daran, dass pommersche und schlesische Landsmannschaften entstanden, aber keine preußische. Der Ur-preuße Philipp von Bismarck war lange Zeit Sprecher der pommer-schen Landsmannschaft.

Die Geschichte des linienstarken Familienverbundes der Bis-marcks allerdings wendet und windet sich weiter. Beim Blättern in der Porträtsammlung des Geschlechts sieht der Betrachter sofort, dass die jahrhundertelange Offizierstradition – man denke nur an die Gefallenenschar der Weltkriege – erloschen ist, Ausnahmen wie der Oberst im Verteidigungsministerium Ernst von Bismarck (1924 – 1974) bestätigen die Regel.

Nehmen wir beispielsweise die Kinder und Geschwister der im Zweiten Weltkrieg Gefallenen: Nur noch einige Mitglieder arbeiten in der Land- und Forstwirtschaft; von den meisten werden ehemals verpönte bürgerliche Berufe ausgeübt. Eine adlige Lehrerin heiratete einen Schuldirektor, eine Religionslehrerin einen Textilchemiker, ein Diplom-Ingenieur eine Studienrätin, ein weiterer Diplom-Ingenieur eine Stewardess, eine Goldschmiedin einen Diplom-Wirtschaftsin-genieur … Allein das »von« und Ehrenfunktionen wie Ritter oder Ehrenkommendator des Johanniterordens bergen adlige Traditio-nen. Selbst bei der fürstlichen Linie ist das so – das Ressentiment gegen alles Kaufmännische, nach dem Ersten Weltkrieg noch wirk-sam, verschwand nach dem Zweiten allmählich. Fürst Ferdinand von Bismarck (geb. 1930) gewann seine ersten Berufserfahrungen auf den brasilianischen Kaffeeplantagen der befreundeten Familie Henckel von Donnersmarck und an der Deutsch-Brasilianischen Handels-kammer. Er war Europapolitiker und arbeitete im Immobilienge-schäft auf mehreren Kontinenten.

Das Ende des alten Gutsbetriebs zeigt sich auch darin, dass Nut-zungsrechte der Fürst-Bismarck-Quelle heute beim Nestlé-Konzern liegen und als Hauptattraktion von Friedrichsruh seit 1986 der durch die Fürstin Elisabeth von Bismarck (geb. 1939) initiierte Schmetter-lingsgarten gilt.

Eine Gestalt des öffentlichen Lebens oder einen Politiker von Rang können die Bismarcks heute nicht vorweisen, allerdings sind sie mit diesen Bereichen immer noch verbunden. So ist Stephanie zu Guttenberg, die Frau des Politikers Karl-Theodor zu Guttenberg, eine geborene von Bismarck. In dessen wendungsreicher Laufbahn treffen altadlige Herrschergewohnheiten auf moderne Medienmacht und die Sehnsucht vieler nach einem anderen Politikertyp. Manche wähnten das Paar 2010 schon auf dem Durchmarsch ins Kanzleramt. Doch der Hoffnungsträger verlor einer unredlichen Doktorarbeit wegen seinen Ministerposten.

Jahrhundertelang waren Scheidungen in Adelskreisen nahezu tabu; Ehen hatten zu halten, bis dass der Tod die Eheleute schied. Marion Gräfin Dönhoff schreibt in ihren Kindheitserinnerungen: »Was gegen die Ehre war, konnte nicht stattfinden, beispielsweise … Ehescheidungen«,[11] und einer aus der Bismarck-Familie erzählte mir, dass er in seiner Kindheit nicht Varzin besuchen durfte, da der Besitzer sich unverständlicherweise hatte scheiden lassen. In unserer Zeit dagegen heiratet der Adel häufiger als andere Schichten der Gesellschaft, aber Scheidungen sind normal geworden. Natürlich führt das zu Anekdotischem. So nennt sich die 1964 in Mexiko geborene Laura Harring – bekannt geworden 1985 als erste hispanoamerikanische Miss USA und als Schauspielerin in seichten Serien wie »Baywatch« und respektablen, ja stilbildenden Filmen wie »Mulholland Drive« von David Lynch – Gräfin von Bismarck-Schönhausen, schließlich war sie zwei Jahre lang verheiratet mit Carl-Eduard von Bismarck (geb. 1961) aus der fürstlichen Linie des Geschlechtes.

Die Bismarcks sind schon aufgrund der langen Überlieferung vom Mittelalter bis heute keine Familie wie andere, aber der Verbürgerlichungsprozess erfasste auch sie vehement. In den einschlägigen Listen der Reichsten findet man die fürstliche Familie schon seit geraumer Zeit nicht mehr: Adlige, die diese Listen lange dominierten, sind dort mittlerweile eine verschwindende Minderheit. Wer dort vertreten ist, hat, ob adlig oder nicht, eine Führungsposition im digitalen Kapitalismus.

Wie alt nicht nur die adlige, sondern ebenso die bürgerliche Epoche geworden ist – oder erleben wir nur wieder ein Wellental im Haffnerschen Sinne? –, erkennt man daran, dass selbst Vertreter des uradligen Geschlechts nicht nur nachadlige, sondern sogar nachbürgerliche Positionen einnehmen können. So saß in den Jahren 1994 bis 1998 ein Urenkel Otto von Bismarcks, Heinrich von Einsiedel, im Bundestag als Abgeordneter der Partei des demokratischen Sozialismus.

Die Gefahren des 21. Jahrhunderts, die Klaus und Ruth-Alice von Bismarck im Gespräch mit Friedrich Schorlemmer 1995 benannten, verschärften sich seitdem: die ungelöste Frage nach sozialer Gerechtigkeit; die Gefährdung des Planeten durch ökologischen Kollaps; islamischer Fundamentalismus; die Möglichkeit, dass Atomwaffen in die Hände verantwortungsloser Menschen gelangen; drohende Überbevölkerung; Menschenzüchtung per Gentechnik. Werden neue Vertreter der Bismarcks bei ihrer Bewältigung eine Rolle spielen? Fragen, die wir im Dunkel des Heute nur stellen können und die erst im Lichte kommender Morgen zu beantworten sind.

Konrad Adenauer besucht das Bismarck-Museum in Friedrichsruh in Begleitung von Otto II. von Bismarck (rechs) und dessen Frau.

Nachwort

Ernst Engelberg, der die längste und umfangreichste Auseinandersetzung mit der weltgeschichtlichen Gestalt Otto von Bismarck führte, stammte aus den Kreisen seiner entschiedenen Gegner. Sein Vater Wilhelm Engelberg (1862 – 1947) gründete im Schwarzwälder Kinzigtal den sozialdemokratischen Wahlverein. Das geschah 1890, unmittelbar nachdem das »Gesetz gegen die gemeingefährlichen Bestrebungen der Sozialdemokratie« zu Fall gebracht worden war, und zwar in der Haslacher Gastwirtschaft »Zum Aiple Franz«, die es heute noch gibt. Die gutbürgerliche Wirtsstube war damals als »Revolutionsbeize« bekannt. Während der Novemberrevolution 1918 sorgte der Regionalpolitiker, Druckereibesitzer und Publizist Wilhelm Engelberg für helle Aufregung, als er die rote Fahne aus dem markanten Erkerfenster seines Hauses flattern ließ.[1]

Im Umfeld des Vaters trifft der 1909 geborene Ernst namhafte Sozialdemokraten und überzeugte Bismarck-Gegner. Da ist zum Beispiel Adolf Geck (1854 – 1942), der in den Traditionen der badischen Demokratie aufwuchs. Der »flotte, bierzeitungsredigierende und schwänkedichtende Student« verlebte eine bewegte Jugend, unterhielt während der Zeit des Sozialistengesetzes in Offenburg einen wichtigen Stützpunkt im Transportwesen des *Sozialdemokrat* und war »lange Zeit der unbestrittene Führer der badischen Sozialdemokratie«. Adolf Geck zeigte dem wissbegierigen Oberschüler Briefe von August Bebel, von Wilhelm Liebknecht und Clara Zetkin, die dieser mit »Ehrfurcht« las. Auch ein erschütternder Kondolenzbrief Rosa Luxemburgs mit einer Nachschrift von Karl Liebknecht war darunter. Am 18. November 1918 hatte die Sozialistin voller Vorahnungen an die trauernden Eltern zum Tode des Sohnes geschrieben: »Wir alle stehen unter dem blinden Schicksal, mich tröstet nur der grimmige Gedanke, dass ich doch vielleicht bald ins Jenseits befördert werde – vielleicht durch eine Kugel der Gegenrevolution, die von allen Seiten lauert.«

Im Elternhaus lernt der heranwachsende Ernst auch Joseph Belli (1849 – 1927) kennen, den wichtigsten Mitarbeiter Julius Mottelers, der während des Sozialistengesetzes den Vertrieb der sozialdemokratischen Presse und Literatur im Untergrund organisiert. Er sucht »ihn öfters im Berghäusle in Gengenbach auf, wo er und seine energische Frau bei der Tochter, der Witwe Kurt Eisners, wohnten. Ein Jahr vor seinem Tode«, erinnerte sich Ernst Engelberg, »sagte er in meiner Gegenwart zu Adolf Geck: ›Ich bin kein Kommunist, aber ich mache die Hetze gegen die Kommunisten nicht mit; sie sind Fleisch von unserm Fleisch und Blut von unserm Blut.‹« Diese Worte beeindrucken den Heranwchsenden »zutiefst«. 1928 verbindet er sich, gewissermaßen politisch vorgeprägt und im radikalen Jugendalter, mit der kommunistischen Bewegung.

Wie aber kam es zur Annäherung an Otto von Bismarck?

An der Berliner Friedrich-Wilhelms-Universität hält er im Seminar des bedeutenden Friedrich-Engels-Biographen Gustav Mayer ein Referat zum Thema »Deutsche Sozialdemokratie und die Bismarcksche Sozialpolitik«. Im Verlaufe der Arbeit offenbart sich ihm die Widersprüchlichkeit und Vielschichtigkeit des Wirkens Otto von Bismarcks. Das weckt sein Interesse. Aus der Seminararbeit entwickelt sich eine Dissertation. Doch Gustav Mayer kann sie im März 1933 nicht mehr annehmen – er ist als Jude unmittelbar nach der »Machtergreifung« entlassen worden –, und so gelangt sie in die Hände von Hermann Oncken. Als Oncken zwei Jahre später zwangsemeritiert wird, sitzt Ernst Engelberg bereits im Zuchthaus.

Im Februar 1934, vier Tage nachdem er die Mitteilung von der bestandenen Promotionsprüfung erhalten hat, wird er von der Gestapo verhaftet. Seine Lage ist prekär. Spannungsreich wie in einem Thriller verläuft das Ermittlungsverfahren: »Das Verhör, in dem man mich nach einem fragte, der Alfred hieß, war schon aufregend für mich, denn Alfred war mein Deckname als Reichsleiter der Kommunistischen Studentenfraktion im Roten Studentenbund. Diesen also suchte man und wusste nicht, dass man ihn schon hatte. Für eineinhalb Jahre kam ich ins Zuchthaus, welch ein Glück! Wenn die Nazis herausgefunden hätten, dass ich der gesuchte Alfred bin, wäre ich ins Konzentrationslager gekommen.«[2]

Nach der Entlassung emigriert er umgehend, zunächst in die Schweiz, später gelangt er in die Türkei. In seiner Istanbuler Emigrantenwohnung mit Blick auf das Marmarameer und die Prinzeninseln setzt er sich erneut mit dem Wirken Otto von Bismarcks auseinander.

Nach Kriegsende erscheint eine Flut von Büchern und Broschüren, in der von Luther über Friedrich den Großen bis zu Bismarck viele bedeutende Deutsche als Vorläufer Hitlers gesehen werden. Ernst Engelberg erkennt schon bald, dass die »scheinbar tiefgründige Kritik am ganzen Gang der deutschen Geschichte, vor allem auch der des 19. Jahrhunderts, objektiv dazu diente, die unmittelbar Verantwortlichen für das Hitlersche Verbrecherregime und die Katastrophe des deutschen Volkes zu entlasten; unversehens konnten damit sowohl jene großen Herren in der Zeit der Weimarer Republik, die einen nach innen und außen aggressiven Rechtsruck anstrebten und auch erreichten, als auch jene Liberalen, die damals wieder einmal versagten, in den Windschatten der historischen Kritik gerückt werden«. Aber auch das andere Extrem, nämlich alle Verbindungen zwischen preußisch-deutschem Militarismus und Nazismus zu leugnen, missfällt ihm.

Unter den Neuerscheinungen ist eine Publikation, die Engelberg ganz besonders empört. Es ist das 1945 veröffentlichte Werk »Die deutsche Frage« des Ökonomen und Soziologen Wilhelm Röpke, das mehrere Auflagen erreicht und ins Französische und Englische übersetzt wird. »Der Reichsgründung von 1870 warf er vor allem vor, dass sie eine Revolution gewesen sei, ›ein gewaltsamer und jäher Bruch des Rechts und der organischen Entwicklung‹. Von dieser Position aus lehnte er selbstverständlich nicht allein die Revolution von oben ab, sondern war auch geradezu von Abscheu erfüllt gegenüber einer Revolution von unten, insbesondere wenn sie vom Proletariat geführt würde. Dieser Klasse war seiner Meinung nach ›entscheidend‹ die starke Bevölkerungsvermehrung zuzuschreiben. Röpke verstieg sich zu folgendem Satz: ›Dieses Deutschland ist von ungezählten Millionen überflutet worden, die zu schnell und zu zahlreich kamen, um kulturell assimiliert zu werden. Deutschland ist das Opfer einer Barbareninvasion geworden, die aus dem eigenen Schoße der Nation hervorgegangen ist.‹ Diesen ungeheuerlichen Satz ließ der Erzliberale Röpke auch noch kursiv setzen. Die Gefahr der ›Barbarenrevolution‹, so fuhr er fort, sei umso größer geworden, als die zusätzlichen Millionen erfasst worden seien vom ›organisierten Sozialismus als Massenbewegung, geführt von Menschen, die an einer solchen Wirtschaft eigentlich nur das eine auszusetzen haben, dass andere an den leitenden Schreibtischen sitzen‹. Abgesehen davon, dass hier der öfters erwähnte Neidkomplex publizistisch ins Spiel kam, war für mich damals Folgendes entscheidend: Röpke lastete dem Bismarckreich gerade das als negativ an, was ich in meiner Dissertation verteidigt hatte: nämlich die von der deutschen Sozialdemokratie organisierte Arbeiterbewegung. Sicher wusste ich, dass Marx und Engels die deutsche Nationalstaatsbildung bei aller Kritik an ihrem undemokratischen, preußisch-dynastischen Charakter als einen historischen Fortschritt betrachteten, gerade auch im Blick auf die Entwicklung der Arbeiterbewegung. Aber jetzt wurde ich durch die Röpke-Publikation, die die Arbeiterbewegung nicht allein kritisierte, sondern auch diffamierte, geradezu gedrängt, mich mit dem intensiver zu beschäftigen, was Röpke als ›preußischen Komplex‹ und als ›krankhaftes Einheitsgefühl‹ verurteilte.«

Wie aber argumentiert man wirksam gegen Positionen eines so anerkannten Wirtschaftswissenschaftlers wie Röpke? Engelberg – inzwischen als Professor in Leipzig, wo er neben dem Literaturwissenschaftler Hans Mayer und dem Philosophen Ernst Bloch lehrt – widmet sich in den fünfziger Jahren dem Verfassen von Lehrbüchern zur Geschichte Deutschlands von 1849 bis 1897. Erst 1965 reift der Gedanke, eine Bismarck-Biographie zu schreiben. Ein Kollege meint, er sei so eingearbeitet, dass er das in einem halben Jahr schaffen könne. Es werden zwanzig Jahre, in denen er mit seiner Frau Waltraut landauf landab von Wien bis Moskau, von Friedrichsruh bis Stettin ungezählte Archive aufsucht. 1985 erscheint nahezu zeitgleich in Ost und West das Buch »Bismarck – Urpreuße und Reichsgründer«.

Es ist ein Ereignis. Das Werk erhält mehr als hundert Rezensionen und wird sogar ins Chinesische übersetzt. Entscheidend für Diskussion und Verkauf ist die Wertung des *Spiegel*-Herausgebers Rudolf Augstein: »Engelberg nähert sich dem Mann Bismarck mit der gebotenen Objektivität und der gebotenen Sympathie, manchmal sogar mit recht generöser Sympathie. Nie ist, jedenfalls mir, die Wurzel von Bismarcks Junkertum, das Erdreich seiner gewaltigen Triebe, so plastisch geworden wie in Engelbergs Erzählwerk; nie das Geflecht, in dem er sich regte, so durchsichtig. Man muss wohl Marxist zumindest gewesen sein, um den Teppich aus persönlichen und gesellschaftlichen Bezügen so meisterhaft zu wirken.« Günter Gaus lädt ihn in seine Fernsehsendung »Zur Person« und fragt ihn: »Als Sie im Frühjahr 1949 nach Leipzig gingen … rechneten Sie noch nicht mit einer dauerhaften Teilung?« Engelberg antwortet: »Dauerhaft, das kann man ja nie sagen. Dauerhaft in dem Sinne von ewiger Teilung, das glaube ich auch heute noch nicht.«

In den folgenden Jahren arbeitet Engelberg weiter an seiner Bismarck-Biographie. Als am 3. Oktober 1990 das Ende der DDR, des Staates, in dem er lange lehrte und wirkte, gekommen ist, erlebt er auf der Frankfurter Buchmesse seinen größten publizistischen und wissenschaftlichen Erfolg mit dem zweiten Band: »Bismarck – Das Reich in der Mitte Europas«.

Im Verlauf dieser Arbeit entstand eine Schrift »mit innerem Zwang aus der Beschäftigung mit der Familiengeschichte«. Verleger und Historiker hielten es aber für falsch, zuerst die Geschichte der Bismarcks bis zur Geburt Otto von Bismarcks zu publizieren. Sie befürchteten, man könne annehmen, dass Engelberg in der DDR immer noch keine Bismarck-Biographie veröffentlichen dürfe und daher eine Geschichte der Familie bis 1815 erscheine. Ernst Engelberg akzeptiert das, nimmt aber manches aus der Familiengeschichte in die lange Einleitung des ersten Bandes der Bismarck-Biographie auf und strukturiert das Material, indem er zeigt, wie sich Otto von Bismarck mit Ahnen und Verwandten befasst. Da Adelsgeschlechter traditionell erinnerungsbewusst sind, gelang dies, aber der geschichtstheoretische Gehalt der Darstellung reduzierte sich. Die

Beschreibung der Annäherung des Individuums an die eigenen Vorfahren eignet sich nicht immer dazu, große Zusammenhänge zu verdeutlichen.

Unzufrieden beschließt der Autor, bei der Niederschrift des zweiten Bandes die Familiengeschichte neu zu konzipieren, und er überlegt auch, ob er die beiden umfangreichen Bismarck-Bücher nicht für eine einbändige Ausgabe kürzen sollte, in der dann mancher Spreu der Archivfunde reduziert wird zugunsten des Weizens des Entwicklungs- und Strukturzusammenhangs. Er ist unsicher, und zu dieser Unsicherheit trägt auch die notwendige Neuorientierung in einer gewandelten Welt bei. So entstehen in seinem neunten Lebensjahrzehnt zwar etliche Manuskripte, Entwürfe, er überarbeitet und erweitert die Familiengeschichte der Bismarcks, aber er kann kein Buch mehr fertigstellen.[3]

Eine Sammlung unveröffentlichter und verstreut publizierter Texte, »Die Deutschen – Woher wir kommen«, gebe ich als Sohn zu seinem hundertsten Geburtstag heraus. Bei dieser Gelegenheit lese ich fasziniert die Manuskripte der Bismarckschen Familiengeschichte. Der Textkorpus ist an vielen Stellen eine gut erzählte, quellenfundiert und theoretisch durchdrungene Darstellung der geschichtswirkenden Mächte, an anderen aber ist er letztlich ein Fragment. Ob ich das Werk vollenden kann? Als ich ein Exposé mit einem überarbeiteten Kapitel Freunden, Bekannten und dem Verlag zusende, erhalte ich viel Zuspruch, und so lege ich nun das letzte Buch meines Vaters zum Thema Bismarck in einer ergänzten und bearbeiteten Fassung vor.

Was interessierte Ernst Engelberg eigentlich am Familienverband der Bismarcks? In seinen Entwürfen für ein Vorwort finde ich diese Passage: »Sicherlich ist die Bismarck-Familie mit ihrer langen Geschichte nur durch ihren großen Nachfahren des 19. Jahrhunderts im Bewusstsein der Nachbetrachter außergewöhnlich geworden; aber den Autor interessierte immer mehr das Gewöhnliche dieses Adelsgeschlechts, das Repräsentative, das Eine unter Vielen. So drängte es ihn, die Familie und die eine oder andere der Persönlichkeiten innerhalb ihrer Zeit, in ihren sozialen Existenzbedingungen, ihren politischen Bezügen und ihrem kulturellen Zeitkolorit darzustellen.

Im Bewusstsein der Bismarcks wird sehr wohl zwischen der jeweiligen Familie im engeren Sinne und der Familie im weiteren Sinne unterschieden. Die letztere besteht aus der Gesamtheit der verzweigten Linien, die durch gleiche Abstammung und ökonomisch-soziale Homogenität miteinander verbunden sind und unter den Begriff des Adels-Geschlechts subsumiert werden können. Die Familie im engeren Sinne ist die menschlich-soziale Zelle einer ausgeprägten Klasse, deren Kernmasse der Grund besitzende Adel ist. Er wiederum bewegt sich in Widersprüchen zu anderen Klassen oder Klassenfraktionen und in einem interessebedingten Wechselspiel zum brandenburgisch-preußischen Staat, der seinerseits den Wechselfällen freundlicher oder feindlicher Beziehungen zu anderen Staaten und Völkern ausgesetzt ist.

Diese Überlegungen machen es verständlich, warum in dem chronologisch-genetischen Ablauf weit mehr Kongruenz als Diskrepanz zwischen den verschiedenen Teilbereichen der Gesellschaft, auch zwischen Geschlecht und Geschichte vorhanden ist; dies zeigt sich besonders an ihren Wendepunkten. Ein solch tiefer Einschnitt der Bismarckschen Familiengeschichte wie die Permutation von 1562 etwa ist nicht zu trennen von der Endphase der fürstlichen Nach-Reformation, die die antiklerikale Volks-Reformation, d.h. die revolutionäre Volksbewegung mit ihrem Höhe- und Wendepunkt des Bauernkriegs, niedergeschlagen und dann ausgebeutet hat. Die Synchronisation zwischen Familiengeschichte und allgemeiner Geschichte als Ausdruck der Einheit in der Vielfalt des historischen Prozesses zeigt sich immer wieder.

Deshalb gingen wir bei der Periodisierung, die sich in der Gliederung dieser Schrift niederschlägt, stets vom Charakter einer Epoche oder Periode aus — immer mit dem Ziel, die Isolierung der Familiengeschichte vom ökonomisch-sozialen, politischen und kulturellen Gesamtgeschehen zu vermeiden. Im Singulären der Familie ist zugleich das Generelle der jeweiligen Struktur in Gesellschaft und Staat enthalten. Es hängt von der geistigen und moralischen Kraft der Familienmitglieder ab, inwieweit sie sich ökonomischen Prozessen anpassen, politische Entwicklungen meistern und geistige Strömungen verarbeiten können.«

Ernst Engelberg verband sein marxistisch geprägtes Verständnis der Geschichte also als Abfolge von Gesellschaftsformationen mit dem Interesse am Dynastischen, das viele Leser bis heute fasziniert. Wer den Blick in die Vergangenheit richtet, schärft den in die Zukunft. Schon deshalb lockt der Blick zurück. Blind bleibt das Wirken der Geschichte ohne Geschichten. Deshalb und nicht nur wegen Menschlichem, Allzumenschlichem und wegen der weltgeschichtlichen Gestalt Otto von Bismarck ist die Geschichte des Hauses Bismarck an- und aufregend.

Noch einige Worte dazu, wie ich das Fragment meines Vaters bearbeitete und ergänzte. Bis zur Geburt Otto von Bismarcks konzipierte ich eine Fassung aus bestehenden Manuskripten, die aktualisiert wurden, indem ich beispielsweise das Wiederauferstehen der Franckeschen Stiftungen erwähne, was mein Vater nicht mehr wahrnahm. Das Kapitel über Otto von Bismarck und dessen Kinder montierte ich wie einen Film am Schnittplatz aus Vorträgen und Texten Ernst Engelbergs, die dieser wahrscheinlich für diesen Zweck gesammelt hatte, denn sie lagen direkt neben den Fassungen der Familiengeschichte. Die Abschnitte über die Bismarcks im 20. Jahrhundert schrieb ich bis auf die Schilderung des Ersten Weltkrieges, die teilweise dem Essay »Das Wilhelminische Berlin« entnommen ist, allein, bemüht wie ein Regisseur, der ein Dramenfragment inszeniert, die fehlenden Szenen nach der Logik der vorhandenen Motive zu vollenden.

Bei der Angleichung der Schreibweise an den heutigen Sprachgebrauch verfuhr ich großzügig; damit Geschichtliches und Kolorit erhalten oder gesteigert werden könnten, griff ich mitunter auf alte Diktionen zurück. Bei den Anmerkungen beschränkte ich mich – bis auf wenige Ausnahmen wie das Stammbuch der Bismarcks – auf Quellen, die im Buchhandel, in Bibliotheken oder im Internet leicht zugänglich sind. Bei Klassikern, die in diversen Auflagen vorliegen, beschränkte ich mich auf die Titelnennung im Text.

Dank für Konsultationen und Gespräche, für die Bereitstellung von Quellen und Fotos schulde ich Dr. Dietmar Albrecht, Andreas von Bismarck, Ernst von Bismarck, Gregor von Bismarck, Dr. Rule von Bismarck, Ruth-Alice von Bismarck, Leopold-Bill von Bredow, Dr. Helmut Drück, Erhard Eppler, Professor Dr. Michael Epkenhans, Dr. Ralph Giordano, Professor Dr. Ulrich Lappenküper, Dr. Eckardt Opitz, Friedrich Schorlemmer, Professor Gerd Ruge, Dr. Andreas von Seggern, Bundespräsident a. D. Dr. Richard von Weizsäcker sowie Lisaweta von Zitzewitz.

Für die Durchsicht des Manuskripts gilt mein Dank Dr. Karl-Heinz Noack, Professor Mario Kessler und meiner Mutter Waltraut, die seit 1959 an allen Texten meines Vaters mitarbeitete und der er die beiden Bände seiner Bismarck-Biographie widmete.

Achim Engelberg
Berlin, im Juli 2010

ANHANG

Anmerkungen

KAPITEL I

1 Alle Lebensdaten der Bismarcks stützen sich auf das Stammbuch des Altmärkisch-uradligen Geschlechts von Bismarck von 1200 bis 1900, bearbeitet nach eigenen Forschungen von Hermann Hans Valentin von Bismarck; erweiterter Neudruck 1974, bearbeitet durch Heinrich von Bismarck; sowie auf die Porträtsammlung des Altmärk'schen Geschlechts von Bismarck 1200 – 2005, © Rule von Bismarck.

2 Herbert Helbig, Gesellschaft und Wirtschaft der Mark Brandenburg im Mittelalter, Berlin 1973, S. 26.

3 Adolph Friedrich Riedel, Geschichte des schlossgesessenen adligen Geschlechts von Bismarck bis zur Erwerbung von Crevese und Schönhausen. Herausgegeben vom Verein für die Geschichte der Mark Brandenburg, Berlin 1866, S. 78f.

4 A. F. Riedel, Geschichte, S. 18.

5 Ebenda, S. 31.

6 Codex diplomaticus Brandenburgensis, hrsg. v. A. F. Riedel, Band XV, S. 105ff., vgl. A. F. Riedel, Geschichte, S. 34.

7 Ebenda, S. 101, vgl. A. F. Riedel, Geschichte, S. 28.

8 Vgl. die Kontroverse von Goetze gegen Riedel, in: Ludwig Goetze, Fragmenta Marchia; in: Märkische Forschungen, 14 (1878), S. 3ff.

9 Ludwig Goetze, Urkundliche Geschichte der Stadt Stendal, Stendal 1929, S. 95 (1400), S. 390 (1460), S. 391 (1493).

10 A. F. Riedel, Geschichte, S. 40.

11 A. F. Riedel, Geschichte, S. 45f.

12 L. Goetze, Fragmenta, S. 27f.

13 Johannes Schultze, Die Mark Brandenburg, Bd. 2: Die Mark unter der Herrschaft der Wittelsbacher und Luxemburger (1319 – 1415), Berlin 1961, S. 142.

14 A. F. Riedel, Geschichte, S. 101f.

15 Ebenda, S. 118.

16 Georg Schmidt, Das Geschlecht der Bismarcks, Berlin 1908, S. 30.

17 A. F. Riedel, Geschichte, S. 138; G. Schmidt, Geschlecht, S. 30.

KAPITEL 2

1 George Hesekiel, Das Buch vom Grafen Bismarck, Bielefeld und Leipzig 1869, S. 41.
2 Georg Schmidt, Schönhausen und die Familie von Bismarck, Berlin 1897, S. 37.
3 Karl Marx – Friedrich Engels, Werke, Berlin 1955ff., Bd. 21, S. 402.
4 Otto Hintze, Die Hohenzollern und ihr Werk, Fünfhundert Jahre vaterländischer Geschichte, Berlin 1915, S. 129.
5 Günther Franz, Geschichte des deutschen Bauernstandes vom frühen Mittelalter bis zum 19. Jahrhundert, Stuttgart 1970, S. 147.
6 Zitiert wie die folgenden, wenn nicht anders angegeben, Aussagen der Auseinandersetzung nach Schmidt, Das Geschlecht der Bismarcks, S. 55ff. Zu vermerken ist, dass die Familienforscher den machtpolitischen Aspekt der sogenannten Permutation überhaupt nicht ins Auge fassen, sondern ausschließlich die Jagdleidenschaften des Kurprinzen erwähnen.
7 Schreiben vom 27. Mai 1562, Permutation des Amtes Burgstall, Geheimes Staatsarchiv zu Berlin.
8 G. Schmidt, Schönhausen, S. 40f.
9 Vgl. Wilhelm Briest, Das Gerichtsbuch des Valtin von Bismarck und vier weitere sippenkundliche Quellen über Schönhausen und Fischbeck, Genthin 1937, S. 54ff.
10 Ebenda, S. 74ff.
11 Otto von Bismarck, Die gesammelten Werke (Friedrichsruher Ausgabe), Berlin 1924 – 1935, Bd. 14/1, S. 421.
12 Moritz Busch, Graf Bismarck und seine Leute während des Kriegs mit Frankreich. Tagebuchblätter, Leipzig 1878.
13 Original im Archiv der Otto-von-Bismarck-Stiftung.

KAPITEL 3

1 Georg Schmidt (Hrsg.), Das Tagebuch des Christoph von Bismarck aus den Jahren 1625 – 40, in: Thüringisch-Sächsische Zeitschrift für Geschichte und Kunst 5 (1915), S. 69/70.
2 Ebenda.
3 W. Briest, Gerichtsbuch, S. 21.
4 Ebenda, S. 82/76, 225 – 227 (III, 201 – 206).
5 G. Schmidt, Schönhausen, S. 59 (aus der Leichenpredigt).
6 Ebenda, S. 69 (aus einer Eintragung ins Stammbuch des Theologiestudenten Heinrich Oldecop).
7 G. Schmidt, Geschlecht, S. 95.
8 G. Franz, Bauernstand, S. 175.

KAPITEL 4

1 O. Hintze, Hohenzollern, S. 205.
2 Zitiert nach Wilhelm Abel, Geschichte der deutschen Landwirtschaft vom frühen Mittelalter bis zum 19. Jahrhundert, Stuttgart 1962, S. 244.
3 »C'est au moment, qu'on veut redoubler de force qu'il faut redoubler la grace.« Zitiert nach Ernst Engelberg, Zum Methodenstreit um Karl Lamprecht, in: Studien über die deutsche Geschichtswissenschaft, Hrsg. J. Streisand, Bd. II, Berlin 1969, S. 150.
4 Wiedergabe der Chronik des Pfarrers Danneil, in: K. Lehrmann und W. Schmidt (Hrsg.), Die Altmark und ihre Bewohner, Stendal 1912, Bd. II.
5 O. von Bismarck, Gesammelte Werke, 14/1, S. 7.

KAPITEL 5

1 Marx – Engels, Werke, Bd. 18, S. 590.
2 Werner Krauss, Studien zur deutschen und französischen Aufklärung, Berlin 1963, S. 368ff.
3 Zitiert nach Ernst Bloch, Christian Thomasius – Ein deutscher Gelehrter ohne Misere, Berlin 1953, S. 31f.
4 Zitiert nach Carl Hinrichs, Friedrich Wilhelm I. – König in Preußen, Jugend und Aufstieg, Hamburg 1941, S. 179.
5 Zitiert nach Victor Loewe, Die Allodifikation der Lehen unter Friedrich Wilhelm I., in: Forschungen zur brandenburgischen und preußischen Geschichte, Bd. 11, S. 53.
6 Zitiert nach Erich Marcks, Bismarcks Jugend 1815 – 1848, Stuttgart und Berlin 1909, S. 12.
7 Archiv der Otto-von-Bismarck-Stiftung, Brief vom 28. April 1722 und vom 29. April 1723.
8 Archiv der Otto-von-Bismarck-Stiftung.
9 Gustav Schmoller, Das politische Testament Friedrich Wilhelms I. von 1722, Berlin 1896, S. 12f.
10 Otto Büsch, Militärsystem und Sozialleben im alten Preußen 1713 bis 1807, Berlin 1962, S. 16.
11 Ebenda, S. 17.
12 Ebenda, S. 142f.
13 Infanterie-Reglement vom 1. März 1726, XI. Teil, Artikel 2.
14 Zitiert nach Curt Jany, Geschichte der Königlich-Preußischen Armee vom 15. Jahrhundert bis 1914, Berlin 1928, Bd. 1, S. 690.
15 Friedrich der Große, Militärische Schriften, Berlin 1882, S. 199.
16 Georg Heinrich Berenhorst, Betrachtungen über die Kriegskunst, Leipzig 1798, Bd. II, S. 210.
17 C. Jany, Geschichte, Bd. II, S. 240.
18 Acta Borussia, Behördenorganisation, Bd. I, S. 472f.
19 Ebenda, Bd. III, S. 449f.
20 Marx – Engels, Werke, Bd. 7, S. 373f.

21 Marx – Engels, Werke, Bd. 4, S. 347.
22 Acta Borussia, Behördenorganisation, Bd. VII, S. 562.
23 Ebenda, Bd. IX, N 169.
24 G. Schmidt, Geschlecht, S. 115.
25 Ebenda, S. 116.
26 Ebenda.
27 Franz Mehring, Die Lessing-Legende, Stuttgart 1909, S. XXXI.

KAPITEL 6

 1 Vgl. hierzu Gerhard Ritter, Friedrich der Große, Heidelberg 1954, S. 204.
 2 Ebenda, S. 190.
 3 Eine große Zahl solcher kirchlichen Leichenpredigten befindet sich im Archiv der Otto-von-Bismarck-Stiftung; Carl Alexander von Bismarck, Gedächtnisschrift auf Christiane Gottliebe von Bismarck, geborene v. Schönefeld, herausgegeben und mit einer Vorrede versehen von Julius W. Braun, Berlin 1885. Die 5. Originalausgabe der Gedächtnisschrift erschien bei D. C. Franzen, Stendal 1773.
 4 Archiv der Otto-von-Bismarck-Stiftung.
 5 Ebenda, Brief vom 16. Januar 1796, Übersetzung Ernst Engelberg.
 6 Ebenda.
 7 Marx – Engels, Werke, Bd. 8, S. 201.
 8 Der Briefwechsel befindet sich im Archiv der Otto-von-Bismarck-Stiftung.
 9 Conrad Müller, Bismarcks Mutter und ihre Ahnen, Berlin 1909, S. 204f.
10 Hermann Hüffer, Anastasius Ludwig Mencken – Der Großvater des Fürsten Bismarck und die Kabinettsregierung in Preußen, Bonn 1890, S. 14.
11 C. Müller, Bismarcks Mutter, S. 135f.
12 Archiv der Otto-von-Bismarck-Stiftung.
13 F. Arndt, Mütter berühmter Männer, 11. Heft, Luise Wilhelmine von Bismarck, die Mutter des Fürsten von Bismarck, Leipzig 1875, S. 5.
14 Rudolf Stadelmann, Scharnhorst, Schicksal und Geistige Welt, Ein Fragment, Geleitwort von Hans Rothfels, Wiesbaden 1962, S. 80.
15 Ludwig Häusser, Deutsche Geschichte vom Tode Friedrichs des Großen bis zur Gründung des Deutschen Bundes, Leipzig 1933, Bd. 3, S. 124.
16 Vgl. Stephan Nobbe, Einfluss religiöser Überzeugung auf die politische Ideenwelt Leopold von Gerlachs, Dissertation Erlangen/Nürnberg 1970, S. 39 – 46.
17 G. Schmidt, Geschlecht, S. 166.

KAPITEL 7

 1 Vom jungen Bismarck, Briefwechsel Otto von Bismarcks mit Gustav Scharlach, Weimar 1912, S. 6.
 2 O. von Bismarck, Werke, Bd. 15, S. 5; Vom jungen Bismarck, Briefwechsel Scharlach, S. 25f.; Bd. 14/1, S. 15.

3 Ebenda, S. 31.

4 Archiv der Otto-von-Bismarck-Stiftung.

5 Marcks, Bismarcks Jugend 1815 – 1848, Stuttgart und Berlin 1909, S. 263.

6 Hedwig von Bismarck, Erinnerungen aus dem Leben einer 95jährigen, Halle 1910, S. 140.

7 Hermann Theodor Wangemann, Geistliches Regen und Ringen am Ostseestrand, Berlin 1861, S. 10.

8 O. von Bismarck, Werke, Bd. 1, S. 250.

9 O. von Bismarck, Werke, Bd.O. von Bismarck, Werke S. 470.

10 Marx – Engels, Werke, Bd. 36, S. 238.

11 O. von Bismarck, Werke, Bd. 14/1, S. 212.

12 Das Tagebuch der Baronin Spitzemberg, Göttingen 1960, S. 375.

13 O. von Bismarck, Werke, Bd. 8, S. 611.

14 Ebenda, S. 18.

15 Graf Herbert Bismarck, Aus der politischen Privatkorrespondenz, hrsg. von Walter Bußmann, Göttingen 1964, S. 11.

16 O. von Bismarck, Werke, Bd. 14, S. 509.

17 Deutsches Wochenblatt vom 1. Januar 1866.

18 O. von Bismarck, Werke, Bd. 9, S. 263.

19 Ebenda, S. 581.

20 Denkwürdigkeiten des Botschafters General von Schweinitz, hrsg. von Wilhelm von Stein Schweinitz, Bd. 2, Berlin 1927, S. 270; Arnold Oskar Meyer, Bismarck. Der Mensch und der Staatsmann, Stuttgart 1949, S. 450.

21 O. von Bismarck, Werke, Bd. 14/1, S. 816.

22 Hans Mottek, Wirtschaftsgeschichte Deutschlands, Bd. 3, Berlin 1974, S. 162f.; Hans-Ulrich Wehler, Bismarck und der Imperialismus, München 1969, S. 72.

23 Wilhelm Berdrow, Alfred Krupp, Bd. 2, Berlin 1927, S. 362.

24 Archiv der Otto-von-Bismarck-Stiftung.

25 Aus fünfzig Jahren. Erinnerungen, Tagebücher und Briefe aus dem Nachlass des Fürsten Philipp zu Eulenburg-Hertefeld, hrsg. von Johannes Haller, Berlin 1923, S. 85; folgende Zitate S. 87, 106, 99, 90ff., 95, 96, 102.

26 Archiv der Otto-von-Bismarck-Stiftung, Brief Herbert von Bismarcks an Ludwig Plessen am 13. Oktober 1898.

27 Bundesarchiv Koblenz, Nachlass Goldschmidt, Bd. 236, S. 259.

28 Arthur von Brauer, Im Dienste Bismarcks, bearbeitet von Helmut Rogge, Hamburg 1936, S. 140.

29 Graf H. Bismarck, Privatkorrespondenz, S. 56.

30 Max Klemm, Was sagt Bismarck dazu?, Ein Wegweiser durch Bismarcks Geistes- und Gedankenwelt, Berlin 1924, S. 160.

31 O. von Bismarck, Werke, Bd. 13, S. 177.

32 M. Klemm, Bd. 1, S. 222.

33 Verhandlungen des Reichstages, Stenographische Berichte, 9. Legislaturperiode, 5. Session, 1897/98, 1. Band, Berlin 1898, S. 160.

34 Herbert Hofmann, Fürst Bismarck 1890 – 1898, Bd. 1, Leipzig 1913, S. 125f.
35 Manfred Hank, Kanzler ohne Amt, Fürst Bismarck nach seiner Entlassung 1890 – 1898, München 1977, S. 432.
36 O. von Bismarck, Werke, Bd. 9, S.89.

KAPITEL 8

1 Das Buch erschien in mehreren Fassungen und unter mehreren Titeln wie »Die deutsche Revolution 1918/19«. Hier zitiert nach der letzten, aktualisierten Fassung. Das Zitat findet sich im Schlussabsatz des fünften Kapitels.
2 Marion Gräfin Dönhoff, Kindheit in Ostpreußen, Berlin 1988, S. 8.
3 Stephan Malinowski, Vom König zum Führer, Deutscher Adel und Nationalsozialismus, Frankfurt am Main 2004, S. 202.
4 Zitiert nach ebenda, S. 219.
5 Bertolt Brecht, Große kommentierte Berliner und Frankfurter Ausgabe, Werke XXIII, Schriften 3, S. 24.
6 Klaus von Bismarck, Aufbruch aus Pommern, München 1992, S. 30f.
7 O. von Bismarck, Werke, Bd. 13, S. 347.
8 Robert Gerwarth, Der Bismarck-Mythos. Die Deutschen und der Eiserne Kanzler, München 2007, S. 98f.
9 Carl von Ossietzky, Schriften, Bd. 1, Berlin/Weimar 1966, S. 188.
10 Sebastian Haffner, Von Bismarck zu Hitler, München 1987, S. 271.
11 Zitiert nach dem aufschlussreichen Essay Eric Hobsbawm – Der letzte romantische Kommunist, in: Tony Judt, Das vergessene 20. Jahrhundert, Die Rückkehr des politischen Intellektuellen, München 2010, S. 123 – 134.
12 Agnes-Marie Grisebach, Eine Frau Jahrgang 13, Roman einer unfreiwilligen Emanzipation, Stuttgart 1988, S. 63ff.
13 Klaus von Bismarck, Aufbruch aus Pommern, München 1992, S. 89ff.
14 Diese Vorgänge wurden nach der Personalakte im Auswärtigen Amt beschrieben.
15 Graf Alexander Stenbock-Fermor, Deutschland von unten, Reise durch die proletarische Provinz, Stuttgart 1931, S. 153f. und S. 160.

KAPITEL 9

1 Jobst Knigge, Das Dilemma eines Diplomaten, Otto II. von Bismarck in Rom 1940 – 43, Humboldt-Universität Berlin 2006, S. 7.
2 Eckardt Opitz, Die Bismarcks in Friedrichsruh, Hamburg 1990, S. 106.
3 Klaus von Bismarck, Aufbruch aus Pommern, München 1992, S. 105.
4 Erinnerungsfragment aus dem Nachl. 462 in der Staatsbibliothek zu Berlin, Preußischer Kulturbesitz, Erstveröffentlichung anlässlich des 100. Geburtstages von Ernst Engelberg in der FAZ vom 3. April 2009.
5 Zitiert nach dem aufschlussreichen Aufsatz von Thomas Karlauf, Stauffenberg. Eine Motivsuche, in: Sinn und Form 1/2010, S. 5 – 17.

6 Diverse Ausgaben, hier zitiert nach der Taschenbuchausgabe 1981, S. 70f.

7 Knigge, Dilemma, S. 65, S. 21, S. 12.

8 Die Hassell-Tagebücher 1938–1944, Aufzeichnungen vom Anderen Deutschland, hrsg. v. Friedrich Freiherr Hiller von Gaertingen, nach der Handschrift revidierte und erweiterte Ausgabe, Berlin 1988, S. 387, S. 434.

9 Sebastian Panwitz, Otto von Mendelssohn Bartholdy (1868–1949), Privatbankier, Adliger, Verfolgter, Grundlagen einer Biographie, in: Mendelssohn-Studien 16 (2009), S. 439–463. Der Aufsatz enthält erstmals Auszüge aus unveröffentlichten Dokumenten und den Erinnerungen Vera Schieckels.

10 Personalakte im Bundesarchiv, Berlin.

11 Privatarchiv Gottfried von Bismarck (Andreas von Bismarck).

12 Privatarchiv Hannah von Bredow (Ludwig-Bill von Bredow).

13 Das gesamte Gesprächsmaterial stellte Friedrich Schorlemmer für diese Publikation zur Verfügung. Teile davon findet man in: Lebenswege, Gesprächsnotizen aus der Wittenberger Akademiereihe Kulturforum, hrsg. v. Friedrich Schorlemmer, Magdeburg 1995.

14 Klaus von Bismarck, Offizier der deutschen Wehrmacht in der Sowjetunion 1941–1945, Begegnungen in der Sowjetunion nach 1945, in: Frieden mit der Sowjetunion – eine unerledigte Aufgabe, hrsg. v. Dietrich Goldschmidt in Zusammenarbeit mit Sophinette Becker, Gütersloh 1989, S. 314–330.

15 Robert Gerwarth, Der Bismarck-Mythos, Die Deutschen und der Eiserne Kanzler, München 2007, S. 176.

16 Hier wie folgende Zitate nach Klaus von Bismarck, Aufbruch, S. 155ff., S. 166.

17 Solidarität im Wagnis. Klaus von Bismarck in Selbstzeugnissen, Klaus Bismarck zum Abschied, München Goethe-Institut 1989. Hier gibt es zu den Themen seines Lebens Zitate aus verschiedenen Epochen, darunter dieses, S. 42.

KAPITEL 10

1 Die Rede findet man in voller Länge in »Fröhlich in Hoffnung – Der Kirchentag 1954« und in Auszügen in diversen Publikationen. Empfehlenswert: Solidarität im Wagnis, a.a.O., S. 35ff. Hier findet man Auszüge aus der Rede mit anderen Passagen zur Heimat aus späteren Publikationen.

2 Zwischen Ost und West – Peter Bender, in: Achim Engelberg, Wo aber endet Europa? Grenzgänger zwischen London und Ankara, Berlin 2008, S. 51f.

3 Josef Schmid, Klaus von Bismarck und die Kampagne gegen den »Rotfunk« WDR, in: Archiv für Sozialgeschichte 41, 2001, S. 361.

4 Ebenda, S. 370.

5 Die internationale Medien-Entwicklung – unter Aspekten der Kultur be-

trachtet, in: Klaus Bismarck, Günter Gaus, Alexander Kluge, Industrialisierung des Bewusstseins, München 1985, S. 180 – 192.

6 Die Frau, die mit den Tätern spricht – Gitta Sereny, in: A. Engelberg, Europa, S. 38f.

7 Henry Ries, Abschied meiner Generation, Berlin 1992, S. 92.

8 DIE ZEIT, 3. März 1995, aufschlussreich ist der Aufsatz von Josef Schmid »Wir haben auf einer Insel des Selbstbetruges gelebt«, in: Jennifer Wasmuth (Hrsg.), Zwischen Fremd- und Feindbildern, Interdisziplinäre Beiträge zu Rassismus und Fremdenfeindlichkeit, Fremde Nähe – Beiträge zur interdisziplinären Diskussion, Band 16, Münster/Hamburg/London 2000, S. 33 – 49.

9 Hamburger Institut für Sozialforschung (Hrsg.), Krieg ist ein Gesellschaftszustand, Reden zur Eröffnung der Ausstellung »Vernichtungskrieg. Verbrechen der Wehrmacht 1941 bis 1944«, Hamburg 1998, S. 20.

10 Der Aufsatz erschien in einem mehrfach aufgelegten Sammelband, der zuerst hieß: Im Schatten der Geschichte, Historisch-politische Variationen. Die letzten Auflagen erschienen unter: Historische Variationen.

11 Marion Gräfin Dönhoff, Kindheit in Ostpreußen, Berlin 1988, S. 59.

NACHWORT

1 Vgl. hierzu wie zu anderen Angaben und Zitaten des Vorworts: Ernst Engelberg, Kleine und große Welt im Leben und Wirken des Haslacher Bürgers Wilhelm Engelberg (1862 – 1947), Der Bismarck-Komplex, Zur Person: Ernst Engelberg, Gespräch mit Günter Gaus, in: Die Deutschen – Woher wir kommen, hrsg. v. Achim Engelberg, Berlin 2009, S. 247 – 288, S. 175 – 179, S. 297 – 308.

2 Achim Engelberg, Wer verloren hat, kämpfe, Berlin 2007, S. 16.

3 Die verschiedenen Entwürfe und Manuskripte liegen in der Staatsbibliothek zu Berlin – Preußischer Kulturbesitz, Nachl. 462.

Personenregister

Kursive Zahlen beziehen sich auf Bildlegenden.

Bildnachweis